주식투자
무작정 따라하기

주식투자 무작정 따라하기 최신개정판
The Cakewalk Series – Stock Market Investing

초판 1쇄 발행 · 2005년 7월 25일
초판 19쇄 발행 · 2008년 2월 20일
1차 개정 1쇄 발행 · 2008년 6월 30일
1차 개정 16쇄 발행 · 2011년 5월 2일
2차 개정 1쇄 발행 · 2011년 11월 15일
2차 개정 6쇄 발행 · 2013년 4월 30일
3차 개정 1쇄 발행 · 2013년 12월 10일
3차 개정 14쇄 발행 · 2016년 7월 4일
4차 개정 1쇄 발행 · 2017년 1월 2일
4차 개정 17쇄 발행 · 2019년 10월 30일
5차 개정 1쇄 발행 · 2020년 1월 10일
5차 개정 24쇄 발행 · 2022년 10월 5일
6차 개정 1쇄 발행 · 2023년 1월 30일
6차 개정 13쇄 발행 · 2025년 11월 10일

지은이 · 윤재수
발행인 · 이종원
발행처 · (주)도서출판 길벗
출판사 등록일 · 1990년 12월 24일
주소 · 서울시 마포구 월드컵로 10길 56(서교동)
대표 전화 · 02)332-0931 | **팩스** · 02)323-0586
홈페이지 · www.gilbut.co.kr | **이메일** · gilbut@gilbut.co.kr

기획 및 책임 편집 · 박윤경(yoon@gilbut.co.kr) | **디자인** · 박상희
마케팅 · 정경원, 김진영, 박민주, 류효정 | **유통혁신** · 한준희
제작 · 이준호, 손일순, 이진혁 | **영업관리** · 김명자, 심선숙, 정경화 | **독자지원** · 윤정아

교정교열 · 김동화 | **전산편집** · 디자인다인 | **일러스트** · 이금희, 정민영
CTP 출력 및 인쇄 · 예림인쇄 | **제본** · 예림바인딩

- 이 책은 저작권법의 보호를 받는 저작물로 이 책에 실린 모든 내용, 디자인, 이미지, 편집 구성은 허락 없이 복제하거나 다른 매체에 옮겨 실을 수 없습니다.
- 인공지능(AI) 기술 또는 시스템을 훈련하기 위해 이 책의 전체 내용은 물론 일부 문장도 사용하는 것을 금지합니다.
- 잘못 만든 책은 구입한 서점에서 바꿔 드립니다.

ⓒ윤재수, 2023

ISBN 979-11-407-0234-3 13320
(길벗도서번호 070495)

정가 23,000원

독자의 1초를 아껴주는 정성 길벗출판사

(주)도서출판 길벗 | IT단행본&교재, 성인어학, 교과서, 수험서, 경제경영, 교양, 자녀교육, 취미실용 www.gilbut.co.kr
길벗스쿨 | 국어학습, 수학학습, 주니어어학, 어린이단행본, 학습단행본 www.gilbutschool.co.kr

주식투자
무작정 따라하기

윤재수 지음

길벗

베타테스터의 말말말!
왕초보가 미리 따라했어요!

좋은 주식을 저가에 사서 고가에 파는 기술을 배우세요!

베타테스터 강성학
(24세/대학생)

주식 공부 어려워 포기했는데, 다시 시작했습니다!

베타테스터 최준희
(32세/주부)

중급자도 목말랐던 고급 정보, 명쾌하게 정리했습니다!

베타테스터 이승진
(34세/PCA생명 재무설계사)

《주식투자 무작정 따라하기》는 주식 왕초보부터 현재 주식투자를 하고 있는 모든 사람에게 도움이 되는 책입니다. 멀게만 느껴졌던 주식투자를 향해 차례차례 난관들을 헤쳐나가는 뿌듯함을 느꼈습니다. 종합주가지수를 이해하고, 자기자본이익률로 저평가주 고르는 법을 배우고, 이동평균선을 읽어내고 풋옵션에 이르기까지, 저 같은 왕초보도 도전해볼 수 있다는 자신감을 얻었습니다. 이제는 매일매일 신문에서 관심 있는 종목의 주가를 유심히 관찰한답니다. '좋은 주식을 저가에 사서 고가에 파는 기술'을 배워보세요.

요즘 월급을 적금통장에만 넣어두는 사람을 바보라고 부르죠. 그래서 주식 공부를 시작했습니다. 여기저기 강연회도 따라다니고 책도 많이 사봤습니다. 하지만 도통 감을 잡을 수 없더라고요. 누가 옆에서 "이것 먼저 공부해라"라고 얘기해주는 사람이 있었으면 했답니다. 그러다 재테크는 체질이 아니라는 생각에 그만두었다가 길벗에서 베타테스터를 모집한다고 해서 다시 한번 주식 공부에 도전했습니다. 역시 잘했다는 생각이 들어요. 처음부터 이 책으로 공부했더라면 시간도 노력도 절약할 수 있었을 텐데…. 이제 주식이 뭔지 감이 잡히는 것 같습니다.

주식은 분명 매력 있는 투자처입니다. 그러나 여러 책이나 동호회, 신문기사를 통해 정보를 얻어도 항상 뭔가 부족한 느낌이 들고 제대로 된 투자를 할 수 있을까 걱정이 앞서는 재테크 방법이죠. 저 역시 이 책을 읽기 전에는 그랬어요. 하지만 초보자에게는 궁금했던 사항을 콕 찍어 쉽고 친절하게, 중급자에게는 목말랐던 고급 정보를 명쾌하게 정리해주는 이 책을 통해 자신감을 얻었습니다. 역시 길벗의 〈무작정 따라하기〉 시리즈더군요. 주식투자를 궁금해하는 제 고객들께도 자신 있게 이 책을 추천하고 있습니다. 이 책을 선택하신 여러분, 정말 탁월한 선택을 하셨습니다!

주식투자 고수가 될 수 있는 친절한 학습 진도표

왕초보가 따라했어요!

1단계 왕초보용

주식을 하나도 몰라요! 차근차근 배울래요!

100만 왕초보가 인정한 최고의 주식투자서!

- 주식 계좌개설부터 HTS 사용법, 주식 사는 법, 봉차트 보는 법, 종목 고르는 법까지 왕초보가 알아야 할 주식투자의 기본을 총정리했어요!
- ROE, PER, PBR, EV/EBITDA 등 꼭 알아야 하지만 어려운 투자 용어를 설명했어요! 따라하다 보면 중급자로 올라설 수 있습니다!

2단계 안전지향 초보용

종목선정이 어려워요! 편하게 투자할래요!

주식, 알수록 미궁? 나라별·종목별로 통으로 투자하는 ETF가 해답!

- 지끈지끈 종목 고민 없이 한국시장 전체와 반도체·자동차·금융 등 분야별 섹션에 투자하는 방법을 속성으로 공부해요!
- ETF, 싸게 사서 비싸게 팔 수 있는 매수·매도 타이밍부터 장기투자로 수익을 올리는 법까지 알려줘요!

3단계 중급용

주식투자 고수가 되고 싶어요!

차트분석&우선순위 경제지표로 개미도 매매 타이밍 잡는다!

- 차트분석 기법 8가지, 경제지표 6가지만 해독하면 주가가 보여요!
- 실제 전문가들의 노하우를 〈무따기〉 예제를 통해 쉽고 재미있게 공부하세요!

경제를 '조금 더 재미있게' 공부하고 싶은 분들을 위해!

맨 처음 시작하는 주식 공부!
100만 왕초보가 열광한 《주식투자 무작정 따라하기》 만화판!

인물로 배우는 경제 입문서!
위대한 경제학자 9인과 떠나는 특별한 시간 여행!

> 개정판 <

지은이의 말

100만 독자 여러분께 감사드립니다!

해방 이후 약 70년간의 증권투자 역사를 돌이켜보면, 흔히 '개미'라고 하는 개인투자자들이 주식에 투자해 성공한 사례가 드뭅니다. 이는 증권시장의 제도가 미흡하고 경제상황이 좋지 못했기도 하지만, 그보다는 올바른 투자 문화가 정착되지 못한 점이 크다고 생각합니다. 다시 말해 기업가치와 무관하게 루머나 재료를 좇아 단기매매하는 행태가 오랫동안 관행처럼 자리 잡았기 때문이죠.

다행히 2000년대 중반에 들어서면서 기업의 가치와 성장성 및 안정성을 분석한 후 장기투자하는 건전한 투자 문화가 정착되고 있습니다. 참으로 반가운 일입니다. 이러한 변화는 증권 관련 기관, 상장기업 그리고 투자자 모두가 오랫동안 시행착오를 거듭하며 얻은 귀중한 것이니 만큼 앞으로도 더욱 발전해나가리라 믿습니다. 100만부가 판매되며 독자들의 꾸준한 사랑을 받아온 이 책이 그 문화에 일조했다고 생각하니 더욱 보람과 책임감을 느낍니다.

가치투자자라면 코스피 1만 시대를 대비하라!

2,000포인트 벽을 돌파하며 상승가도를 달리던 코스피지수는 2020년 코로나 팬데믹을 맞이하여 1,500포인트를 하회하는 위기를 맞았습니다. 코로나19로 세계 공장이 멈춰설 것 같은 공포에 주가가 폭락한 것입니다. 그 후 세계 각국이 경제위기를 타개하기 위해 역사상 가장 낮은 금리정책과 함께 돈을 푸는 과감한 통화정책을 시행함으로써 코스피지수도 기술주 중심으로 3,300포인트를 돌파하는 상승을 보였습니다. 그러나 과잉유동성 상황 속에서 코로나19 이후 수요회복과 글로벌 공급망 차질 그리고 러시아의 우크라이나 침공까지 겹쳐 물가가 급등했습니다. 세계 각국은 유례 없는 고(高)인플레이션을 잡기 위해 금리를 급격히 올리기 시작했습니다. 고물가, 고금리, 고환율 속에서 경기 침체로 이어지면서 2022년 코스피지수는 2,200선 아래로 하회하기도 했습니다. 코스피 하락 추세는 인플레이션이 진정되고 급격한 금리 인상이 멈출 때 상승으로 전환될 것입니다.

한국증시의 주식 사이클은 경기 사이클과 맥을 같이하면서 코스피지수 2,000~3,000포인트를 오르내리는 등락을 보이고 있습니다. 앞으로도 물론 장기적인 관점에서 보면 코스피 10,000포인트를 향해 나아가는 과정이라고 생각합니다. 이후로도 G2(미국-중국)의 분쟁과 같이 글로벌 경제를 뒤흔드는 악재들로 인해 주가가 출렁이겠지만 장기 대세상승이라는 큰 틀은 변함이 없을 것입니다. 따라서 개인투자자들도 기업의 가치와 성장성을 따져보고 저평가 종목에 장기투자한다면 누구나 주식투자에 성공할 수 있습니다.

이론과 실습을 반복해 투자의 특전사로 거듭나길!

주식투자에 성공하기 위해서는 이른바 3단계 과정이 필요합니다. 1단계로 주식시장의 대세를 판단하고, 2단계로 저평가 종목을 고른 후, 마지막으로 사고파는 매매시점을 알아야 합니다.

이 책은 일반투자자들이 이 3단계 과정을 구체적으로 따라할 수 있도록 구성되었습니다. 무엇보다 오랜 기간 증권기관에서 근무한 경험을 바탕으로 이론과 실전에 관한 저의 투자 철학이 녹아 있습니다. 따라서 개인투자자와 펀드투자자들에게 더할 나위 없이 유익한 투자지침서가 될 것입니다. 나아가 주식을 어렵게 생각하는 학생이나 일반인들에게는 쉽고 재미있게 증권시장을 소개하고 투자원칙과 방향을 제시하는 친절한 안내서가 될 것입니다.

이번 개정판에서는 크게 3가지를 보완했습니다. 첫째, 누구나 쉽게 주식시장의 대세를 판단할 수 있는 구체적인 방법을 제시했습니다. 둘째, 급변하는 증시에 바로 활용할 수 있게 각종 데이터를 최근의 것으로 수정·보완했습니다. 셋째, 별책부록의 〈유망 테마주 20〉을 주요 테마와 우선순위 종목순으로 정리했습니다.

다시 한 번 말하지만 주식투자는 상대가 있는, 사활을 건 진검승부입니다. 새롭게 개정한 이 책을 통해 연금술사처럼 이론과 실습을 반복해 투자의 특전사로 거듭나길 기원합니다. 부족한 부분은 계속 보완해나갈 것을 약속드리며, 다시 한 번 독자 여러분께 감사드립니다.

윤재수

> 초판

지은이의 말

주식투자는 상대가 있는 진검승부!

다기망양(多岐亡羊)이라는 고사성어가 있습니다. 도망간 양을 뒤쫓아간 사람이 여러 갈래로 갈라진 길에 이르러 마침내 양을 놓쳐버렸다는 뜻으로, 학문의 길도 이와 다르지 않아 너무 다방면에 걸쳐 배우거나 지나치게 지엽적인 면에 구애되다 보면 아무것도 얻을 수 없게 된다는 것을 비유한 말입니다. 이는 주식투자에도 그대로 적용할 수 있습니다. 주식투자에도 많은 이론이 있고 다양한 참고서가 있습니다. 그러나 시중에 나와 있는 대부분의 주식 관련 서적은 투자이론을 나열하거나 주식시장을 해설하는 것에 그쳐 독자들이 실전투자를 할 때 바로 활용하기 어렵거나 불편하다는 아쉬움이 있습니다. 실전투자에서는 가장 중요한 몇 가지 기준을 확실하게 익혀두고 응용하는 것이 수많은 기법을 아는 것보다 더욱 중요합니다.

실용적인 투자기법으로 실전투자에 도움이 되는 책!

주식투자의 성공 비결은 한마디로 '좋은 주식을 싼값에 사서 제값 이상으로 오를 때 팔면 수익을 낼 수 있다'로 요약할 수 있습니다. 이 책은 이 단순한 명제를 현실화하기 위해 꼭 필요한, 좋은 주식은 무엇이며 어떻게 찾아내는지 그리고 매매시점은 어떻게 알아내는지 구체적인 방법과 절차를 소개합니다. 나아가 이론 중심의 딱딱함에서 벗어나 〈무작정 따라하기〉 형식으로 구성해 독자가 스스로 해답을 구할 수 있도록 했습니다.

다시 말해 주식투자를 할 때 꼭 필요한 이론과 절차를 소개하되, 많은 이론과 투자기법 중에 특히나 중요하고 활용도가 높은 것을 골라 실전 투자 사례 소개, 투자이론 설명, 예제와 해설 순으로 편성했습니다.

특히 예제와 해설 부분은 독자들이 직접 종목선정과 매매시점 선정에 참여할 수 있게 구성해, 왕초보 독자라도 따라하다 보면 어느새 나름의 투자원칙을 정립한 고도의 전문투자자로 거듭나게 될 것입니다. 또한 실전투자를 할 때 바로 도움이 되도록 실용적인 투자기법을 소개하고 완벽하게 이해할 수 있게 했습니다.

투자원칙이 있어야 성공한다!

주식투자는 영어나 인터넷처럼 아무 준비 없이 시작하기에는 어려움이 있습니다. 상대가 있는, 사활을 건 진검승부이므로 작은 실수로도 치명적인 손실을 입을 수 있기 때문입니다.

주식투자에 성공하려면 연금술사처럼 이론과 실습을 반복해 자기 나름의 투자원칙을 만들어야 합니다. 2005년을 기점으로 우리나라 증권시장에는 본격적인 1,000포인트 시대가 열렸습니다. 1989년 4월 7일 1,000포인트에 도달한 후 15년간 이를 뛰어넘지 못하는 어두운 터널에 갇혀 있었고, 그동안 수많은 투자자들이 증권투자로 인해 경제적인 손실을 입었습니다. 이제 암울했던 터널을 벗어나 2,000포인트를 향해 달려가는 길목에서 개인투자자들도 투자 자세를 새롭게 가다듬을 필요가 있습니다.

아무쪼록 이 책이 개인투자자들이 자기 나름대로 훌륭한 투자원칙을 만들고 일관되게 지킴으로써 실패를 줄이고 성공 투자로 나아가는 데 도움이 되길 진심으로 바랍니다.

이 책을 펴내는 데 많은 도움을 준 길벗출판사 강혜진 팀장과 지성으로 협조해 주신 이명애 실장에게 이 자리를 빌려 감사드립니다.

윤재수

윤재수의 투자원칙

자기만의 투자원칙이 있어야 한다!

단 한 번이라도 주식투자로 돈을 벌어본 사람은 주식투자의 유혹에서 벗어나기 쉽지 않습니다. 주식투자도 마약중독이나 알코올중독처럼 한 번 빠져들면 쉽게 빠져나오기 힘든 중독성이 있기 때문입니다. 하지만 한두 번의 우연한 행운이 영원히 계속될 수는 없는 법! 무모한 투자 인생을 살 것이 아니라면, 자기 나름의 투자원칙을 만들어 지키는 것이 꼭 필요합니다. 실패하는 주식투자자 대부분이 명확한 투자원칙 없이 투자를 합니다.

투자의 귀재 워런 버핏은 "투자의 제1원칙은 돈을 잃지 않는 것이고, 제2원칙은 제1원칙을 잊지 않는 것이다"라고 말했습니다. 주식투자로 돈을 벌기 위해서는 수익을 내는 것보다 잃지 않는 것이 더 중요하다는 뜻입니다. 그렇다면 주식투자로 돈을 잃지 않기 위해 어떤 투자원칙을 가져야 할까요? 어떻게 하면 행복한 투자, 성공한 투자 인생을 살아갈 수 있을까요? 다음은 필자가 입이 닳도록 강조하는 투자원칙입니다.

독자 선생님께서는 주식투자에 성공하려면 '자기 나름의 투자원칙을 만들고, 일관되게 지켜야 한다'고 하셨는데요. '자기 나름의 투자원칙'이란 게 너무 광범위해서 오히려 모호하게 들립니다. 구체적으로 어떤 원칙을 세워야 할까요?

저자 한마디로 말해 **평소에 기업가치를 연구해둔 종목**이 **사전에 정해둔 매매시점**에 도달할 때만 주식을 매매하자는 원칙을 세우고, 이 원칙을 꼭 지키자는 것입니다.

독자 음, 조금 더 구체적으로 말씀해주세요.

저자 **평소에 기업가치를 연구해둔 종목이 사전에 정해둔 매매시점**에 도달할 때만 주식을 매매하자'는 말 속에 답이 있습니다. 이 말을 찬찬히 들여다보면 크게 2가지 원칙이 보입니다. 그리고 더 넓게는 4가지 원칙을 아우르고 있지요.

① 종목선정의 원칙
② 매매시점 선택의 원칙
③ 포트폴리오 구성의 원칙
④ 대세판단의 원칙

독자 그렇군요. 이 중 첫 번째 원칙인 **종목선정의 원칙**은 기업가치를 체크해보는 것으로 시작된다고 하셨는데, 사실 기업가치를 알아보는 게 어렵잖아요?

저자 주식투자를 통해 수익을 볼 수 있는 기본적인 방법은 주가가 기업가치 이하로 떨어졌을 때 사서 기업가치 이상으로 올랐을 때 팔아 차익을 실현하는 것입니다. 따라서 주식투자의 시작은 기업의 가치를 체크해보는 것입니다. 그래프를 보고 매매시점을 찾는 것은 그다음 단계라고 할 수 있지요.

기업의 가치란 회사가 수익을 창출할 수 있는 힘, 즉 수익가치와 자산가치 그리고 성장성을 말합니다. 기업가치를 알아보는 간단한 방법이 있습니다. 증권사 HTS에 애널리스트들이 올려놓은 몇 가지 투자지표를 체크해보는 거죠. 저는 다음 4가지 투자지표를 체크해볼 것을 제안합니다.

① 자기자본이익률(ROE)

② 주당순이익(EPS)과 주가수익비율(PER)

③ 주가순자산비율(PBR)

④ 이브이에비타(EV/EBITDA)

독자 방금 말씀하신 4가지 지표는 기업의 수익성과 자산가치가 기준인 것 같은데, 성장성은 고려하지 않나요?

저자 투자지표의 기준이 되는 기업실적은 과거 실적이 아니라 향후 1~3년의 예상실적이기 때문에 성장성이 반영되어 있다고 볼 수 있습니다. 3년 이상의 예상실적은 애널리스트도 예상하기 쉽지 않으므로 투자자가 판단해야 할 몫이지요. 결국 기업을 아는 만큼 주가가 보인다고 할 수 있지요.

독자 주가가 투자지표와 다르게 움직이는 종목도 많던데요.

저자 투자지표를 알아두는 것은 바둑에서 정석을 공부하는 것에 비유할 수 있습니다. 실전에서는 설령 정석대로 두지 않더라도 정석을 모르면 결코 바둑 고수가 될 수 없습니다. 마찬가지로 기업가치를 알아볼 때 투자지표 확인은 필수이지만, 수치에 지나치게 얽매여서는 안 됩니다.

독자 다른 많은 변수들이 작용하기 때문인 거죠? 바로 이런 점 때문에 주식투자가 어려운 것 같습니다. 두 번째 원칙인 '**매매시점 선택의 원칙**'은 가치분석을 통해 선정한 종목을 사고파는 시점을 잡을 때 무엇을 기준으로 하는가인가요?

저자 그렇습니다. 평소 기업가치를 알아둔 종목이 기업가치 이하로 떨어지면 매수하고, 기업가치 이상으로 올라가면 매도한다고 했는데, 어떤 시점에 주식을 사고팔 것인가를 결정할 때 그래프 기법을 활용하자는 것입니다.

독자 차트분석 기법을 말씀하시는 거죠? 종류도 매우 많고 어렵던데요.

저자 저는 많은 분석기법 중에 기본적 분석기법 4가지(봉차트, 추세선, 이동평균선, 패턴 및 거래량)와 신기술적 분석기법 4가지(MACD, 스토캐스틱, 볼린저 밴드, 일목균형표)를 합쳐 모두 8가지 분석 도구를 활용할 것을 제시하고 있습니다. 자기 나름의 차트분석 기법을 정립하려면 과거 그래프를 이 8가지 분석 도구를 이용해 검증해보는 과정이 필요합니다. 이 과정이 다소 어렵게 느껴질 수도 있지요. 그러나 투자자가 직접 검증 과정을 거치지 않으면 아무리 훌륭한 기법이라도 자기 것이 될 수 없습니다. 많은 노력과 시간을 투자하지 않고 남보다 높은 투자수익을 추구할 수는 없는 법입니다.

독자 명심하겠습니다. 그런데 그래프에 매수 또는 매도 신호가 나타났는데도 주문이 쉽게 나가지 않더라고요. 어떻게 해야 하나요?

저자 자신이 만든 '매수·매도 원칙'에 따라 마치 기계처럼 자동으로 주문이 나갈 수 있어야 합니다. 주식을 사고 나서 '떨어지면 어쩌지' 또는 팔고 나서 '더 올라가면 어쩌지' 하는 마음에 계속 망설인다면 아직 원칙이 제대로 서지 않은 것입니다. 어떤 경우에도 매매원칙에 예외를 두지 마십시오.

그리고 매매 결과에 후회하지 말아야 합니다. 바닥에서 사서 꼭지에 팔 수 있는 투자자는 존재하지 않는다는 것을 늘 마음속에 새겨야 합니다.

독자 저는 손해를 보고는 주식을 팔지 못하겠더라고요.

저자 눈앞의 손해에 발목이 잡혀 더 큰 손해를 초래할 수 있다는 것을 명심하고, 과감하게 손절매도의 장벽을 뛰어넘어야 합니다. 세계적으로 알려진 투자전문가도 사는 주식마다 모두 오를 수는 없습니다. 기업분석을 기초로 하여 신중하게 종목을 선정했어도 기업실적에 대한 예상이 잘못되었거나 돌발 악재가 발생할 수 있습니다. 바로 이럴 때, 실수라고 판단되는 순간 가능한 한 빨리 현금화할 수 있어야 합니다. 보유주식을 전량 팔기가 아까우면 반이라도 매도하세요. 그러면 남은 절반이 객관적으로 보이기 시작할 것입니다. 그래야만 다른 좋은 종목에 투자할 기회가 생기고, 손해를 만회할 기회가 생기지 않겠습니까?

종목선정이 잘못되었다는 것을 깨닫고도 손절매도를 하지 못하는 투자자들 중에는 자기가 보유한 종목만 반복해서 보고 다른 유망종목을 찾으려는 노력은 하지 않는 경우가 많습니다. 이런 분들에게 꼭 해주고 싶은 말이 있습니다. 돈이 없지 유망종목이 없는 것은 아니라고 말입니다.

독자 손절매도를 할 줄 알아야만 손해를 만회할 기회가 생긴다는 말씀이 와닿습니다. 다음 원칙인 '**포트폴리오 구성의 원칙**'은 달걀을 한 바구니에 담지 말라는 속담과 같은 뜻인가요?

저자 주식투자를 할 때 분산투자는 기본입니다. 상장기업을 블루칩(또는 업종 대표주), 옐로칩(중가 우량주), 턴어라운드주(기업실적이 악화된 후 극적으로 호전되는 기업), 주도주, 테마주 등으로 구분해두고 목표수익률과 위험을 고려해 개별종목의 비중을 결정해야 합니다. 예를 들어 강세장일 때는 주도주 비중을 높이고, 횡보 또는 약세장일 때는 테마주 비중을 높입니다. 투자성향도 고려 대상인데, 위험을 감수하고라도 높은 수익률을 추구하는 성향이라면 블루칩 비중을 50% 이하로 낮추고 대신 턴어라운드주나 테마주 비중을 50% 이상 높이는 것도 괜찮습니다. 반대로 투자수익이 다소 낮더라도 위험이 적은 투자를 하려면 블루칩 비중을 70% 이상으로 높이고 턴어라운드주, 테마주 비중은 20% 이하로 줄이는 방법이 있습니다.

독자 주식으로 큰돈을 벌려면 다른 건 쳐다보지 말고 테마주에 투자해야 한다고 주장하는 사람이 있던데요.

저자 안정지향적인 성향은 테마주 비중을 줄이라는 말을 테마주를 하지 말라는 뜻으로 오해하셨나 봅니다. 테마주를 하지 말라는 뜻이 아닙니다. 테마주는 횡보장 또는 하락장에서 뚜렷한 주도주가 없을 때 등장하는 경향이 있고, 주가등락폭이 크므로 잘만 하면 단기에 높은 수익을 얻을 수도 있습니다. 다만 투자자 본인이 테마주는 양날의 칼이라는 점을 인식하고, 테마주의 내용을 잘 알고 있어야 합니다. 차트분석을 할 줄 알아야 하는 건 기본이고요. 그리고 무엇보다 투자자금 전액을 테마주에 몰빵 투자하지 말아야 합니다.

독자 잘 알겠습니다. 다음으로 '**대세판단의 원칙**'에서 대세상승기에는 주식투자 비중을 높이고, 대세하락기에는 주식 비중을 줄이며, 횡보장일 때는 목표수익률을 낮추라고 하셨습니다. 그런데 저와 같이 경제에 문외한인 투자자가 대세를 판단하기는 어렵지 않을까요?

저자 일리 있는 말입니다. 그래서 저는 신문의 경제면을 읽을 수준이 되는 사람이면 누구나 쉽게 대세를 판단할 수 있는 공식을 제시합니다. 2개의 갭, 즉 GDP 갭과 일드갭(Yield 갭)으로 대세를 판단하는 방법이죠. 얼마나 쉬운지는 이 책에서 확인해보기 바랍니다.

독자 하하, 알겠습니다. 그런데 선생님께서는 지금의 대세를 어느 국면으로 보십니까? 그리고 지금의 대세가 언제 바뀔 것 같은가요?

저자 코로나19는 인류에게 큰 충격을 주었습니다. 세계 경제가 멈춰서는 듯한 공포에 주가도 일시적으로 폭락했습니다. 그 후 세계 각국이 경제위기를 타개하기 위해 역사상 가장 낮은 금리정책과 함께 돈을 푸는 과감한 통화완화정책을 시행함으로써 코스피지수도 기술주 중심으로 3,300포인트를 돌파하는 상승을 보였습니다. 그러나 과잉유동성 상황 속에서 코로나19 이후 수요는 점점 회복되었지만 글로벌 공급망은 차질이 발생했습니다. 마침 러시아의 우크라이나 침공까지 겹쳐 물가가 급등했지요. 세계 각국은 유례 없는 고인플레이션을 잡기 위해 금리를 급격히 올리기 시작했습니다. 고물가, 고금리, 고환율 속에서 경기침체로 이어지면서 코스피지수는 하락세로 전환되었고, 2022년에는 2,200선 아래로 하회하기도 했습니다. 코스피 하락 추세는 물가상승이 둔화되고 급격한 금리 인상이 멈추면 상승으로 전환될 것입니다.

독자 마지막으로 한 가지만 더 묻겠습니다. 엉뚱한 질문인데, 왜 '**자기 나름의 투자원칙**'이라고 하는 거죠?

저자 투자자가 스스로 투자원칙을 만들어야 제대로 지킬 수 있기 때문입니다. 다른 사람이 만들어놓은 투자원칙은 참고는 되겠지만, 투자자 본인이 검증을 거치지 않았기에 스스로 원칙을 어기는 예외를 두게 됩니다. 단 몇 줄로 시작되는 투자원칙이라도 스스로 만들어보세요. 그리고 모니터에 붙여두고 매일 읽어보세요. 처음부터 완벽한 투자원칙을 만들 수는 없습니다. 부족한 부분은 시간을 두고 수정하고 보완해나가세요. '자기 나름의 투자원칙'은 여러분의 주식투자를 마음 편한 투자, 행복한 투자 그리고 후회 없는 투자의 세계로 이끌어줄 것입니다.

차례

베타테스터의 말말말!	004
주식투자 고수가 될 수 있는 친절한 학습 진도표	005
개정판 지은이의 말	006
초판 지은이의 말	008
윤재수의 투자원칙	010

준비마당 | 주식투자 감잡기

투자 이야기 주식과 기업은 불가분의 관계 … 026

001 주식이 뭐예요? … 027
- 주식이란 무엇인가? … 027
- 자본금과 주식의 상관관계 - 증자, 감자 … 028
- 무상증자와 유상증자, 언제나 호재인가? … 029
- 주식은 사고팔 수 있는 것 - 유통시장, 발행시장 … 030
- [잠깐만요] 아리송하면서도 복잡한 액면가의 의미 … 031

002 종합주가지수는 어떻게 만들어지나요? … 032
- 주가 동향을 대표하는 코스피지수 … 032
- 선물·옵션 등 파생상품의 기준, KOSPI200 지수 … 034
- 코스닥지수에 대하여 … 035
- 코스피와 코스닥을 한눈에 볼 수 있는 KRX100과 KRX300 … 035
- [잠깐만요] 주식시장의 상하한가제도와 거래중지제도 … 036

투자 이야기 직접투자를 할 것인가, 간접투자를 할 것인가? … 037

003 주식투자가 적립식 펀드보다 좋은 이유 … 039
- 펀드투자는 간접투자, 주식투자는 직접투자! … 039
- 직접투자를 하는 이유 ① 목표수익률이 높다 … 040
- 직접투자를 하는 이유 ② 투자의 기동성과 환금성 면에서 유리하다 … 040
- 직접투자를 하는 이유 ③ 투자의 결실을 맛보는 기쁨이 훨씬 크다 … 041
- 그래도 펀드투자가 하고 싶다면? … 041
- [잠깐만요] ISA(개인종합자산관리)와 중개형 ISA … 047

004 주식투자 시기를 예측하라! … 048
- 경기변동과 주가는 동행한다 … 048
- 경제가 좋다, 나쁘다는 GDP성장률로 판단한다 … 051

| 잠깐만요 | GDP성장률은 무엇이며, 어떻게 알아보나? | 053 |
금리는 대부분 주가와 역행하지만 때로는 동행한다 | 054
코로나 팬데믹과 동학개미운동 | 056
통화량은 주가와 동행한다 | 057
환율은 주가와 역행하지만 동행할 때도 있다 | 058
주가는 경상수지가 흑자일 때 상승한다 | 060
인플레이션은 주가 상승, 디플레이션은 주가 하락 | 060
기업실적이 호전되면 주가는 올라간다 | 061
GDP 갭과 일드갭으로 증권시장 대세를 판단한다 | 062
| 잠깐만요 | 시장이 나쁠 때 주식투자자의 행동 강령 | 067
| 잠깐만요 | 공포가 주식시장을 지배할 때는 S&P500 VIX선물지수를 참고할 것! | 067
| 무작정 따라하기 | GDP 갭으로 경제의 호황과 불황 판단하기 | 068
| 무작정 따라하기 | 일드갭으로 주식투자의 유불리 판단하기 | 069

005 왕초보를 위한 주식투자 5계명 — 070

제1계명 - 주식투자로 손해볼 수 있다는 점을 인정하라! | 070
제2계명 - 목표수익률을 낮춰라! | 071
제3계명 - 하루 종일 모니터 앞에 앉아 있지 마라! | 071
제4계명 - 늘 계좌 잔고가 초기 투자금액이라고 생각하라! | 072
제5계명 - 계좌를 관리하라! | 073
| 잠깐만요 | 주식투자를 시작하는 데 필요한 여유자금은 최소 얼마? | 075

첫째 마당 — 주식투자, 매매부터 따라하자!

| 투자 이야기 | 계좌개설부터 시작하는 직접투자 따라하기 | 078

006 계좌부터 만들어보자! — 081

| 무작정 따라하기 | 계좌개설 무작정 따라하기 | 082
| 잠깐만요 | 그밖에 약정이 필요한 사항들 | 084
| 무작정 따라하기 | HTS 설치하기 | 085
| 잠깐만요 | 이제 모바일로 주식거래한다, MTS! | 087

007 홈트레이딩 시스템으로 시세 보기 — 088

홈트레이딩 시스템 살펴보기 | 088
| 무작정 따라하기 | 내 입맛에 맞게 화면 만들기 | 090

(무작정 따라하기) 그래프 불러오기	093
(잠깐만요) 차트분석, MTS로도 충분히 가능하다!	095
(무작정 따라하기) 업종별 지수 살펴보기	096

008 매매주문 방법의 종류 — 098

매매주문 방법의 종류	098
(잠깐만요) 정규 증권거래 시간 외에도 거래할 수 있을까?	101
(무작정 따라하기) 매매주문 무작정 따라하기	102
(무작정 따라하기) 스마트폰으로 똑똑하게 주식투자하기	103
(잠깐만요) 거래수수료는 얼마나 낼까?	106

009 주문을 낼 때 주의사항 — 108

분할매수, 분할매도를 하자!	108
계좌에 항상 일정한 현금을 남겨두자!	108
주문을 낼 때 한 번 더 확인하자!	109
미수매매는 절대 삼가자!	109
(잠깐만요) 주식매매차익에 대한 소득세	110
(잠깐만요) 예수금, 증거금, 대용금, 미수변제소요금은 뭘까?	111

둘째마당 ▶ 종목선정을 잘해야 돈 번다!

(투자 이야기) 가치투자를 무시한 증권사 영업 직원의 실수	114

010 가치투자, 흙 속의 진주를 발견하는 일 — 118

가치투자는 흙 속의 진주를 골라 투자하는 일	118
주가는 기업가치와 일치하려는 속성이 있다	120
주가는 왜 기업가치보다 큰 폭으로 움직일까?	121
(잠깐만요) 개인투자자가 중소형주와 코스닥 종목을 선호하는 이유는?	123

(투자 이야기) 가치투자로 성공한 투자 사례	124

011 저평가주가 돈벌어준다! — 131

| 저평가 종목을 고르는 4가지 방법 | 131 |

012 자기자본이익률(ROE)로 저평가주 고르기 — 133

- 저평가주 고르는 기준 ① 자기자본이익률(ROE) — 133
- [무작정 따라하기] 자기자본이익률(ROE)로 저평가주 고르기 — 136

013 주당순이익(EPS)과 주가수익비율(PER)로 저평가주 고르기 — 139

- 저평가주 고르는 기준 ② 주당순이익(EPS)과 주가수익비율(PER) — 139
- [무작정 따라하기] HTS에서 EPS, PER, PBR 등 투자지표 찾아보는 방법 — 146
- [잠깐만요] IFRS(국제표준회계) 도입이 가치평가 지표에 미치는 영향은? — 150
- [무작정 따라하기] 주당순이익(EPS)과 주가수익비율(PER)로 저평가주 고르기 — 151

014 이브이에비타(EV/EBITDA)로 저평가주 고르기 — 155

- 저평가주 고르는 기준 ③ 이브이에비타(EV/EBITDA) — 155
- [무작정 따라하기] 이브이에비타(EV/EBITDA)로 저평가주 고르기 — 158

015 주가순자산비율(PBR)로 저평가주 고르기 — 159

- 저평가주 고르는 기준 ④ 주가순자산비율(PBR) — 159
- [무작정 따라하기] 주가순자산비율(PBR)로 저평가주 고르기 — 161
- ROE는 높을수록, PER, EV/EBITDA, PBR은 낮을수록 좋다 — 164
- [잠깐만요] 주가매출액비율(PSR)도 확인하자! — 164

[투자 이야기] 우량주와 좋은 주식 매수 사례 — 165

016 좋은 주식은 어떤 주식인가? — 170

- 좋은 주식과 우량 주식은 따로 있다! — 170
- 좋은 주식을 고르기 위해 알아야 할 것 — 171
- [잠깐만요] 자본금 규모와 업종별 구분 — 177
- [잠깐만요] 투자에 앞서 기업의 자본잠식 여부 확인은 필수! — 177
- [잠깐만요] 거래소 상장퇴출제도와 K-OTC 및 코넥스시장에 대하여 — 178

017 주도주, 테마주 고르기 — 179

- 좋은 주식을 고르려면 주도주와 테마주를 골라라! — 179
- [무작정 따라하기] 주도주와 테마주를 알아내는 3가지 요령 — 185

018　외국인/기관 투자 따라하기　　　　　　　　　　　　　　190

외국인이란?　　　　　　　　　　　　　　　　　　　　　　　190
외국인 투자형태 4가지　　　　　　　　　　　　　　　　　　191
국내 기관투자가의 투자형태는 외국인과 다를까?　　　　　　　194
외국인 및 기관 매매는 어떻게 참고하나?　　　　　　　　　　195

019　돈 되는 정보 수집 따라하기　　　　　　　　　　　　　　196

정보에도 옥석이 있다?　　　　　　　　　　　　　　　　　　196
돈 되는 정보 ① 공시에 숨어 있다　　　　　　　　　　　　　199
돈 되는 정보 ② 산업과 기업에 관한 증권사 리서치 자료　　　199
돈 되는 정보 ③ 신문 구독하기　　　　　　　　　　　　　　200
[잠깐만요] 기업공시를 알려면?　　　　　　　　　　　　　　201
[잠깐만요] 인공지능이 알려주는 투자정보, 진짜로 돈이 될까?　202

020　HTS로 기업분석 따라하기　　　　　　　　　　　　　　203

상장기업분석 필수 체크리스트　　　　　　　　　　　　　　204

021　종목선정의 원칙 종합 정리하기　　　　　　　　　　　　208

관심종목 창에 등록　　　　　　　　　　　　　　　　　　　211
[잠깐만요] 투자자가 업황을 직접 예측하는 방법　　　　　　　211

022　분산투자 따라하기　　　　　　　　　　　　　　　　　　214

왜 분산투자를 해야 하나?　　　　　　　　　　　　　　　　214
분산 포트폴리오의 3가지 유형　　　　　　　　　　　　　　216
분산투자 시 종목연구는 필수　　　　　　　　　　　　　　　217

023　해외주식투자 따라하기　　　　　　　　　　　　　　　　218

해외 종목을 포트폴리오 구성에 포함시켜야 하는 이유　　　　218
해외주식투자, 어느 국가, 어떤 종목에 투자할 것인가?　　　　219
미국증시에 투자하기　　　　　　　　　　　　　　　　　　220
미국증시 주요 ETF　　　　　　　　　　　　　　　　　　　220
미국주식 관심종목　　　　　　　　　　　　　　　　　　　226
중국증시에 투자하기　　　　　　　　　　　　　　　　　　227
국내 설정 해외 ETF　　　　　　　　　　　　　　　　　　　227
해외주식 계좌 만들고 매매하기　　　　　　　　　　　　　　228
거래세, 매매차익에 대한 양도소득세, 배당금에 대한 세금　　　230

셋째마당

차트는 주가를 예측한다

투자 이야기 차트로 매매시점 감잡기	234
024 차트는 주가를 예측한다	**237**
매수세가 강하면 강세시장, 매도세가 강하면 약세시장	237
대표적인 기술적 분석 방법은 차트!	238
025 봉차트란 무엇인가?	**240**
봉차트란?	240
봉 그리는 방법	242
[무작정 따라하기] 봉 그리기	243
026 봉차트와 연결봉으로 주가 예측하기	**244**
봉차트로 매매전략 살펴보기	244
연결봉으로 매매전략 살펴보기	250
[잠깐만요] 봉차트 볼 때 참고해야 할 몇 가지 사항	250
[잠깐만요] 갭이란 무엇인가?	255
[잠깐만요] 적삼병(赤三兵)과 흑삼병(黑三兵)	256
027 추세선으로 매매시점 파악하기	**257**
추세선이란 무엇인가?	257
[잠깐만요] 추세선의 신뢰도	258
추세선을 이용한 4가지 매매 방법	259
[무작정 따라하기] 추세선으로 투자 판단하기	263
[무작정 따라하기] 추세선으로 매매시점 판단하기	264
028 이동평균선을 따라 마음 편히 매매하기	**267**
이동평균선의 의미와 작성 방법	267
이동평균선 활용 방법 ① 주가의 방향을 파악하는 데 활용한다	269
이동평균선 활용 방법 ② 매수·매도시점을 파악하는 데 활용한다	269
이동평균선 활용 방법 ③ 지지선과 저항선으로 활용한다	271
[무작정 따라하기] 이동평균선 보고 투자 판단하기 1	272
이동평균선 활용 방법 ④ 장·단기 이동평균선을 이용한 투자 판단에 활용한다	275
[잠깐만요] 골든크로스와 데드크로스는 무엇이며, 어떻게 활용하는가?	277
[무작정 따라하기] 이동평균선 보고 투자 판단하기 2	279

029 패턴분석으로 매매시점 알아보기 — **282**

패턴분석이란? — 282
패턴별 투자 포인트 — 283
[무작정 따라하기] 패턴분석으로 매매시점 알아보기 — 291

030 거래량 분석으로 세력의 힘 느끼기 — **295**

거래량 분석 감잡기 — 295
[무작정 따라하기] 거래량 분석으로 세력의 힘 느끼기 — 298

031 보조지표 활용하기 — **302**

보조지표 감잡기 — 302
추세 분석지표 - MACD — 304
[잠깐만요] 그물망 차트 — 305
모멘텀 분석지표 ① Stochastic Fast&Slow — 306
[무작정 따라하기] 스토캐스틱으로 매매시점 알아보기 — 308
모멘텀 분석지표 ② 이격도 — 310
[무작정 따라하기] 이격률로 매매시점 알아보기 — 311
모멘텀 분석지표 ③ 투자심리선 — 312
모멘텀 분석지표 ④ P&F차트 — 313
[무작정 따라하기] P&F차트로 매매시점 알아보기 — 314
모멘텀 분석지표 ⑤ Renko — 315
시장강도 지표 ① OBV — 316
[잠깐만요] 역시계곡선이란? — 316
시장강도 지표 ② 매물대 — 317
[무작정 따라하기] 매물대로 지지와 저항 알아보기 — 318
차트분석 종합 정리 — 320
차트가 애매하거나 서로 다른 신호를 보낼 때는? — 321
[무작정 따라하기] 매수와 매도시점 찾기 — 323

032 차트로 투자 시기 예측하기 — **327**

대세 판단 요령 ① 그래프로 판단하기 — 327
대세 판단 요령 ② 엘리어트 파동이론으로 판단하기 — 329
[무작정 따라하기] 엘리어트 파동이론에 따른 주가조정폭 살펴보기 — 334
대세 판단 요령 ③ 다우 추세이론으로 판단하기 — 335
[무작정 따라하기] 다우의 6개 국면 살펴보기 — 338
[잠깐만요] 금융장세 또는 실적장세라는 말이 무슨 뜻이지? — 339

| 033 | 관심종목 매매원칙 종합 정리하기 | **340** |

매수시점 선택의 4대 원칙 · 340
(잠깐만요) 개별종목의 목표가격은 어떻게 예측하나? · 341
매도시점 선택의 5대 원칙 · 342
이익의 극대화를 위해 손절매가 필요하다 · 343
(잠깐만요) 물타기를 해야 하나, 말아야 하나? · 344
(잠깐만요) 손절매는 언제 하는 것이 좋은가? · 345

넷째 마당 · 배당투자 따라하기

(투자 이야기) 배당투자가 주는 즐거움 · 348

| 034 | 재산을 불리는 배당투자 | **352** |

재산 형성 수단으로 각광받는 배당투자 · 352
배당투자 유망기업 선정 요령 · 353
(무작정 따라하기) 시가배당률이 높은 기업 고르는 요령 · 355
적절한 배당투자 시기는? · 356
저금리 시대에 새롭게 떠오르는 인컴 ETF · 356
(잠깐만요) 배당금 지급 시기와 세금에 관하여 · 358
(잠깐만요) 배당투자 유망기업과 최소 투자금액 · 359

다섯째 마당 · 장·단기 투자 따라하기

(투자 이야기) 10년 동안 11배 수익을 낸 유원칙 사장 · 362

| 035 | 은행이자보다 높고 안전한 장기투자 | **364** |

대형주는 안정성, 중소형주는 성장성이 특징 · 364
대형주가 유리할까, 중소형주가 유리할까? · 365
경제적 해자가 있는 기업에 장기투자하라 · 366
소수의 유망종목 선정 기준 · 368
장기투자 시에도 기업가치의 변화를 주시해야 한다 · 370

| 투자 이야기 | 단기매매 감잡기 | 372 |

036 소수의 프로가 하는 단기매매 — **373**

단기매매란? — 373
단기매매는 시황이 좋을 때 한다 — 374
시황을 분석하려면 증시 수급을 고려하라 — 376
[잠깐만요] 필라델피아 반도체지수는 뭘까? — 379
단기매매 종목선정의 4가지 원칙 — 380
단기매매 시점선정의 5가지 원칙 — 381
[잠깐만요] 단기매매 시 기타 참고사항 — 385

여섯째마당 ▶ 선물·옵션 투자 따라하기

| 투자 이야기 | 9·11테러와 옵션투자 이야기 | 388 |

037 파생상품이란 무엇인가? — **391**

파생상품이란? — 391
파생상품은 현물주식을 자산으로 2차적으로 만든 것 — 392
파생상품 거래는 왜 필요한가 — 392
파생상품에는 어떤 특성이 있는가 — 394

038 주가지수 선물거래란? — **396**

선물거래 감잡기 — 396
주가지수 선물거래란? — 397
주가지수 선물의 거래제도 — 398
[잠깐만요] 파생상품 투자자 자격 강화! — 399
[잠깐만요] 선물계좌를 개설하려면? — 400
[무작정 따라하기] 매매대상인 선물의 증거금 알아보기 — 401
[무작정 따라하기] 지수선물의 종목 알아보기 — 402
[무작정 따라하기] 나의 자금으로 지수선물을 살 수 있는 계약수 알아보기 — 403
선물거래의 종류 — 404
선물의 수탁제도 — 405
선물 이론가격 — 407
[잠깐만요] 선물 현재가 창 살펴보기 — 408
[잠깐만요] 주식선물이란? — 409

039 주가지수 선물거래 4가지 투자기법 — 410

선물거래 투자기법 ① 헤지거래 — 410
선물거래 투자기법 ② 투기거래 — 412
[무작정 따라하기] 완전 헤징 계산해보기 — 413
선물거래 투자기법 ③ 차익거래 — 419
선물거래 투자기법 ④ 스프레드 거래 — 420
[잠깐만요] 프로그램 매매란? — 421

040 주가지수 옵션거래란? — 422

옵션거래 감잡기 — 422
KOSPI200 지수옵션거래제도 — 424
[무작정 따라하기] 옵션 결제월 알아보기 — 429
[무작정 따라하기] 옵션가격 알아보기 — 430

041 주가지수 옵션거래 6가지 투자기법 — 432

옵션거래 투자기법 ① 콜옵션 매수 — 432
옵션거래 투자기법 ② 콜옵션 매도 — 432
옵션거래 투자기법 ③ 풋옵션 매수 — 433
옵션거래 투자기법 ④ 풋옵션 매도 — 434
옵션거래 투자기법 ⑤ 스트래들 매수와 스트래들 매도 — 434
옵션거래 투자기법 ⑥ 스트랭글 매수와 스트랭글 매도 — 435
옵션과 위험관리 — 435
옵션의 위험관리 방법 — 436
[무작정 따라하기] 지수옵션 투자전략 알아보기 — 437

찾아보기 — 438

- **001** 주식이 뭐예요?
- **002** 종합주가지수는 어떻게 만들어지나요?
- **003** 주식투자가 적립식 펀드보다 좋은 이유
- **004** 주식투자 시기를 예측하라!
- **005** 왕초보를 위한 주식투자 5계명

준비 마당

주식투자 감잡기

주식투자 무작정 따라하기

 투자 이야기

주식과 기업은 불가분의 관계

오랜만에 만난 대학 선후배 사이인 김부자씨와 강알짜씨. 직장인들이 만나 하는 이야기가 늘 그렇듯, 돈 이야기가 빠지지 않고 나옵니다.
"김 선배, 돈 좀 벌 데 없을까요?"
"요즘 주식이 뜬다던데, 뭘 알아야 투자를 하지. 아, 맞다! 알짜야, 내 친구가 길벗이란 회사에 다니는데, 그 회사가 곧 코스닥에 상장한대. 지금 증권사에서 공모주 청약을 받는다고 하더라. 너도 목돈 있으면 공모주 청약 한번 해보는 게 어때?"
돈 이야기에 눈이 번쩍 뜨인 강알짜씨, 바짝 다가앉으며 관심을 보입니다.
"공모주 청약이 뭐예요? 선배는 그런 것도 알고 대단하네."
으쓱해진 김부자씨, 장광설을 늘어놓습니다.
"코스닥에 상장하려면 기업을 공개하면서 주식을 일반인에게 판매하는데 이걸 공모라고 해. 공모주를 사기 위해 청약서류를 작성하고 청약증거금을 내는 것을 공모주 청약이라고 하고. 공모주를 사두면 수익이 꽤 짭짤한 경우가 많다더라. 게다가 내 친구가 직접 길벗이 탄탄한 회사니까 공모주를 사라고 적극 추천한 걸 보면 괜찮을 것 같아. 어때, 너도 한번 해볼래?"
"음…. 길벗이란 회사에 대해 좀 더 알아본 후에 괜찮으면 나도 해볼래요."

주식이 뭐예요?

왕초보 여러분이 주식투자를 본격적으로 시작하기 전에 꼭 알아야 할 내용을 점검해보겠습니다. 외우려 하지 말고, '주식이라는 게 이런 거구나' 하고 감을 잡는 데 중점을 두세요.

주식이란 무엇인가?

 알아두세요

주식과 증권은 같은 말인가요?
일반적으로 증권이라고 하면 주식과 채권을 의미합니다. 하지만 증권의 본래 의미는 소유권을 의미하는 증서입니다. 그 자체가 재산권으로서 주식, 채권뿐 아니라 어음, 수표, 보험증서 등 다양한 종류를 포함합니다.

주식에 대해 알아보기 전에 주식회사에 대해 먼저 알아볼까요?
주식회사는 한 사람이 만든 회사가 아니라 여러 사람이 돈을 투자해 만든 회사입니다. 그런 만큼 책임과 권한도 나눠 갖지요. 물론 꼭 코스닥이나 코스피시장에 상장하지 않아도 주식회사는 설립할 수 있습니다.
복잡한 주식회사 설립 절차를 알 필요는 없지만 하나만 짚어볼까요?
주식회사를 설립하려면 '자본금 규모와 1주당 금액'을 신고해야 합니다. 예를 들어 '길벗'이란 주식회사를 설립할 때 자본금 신고액이 1억원이라고 합시다. 1주의 금액(액면가)이 10,000원이라면 주식을 10,000주 발행해야 합니다. 그럼 투자자들은 자신이 투자한 금액만큼 10,000주의 주식을 나누어 갖게 됩니다(10명이 1,000만원씩 투자했다면 1인당 1,000주). 한마디로, 주식은 투자액에 대한 증표라 할 수 있습니다. 여러분이 길벗에 투자해 길벗 주식 10,000주 중에 1주라도 가지고 있으면 길벗의 주주가 되는 것이지요.

자본금과 주식의 상관관계 — 증자, 감자

주식회사의 자본금은 늘기도 하고 줄기도 합니다. 늘어나면 증자(增資)라 하고, 줄어들면 감자(減資)라 하지요.

여기서 잠깐, 증자, 감자와 주식의 관계를 살펴볼까요?

증자는 기업이 주식을 추가로 발행해 자본금을 늘리는 것을 말합니다. 새로 발행하는 주식을 돈을 받고 팔면 유상증자, 공짜로 주면 무상증자라고 하지요. 앞의 투자 이야기에서 언급된 공모주 청약은 거래소 상장 요건에 맞추기 위해 길벗이 기발행 주식을 일반인에게 판매(기존 주식의 매출이므로 주식수의 증가는 없음)하거나 일반인을 대상으로 신규로 투자자를 모집하는 경우로, 길벗이 판매 혹은 모집하는 주식을 일반인들이 청약하는 것을 말합니다. 이 중 신규로 투자자를 모집하는 경우라면 유상증자(주식수가 증가하므로 자본금도 증가함)에 해당한다고 할 수 있습니다.

감자는 기업의 규모를 축소하거나 합병할 때 자본금을 줄이는 것을 말합니다. 유상감자는 주주에게 현금을 돌려주고 주식수를 줄이는 것을 말하고, 무상감자는 자본잠식이 있을 때 기업이 재무구조를 건실화하기 위해 아무런 대가 없이 주식수를 줄이는 것을 말합니다. 따라서 무상감자의 경우 주주는 감자액 비율만큼 손실을 보게 됩니다.

 알아두세요

공모주 청약
기업이 상장을 위해 기업을 공개하는 과정에서 자사의 주식을 일반인에게 매각하거나 신주를 발행해 청약자를 모집하는 것을 공모라 하고, 공모주를 사기 위해 청약서류를 작성하고 청약증거금을 내는 절차를 공모주 청약이라고 합니다.

상장(上場, listing)
시장에 명패를 내건다는 뜻으로, 주식이 코스닥이나 코스피시장에서 매매될 수 있도록 한국거래소에서 자격을 부여하는 것을 말합니다.

알아두세요

무상증자 권리락이 뭔가요?

10,000원짜리 주식을 100주 가지고 있던 주주가 50% 무상증자를 받으면 주식수가 150주로 불어납니다. 하루아침에 50% 수익을 얻는 것과 마찬가지죠. 그런데 세상에 이렇게 눈먼 돈은 없습니다. 무상증자 이전에 주가를 낮추어 증자 전 수익률과 비슷하게 만드니까요. 바로 이것을 권리락이라고 하는데, 늘어난 150주의 가치가 증자 이전 수준인 100만원이 되도록 1주당 주가를 낮추는 것을 말합니다. 보유 주식수가 늘어도 수익률은 증자 이전과 같도록 하는 것이죠.

할인율이 뭔가요?

유상증자에서는 주주들의 청약을 유도하기 위해 10~30%의 할인율을 적용해 시장가격보다 낮게 신주를 발행합니다. 따라서 유상증자를 받을 때는 할인율이 높을수록 유리합니다.

무상증자와 유상증자, 언제나 호재인가?

무상증자는 주주에게 주식을 공짜로 나누어주는 것이므로 누구나 호재로 받아들입니다. 그러나 기업의 재무 측면에서 살펴보면, 기업 내부에 쌓아두었던 유보금을 헐어내 그 금액만큼 주식을 발행한 뒤 주주들에게 공짜로 나누어주는 것이므로 기업의 전체 가치, 즉 자산의 크기에는 변화가 없습니다. 다만, 주식수가 늘어난 만큼 1주당 가치는 감소합니다.

따라서 이론적으로는 무상증자 비율만큼 주가가 하락해야 맞지만, 현실적으로 무상증자 권리락은 그보다 적게 떨어지는 경향이 있습니다. 예를 들어 주가가 10만원인 A사 주식을 100주 보유하고 있을 경우 20% 무상증자를 받는다고 가정해봅시다. 주식수가 120주로 늘어나는 대신 주가는 무상증자 비율만큼 하락해 80,000원으로 떨어져야 맞지만, 실질적인 무상증자 권리락 주가는 대략 85,000~90,000원 선에 형성되는 경향이 있습니다. 갑자기 주가가 큰 폭으로 떨어지면 무상증자 사실을 잊어버리고 주가가 싸 보이는 착시현상이 생겨 매수세력이 몰리기 때문입니다. 그러므로 장기적인 관점에서 보면 무상증자는 호재도 악재도 아닌 셈이 됩니다. 과거에는 무상증자 재료로 주가가 상승하는 경향이 많았지만, 최근에는 호재로서의 효과가 미약한 편입니다.

유상증자는 증자 규모와 할인율에 따라 호재가 되지 못하고 오히려 악재로 작용하기도 합니다. 할인율은 낮은 데 비해 증자 규모가 큰 경우에는 증자 후 물량 부담으로 인해 주가가 하락할 수도 있기 때문입니다.

반면 증권시장이 상승세를 타고 있을 때는 자동차 액셀러레이터를 밟은 것과 같이 수익률이 높아질 수도 있습니다. 따라서 유상증자는 기업 전망이 좋거나 증권시장 전망이 좋을 때는 상당한 호재이므로 청약을 하는 것이 좋습니다. 결국 증자 후 주가를 전망해보고 유상증자를 받을 것인지 받지 않을 것인지를 결정하면 됩니다.

알아두세요

공모주 청약은 어떻게 하나요?

공모주 청약을 대행하는 증권사에 계좌가 있어야 합니다(비대면 계좌개설도 가능). 청약은 보통 이틀간 진행하고, 오전 8시부터 오후 6시까지 가능합니다.

청약증거금을 입금한 후 청약일에 HTS나 스마트폰에서 '공모주/실권주청약' 창을 클릭하고 청약 주수를 신청합니다. 청약증거금은 청약 전에 청약금액의 50%만 증권계좌에 입금되어 있으면 됩니다.

공모주 배정은 기관배정분(75%)을 제외하고 일반배정분 25% 중 50%는 계좌수로 균등 배분하고, 나머지 50%는 청약금액에 비례해 나누어 줍니다.

공모주 청약은 언제나 이익이 되나요?

일반적으로 공모가는 시장가격보다 낮게 책정되는 경향이 있으므로 공모주 청약이 이익이 되는 경우가 많습니다. 다만 동일업종의 주가와 상대평가를 하기 때문에 증권시장이 과열되어 있을 때는 공모가가 높게 책정되는 경우도 있습니다. 이럴 경우 상장 이후 주가가 공모가보다 하락할 가능성이 높습니다. 예를 들면 2006년 상장된 롯데쇼핑과 2010년 상장된 삼성생명은 상장 후 주가가 오랫동안 공모가를 넘지 못했습니다. 그러나 예를 들면 삼성바이오로직스와 같이 기업의 성장성을 보고 청약한 투자자라면 눈앞의 주가 흐름에 일희일비하지 않고 장기보유해야 더욱 큰 수익을 낼 수 있습니다.

주식은 사고팔 수 있는 것 ─ 유통시장, 발행시장

주식은 사고팔 수 있습니다. 주식을 사고파는 곳, 즉 주식시장은 유통시장과 발행시장으로 나뉩니다.

유통시장은 대형 우량주를 주로 거래하는 '코스피'와 벤처기업 주식을 거래하는 '코스닥'과 같이 이미 발행된 주식을 일반인들끼리 사고파는 시장을 말하고, **발행시장**은 신규 상장이나 공모주 청약을 통해 자금 수요자인 기업이 주식을 새로 발행하여 자금 공급자인 투자자들에게 최초로 판매하는 시장을 말합니다.

유통시장과 발행시장을 통틀어 증권시장이라고 하는데, 증권시장이 있어 기업은 필요한 자금을 조달할 수 있고, 개인과 기관투자가는 자금을 효율적으로 운용할 수 있는 기회를 갖게 됩니다. 현대사회에서는 증권을 통해 부가 형성되기도 하고 분배되기도 하므로 현대사회를 증권자본주의 사회라고도 합니다. 따라서 증권시장의 발달 정도를 보면 그 나라의 자본주의 발달 정도를 측정해볼 수 있습니다.

전자증권제도 시행

한국예탁결제원은 2019년 9월 16일부터 종전의 실물증권 발행 제도를 폐지하고 전자증권제도를 도입했습니다. 전자증권제도란 증권의 발행, 유통, 권리행사 등의 실무를 실물증권 없이 전자 등록 방법으로만 처리하는 것입니다. 대부분의 OECD 국가가 전자증권제도를 도입하고 있습니다.

주당순이익(EPS)과 주가수익비율(PER)에 대해서는 둘째 마당 13장에서 설명합니다.

아리송하면서도 복잡한 액면가의 의미

LG생활건강 주가가 150만원이고, NAVER 주가가 30만원이라면 어느 것이 고가주일까요?

당연히 LG생활건강이 고가주입니다. 그러나 LG생활건강 주식의 액면가는 5,000원이고, NAVER 주식의 액면가는 100원입니다. 따라서 같은 액면가 5,000원을 기준으로 보면 NAVER가 1,500만원으로 LG생활건강보다 훨씬 높습니다.

상장기업은 1주당 발행가격을 6종류, 즉 100원, 200원, 500원, 1,000원, 2,500원, 5,000원 중 하나를 선택하여 발행할 수 있으며 액면가가 기재되어 있지 않은 무액면주식도 발행이 가능합니다.

액면가와 관련해 자주 거론되는 액면분할과 액면병합에 대해서도 알아볼까요?

예를 들어 액면분할은 1주를 10주로 쪼개 자본금의 변동 없이 주식수를 늘리는 것을 말하고, 자본금의 변동 없이 10주를 1주로 합치는 것을 액면병합이라고 합니다.

액면가를 분할하는 이유는 주식수를 늘리는 대신 주가 수준을 낮추어 소액투자자들의 고가주에 대한 부담을 줄여줌으로써 유동성을 높이기 위함입니다. 또한 주가를 부양하기 위한 방편일 수도 있습니다. 액면가를 5,000원에서 500원으로 10:1로 낮추면 주식수가 10배 증가하는 만큼 주가도 1/10로 떨어져야 하지만, 실제로는 주가가 상대적으로 작은 폭으로 떨어지기 때문에 주가가 부양되는 경우가 많습니다. 코스피시장 대표 주식인 삼성전자의 경우 2018년 5월 액면가 5,000원을 100원으로 낮춰 50:1로 액면분할했습니다. 주식수가 50배 늘어난 대신 주가는 1/50로 낮아진 것입니다.

지금은 유상증자를 할 때 시가(시장가격)를 기준으로 할인하여 증자하기 때문에 액면가의 의미가 갈수록 퇴색되고 있으며, 실질적인 무액면 상태가 되고 있습니다. 예를 들어 액면가가 100원인 NAVER가 시가할인 방식으로 유상증자를 하여 주당 불입가액이 10만원이라고 한다면 액면가 100원은 의미가 없을 것입니다. 그러므로 주가가 싸다, 비싸다고 판단할 때는 단순히 주가의 높고 낮음만을 볼 것이 아니라 주당순이익(EPS) 또는 주가수익비율(PER) 등 기업가치 평가 기준을 참고해야 합니다. 그럼에도 액면가는 꼭 확인해보는 것이 좋습니다.

종합주가지수는 어떻게 만들어지나요?

종합주가지수는 우리나라 주가 수준과 주가 동향을 나타내는 대표적인 지수입니다. 매일 뉴스에서 오늘의 종합주가지수를 알려주지요? 이번 장에서는 종합주가지수 산출 방법과 지수의 연속성을 유지하기 위한 지수 수정 방법을 알아보겠습니다.

주가 동향을 대표하는 코스피지수

종합주가지수는 어떻게 산출하나?

종합주가지수는 한국거래소에 상장된 모든 주식을 대상으로 산출합니다. 유가증권시장은 코스피(KOSPI: Korea Stock Price Index)로 나타내고, 코스닥시장은 코스닥지수로 나타냅니다. 한국의 대표적인 기업은 대부분 유가증권시장에 상장되어 있기 때문에 종합주가지수라고 하면 코스피를 지칭한다고 생각하면 됩니다.

$$종합주가지수(KOSPI) = \frac{비교시점의\ 시가총액}{기준시점의\ 시가총액} \times 100$$

> **알아두세요**
>
> 종합주가지수를 산출할 때 우선주는 포함하지 않습니다. 우선주는 보통주와 달리 의결권이 없는 대신 배당이나 잔여 재산 분배에 우선권이 주어지는 주식으로, 경영에는 별 관심이 없고 배당과 수익에 관심이 많은 사람이 사는 주식입니다. 가격은 보통주의 60~80% 선입니다.

종합주가지수는 1980년 1월 4일을 기준시점으로 하여, 기준시점의 시가총액을 100으로 놓고, 이를 기준으로 비교시점의 시가총액이 얼마인가를 계산해 산출합니다. 2016년 6월 기준 코스피지수가 2,000이면 36년간 지수가 20배 오른 셈입니다.

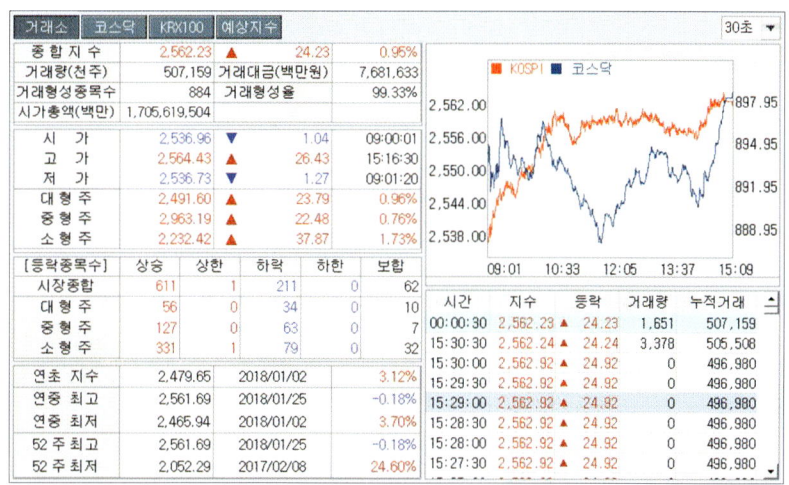

종합주가지수 창은 거래소와 코스닥, KRX100 등으로 구분되며 지수, 등락률, 시가, 고가, 저가 등이 있습니다. 또한 자본금 규모별 상승 종목수와 하락 종목수, 연초 지수, 연중 최고 지수, 연중 최저 지수가 있고 오른편에는 당일 주가 흐름을 시간대별 그래프로 나타냅니다.

알아두세요

외국의 주가지수

전 세계 대부분의 증권거래소는 우리나라와 같이 시가총액 방식으로 주가지수를 산정해 발표하고 있습니다. 다만 미국의 다우존스지수(DJIA: Dow Jones Industrial Average)는 대표적인 블루칩인 30개 회사의 주가를 단순 평균해서 발표하고 있고, 일본 닛케이225지수는 225개 회사의 주가를 단순 평균해서 발표하고 있습니다.

종합주가지수 수정은 어떻게 하나?

신규 상장이나 상장 폐지 또는 유·무상증자 등으로 상장주식에 변화가 있을 때는 종합주가지수의 연속성을 유지하기 위해 종합주가지수를 수정합니다. 이때 지수를 계산하는 '비교시점'이 아니라 '기준시점'의 시가총액을 수정하는 방식을 취합니다.

$$수정종합주가지수 = \frac{비교시점의\ 시가총액 \pm (시가총액\ 증감분)}{기준시점의\ 시가총액 \pm (시가총액\ 증감분 \times 1/10)} \times 100$$

예를 들어 기준시점(1980년 1월 4일)의 시가총액이 10조원이고, 현재 시가총액이 100조원이라면 종합주가지수는 1,000포인트가 됩니다. 이때 시가총액 1조원인 A라는 회사가 신규 상장되면 시가총액이 101조원으로 늘어남에 따라 종합주가지수가 1,010포인트가 되어 지수가 10포인트나 상승하는 모순이 생깁니다. 이러한 모순을 없애기 위해 A회사의 시가총액을 1/10로 줄여 기준시점의 시가총액에 더해 계산하는 방식을 취합니다. 결국 기준시점의 시가총액을 수정해나가는 방법이라고 할 수 있습니다.

$$\text{A사 상장 후 수정종합주가지수} = \frac{100조원 + 1조원}{10조원 + 1,000억원\ [1조원 \times 1/10]} \times 100$$

$$= 1,000포인트$$

머릿속이 복잡하다고요? 여러분이 종합주가지수를 일일이 계산할 필요는 없습니다. '이렇게 계산되는구나' 하고 알아두기만 하세요.

선물·옵션 등 파생상품의 기준, KOSPI200 지수

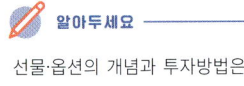
알아두세요

선물·옵션의 개념과 투자방법은 여섯째 마당에서 다루었습니다.

KOSPI200 지수는 코스피시장에 상장되어 있는 종목 중 시장 대표성·업종 대표성·유동성(거래량의 정도) 등을 고려해 200개 종목을 선정한 후, 1990년 1월 3일 기준 시가총액을 100으로 하여 출발한 지수입니다. 200개 종목의 시가총액이 시장 전체 시가총액의 약 85%를 차지하여 코스피와 거의 동일하게 움직입니다. 현재 주가지수 선물이나 주가지수 옵션 등 주가지수를 기초로 하는 파생상품은 KOSPI200 지수를 기준으로 하고 있습니다.

코스닥지수에 대하여

코스닥지수는 1997년 10월 코스피와 똑같은 방법으로 코스닥시장에 상장된 전 종목의 시가총액을 계산해 지수 1,000으로 출발했습니다. 코스닥지수는 2000년 초 벤처기업 열풍을 타고 상승을 지속해 한때 2,800 포인트를 넘기도 했으나 그 후 250포인트대까지 하락했다가 최근에 600~900포인트대로 회복되었습니다.

알아두세요

유동주식이란?
총발행주식에서 비유동성 주식을 뺀 주식을 말합니다. 비유동성 주식은 최대주주 및 특수관계인 지분, 정부 지분, 자사주 및 자사주 펀드 지분, 우리사주 지분, 채권단 지분 등 매각이 제한된 지분을 말합니다. 비유동성 주식은 지수 산정에 반영되지 않기 때문에 유동성 주식의 수가 많고 적음에 따라 개별종목의 주가가 지수에 미치는 영향력이 달라집니다.

코스피와 코스닥을 한눈에 볼 수 있는 KRX100과 KRX300

KRX100은 한국거래소에서 유가증권시장과 코스닥시장을 통틀어 대표 우량주이면서 유동성이 있는 종목 100개를 선정한 다음 2001년 1월 초의 시가총액을 1,000으로 하여 만들어진 지수로, 2005년 6월부터 발표되었습니다. 한국증시를 대표하는 지수로서의 의미를 가지며, 구성 종목은 매년 6월 둘째 주 금요일에 정기적으로 조정됩니다.

| 주요 지수 특징 비교 |

구분	코스피시장		코스닥시장		코스피, 코스닥 통합시장	
	코스피(KOSPI)	코스피200	코스닥(KOSDAQ)	코스닥150	KRX100	KRX300
구성 방법	시가총액 (상장주식수×주가)	시가총액 (유동주식수×주가)	시가총액 (상장주식수×주가)	시가총액 (유동주식수×주가)	시가총액 (유동주식수×주가)	시가총액 (유동주식수×주가)
종목수	상장 전 종목	상위 200종목	상장 전 종목	상위 150종목	상위 100종목	상위 300종목
기준시점	1980년 1월 4일	1990년 1월 3일	1997년 10월 1일	2010년 1월 4일	2001년 1월 2일	2010년 1월 4일
기준지수	100	100	1,000	1,000	1,000	1,000
특징	코스피시장을 대표하는 지수	코스피시장 파생상품(선물, 옵션, ETF, ETN 등)의 기준이 되는 지수	코스닥시장을 대표하는 지수	코스닥시장 파생상품의 기준이 되는 지수	코스피와 코스닥시장 통합 대표 지수	코스피와 코스닥시장 통합 대표 지수

알아두세요

증권거래가 가능한 시간

2025년 3월 4일부터 한국거래소(KRX) 외에 대체거래소(NXT)가 발족되어 오전 8시부터 오후 8시까지 하루 12시간 증권거래를 할 수 있게 되었습니다. 그러나 '정규증권거래시간'은 한국거래소 기준으로 오전 9시부터 오후 3시 30분까지입니다.

잠깐만요

주식시장의 상하한가제도와 거래중지제도

주식시장의 상한가, 하한가는 무엇인가?

우리나라에서는 선의의 투자자를 보호하기 위해 개별 주식의 가격변동폭을 제한하고 있습니다. 즉, 전일 종가 기준으로 30% 이상 오르거나 내릴 수 없게 하는데, 이를 상한가·하한가라고 합니다(2015년 6월 15일부터 가격제한폭이 상하 15%에서 30%로 확대되었습니다). 예를 들면 전일에 20,000원이었던 주식은 오늘 최고 26,000원(+30%)까지 오를 수 있고(상한가), 최저 14,000원(-30%)까지 떨어질 수 있습니다(하한가).

가격제한폭의 확대로 시장이 불안정해지지 않을까 하는 우려도 있으나 주식투자 활성화와 원활한 자금 흐름을 기대하는 측면도 있습니다. 미국, 유럽 등 선진국은 가격제한폭이 없으며 자본시장 발달 정도가 낮은 국가일수록 가격제한폭이 좁습니다.

주식시장에서 거래가 중지될 때는?

주식시장에는 주가가 지나치게 큰 폭으로 급등락할 때 투자심리를 진정시키고 다수의 투자자들이 관련 정보를 공유할 시간을 주기 위해 매매를 일시적으로 지연시키거나 정지시키는 제도가 있습니다. 하나는 사이드카(Sidecar)이고, 다른 하나는 서킷브레이커(Circuit Breakers)입니다. 그 내용은 다음과 같습니다.

- **사이드카:** 선물가격이 전일 종가 대비 5% 이상 상승 또는 하락해 1분 이상 지속될 때 발동하며, 일단 발동되면 주식시장의 프로그램 매매 호가 효력이 5분간 정지됩니다. 그러나 5분이 지나면 자동적으로 해제되어 매매체결이 재개됩니다.
주식시장 매매거래 종료(장종료) 40분 전부터는 발동할 수 없으며, 1일 1회에 한해 발동할 수 있습니다.

- **서킷브레이커:** 주가가 갑자기 급등락하는 경우 시장에 미치는 충격을 완화하기 위해 주식매매를 일시 정지하는 제도로, '주식거래중단제도'라고도 합니다. 2015년 6월 15일부터 주식시장의 가격제한폭이 확대됨에 따라 하루 1회 발동되던 것에서 3단계(8%, 15%, 20%)에 걸쳐 발동되는 것으로 변경되었습니다.
1단계는 종합주가지수가 전일에 비해 8% 이상 하락해 1분 이상 지속되는 경우로, 모든 주식거래를 20분간 중단한 후 10분간 새로 호가를 접수해 단일가격으로 처리합니다. 그 다음 단계인 15% 이상 하락한 경우에도 동일하게 진행됩니다. 하지만 3단계 상황이 닥치면, 즉 20% 이상 하락해 1분 이상 지속되는 상황이 발생하면 당일 시장이 종료됩니다.

정적 변동성 완화 장치란?

사이드카와 서킷브레이커가 지수 급등락에 따른 거래중지제도라면, 정적 변동성 완화 장치는 개별종목에 대한 가격 안정화 장치입니다. 즉, 개별종목의 잠정 체결가격이 10% 이상 상승하거나 하락하는 경우 2분간 단일가 매매를 적용해 주가 급변을 완화하는 제도입니다.

투자 이야기

직접투자를 할 것인가, 간접투자를 할 것인가?

입사 1년차 회사원 강알짜씨는 선배 김부자씨가 추천한 공모주 청약은 뒤로 미루고, 우선 적립식 펀드에 가입하기 위해 가까운 증권사 영업점을 찾았습니다. 은행 적금은 금리가 너무 낮아 매력이 없고, 주식을 직접 하기에는 모아둔 자금이 없었기 때문입니다.

"적립식 펀드에 대해 알아보려고 왔습니다."

"네, 적립식 펀드는 주식형과 채권형 2가지가 있는데, 어느 것을 택하시겠습니까?"

창구 직원이 강알짜씨에게 펀드 안내 팸플릿을 건네며 물었습니다.

"잘 몰라서 그러는데 어느 것이 좋습니까?"

"주식형이냐 채권형이냐는 기대수익과 위험 정도에 따른 구분입니다. 주식형은 주가가 오르면 수익이 높아지는 반면 주가가 떨어지면 손해를 볼 수도 있습니다. 채권형은 수익률이 조금 낮은 편이기는 하지만 손해를 볼 가능성은 거의 없습니다. 은행의 예금처럼 생각하시면 되지요. 그리고 주식과 채권을 일정한 비율로 나누어 운용하는 혼합형 펀드도 있습니다."

"그렇군요. 저에게 맞는 상품을 추천해주시겠습니까?"

"그것은 본인이 투자 목적을 생각해보고 결정하셔야 합니다. 만약 조금이라도 원금을 손해보아서는 안 된다고 생각하면 채권형으로 하시고, 채권 이자만으로는 만족하지 못하는 공격적인 성향이면 주식형을 선택하시면 됩니다. 그리고 3년 이상 장기로 매월 일정 금액을 불입하는 적립식 주식형 펀드에 가입하시면 분산투자가 되어 평균 매입단가가 낮아지는 효과가 있습니다. 주식으로 목돈을 마련하기에 좋은 상품이죠."

"네…."

강알짜씨가 선뜻 결정하지 못하자 창구 직원이 말을 이었습니다.

"이런 건 어떠세요? 60%는 주식에 투자하고 나머지는 채권으로 운용하는 상품입니다. 시황이 좋을 때는 주식을 90%까지 살 수도 있습니다."

"그게 좋겠군요. 돈이 필요할 때는 중도해약도 가능합니까?"

"해약할 수는 있지만 환매 수수료가 있습니다. 가입 후 3개월 이내에 환매하면 이익금의 70%를 내놔야 합니다. 6개월이면 50%, 1년 이내면 30%를 내놔야 하지요. 그러니까 장기투자한다고 생각하시는 것이 가장 좋습니다."

"최저 가입금액은 얼마죠?"

"10만원 이상입니다."

"수수료가 1.5%로 되어 있네요?"

"네, 운용보수와 판매보수를 합친 수수료입니다. 매년 자산 평가금액에 비례해서 떼고 있습니다."

"수수료가 만만치 않네요. 그리고 운용사는 왜 다른가요?"

"네, 판매는 우리 회사가 하지만 운용은 P자산운용사라고 펀드운용 실적이 뛰어난 회사가 합니다."

"잘 알겠습니다."

강알짜씨는 매월 10만원씩 적금식으로 불입하는 적립식 주식형 펀드에 가입했습니다.

주식투자가 적립식 펀드보다 좋은 이유

주식투자 무작정 따라하기 003

적립식 펀드 상품은 개인이 직접 투자하는 게 아니라 전문가가 대신 투자해주므로 간접투자라 할 수 있습니다. 이 책에서 설명하는 주식투자는 이런 간접투자가 아니라 여러분이 직접 판단하고 투자를 결정하는 직접투자입니다. 이번 장에서는 간접투자를 할 때 참고해야 할 사항과 직접투자의 장점을 알아보겠습니다.

펀드투자는 간접투자, 주식투자는 직접투자!

앞의 투자 이야기에서 강알짜씨는 목돈도 없고 주식에 대한 기본 지식도 없는 상태라 적립식 주식형 펀드에 투자했습니다.

여기서 궁금증이 하나 생깁니다. 강알짜씨처럼 전문가가 맡아서 대신 투자해주는 주식형 펀드에 투자하면 편할 텐데 왜 사람들은 어려운 직접투자를 하는 걸까요?

그 이유는 다음과 같습니다.

 알아두세요

펀드는 증권사뿐 아니라 은행과 투신사에서도 취급합니다.

직접투자를 하는 이유 ①
목표수익률이 높다

주식형 펀드는 대부분 주가지수상승률만큼 수익을 내는 것을 목표로 합니다. 주가지수가 900에서 1,000까지 올라가면 11%의 수익이 납니다. 그러나 종목별로 보면 시장상황과 관계없이 30~50% 이상 수익이 나는 종목이 있습니다. 이런 종목을 골라 직접투자를 하면 지수상승률을 훌쩍 뛰어넘는 수익을 거둘 수 있습니다. 직접투자를 하는 개인투자자들의 목표수익률은 지수상승률보다 몇 배나 높습니다. 그래서 이들은 펀드에 가입하지 않고 직접투자를 합니다.

직접투자자들은 시간 개념 부분에서도 간접투자자와 생각하는 것이 다릅니다. 똑같이 50%의 수익을 목표로 하더라도 펀드가 3년이 걸려 실현한다면 개인투자자들은 1년 만에 실현할 수 있다고 생각합니다.

직접투자를 하는 이유 ②
투자의 기동성과 환금성 면에서 유리하다

주식투자의 또 다른 장점은 투자의 기동성과 편리한 환금성입니다. 개인투자자들은 본인 의사에 따라 분산투자를 할 수 있고, 시장 흐름을 좇아 종목 변경도 자유자재로 할 수 있습니다. 이에 반해 펀드는 개인 의사가 반영될 여지가 없습니다. 펀드를 판매하는 입장에서는 유리상자와 같이 투명하게 운용한다고 하지만 투자자가 느끼는 펀드 운용은 비행기 블랙박스와 차이가 없습니다. 또한 펀드는 중도해약에 따른 불이익과 높은 운용수수료를 감당해야 하지만 개인투자자들은 보유주식을 매도하여 간편하게 현금화할 수 있습니다. 그외에도 개인투자자는 확신이 서는 종목이 나타났을 때 신용거래나 미수매입 등으로 수익을 극대화할 수 있지만 펀드는 불가능합니다.

직접투자를 하는 이유 ③
투자의 결실을 맛보는 기쁨이 훨씬 크다

개인투자자 중에는 주식투자 자체를 즐기는 사람도 있습니다. 투자대상 종목을 직접 발굴하고 그래프를 분석해 매매시점을 찾아 투자한 결과가 좋은 성과로 이어질 때의 기쁨은 말할 수 없이 큽니다.
하지만 개인이 기관투자가만큼 수익을 거두기 위해서는 기관투자가 못지않은 노력을 기울여야 합니다. 자기 나름의 투자원칙을 정립하고 그에 따라 일관되게 자금을 운용해야 하지요. 그래야만 기관투자가에게 맡기는 것보다 더 큰 수익을 낼 수 있습니다.

이 모든 직접투자의 장점을 몸으로 체험하려면 적지 않은 노력이 필요합니다. 또 손실에 대한 책임도 본인 스스로가 져야 합니다. 하지만 하늘은 스스로 돕는 자를 돕는다고 했던가요. 주식투자에 대한 올바른 관점을 갖고 꾸준히 공부하다 보면 개인투자자도 기관투자가, 외국인 투자자 못지않게 큰 수익을 올릴 수 있습니다.

그래도 펀드투자가 하고 싶다면?

펀드는 대표적인 간접투자 상품입니다. 사업상 시간이 없거나 금융상품에 대한 전문 지식이 부족한 사람들이 투자자금을 증권사나 투신사에 맡기면, 금융자산 운용전문가가 다수의 자금을 모아 대신 운용해주고 운용 성과에 따라 수익을 배정해주는 형식입니다.

하지만 전문가의 손을 빌리는 펀드도 손해가 날 수 있으며 원금이 보장되지 않는 점은 주식과 같습니다. 과거 수익률이 높았다고 무턱대고 펀드에 가입하거나 특히 묻지마 식으로 해외펀드에 투자하면 손실을 볼 위험이 높습니다.

그럼 펀드의 종류와 펀드 선택 시 체크할 사항을 알아보겠습니다. 펀드의 종류는 투자대상과 주식 편입비율, 투자 기간 등에 따라 다양합니다.

펀드의 종류

주식형 펀드 운용자산의 60% 이상을 주식에 투자하도록 설계된 펀드로, 시황에 따라 90% 이상을 주식에 투자하기도 합니다. 기대수익과 위험이 높은 것이 특징입니다. 어떤 종류의 주식에 집중 투자하느냐에 따라 가치주형·성장주형·배당주형·소형주형으로 나누기도 합니다.

채권형 펀드 고객의 자금을 국공채·회사채 등의 채권에 60% 이상 투자하는 펀드입니다. 주식 관련 상품에 투자하지 않으므로 위험은 적지만 기대수익률도 그만큼 낮습니다. 채권형 펀드도 투자실적에 따른 배당상품이므로 경제상황에 따라 수익률이 변하고 금융기관이 제시하는 수익률이 확정수익률이 아님을 명심해야 합니다. 펀드 운용회사의 역량을 따져보고 펀드 규모가 큰 것을 고르는 것이 좋습니다.

혼합형 펀드 주식과 채권 중 어느 한쪽에 60% 이상 치우치지 않도록 혼합한 펀드입니다. 예를 들면 주식에 30%, 채권에 50%, 기타 유동자산에 20%를 투자하는 형식입니다. 금융기관마다 다양한 형태의 혼합형 펀드를 취급하므로, 본인의 투자 목적을 먼저 생각하고 기대수익과 위험을 감안하여 선택해야 합니다.

 **알아두세요**

해외펀드란?

해외펀드는 역내펀드와 역외펀드로 구분할 수 있습니다.
역내펀드(On-Shore Fund)는 외국증시에 투자하는 국내 설정 펀드로, 국내법에 의해 설립·운용됩니다. 따라서 적립식 투자의 경우 세금우대 지정이 가능하고, 환헤지를 해둔 경우가 많아 투자자가 별도로 환헤지할 필요가 없습니다. 역외펀드(Off-Shore Fund)는 해외에서 설정된 펀드를 국내에서 파는 금융상품입니다. 외국 운용사가 운용하는 펀드로, 환헤지 여부를 투자자 본인이 결정해야 합니다.

환헤지가 뭐죠?

환율변동에 따른 환차손 위험을 없애기 위해 고정된 가격에 환거래계약을 체결하는 것을 말합니다. 보통 통화선물이나 옵션을 매입 또는 매도하는 방법으로 환율변동의 위험을 제거합니다.

해외투자 펀드 말 그대로 국내자금을 모아 외국의 주식이나 채권 등에 투자하는 간접투자 상품입니다. 국내투자 펀드에 비해 고수익·고위험 상품이라 할 수 있는데, 2008년 글로벌 금융위기 이전까지는 경제성장률이 높았던 BRICs(브라질, 러시아, 인도, 중국)에 투자하는 펀드가 인기가 많았습니다. 경제성장률이 낮은 미국, 유럽, 일본 등은 주가 안정성이 높은 대신 기대수익률이 낮은 것이 특징입니다.

해외투자 펀드는 환율의 등락폭에 따라 수익률이 크게 변하는 경우가 있으므로 환헤지가 된 상품을 고르는 것이 좋습니다. 그러나 5년 이상 장기 주식형일 경우에는 환헤지를 하지 않는 상품이 많습니다. 환율의 등락폭보다 주가의 등락폭이 훨씬 크기 때문입니다.

해외투자 펀드에 투자할 때는 해당 국가의 경제성장률, 물가 수준, 금리 등을 보고 투자 여부를 판단해야 하며, 특히 PER 수준을 체크해보아야 합니다.

ELS(Equity Linked Securities, 주식연계증권) 채권, 주식, ELW(주식워런트증권) 상품을 적절히 조합해 특정 조건에 맞는 수익률이 발생하도록 설계된 금융상품입니다. ELS는 주가가 많이 오른다고 수익이 많이 나는 구조가 아니며, 일정 기준(40~70%) 이상 폭락하지 않으면 채권보다 높은 수익률을 얻을 수 있습니다. 그러나 일정 기준 이상 폭락하면 원금손실이 발생하므로 원금이 보장되지 않는다는 것을 알아두어야 합니다. 그리고 시장이 박스권 안에서 움직일 때는 추가 수익을 올릴 수 있지만, 주가변동폭이 클 때는 원금손실이 발생합니다. 원금보장형 ELS도 있지만 상대적으로 수익률이 낮습니다. ELS는 증권사에서 발행하며 발행사의 신용에 의존하여 발행되므로 예금자보호법 대상이 되지 않습니다.

알아두세요

ETF에 대해 자세히 알고 싶다면 《ETF 투자 무작정 따라하기》(길벗출판사, 윤재수 저)를 참고하기 바랍니다.

ETF 펀드(Exchange Traded Fund, 상장지수펀드) 상장지수펀드는 KOSPI200 등 특정 주가지수와 연동하도록 설계된 인덱스 펀드로, 주식처럼 사고팔 수 있습니다.

ETF의 장점은 첫째, 소액으로도 우량주 또는 특정 섹터에 분산투자하는 효과를 얻을 수 있습니다. 둘째, 주식처럼 HTS로 실시간 매매가 가능합니다. 셋째, 운용수수료가 0.5% 내외로 저렴하며 거래세가 면제됩니다. 또한 주식처럼 배당금도 받을 수 있습니다.

| 인기 ETF 20선 |

종목	코드번호	벤치마크 지수	자산운용사
KODEX200	069500	코스피200	삼성자산
KODEX레버리지	122630	코스피200 × 2배	삼성자산
TIGER코스닥150	232080	코스닥150	미래에셋
KODEX코스닥150레버리지	233740	코스닥150 × 2배	삼성자산
KODEX반도체	091160	KRX 반도체	삼성자산
KODEX자동차	091180	KRX 자동차	삼성자산
KODEX은행	091170	KRX 은행	삼성자산
KODEX증권	102970	KRX 증권	삼성자산
TIGER AI반도체핵심공정	471760	iSelect AI반도체핵심공정지수	미래에셋
KODEX AI반도체핵심장비	471990	iSelect AI반도체핵심장비지수	삼성자산
TIGER글로벌AI액티브	466950	Index Artificial & BigData지수	미래에셋
KODEX2차전지산업	305720	FnGuide 2차전지 산업 지수	삼성자산
HANARO원자력 iSelect	434730	iSelect 원자력 지수	NH아문디
TIGER헬스케어	143860	KRX 헬스케어	미래에셋
KODEX바이오	244580	FnGuide 바이오 지수	삼성자산
PLUS고배당주	161510	FnGuide 배당주 지수	한화자산
KODEX글로벌로봇(합성)	276990	ROBOGlobal&Automation UCITS	삼성자산운용
SPIDER S&P500	SPY	S&P500 지수	미국 S&P사
Invesco QQQ Trust	QQQ	나즈닥100 지수	미국 Invesco사
TIGER미국필라델피아반도체	381180	PHLX Semiconductor Sector	미래에셋

* 선정 기준과 순위는 시가총액과 거래량을 참고했습니다. (기준일: 2024.6.)

사모펀드란?

사모펀드는 49인 이하이면서 큰 자금(3억원 이상)을 가진 소수의 투자자로부터 모은 자금을 운용하는 펀드입니다. 비공개로 투자자들을 모집하여 자산가치가 저평가된 기업에 자본참여를 함으로써 기업가치를 높인 후 주식을 되파는 방식으로 운용합니다. 공모펀드는 동일종목에 신탁재산의 10% 이상 투자할 수 없고 동일회사 발행주식을 20% 이상 매입할 수 없는 등 제약이 많지만, 사모펀드는 제약이 없고 금융감독기관의 감시도 일반 공모펀드에 비해 덜 받습니다.

액티브펀드와 패시브펀드, 어느 쪽의 수익률이 높을까요?

미국에서 2002년부터 2016년까지 15년간 펀드매니저가 적극적으로 운용하는 액티브펀드와 대표적 패시브펀드인 S&P500지수 수익률을 비교한 결과, 액티브펀드의 82.2%가 S&P500지수 수익률보다 낮았다고 합니다. 그 이유는 액티브펀드는 일시적으로는 시장을 이길 수 있지만, 장기간으로 보면 시장평균수익률에 수렴할 수밖에 없는 데다 수수료도 높기 때문입니다.

ETF 종목을 선정하는 기준

1. 주식시장이 대세상승기라고 판단될 경우에는 코스피200(또는 코스닥150)을 추종하는 ETF를 선정하고, 반대로 주식시장이 대세하락기라고 판단될 경우에는 지수가 하락하면 수익이 발생하는 코스피200 인버스 ETF를 선정합니다.
2. 주도주가 있을 경우 주도주를 추종하는 섹터 ETF에 투자하면 시장평균수익률을 초과하는 수익률을 실현할 수 있습니다.
3. 공격적으로 투자하고 싶다면 기초지수보다 2배 이상 등락하는 레버리지 ETF를 선정합니다.
4. 시장이 장기간 횡보할 때는 고배당 ETF에 투자하는 것이 안정성과 수익성 면에서 유리합니다.

적립식 펀드 적금처럼 매월 일정액(보통 10만원 이상)을 불입하면 운용사가 주식이나 채권 등에 투자해 수익을 분배하는 펀드입니다. 주식형과 채권형이 있으며, 증시가 대세상승일 때는 주식형이 인기가 있습니다. 20대 후반에서 40대 중반까지 목돈 마련이 목적인 사람에게 적당한 상품입니다. 최소 3년 이상 장기투자해야 큰 수익을 기대할 수 있습니다.

인덱스 펀드 지수와 동일한 수익을 얻을 수 있도록 지수를 대표하는 주식을 선정해 그 주식에 투자하는 펀드를 말합니다. KOSPI200 지수를 따라가는 인덱스 펀드라면 KOSPI200에 편입된 종목을 동일한 비중으로 투자 운용합니다. 지수 상승만큼의 투자수익을 목표로 하는 펀드입니다.

뮤추얼 펀드 유가증권 투자를 목적으로 설립된 법인회사에서 주식발행을 통해 투자자를 모집하고, 모집한 투자자산을 전문 운용회사에 맡겨 그 수익을 투자자에게 배당금 형태로 되돌려주는 회사형 투자신탁을 말합니다. 중도환매가 가능한 개방형과 중도환매가 불가능한 폐쇄형으로

알아두세요

펀드투자를 도와주는 펀드다모아

펀드투자에 관한 정보를 알고 싶다면 금융위가 관리하는 '펀드다모아(fundamoa.kofia.or.kr)'를 방문하세요. 펀드를 주식형, 채권형, 혼합형 등 유형별로 분류하여 1년 수익률 기준 순위 50개 펀드를 내림차순으로 정렬해두었습니다. 펀드별 운용사와 판매사도 조회할 수 있으며, 판매사를 클릭하면 회사 홈페이지로 이동하여 펀드 가입도 할 수 있습니다.

나눕니다. 뮤추얼 펀드(Mutual Fund)에 투자하려면 뮤추얼 펀드 주식을 매수하면 되고, 자금을 회수하려면 주식을 매도하면 됩니다.

펀드투자, 무엇을 체크해야 하나?

첫째, 어떤 성격의 펀드인지 확인합니다. 투자대상 상품을 정확히 아는 것이 최우선입니다. 무엇을 벤치마킹(추종 지수)하는지를 확인해보면 알 수 있습니다. 둘째, 예상수익률을 따져보고 확신이 설 때 가입합니다. 예상수익률 판단 기준은 경제성장률, 물가, 경상수지, 금리 등을 기초로 한 예상 PER입니다. 셋째, 과거 수익률이 안정적이었는지를 확인해봅니다. 과거 수익률이 일반적인 수익률보다 지나치게 낮거나 지나치게 높은 것은 피하는 것이 좋습니다. 넷째, 펀드매니저를 확인합니다. 장기간 동일 펀드를 운영하면서 평균적인 수익을 내고 있다면 좋은 펀드매니저입니다. 펀드매니저가 자주 바뀌었다면 주의해야 합니다.

펀드투자를 할 때는 역발상 투자전략이 유리

역발상투자란 대중의 투자심리와 반대로 행하는 펀드투자 방법입니다. 주식시장이 침체되어 모두가 등을 돌릴 때 펀드투자를 시작하고, 반대로 모두가 높은 투자수익률로 열광할 때 펀드를 해약하거나 축소하는 전략입니다. 예를 들어 '불황이 끝이 보이지 않는다', '주가 연일 최고치 기록'과 같은 뉴스가 나올 때 남들과 반대로 하는 것이죠. 매스컴으로만 판단할 수 있는 단순한 전략으로, 평소에 증권시장에 관심을 둔 사람이라면 누구나 할 수 있습니다.

알아두세요

'ISA계좌 제도' 확대 방안 발표 (24.5.1)

정부는 납입한도를 종전 연간 2,000만원(총 1억원)에서 연간 4,000만원(총 2억원)으로 2배 올리고, 비과세 한도 200만원(서민형 400만원)에서 500만원(서민형 1,000만원)으로 2.5배 확대하는 방안을 발표했습니다. 연도별 납입한도가 있으므로 되도록 빨리 가입하는 것이 유리합니다.

잠깐만요

ISA(개인종합자산관리)와 중개형 ISA

ISA(Individual Savings Account)는 펀드, ETF, ELS, REITs 등에 투자하며, 수익금에 대해 세금 혜택을 주는 금융상품입니다. 금융기관이 알아서 운용해주는 일임형, 가입자가 금융상품을 지정하는 신탁형, 가입자가 직접 운영하는 중개형이 있습니다. ISA의 장점은 세금 혜택에 있습니다. 일반계좌는 배당, 이자 소득에 15.4%의 소득세가 부과됩니다. 그러나 ISA 계좌는 200만원(서민형, 농어민형은 400만원)까지 비과세가 되고 초과금액에 대해서도 9.9% 저율분리과세됩니다. 특히 중개형 ISA 계좌의 경우 매매차익 전액이 비과세됩니다. 2025년부터 매매차익이 5,000만원 초과할 경우 금융투자소득세를 내야 하는데(5,000만원 초과~3억원 이하 22%, 3억원 초과분 25%), 중개형 ISA 계좌에서 발생한 매매차익은 완전 비과세이므로 상당한 혜택이 있습니다.

1. **가입 대상:** 19세 이상이면 소득이 없어도 누구나 가입 가능(소득이 있을 경우 15세 이상도 가능)
2. **납입 한도:** 연간 2,000만원, 최대 1억원
3. **의무가입 기간:** 3년(개설 후 3년이 지나면 해지할 수 있으므로 먼저 계좌를 개설해두는 것이 출금 시 유리)
4. **투자 상품 유형**
    - 신탁형: 신탁업자에게 운용을 맡김
    - 일임형: 전문가에게 일임(국내주식형, 해외주식형, 국내외 주식혼합형, 채권형 등)
    - 중개형: 투자자가 직접 운용하며, 국내주식에 투자(해외주식 불가)
5. **취급 금융기관:** 증권사, 은행, 보험사에서 가입 가능. 중개형 ISA는 증권사에서만 가입 가능(취급 증권사인지 확인 필요)
6. **계좌개설 방법:** 영업점 방문 또는 비대면 계좌개설(신분증 외 별도 구비서류 없으며, 비대면 계좌개설의 경우 ARS로 도움을 받는 것이 편리함)

004 주식투자 시기를 예측하라!

주식투자 무작정 따라하기

직접투자를 할 때는 경제적 대세 판단이 매우 중요합니다. 대세상승기에는 투자수익을 내기가 쉽지만 대세하락기에는 전문가도 수익을 내기 어렵기 때문입니다. 이번 장에서는 직접투자를 해야 할 시기를 판단하는 방법을 알아보도록 하겠습니다.

대세상승기에는 시장에 적극 참여하고, 대세하락기에는 시장을 떠나 쉬는 것이 좋습니다. 쉬는 것도 하나의 투자 방법입니다. 숲을 본 다음 나무를 보라고 했습니다. 숲은 대세이고 나무는 개별종목에 해당합니다. 대세를 판단하는 요령은 다음과 같습니다.

 알아두세요

경기선행종합지수는 무엇으로 구성되어 있나요?

경기선행종합지수는 앞으로의 경기 동향을 예측하는 지표로, 다음 9가지로 구성되어 있습니다.
1. 구인구직비율
2. 건설수주액
3. 재고순환지표
4. 소비자기대지수
5. 기계류 내수출하지수
6. 수출입물가비율
7. 코스피지수
8. 장단기금리차
9. 국제원자재 가격지수

경기변동과 주가는 동행한다

경기가 상승하면 주가도 올라가고, 경기가 하락하면 주가도 하락합니다. 경기는 회복기·활황기·후퇴기·침체기로 순환하는데 길게는 4~5년, 짧게는 6개월~1년 사이클로 변동합니다. 최근 들어 경기순환 주기가 점차 짧아지는 경향이 있으며 그에 따라 주가 사이클도 갈수록 짧아지고 있습니다.

경기종합지수로는 선행종합지수, 동행종합지수, 후행종합지수가 있으며, 한국은행에서 정기적으로 각 지수를 발표합니다. 경기선행종합지수는 경기를 예측하는 데 활용되는 대표적 지표로, 경기동행종합지수보다 대략 3~10개월 앞서 움직입니다. 주가도 경기보다 평균 6개월 앞서 움직이므로 주가는 경기선행종합지수와 동행하되 한발 앞서 움직인다고 볼 수 있습니다.

경기를 예측하는 또 다른 방법으로 기업실사지수(BSI: Business Survey Index)가 있습니다. 기업실사지수는 향후 경제상황을 긍정적으로 답한 기업수와 부정적으로 답한 기업수의 차를 구한 다음 이를 전체 응답 기업수로 나누어 계산합니다. 100을 기준으로 이보다 크면 경기를 낙관적으로 보는 기업이 더 많고, 100 이하면 경기를 어둡게 보는 기업이 더 많다는 뜻입니다.

> **알아두세요**
> **경기선행지수와 경기동행지수는 어디서 찾아볼 수 있나요?**
> 'e-나라지표'(index.go.kr)에 들어가 지표찾기-부처선택-기획재정부-경기종합지수에서 볼 수 있습니다.

> **알아두세요**
> **주가는 경기에 선행한다!**
> 주가는 경기를 예측하고 3~5개월 경기에 앞서 움직입니다. 이 때문에 하락하던 증시가 바닥을 찍고 상승으로 전환할 때 투자자들이 '경기가 좋지 않다는데 주가가 올라갈 수 있겠어?' 하며 상승 초기에 동참하지 못합니다.
> 투자자들이 경기가 좋아진다는 것을 알 때는 이미 주가는 상당 수준 상승한 후입니다. 이는 증시가 하락할 때도 마찬가지여서 증시가 먼저 하락한 뒤 경기가 나빠지는 것이기 때문에 투자자는 경기가 나빠짐을 늦게 알게 되는 것입니다.

| 주가 - 금리 - 경기의 상관관계 및 선후관계 |

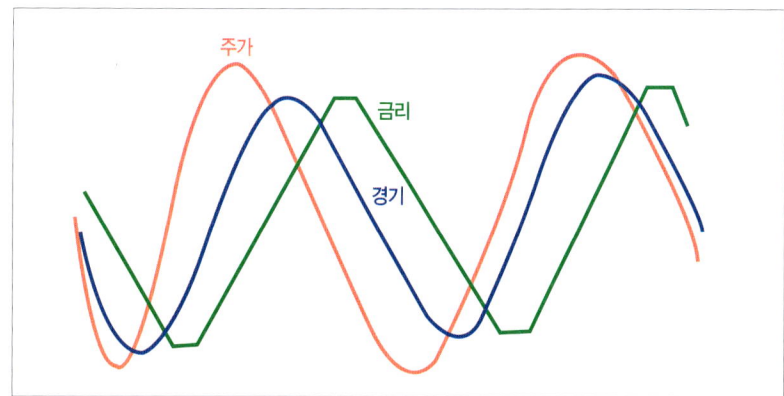

위 그래프는 주가와 금리, 경기가 시차를 두고 같은 방향으로 움직이는 것을 보여줍니다. 주가는 경기보다 선행하고 금리는 경기보다 후행하는데, 주가와 금리, 경기가 시차를 두고 움직이는 이유는 주가는 경기를 예측해

최근 증시의 호재와 악재

증시 악재
1. 트럼프(미)발 관세무역 전쟁 격화 우려
2. 물가 상승, 고용 감소 등 경기 침체 우려
3. 외국인 매도 지속

증시 호재
1. 관세무역 전쟁 완화
2. 미국 등 세계 각국의 금리 인하와 유동성 공급
3. 외국인 매수 전환
4. 세계증시에 비해 한국증시 상대적 저평가
5. 원전, AI 반도체, 조선, 방산 기업밸류업 제고로 관련주 등 테마주 강세

한발 앞서 움직이고, 금리는 경기를 확인한 후 움직이기 때문입니다.

아래 그래프는 1980년 이후 40년간 우리나라의 경기 등락과 주가 움직임을 나타낸 것입니다. 경기 침체기에는 주가가 하락하고, 경기 활황기에는 주가가 상승한 것을 볼 수 있습니다. 2011년 이후 저성장 국면이 장기간 지속되어 코스피지수가 오랜 기간 1,800~2,200포인트 박스권에 갇혀 있었습니다. 2016년 말부터 2017년 12월까지 반도체 호황으로 경기가 일시적으로 회복되었지만 2018년부터 다시 경기침체가 시작된 가운데 2020년 2~3월 코로나 팬데믹(세계적 대유행)으로 증권시장은 큰 폭으로 하락했습니다. 이러한 사상 초유의 마이너스 성장에 대응하여 세계 각국은 대규모 통화정책과 재정정책을 발 빠르게 펼쳤고, 그 결과 주식시장은 극적인 'V'자 반등을 보였습니다. 그러나 사상 초저금리에 과잉 유동성은 고물가를 불러왔고, 세계 각국은 급등하는 물가를 잡기 위해 급격한 금리 인상을 단행했습니다. 고물가, 고금리, 고환율, 즉 3고 현상은 경기와 주가가 하락하는 요인이 되었습니다. 이러한 현상은 물가 상승이 진정되고 금리상승을 멈출 때 반전될 것입니다.

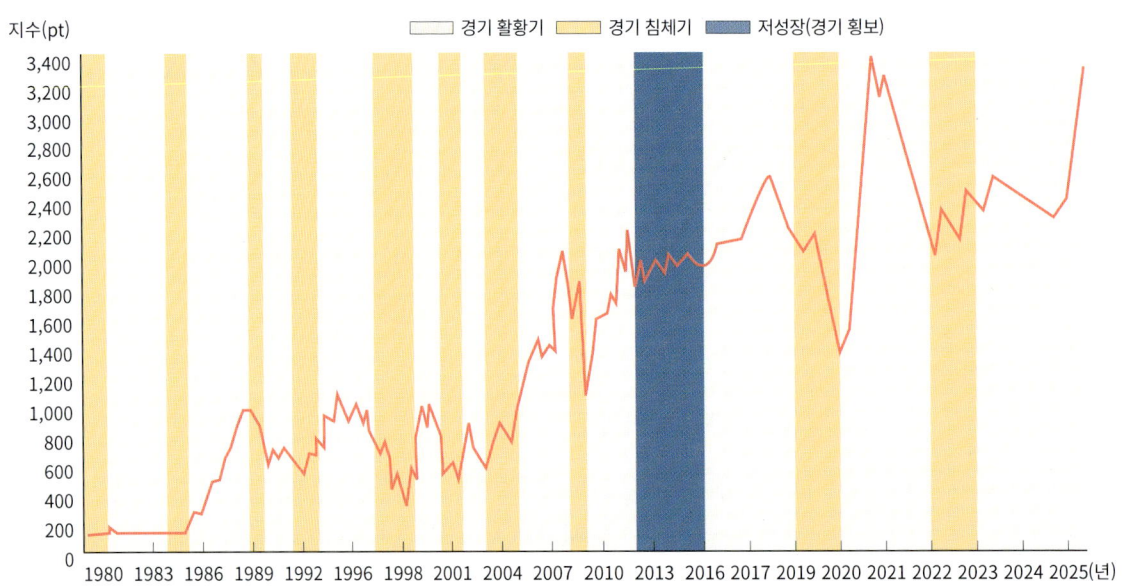

알아두세요

미국 경기도 우리나라 주가에 영향을 미친다!

전 세계 GDP 순위에서 부동의 1위를 차지하고 있는 미국의 경제 동향은 우리나라의 경제와 밀접한 관계가 있습니다. 특히 세계 금융시장을 선도하는 뉴욕 증권거래소의 다우존스지수와 나스닥 증권시장의 동향은 우리나라 주가에 직접적으로 영향을 미칩니다. 최근에는 중국의 경제 비중이 커져 중국의 경제성장률과 중국 위안(元)화 가치의 변화가 우리나라에 미치는 영향이 점차 커지고 있습니다.

경기와 주가

주가는 경기와 동행하지만 예외도 있습니다. 과거 미국의 S&P500 지수와 경기의 상관관계를 보면 75% 동행하지만 25%는 경기가 나쁠 때도 주가가 상승하는 예외가 있었습니다.

경제가 좋다, 나쁘다는 GDP성장률로 판단한다

주가는 경제를 반영하는 거울과 같습니다. 경제가 좋다, 나쁘다는 흔히 경제성장률, 즉 GDP성장률로 판단합니다. 다시 말해 GDP성장률이 높으면 주가는 강세를 보이고, GDP성장률이 낮으면 주가는 약세를 보입니다. GDP성장률이 높다는 것은 생산, 투자, 소비, 소득이 증가해 경제가 확대된다는 뜻이므로, 기업 입장에서 보면 매출과 이익이 증가합니다. 이는 기업의 가치가 높아진다는 뜻이므로 주가도 상승합니다.

GDP성장률은 GDP가 전년 동기 또는 전분기에 비해 얼마나 성장했느냐를 백분율(%)로 나타냅니다. 이때 물가상승으로 인한 명목적 증가분을 뺀 실질성장률을 기준으로 합니다. GDP성장률과 주가의 관계를 정리해볼까요?

- GDP성장률이 높음 → 경제가 좋고 주가도 상승 추세
- GDP성장률이 높아질 것으로 전망 → 경제가 좋아지고 주가도 상승할 것
- GDP성장률이 낮거나 마이너스 → 경제가 좋지 않고 주가도 하락 추세
- GDP성장률이 낮아질 것으로 전망 → 경제가 나빠지고 주가도 횡보 또는 하락할 것

그런데 GDP성장률만으로 경제의 호황과 불황을 판단하는 데는 문제가 있습니다. 예를 들어 중국은 2023년 예상 GDP성장률이 4.8%로 높은데도 경제가 좋지 않다고 하고, 미국은 2.3%로 낮은데도 경제가 좋다고 합니다. 왜 그럴까요? 중국은 2023년 잠재성장률 5.0%보다 낮고, 미국은 잠재성장률 1.2%보다 높기 때문입니다. 이와 같이 경제상황을 판단할 때는 나라마다 다른 잠재성장률을 비교해 판단해야 합니다.

잠재성장률이란 무엇인가?

잠재성장률(Potential Growth Rate)이란 한 나라 경제가 보유하고 있는 노동, 자본 등의 생산 요소를 모두 활용했을 때 달성할 수 있는 성장률을 의미합니다. 다시 말해 물가상승을 유발하지 않고 성장할 수 있는 최대 생산능력을 뜻한다는 점에서 적정 성장률이라고 할 수 있습니다. GDP성장률로 경제가 좋은지 나쁜지를 판단할 때는 잠재성장률을 비교한 GDP 갭으로 판단해야 합니다.

GDP 갭 = GDP성장률 − GDP잠재성장률

GDP 갭이 플러스(+)이면 경제가 호황 또는 회복국면이라고 할 수 있고, GDP 갭이 마이너스(−)이면 경제가 불황 또는 침체국면이라고 할 수 있습니다.

실제로 우리나라에서 GDP성장률이 잠재성장률보다 높았던 시기는 아래와 같고, 이 기간에 주가는 모두 상승세를 보였습니다.

1. 1975~1978년 7월(3년 7개월 평균 GDP성장률 11.4%)
2. 1985~1988년(4년 평균 GDP성장률 10.8%)
3. 1993~1994년(2년 평균 GDP성장률 7.5%)
4. 2004~2007년(4년 평균 GDP성장률 4.7%)

반면 GDP성장률이 잠재성장률보다 낮았던 1979~1980년(세계 2차 오일쇼크), 1997~1998년(IMF 외환위기), 2008~2010년(글로벌 경제위기)에는 증시가 일제히 하락세를 보였습니다. 2011년부터 2016년까지도 경제성장률이 2%대에 머물러 잠재성장률 3%를 넘지 못한 결과 주식시장은 장기간 횡보국면을 지속했습니다.

한국은행에 따르면 우리나라 잠재성장률은 2001~2005년 5.2%에서

잠깐만요

GDP성장률은 무엇이며, 어떻게 알아보나?

GDP(Gross Domestic Product), 즉 국내총생산이란 한 나라 '영토' 내에서 '최종적으로' 생산된 모든 상품이나 서비스를 시장가치로 계산한 것입니다. '영토 내에서 생산'된 것이라는 점에서 세계 어느 나라에 있든 그 나라 국민이 생산한 최종생산물의 가치를 나타내는 GNP(Gross National Product, 국민총생산)와 구분됩니다. '최종적'이라는 말은 '중간재'는 제외된다는 뜻이고, '시장가치로 계산'한 것이란 말은 주부의 가사노동과 같이 수치로 계산할 수 없는 것은 제외한다는 뜻입니다. 최근에는 세계 여러 나라에 걸쳐 사업을 영위하는 글로벌 기업이 많아지고, 노동자의 국가 간 이동이 활발해지면서 국가별 경제성장률을 GDP로 나타냅니다.

GDP성장률 전망은 국내외 여러 기관에서 하고 있으며, 매스컴에서도 수시로 발표합니다. 따라서 경제신문이나 일간지 경제면을 꾸준히 읽어보면 알 수 있습니다.

다음은 IMF 사이트에서 GDP 전망을 찾아보는 방법입니다.

IMF 사이트(www.imf.org)에 들어가면 한국을 포함한 세계 각국의 GDP 규모, GDP성장률, 물가상승률, 실업률, 국제수지 등 금리를 제외한 웬만한 경제지표는 모두 확인할 수 있습니다. 특히 과거뿐 아니라 향후 5년 전망도 볼 수 있다는 점이 매력적입니다. 영어로 되어 있지만 데이터 위주여서 어렵지 않습니다.

IMF 사이트 상단 메뉴바에서 'DATA → World Economic Outlook Databases → 최신 연도 → By Countries → All Countries'를 클릭합니다. 특정 국가만 알아보려면 'Clear All'을 클릭한 후 원하는 국가만 체크합니다. GDP 이외에도 무역수지, 인구통계 등 다양한 지표를 확인할 수 있습니다.

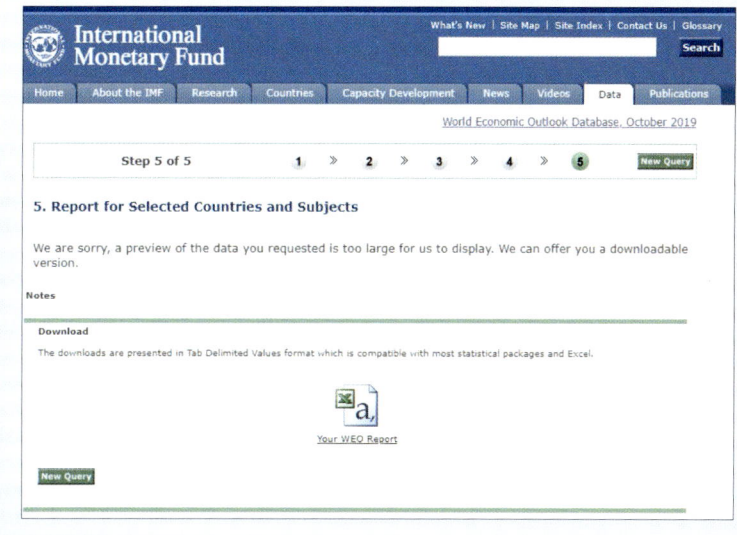

알아두세요

기준금리와 경제성장률

한국은행은 기준금리를 0.25P 낮추면 GDP성장률은 0.07% 올라간다고 예측하고 있습니다.

2006~2010년 4.1%, 2011~2015년 3.2%, 2016~2020년 2.6%, 2021~2022년 2.4%, 2023~2027년 2.1%, 2030년 1.8%로 계속 낮아지고 있습니다(국회예산처 자료). 국가의 기초 체력인 잠재성장률이 점진적으로 낮아지는 가장 큰 요인은 저출산, 고령화로 인한 생산인구 감소입니다. 또한 컴퓨터 기술과 인공지능 로봇의 비약적인 발전으로 인해 만성적인 고실업 상태가 지속되고 고용의 양극화가 심화하는 것도 영향을 미치고 있습니다.

금리는 대부분 주가와 역행하지만 때로는 동행한다

알아두세요

한국은행의 금리 조절

한국은행은 2008년부터 콜금리(Call rate) 대신 RP(환매조건부채권)를 정책금리 기준으로 삼고 있습니다. 콜금리는 금융기관 사이에서 단기자금 거래가 이루어질 때 기준이 되는 금리를 말하고, RP는 일정 기간 뒤 미리 정해진 가격으로 되사는 조건에 판매하는 채권을 말합니다. 정책금리 기준이 7일 만기의 RP 금리로 바뀌면서 한국은행은 일주일에 한 번(매주 목요일) 시장에서 RP를 매매해 정책금리를 유지하고 있습니다.

할인채란?

이자가 붙지는 않으나 미리 이자에 상당하는 금액을 액면가격에서 차감하기 때문에 발행가격이 액면가격보다 낮은 채권을 말합니다. 국공채, 금융채 등은 일반적으로 할인채로 발행됩니다.

금리는 주가와 반대로 움직입니다. 즉, 저금리일 때는 주가가 강세를 보이고, 고금리일 때는 주가가 약세를 보입니다.

기업 입장에서 보면, 금리가 떨어지면 금융비용이 줄어들어 수익성이 좋아지고 재무구조도 개선됩니다. 따라서 기업의 가치도 올라가고 주가도 상승합니다. 반면 금리가 높아지면 이자 부담이 증가하기 때문에 투자도 줄고 수익도 감소하여 주가가 하락합니다.

예금금리가 낮으면 은행이자로 만족할 수 없는 자금들이 다소 위험을 부담하더라도 높은 수익률을 찾아 증권시장으로 옮겨갑니다. 그 결과 시중 부동자금이 증시로 대거 이동해 기업의 가치와 상관없이 돈의 힘으로 주가가 상승하는 이른바 금융장세가 나타나기도 합니다. 따라서 일반투자자 입장에서 금리가 고금리 수준인가, 저금리 수준인가는 증권시장의 강약을 예측하는 데 매우 중요한 잣대가 됩니다.

금리의 고저 못지않게 금리의 추세도 중요한 장세 판단의 기준이 됩니다. 정부는 경제가 침체국면이면 경기를 살리기 위해 금리를 내리고, 경기가 과열 조짐을 보이면 물가상승을 억제하기 위해 금리를 올립니다.

알아두세요

금리 추세와 주가

금리 수준과 추세를 종합해 과거 주가 흐름을 살펴보면 금리가 상승 추세일 때는 주가도 강세를, 금리가 하락 추세일 때는 주가도 약세를 보이는 경우가 많았습니다. 기술주는 가치주에 비해 금리에 더욱 민감한 반응을 보입니다.

- 경기침체를 반영하여 금리를 내릴 때 → 증시 하락
- 하락하던 금리가 더 이상 하락하지 않는다는 신호를 보낼 때 → 주가 바닥
- 고물가를 잡기 위해 금리를 급격하게 올릴 때(2021년 예) → 주가 하락

미국 S&P500지수 통계에 따르면 금리를 올린 뒤 6개월 후에는 지수가 평균 1.3%, 1년 후에는 4.6% 올랐습니다. 반면 금리 인하 시기에는 금리를 내린 뒤 6개월 후에는 5.5%, 1년 후에는 10.4% 상승했습니다.

이를 통해 금리 추세가 상승과 하락 중 한 방향을 그리면 시중자금 또한 그 추세를 타고 높은 수익률을 좇아 이동합니다. 즉, 금리가 상승 추세이면 주식과 대체관계에 있는 채권가격이 하락하고(예를 들어 만기 때 10,000원을 받을 수 있는 할인채 가격이 9,700원에서 9,500원으로 떨어지면 수익률 상승), 이는 채권에 투자된 자금을 주식으로 이동하게 만들어 주가 상승의 원인이 될 수 있습니다.

반대로 금리가 하락 추세라면 이는 채권가격이 상승한다는 뜻이므로(예를 들어 만기 때 10,000원을 받을 수 있는 할인채 가격이 9,500원에서 9,700원으로 오르면 수익률 하락), 주식자금이 채권으로 이동하여 주가 하락의 원인이 되기도 합니다. 흥미롭게도 금리 수준과 금리 추세는 이렇듯 서로 상반된 면을 가지고 있습니다. 우리나라는 1981년까지 20% 이상의 고금리 수준을 유지했으나, 1982년부터 금리가 서서히 하락하면서 2004년 이후 4%대 이하로 떨어져 장기적인 저금리 시대로 들어섰습니다.

다음 그래프는 실질금리와 코스피지수의 상관관계를 나타낸 것입니다. 그래프를 보면 첫째, 금리와 주가는 대체로 같은 방향으로 움직입니다. 둘째, 주가는 금리보다 앞서 움직입니다. 셋째, 금리가 더 이상 하락하지 않을 때는 주가가 바닥인 경우가 많다는 것을 알 수 있습니다.

알아두세요

세계 중앙은행 기준 금리 인상

미국은 고인플레이션을 잡기 위해 2021년 0~0.25%이던 기준금리를 2022년 3월부터 급격히 올리기 시작하였고 2023년 7월에는 5.25~5.50%로 높아졌습니다. 이는 짧은 기간(17개월)에 가장 많이 올린 경우입니다. 최근 미 연준은 금리인상이 마무리 국면에 도달하고 있다는 신호를 보내고 있습니다. 한국도 코로나 팬데믹으로 0.5%까지 내렸던 기준금리를 2023년 1월에는 3.50%로 올렸습니다. 미국이 2024년에 먼저 기준금리를 내리면 한국도 따라 내릴 것으로 전망됩니다.

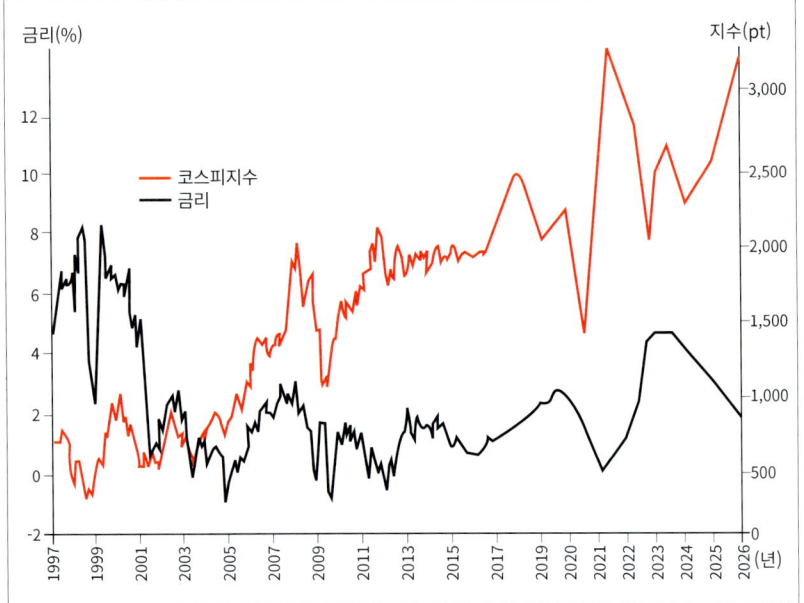

| 실질금리와 코스피지수의 상관관계 |

코로나 팬데믹과 동학개미운동

2019년 12월 중국 우한에서 시작된 코로나19는 2020년 1월 20일 한국에서 첫 확진자를 발생시켰고, 이어 중동을 넘어 유럽과 미국 등지로 순식간에 확산되었습니다. 코로나19는 어마어마한 전파력으로 사망자를 내며 세계 경제를 마비시켰습니다. 바이러스 공포에 휩싸인 투자자들은 보유 주식을 투매했고, 세계 주식시장은 연초 고점 대비 평균 −34%로 폭락했습니다. 한국증시도 연중 고점 대비 코스피 −36.4%, 코스닥 −39.4% 급락했습니다. 이때 한국증시에서 하락을 주도한 세력은 외국인과 기관으로 외국인은 25조원을, 기관은 10조원을 순매도했습니다 (2020년 1월 2일~5월 17일 기준).

이런 위기 상황에서 '동학개미운동'이 주식시장에 등장했습니다. (미국

알아두세요

정부가 돈을 풀면 어떻게 될까?
정부가 돈을 풀어 유동성 공급을 하면 가계지출이 늘어나고, 고용이 증가하므로 단기적으로 GDP가 높아집니다.

은 로빈후드) 이는 '위기가 주식을 싸게 살 수 있는 기회'라고 생각한 개인투자자가 외국인과 기관이 매도하는 물량을 적극 사들이는 행태를 말합니다. 한국증시는 개미들의 적극적인 매수세에 힘입어 코로나 팬데믹 사태를 극복했으며, 코스피지수는 3,300선을 돌파했습니다. 그러나 2021~2022년 고물가, 고금리, 고환율의 삼각파도가 밀려오자 개인 자금은 썰물처럼 증권시장을 빠져나갔습니다.

통화량은 주가와 동행한다

통화량이 증가하면 주가가 올라가고, 통화량이 감소하면 주가가 내려갑니다. 통화량이 증가하면 금리가 내려가기 때문에 낮은 금리를 활용해 기업이 투자를 늘리고, 그로 인해 기업 성장성이 높아져 주가가 상승합니다. 또한 늘어난 시중자금이 증시로 유입되어도 주가가 올라갑니다.

국가는 경제성장률은 플러스(+) 요인으로, 물가는 마이너스(-) 요인으로 감안해 적정 통화증가율을 결정합니다. 예를 들어 예상 경제성장률이 3%, 예상 물가상승률이 1.5%라면 적정 통화증가율을 1.5% 전후로 결정합니다(경제성장률 3% - 물가상승률 1.5% = 적정 통화증가율 1.5%).

2008년 미국 월가에서 촉발된 서브프라임 모기지 부실로 세계 경제가 침체기로 접어들자 미국, 일본 등 각국은 금리를 제로에 가깝게 내리고 시중에 막대한 돈을 풀었습니다(이 시기 미국 FRB 벤 버냉키 의장은 헬리콥터로 돈을 뿌리듯 시중에 막대한 돈을 풀어 통화량을 증가시켜서 '헬리콥터 벤'이라는 별명을 얻었습니다). 그 결과 증시는 2011년부터 하락을 멈추고 상승세로 전환했습니다. GDP성장률이 높지 않았음에도 돈의 힘으로 주가가 상승한 예입니다. 그러나 2013년 하반기부터 출구전략(경기를 살리기 위해 채권을 사들여 시중에 돈을 푸는 정책을 그만두거나 거두어들이는 전략)이

본격적으로 논의되자 개발도상국, 예를 들면 브라질, 인도, 인도네시아와 같은 남미와 남아시아 일부 국가의 증시가 폭락하기도 했습니다.

2020년 2~4월 코로나 팬데믹으로 급격히 경기가 침체되자 세계 각국은 앞다퉈 금리를 바닥까지 낮추고 과감한 유동성 공급을 펼쳤습니다.

환율은 주가와 역행하지만 동행할 때도 있다

일반적으로 원화 환율이 올라간다는 것은 원화 가치가 떨어진다는 의미이고, 원화 환율이 내려간다는 것은 원화 가치가 올라간다는 의미입니다. 다시 말해 원/달러 환율이 1,100원에서 1,000원으로 떨어졌다는 의미는 지금까지는 1,100원을 들여 1달러를 샀는데, 이젠 1,000원으로 살 수 있다는 뜻이므로 우리나라 돈의 가치가 그만큼 높아진 것으로 볼 수 있습니다. 환율이 떨어지면(원화 가치가 올라가면) 수출금액이 감소합니다. 같은 1억 달러를 수출해도 환율이 1,100원일 때는 1,100억원의 자금이 들어오지만 환율이 1,000원으로 떨어지면 1,000억원으로 감소하기 때문입니다. 따라서 수출의존도가 높은 우리나라 기업 입장에서는 환율이 떨어지면 불리해지고 주가 하락의 원인이 됩니다. 그러나 석유와 식품의 원료처럼 원자재를 외국으로부터 수입하는 기업은 거꾸로 유리해집니다.

반면 원화 가치가 올라가면(환율이 떨어지면) 한국증시에 투자하기 위해 들어온 외국인은 유리해집니다. 따라서 한국증시에 투자하기 위해 외국인 투자자금이 유입되므로 주가는 올라갑니다. 증권시장에 유입되는 외국인 자금은 환율에 매우 민감합니다. 주식투자에서 20% 수익이 나더라도 환율에서 10% 손해를 보면 투자수익이 반으로 줄기 때문입니다.

요약하면 환율 하락은 기업수익 면에서는 마이너스 효과이므로 주가 하락의 요인이 되지만, 증권시장으로의 자금 유입이라는 측면에서 보면

알아두세요

환율 상승/하락과 통화가치 상승/하락
A국가의 환율 상승 → A국가의 통화가치 하락
A국가의 환율 하락 → A국가의 통화가치 상승
바꾸어 말하면,
A국가의 통화가치 상승 → A국가의 환율 하락
A국가의 통화가치 하락 → A국가의 환율 상승

알아두세요

환율 동향은 외국인 자금 유출입을 예측하는 데 중요한 참고 자료입니다.
• 환율 하락 추세(원화 가치 상승) → 외국인 투자자금 유입
• 환율 상승 추세(원화 가치 하락) → 외국인 투자자금 유출

주가 상승 요인이 되는 양면성이 있습니다. 환율이 떨어진다는 것은 경제가 그만큼 좋다는 의미도 되기 때문에 주가 측면에서 가장 좋은 것은 환율이 안정적으로 하락하는 것입니다.

원/달러 환율 외에 우리나라 주력 수출 산업이 일본과 수출 경쟁을 하기 때문에 원/엔 환률도 중요합니다. 우리나라 원화 환율이 일본 엔화에 비해 올라가면(환율 상승, 즉 원화가치 하락) 기업의 가격 경쟁력이 높아져(수출은 주로 달러로 결제됩니다. 원화 기준으로 계산하면 더 많은 원화가 들어오므로 가격을 낮출 여지가 생깁니다.) 주가 상승의 원인이 됩니다. 반대로 엔화 가치가 원화 가치보다 많이 떨어지면(엔화 가치 하락, 즉 엔화 환율 상승, 원화 환율 하락) 일본과 경쟁관계에 있는 한국의 자동차, 전자 등의 업종은 불리해질 수 있습니다(일본이 가격을 낮출 여지가 생기기 때문입니다.).

다음 그래프는 1995년부터 최근까지 원화 환율과 주가의 상관관계를 나타낸 것입니다. 환율이 하락하면(원화 가치 상승) 주가가 강세를, 환율이 상승하면(원화 가치 하락) 주가가 약세를 보인다는 것을 알 수 있습니다.

알아두세요

환율 상승과 하락

2022년 초 1,200원 선에 있던 원/달러 환율은 미국의 고금리/강달러 정책으로 2022년 10월 1,440원까지 올랐습니다. 그러나 10월에 '인프레 둔화' 신호가 나타나자 하락으로 전환되었습니다.

| 달러/원 환율과 코스피지수 |

주가는 경상수지가 흑자일 때 상승한다

경상수지가 흑자면 주가가 상승하고, 경상수지가 적자면 주가가 하락합니다. 경상수지가 흑자라는 것은 수출이 수입보다 많았다는 의미이므로, 기업의 실적이 좋아져 주가 상승 요인이 됩니다. 반대로 경상수지가 적자면 기업의 실적이 나빠져 주가 하락 요인이 됩니다.

인플레이션은 주가 상승, 디플레이션은 주가 하락

알아두세요

슈퍼 인플레이션과 금리 인상

코로나 백신이 보급되기 시작되자 물가가 급등하는 인플레이션 팬데믹이 불어닥쳤습니다. 유동성 과잉공급 상태에서 코로나19 이후 글로벌 공급망 붕괴, 러시아의 우크라이나 침공(22. 2. 24)은 WTI 원유가격을 배럴당 123달러까지 급등시키는 등 원자재와 농산물가격이 폭등해 성장률까지 둔화시키는 스태그플레이션 현상이 나타났습니다. 세계 각국은 경기를 회생해서라도 물가를 잡기 위해 급격한 금리 인상 등 긴축을 강화했습니다. 따라서 물가상승률이 둔화되고 금리 인상이 멈출 때 증시반등을 예상해볼 수 있습니다.

인플레이션 상황에서는 물가뿐 아니라 주가도 올라가므로 주식 비중을 확대하는 것이 좋습니다. 다만, 인플레이션이라고 해서 무조건 주가가 상승하는 것은 아닙니다. 인플레이션일 때 주가가 상승하려면 다음 2가지 조건이 맞아야 합니다.

첫째, GDP성장률이 높아야 합니다. GDP성장률이 저조한데 물가만 올라가는 경우를 스태그플레이션(Stagflation)이라고 합니다. 스태그플레이션은 경기침체(Stagnation)와 물가상승(Inflation)의 합성어로 불황의 전형적인 형태라 할 수 있는데, 이때는 증시가 하락합니다.

둘째, 물가가 오르더라도 GDP성장률과 금리보다는 낮아야 합니다. 물가상승률이 GDP성장률이나 금리보다 높으면, 사업을 하거나 은행에 저축하는 것보다 실물자산에 투자하는 것이 유리해져 시중자금이 투기시장으로 몰립니다. 역사를 되돌아보면 극심한 투기 뒤엔 언제나 극심한 경제불황이 따라다녔습니다.

인플레이션과 달리 물가가 하락하는 디플레이션(Deflation)일 때는 증시가 상승하지 못합니다. 디플레이션 상황에서는 생산성이 높아져 공급량이 증가하는 경우도 있지만, 불경기로 수요가 감소하는 경우가 더 많습니다. 전자는 증시에 악재가 아니지만 후자, 즉 수요 감소로 인한 디플레이션 상황에서는 주가가 상승하지 못합니다. 일례로 1990년에 40,000엔 근처였던 닛케이지수가 아베노믹스의 경기부양 정책에도 불구하고 오랫동안 30,000선 아래에 머물렀던 것도 일본이 25년 넘게 디플레이션에서 벗어나지 못한 이유가 크다고 볼 수 있습니다.

기업실적이 호전되면 주가는 올라간다

기업실적이 호전되면 주가는 올라가고, 기업실적이 악화되면 주가는 떨어집니다. 금리가 낮고 경기가 좋아져 경제성장률이 높아지고 환율과 국제유가가 안정되면 기업실적이 좋아집니다. 기업실적이 좋아지면 기업가치가 높아지고 따라서 주가도 상승합니다.

지금까지 주가에 영향을 미치는 기본적인 요인들을 살펴보았습니다. 여러 요인들 중에서 어떤 것이 주가에 가장 큰 영향을 미칠까요? ① GDP 성장률, ② 금리, ③ 경상수지, ④ 환율 순으로 영향을 미친다고 생각합니다.
그러나 이 경제 요인들은 독립변수가 아니고 상호간에 영향을 주고받는 유기적인 요인들이므로 종합적으로 고려해야 합니다. 복습하는 의미에서 다시 한 번 정리해보겠습니다.

그밖의 판단 방법

시장이 강세장인지 약세장인지 판단하는 방법으로는 경제 요인으로 판단하는 방법 이외에도 다우이론이나 엘리어트 파동이론 같은 시장 사이클을 이용해 판단하는 방법과 장기 이동평균선과 같이 그래프의 장기추세로 판단하는 방법이 있습니다. 다우이론과 엘리어트 파동이론, 장기 이동평균선에 대해서는 셋째 마당에서 자세히 설명합니다.

| 경제 요인 상호간의 변동 요인과 주가 전망 |

경제 요인	동향	예상 주가
1. 경기와 경제성장률	상승기: 기업의 투자와 매출 증가 하락기: 기업의 투자와 매출 감소	주가 상승 주가 하락
2. 금리	(1) 금리 수준 　고금리: 채권 수요 증가, 주식 수요 감소 　저금리: 채권 수요 감소, 주식 수요 증가 (2) 금리 추세 　금리 상승 추세: 채권 매도(채권가격 하락), 주식 매수 　금리 하락 추세: 채권 매수(채권가격 상승), 주식 매도	 주가 하락 주가 상승 주가 상승 추세 주가 하락 추세
3. 환율	(1) 환율 상승(원화 가치 하락) 　수출 증가, 수입 감소 → 기업수익 호전, 국내 유동성 증가 　환손실 우려로 외국인 투자자금 유출 (2) 환율 하락(원화 가치 상승) 　수출 감소, 수입 증가 → 기업수익 악화, 국내 유동성 감소 　환차익 기대로 외국인 투자자금 유입 (3) 환율이 급등 또는 급락할 경우	 주가 상승 주가 하락 주가 하락 주가 상승 주가 급락
4. 경상수지	흑자: 해외자금 유입 → 기업실적 호전 적자: 해외자금 유출 → 기업실적 악화	주가 상승 주가 하락
5. 유가	(1) 유가 상승: 경상수지 악화, 기업실적 악화 (2) 유가 하락: 경상수지 호전, 기업실적 호전 (3) 유가가 급등 또는 급락할 경우 → 경제 충격	주가 하락 주가 상승 주가 하락

GDP 갭과 일드갭으로 증권시장 대세를 판단한다

알아두세요

GDP 갭과 일드갭에는 '경기가 좋고 예금이자보다 높은 수익을 거둘 수 있을 때 주식투자를 하자'라는 뜻이 담겨 있습니다. 용어는 어렵지만 그 의미는 단순하니 가벼운 마음으로 읽고 넘어가세요.

"경제가 좋으면 증시가 상승하고, 경제가 나쁘면 증시가 하락하거나 횡보한다는 말은 알겠습니다. 하지만 하루가 멀다 하고 수많은 경제 뉴스가 쏟아져 나오는데 도대체 무엇을 기준으로 판단해야 합니까? 좀 더 쉽고 명쾌하게 증권시장 흐름을 판단할 방법이 없을까요?"

이렇게 묻는 사람들이 많습니다. 이에 다음 2가지 기준으로 주식시장의 큰 흐름을 판단할 것을 제안합니다.

알아두세요

GDP성장률은 분기 또는 1년 후의 예상 성장률을 기준으로 보아야 합니다. 연간 GDP성장률은 해당 연도가 지난 후 3개월 전후에, 분기성장률은 분기 종료 후 30일 전후에 발표되므로 과거 수치에 불과합니다. 따라서 주식시장 흐름을 예측하기 위해서는 미래 성장률인 예상 GDP성장률을 기준으로 삼아야 합니다.

1 | GDP 갭으로 경제의 4단계, 즉 호황, 후퇴, 불황, 회복을 구분한다

GDP 갭으로 경제상황을 진단해보면 증권시장 흐름도 판단이 가능합니다. 즉, GDP 갭이 플러스(+)로 높을수록 경제상황이 좋고 증권시장에도 좋은 영향을 미칩니다.

$$\text{GDP 갭} = \text{GDP성장률} - \text{GDP잠재성장률}$$

그럼 GDP 갭과 증시의 관계를 정리해볼까요?

- GDP 갭의 값이 플러스(+)로 높을수록 → 경제가 호황이고 증시도 좋다.
- GDP 갭의 값이 점차 높아지거나 마이너스(-)에서 플러스(+)로 전환되면 → 경제가 회복기이고 증시도 하락에서 상승으로 반전된다.
- GDP 갭의 값이 점차 낮아지거나 플러스(+)에서 마이너스(-)로 전환되면 → 경제가 후퇴기이고 증시도 상승에서 하락으로 반전된다.
- GDP 갭의 값이 마이너스(-)로 클수록 → 경제가 불황이고 증시도 하락에서 벗어나기 어렵다.

2 | 일드갭으로 주식투자 기대수익률을 계산해본다

일드갭은 주식투자 예상수익률과 확정부 이자율의 차이를 말하는데, 주로 주식투자를 하는 것이 유리한지 여부를 판단할 때 이용합니다. 즉, 일드갭에서는 주식투자 예상수익률이 은행 등의 예금이자율보다 유리할 때만 주식투자를 하고, 불리할 때는 주식시장을 떠나 있거나 확정부 이자가 나오는 곳에 돈을 넣어두기를 권합니다. 경제가 좋다 하더라도 주가 수준에 버블이 있거나 고평가되었다고 판단될 때는 주식투자를 삼가는 것이 유리하다고 보는 것이지요.

일드갭을 계산하는 공식은 다음과 같습니다.

> 일드갭 = 주식투자 예상수익률 − 확정부 이자율

① 주식투자 예상수익률은 어떻게 계산하나요?

워런 버핏의 스승이자 가치투자 이론의 창시자인 벤저민 그레이엄은 "주식투자 예상수익률은 주가수익비율(PER)의 역수에 100을 곱해 퍼센트로 나타낸 것이다"라고 했습니다. 이를 공식으로 나타내면 다음과 같습니다.

주식투자 예상수익률(%) = (1 ÷ PER) × 100

위 공식에서 PER 대신 '주가 ÷ 주당순이익'을 대입하면, 다음과 같이 됩니다.

주식투자 예상수익률(%) = (주당순이익 ÷ 주가) × 100

예를 들어 1년에 주식 1주당 5,000원을 벌어들이는 A라는 회사 주식을 주당 60,000원에 매수한 경우 예상수익률을 계산해보면 연간 8.33%가 나옵니다.

(주당순이익 5,000원 ÷ 주가 60,000원) × 100 = 8.33%

② 확정부 이자율이란?

확정부 이자율은 예금이나 국공채와 같이 위험을 부담하지 않고 받을 수 있는 이자율, 즉 무위험 이자율을 말합니다(이 책에서는 알기 쉽

알아두세요

PER이란?
PER(주가수익비율)은 주가를 주당순이익(EPS)으로 나눈 것입니다. 즉, '주가 ÷ 주당순이익'입니다. PER에 관한 자세한 설명은 뒤에 다시 나옵니다.

알아두세요

시장PER은 어떻게 알 수 있나요?

지난 연도 기준의 시장PER은 거래소 사이트(www.krx.co.kr)에서 발표합니다. 투자 기준으로 삼는 예상 PER을 계산할 때 주가는 현재 주가로 하되 기업실적은 12개월 후 예상실적을 기준으로 합니다. 예상 PER은 경제연구소 애널리스트들이 예측해 증권사 HTS나 각종 자료를 통해 발표합니다. 따라서 경제신문, 일간지 경제면, 증권사 자료 등을 열심히 챙겨보아야 합니다. 블룸버그 사이트(www.bloom berg.com)에서도 'MSCI Korea 예상 PER'을 게재하고 있지만 유료 사이트입니다. 참고로 시장PER을 구하는 공식은 다음과 같습니다.

시장PER(배) = 전체 상장기업 시가총액 ÷ 전체 상장기업 당기순이익의 합

과거 20년간 KOSPI 시장PER은 8~21배 범위 안에서, KOSPI200 시장PER은 8~16배 범위 안에서 움직였습니다.

게 '예금이자율'이라고 하겠습니다).

다음은 시장PER이 8~20배로 움직이고 금리가 4~7%로 변동될 때 일드갭으로 주식투자가 유리한지 불리한지를 알아본 것입니다.

| 시장PER과 예금이자율을 비교해 주식투자 유불리 판단하기 |

시장PER(배)	주식투자 예상수익률(A)	예금이자율(B)	초과수익률(A-B)	주식투자(유불리 여부)
8	12.5%	4%	8.5%	매우 유리
		7%	5.5%	매우 유리
9	11.1%	4%	7.1%	매우 유리
		7%	4.1%	유리
10	10.0%	4%	6.0%	매우 유리
		7%	3.0%	유리
11	9.1%	4%	5.1%	매우 유리
		7%	2.1%	유리
12	8.3%	4%	4.3%	유리
		7%	1.3%	메리트 없음
13	7.7%	4%	3.7%	유리
		7%	0.7%	메리트 없음
14	7.1%	4%	3.1%	다소 유리
		7%	0.1%	메리트 없음
15	6.7%	4%	2.7%	다소 유리
		7%	-0.3%	매우 불리
20	5.0%	4%	1.0%	메리트 없음
		7%	-2.0%	매우 불리

위의 표를 보면 예금이자율이 4%일 때는 시장PER이 13배에 이를 때까지 주식투자가 매우 유리하고, 14~15배일 때는 다소 유리, 15배를 넘어서면 주식투자보다 예금이 유리하다는 것을 알 수 있습니다. 이와 달리 예금이자율이 7%일 때는 PER이 11배가 될 때까지는 주식투자가 유리하지만, 13배를 초과하면 주식시장에서 빠져나와 자

금을 예금에 넣어두는 것이 유리합니다.

주식투자를 해야 할 때와 하지 말아야 할 때를 판단하는 요령을 다시 한 번 정리해보겠습니다.

주식시장 대세 판단 종합 정리

1. 먼저 경제상황을 판단한다

가장 먼저 GDP 갭(GDP성장률 – GDP잠재성장률)을 확인하고, 물가상승률, 환율, 국제수지 등을 보조지표로 하여 현재 경제가 호황, 후퇴, 불황, 회복 중 어느 단계에 있는지 판단한다.

2. 경제상황을 판단한 결과

- **호황일 경우** → 대세상승이라고 전제하고 주식에 투자하되 일드갭을 계산해 보고 주식투자가 불리해질 때까지 투자를 계속한다.
- **후퇴일 경우** → 대세가 상승에서 하락으로 전환되는 시기라고 보고 서서히 주식 비중을 축소한다. 일드갭을 계산해보고 주식투자가 조금이라도 불리하면 과감하게 비중을 축소한다.
- **불황일 경우** → 시장이 하락 추세라고 보고 시장을 떠나 있는다. 그러나 시장의 폭락이 과도하고 일드갭이 매우 유리하게 나올 때는 장기적인 관점에서 대형 우량주 중심으로 주식을 분할매수한다.
- **회복일 경우** → 대세가 하락에서 상승으로 전환되는 시기라고 보고 적극적으로 주식을 매입한다. 일드갭을 계산해본 결과 유리한 경우, 특히 하락하던 금리가 더 이상 하락하지 않는다는 신호를 보낼 때, 또는 상승하던 금리가 하락으로 전환될 때가 주식을 매입하기에 가장 좋은 때다.

3. 그래프로 확인

경제 상황이 증시에 어떻게 반영되고 있는지 그래프로 확인해 본다.

- **해외증시 추세 확인**: 미국 S&P500지수, 나스닥지수, 다우지수, 필라델피아 반도체 지수를 월봉, 주봉, 일봉 순으로 확인한다.
- **국내증시 추세 확인**: 코스피지수와 코스닥지수를 월봉, 주봉, 일봉 순으로 확인해 보고 대세를 판단한다.

잠깐만요

시장이 나쁠 때 주식투자자의 행동 강령

2개의 갭, 즉 GDP 갭과 일드갭으로 판단했을 때 주식투자가 불리하고 그래프(주봉과 월봉 기준)도 하락 추세를 보인다면 시장이 나쁘다고 할 수 있습니다. 시장이 나쁠 때는 주식투자로 수익을 내기 어려우므로 주식 비중을 줄이고 채권이나 현금 비중을 높일 필요가 있습니다. 보유주식을 축소할 때는 재무구조가 부실하거나 예상 실적이 악화될 것으로 예측되는 기업을 우선 대상으로 삼습니다. 또한 매수단가가 하락했으니 소위 물을 탄다고 섣불리 추가 매수를 하는 실수를 하지 말아야 합니다. 특히 신용매수는 손실을 더 키울 수 있으므로 금물입니다.

그렇다고 증권시장을 완전히 떠나 있는 것도 바람직한 투자 자세가 아닙니다. 수익성과 성장성을 모두 갖춘 우량주의 경우는 세계적인 금융위기를 제외하고는 투자자들이 우려하는 만큼 주가하락폭이 크지 않기 때문입니다. 또한 주가가 기업가치 이하로 하락했을 때가 오히려 좋은 매수 기회가 되기도 합니다. 참고로 주식형 펀드는 시장이 좋지 않다고 판단될 경우에도 주식 비중을 70% 이하로는 낮추지 않습니다. 개인투자자라면 펀드보다 좀 더 적극적으로 주식을 운용할 필요가 있습니다. 주식을 아예 보유하고 있지 않으면 시장에서 눈을 떼게 되므로 시장이 바닥을 치고 상승할 때 남보다 늦게 알아차리게 됩니다. 강세장은 언제나 투자자들의 실망을 숙주(宿主)로 삼아 침체의 늪에서 자라다가 어느 날 갑자기 시장에 나타나기 때문입니다.

공포가 주식시장을 지배할 때는
S&P500 VIX선물지수를 참고할 것!

주식시장의 폭락으로 공포심이 극에 달할 때는 S&P500 VIX선물지수를 참고하세요.
주식시장은 '버블과 공포의 역사'라고 할 만큼 버블과 공포가 교차로 반복되어왔습니다. 공포가 시장을 지배할 때 투자자는 주식이 휴지가 될 것 같은 두려움에 투매를 하고, 주가는 기업의 가치보다 터무니없이 낮게 형성됩니다. 반면 탐욕이 시장을 지배할 때는 기업의 가치 기준은 무시되고 엄청난 버블이 형성되기도 합니다.
금융위기가 극에 달한 2008년 10월 VIX지수는 89까지 치솟았으며, 코로나 팬데믹 공포가 극에 달한 2020년 3월에는 82까지 올랐습니다. VIX지수는 인터넷에서 검색하면 쉽게 확인할 수 있습니다.

 **알아두세요**

VIX지수(공포지수)란?
VIX(Volatility Index)지수란 S&P500지수 옵션가격의 향후 30일 동안의 변동성을 나타내는 지수이며, 흔히 공포지수라고 부릅니다. '투자자들이 얼마나 공포에 질려있나'를 수치로 나타내는 심리지표입니다. 수치가 낮으면 투자심리가 안정적이고, 100에 가까울수록 시장 전반의 공포감이 높다는 뜻입니다. 특히 주식시장이 급락할 때 많이 참고합니다. 예를 들어 VIX가 20이면 향후 1개월 동안 옵션가격이 20% 등락할 것이라고 예상하는 투자자들이 많다는 뜻입니다. 통상 20~30 정도의 범위를 평균 수준으로 보며, 40~50이면 바닥권이라 해석하기 때문에 주가 반등을 기대할 수 있습니다. 특히 주식시장이 폭락할 때 참고로 봅니다.

무작정 따라하기

GDP 갭으로 경제의 호황과 불황 판단하기

(예제) 다음은 GDP 갭으로 경제의 호황과 불황을 판단한 것입니다. 잘못된 것을 고르세요.

❶ 잠재성장률이 2%인데 예상 GDP성장률이 4%이므로 경제가 호황국면이라 할 수 있다.
❷ 잠재성장률이 3.5%인데 예상 GDP성장률이 2%이면 불황국면이다.
❸ A국가의 잠재성장률이 7%라고 한다. 그런데 올해 예상 GDP성장률이 6%라면 호황국면이라 할 수 있다.
❹ B국가의 잠재성장률이 2.8%라고 한다. 그런데 B국가의 금년 GDP성장률이 -1%로 극도로 나쁠 것으로 예상된다. 그러나 내년에는 3% 성장이 예상된다고 한다. 따라서 B국가의 내년도 경제 전망은 회복국면이라 판단할 수 있다.
❺ C국가의 잠재성장률이 3.5%라고 한다. 올해 예상 GDP성장률이 지난해 5%보다 낮은 3%일 경우 경제는 후퇴국면이라 할 수 있다.

(해설)
❶ GDP 갭이 2%(GDP성장률 4% - 잠재성장률 2%) → 호황
❷ GDP 갭이 -1.5%(GDP성장률 2% - 잠재성장률 3.5%) → 불황
❸ GDP 갭이 -1%(GDP성장률 6% - 잠재성장률 7%) → 불황
❹ GDP성장률이 마이너스(-)에서 플러스(+)로 전환되거나 마이너스 값이 큰 폭으로 줄어들 것이 예상될 경우, 설령 예상 GDP성장률이 잠재성장률에 다소 미치지 못한다 하더라도 경제는 회복국면이라 볼 수 있다.
❺ GDP 갭이 -0.5%이고 5%이던 성장률이 잠재성장률인 3%까지 하락했으므로 후퇴국면

정답은 ❸번. 일반적으로 GDP성장률이 6%면 매우 높지만 잠재성장률 7%보다 낮으므로 호황이라 볼 수 없다.

무작정 따라하기

일드갭으로 주식투자의 유불리 판단하기

예제 예금금리가 6%이고 시장PER이 9~20 사이에서 움직일 때 주식투자 예상수익률과 일드갭을 계산해보고, 주식투자를 하는 것이 유리한지 예금이 유리한지 판단해보세요.

해설 주식투자 예상수익률은 'PER의 역수에 100을 곱해' 계산하고, 일드갭은 '주식투자 예상수익률 - 예금이자율'로 계산합니다. 예를 들어 PER이 11이고 금리가 5%일 경우 주식투자 예상수익률은 '1 ÷ 11 × 100 = 9.1%'이고, 일드갭은 '9.1% - 5% = 4.1%'입니다. 이 경우 일드갭이 플러스 4.1%이므로 주식투자를 해도 괜찮다고 판단됩니다. 하지만 일드갭이 1~2%일 경우엔 그 정도 초과수익을 얻기 위해 원금손실 가능성이 있는 주식에 투자하는 것이 안전한 예금보다 반드시 유리하다고 판단할 수는 없습니다.

예금이자율(%)	시장PER(배)	주식투자 예상수익률(%)	일드갭(%)	주식투자와 예금 중 유리한 상품
6	9	11.1	5.1	주식투자
	10	10.0	4.0	주식투자
	11	9.1	3.1	주식투자
	12	8.3	2.3	주식투자 다소 유리
	13	7.7	1.7	중립
	14	7.1	1.1	중립
	15	6.7	0.7	예금
	17	5.9	-0.1	예금
	20	5.0	-1.0	예금

005 왕초보를 위한 주식투자 5계명

주식투자를 하기 전에 꼭 짚고 넘어가야 할 마음의 자세에 대해 알아보도록 하겠습니다. 어찌 보면 가장 중요한 내용이라 할 수 있습니다.

제1계명
주식투자로 손해볼 수 있다는 점을 인정하라!

주식투자로 누구나 매번 돈을 벌 수 있다면 은행에 예금하는 사람은 아무도 없을 것입니다. 이것은 펀드투자도 마찬가지입니다.

주식투자에 처음 입문하는 사람이라면, 주식투자로 높은 수익을 얻을 수도 있지만 손실을 볼 위험도 있다는 것을 알아야 합니다. 따라서 손실에 대한 대책을 강구해둘 필요가 있습니다.

그 대책으로는, 첫째 자신이 허용할 수 있는 손실의 범위를 생각해두어야 합니다. 생계의 기초가 되는 전 재산을 투자한다거나 어떠한 일이 있어도 까먹어서는 안 되는 자금으로 주식투자를 해서는 안 됩니다.

둘째, 장기 여유자금으로 투자해야 합니다. 혹시라도 주식투자 자금을 빌려서 투자할 계획인가요? 그렇다면 실패할 확률이 매우 높습니다. 아무리 평온한 마음을 가지려고 노력해도 조급함이 앞서 매수시점이 아닌데도 매수하고, 매도시점이 아닌데도 팔게 되기 때문입니다. 또한 아파트 중도금이나 계약금과 같이 자금의 사용 기간이 짧은 경우에도 투자에 성공할 수 없습니다.

특히 초보 투자자라면 소액으로 시작하십시오. 여유자금이 없다면 당장 종잣돈부터 모으십시오. 그런 다음 주식투자를 시작해도 늦지 않습니다.

제2계명
목표수익률을 낮춰라!

연간 목표수익률을 100% 이상 잡고 있나요? 그렇다면 투자를 그만두는 것이 좋습니다. 물론 투자를 하다 보면 100% 이상 수익이 날 수도 있습니다. 그러나 처음부터 목표수익률을 무리하게 높게 잡으면 작전주나 부실주에 손을 대는 등 종목선정에서 매매시점 판단까지 투자원칙을 일관되게 지키지 못하게 됩니다.

작전주란?
다수가 특정 주식의 주가를 조종해 이익을 취할 목적으로 각자 역할을 모의하고 이를 실행에 옮기는 주식 종목을 말합니다. 그럴듯한 정보를 유포해 일반투자자들이 매수에 가담하면 작전세력은 손을 털고 나가고, 일반투자자들만 큰 손해를 입게 됩니다.

제3계명
하루 종일 모니터 앞에 앉아 있지 마라!

이 계명은 매우 쉬울 것 같지만 막상 주식투자를 시작하면 실천하기 어렵습니다. 주식투자는 상대가 있는 게임입니다. 내 마음이 아무리 급해도 상대방은 내 마음처럼 움직여주지 않습니다. 강태공이 곧은 낚싯바늘로 시간을 낚듯 마음이 느긋하고 평온해야 시장이 보입니다.

하루 종일 모니터 앞에 앉아 있어서는 마음의 평온을 유지하기 어렵습

알아두세요

데이트레이딩이란?
하루에도 여러 번 주식을 사고팔아 초단기 시세차익을 노리는 투자기법입니다. 대세하락기에는 손실을 볼 가능성이 높고, 대세상승기에도 장기투자보다 높은 수익을 내기 어렵다는 것이 전문가들의 의견입니다.

니다. 되도록 모니터 보는 시간을 줄이십시오. 그리고 명상과 심호흡을 자주 하십시오. 가벼운 맨손체조를 하는 것도 좋습니다.

데이트레이딩(Day Trading)이 아니면 계속해서 모니터 앞에 앉아 있을 이유가 없습니다.

'나는 사고 싶은데 사람들은 왜 팔까?' 또는 '나는 팔고 싶은데 다른 사람은 왜 살까?' 하는 식으로 입장을 바꿔 매매하는 사람들의 마음을 헤아려보는 것도 여유를 찾는 한 가지 방법입니다.

제4계명

늘 계좌 잔고가 초기 투자금액이라고 생각하라!

만약 1,000만원으로 투자를 시작했는데 투자손실이 많아 500만원밖에 남지 않았다면 이 금액을 초기 투자금액이라고 생각하십시오. 초기 자금 1,000만원을 기억하고 있는 한 여러분은 올바른 투자 판단을 할 수 없습니다.

주식투자에서 가장 중요한 것은 돈을 잃지 않는 것이지만(원금을 잃으면 수익을 낼 기회마저 잃게 됩니다), 날린 투자금액을 생각해봤자 정신건강에 좋지 않습니다. 이미 다 잃었다면 어쩔 수 없지만 아직 조금이라도 남아 있다면, 마음을 추스르고 같은 실수를 반복하지 않기 위해 남은 금액에 걸맞게 투자 계획을 다시 짜는 것이 중요합니다.

제5계명

계좌를 관리하라!

은행의 예금계좌는 잔고와 이자율 정도만 확인해두면 됩니다. 그러나 증권계좌는 자산가치가 시시각각 변동하기 때문에 주식투자를 하는 사람은 자기 계좌를 수시로 관리해야 합니다. 주식투자는 계좌 관리부터 시작된다고 해도 과언이 아닙니다. 그럼 계좌 관리를 하는 요령을 알아볼까요?

첫째, 현금 비중을 일정하게 유지해야 합니다.

돈이 있다고 1년 내내 100% 주식을 보유하는 것은 올바른 투자 방법이 아닙니다. 시장상황에 따라 다를 수 있지만 현금 비중은 대체로 10~30% 선을 유지하는 것이 좋습니다. 아까운 돈을 왜 썩히느냐고요? 일정한 비율로 현금을 보유하고 있으면 시장을 객관적으로 볼 수 있을 뿐만 아니라 종목을 선정하거나 매매할 때 마음의 여유가 생깁니다. 마음의 여유가 있는 사람이 진검승부 시 조급한 사람을 이길 확률이 높지 않을까요?

주식투자도 따지고 보면 마음을 다스리는 수양 과정입니다. 일정하게 현금 비중을 유지한다는 것은 투자자가 자기가 만든 투자원칙을 지키며 자신의 마음을 잘 다스리고 있다는 징표로 볼 수 있습니다.

둘째, 자산을 과도한 위험에 노출시키지 말아야 합니다.

증권시장에도 선물, 옵션, ELW 같은 지뢰밭이 있습니다. 위험도가 매우 높기 때문이지요. 개인투자자의 경우 스스로 상당한 수준에 올라 있다고 판단되더라도 원칙적으로 이런 상품에는 투자하지 않는 것이 좋습니다.

간혹 예외적으로 하는 경우에도 총 투자금액에서 선물은 10% 이내, 옵션과 ELW는 5% 이내로 투자금액을 제한할 필요가 있습니다. 일시에 투자자금 전액을 날리고 회복할 기회마저 잃어버릴 수도 있기 때문입니다.

신용거래도 대세상승이 확인되는 경우에만 예외적·일시적으로 이용하는 것이지 연중 상시 이용해서는 안 됩니다.

셋째, 원금 이상의 수익은 다른 계좌로 옮겨놓아야 합니다.

원금 이상의 수익은 계좌에서 출금해 별도의 예금성 계좌(예를 들면 MMF 또는 CMA 계좌)에 옮겨놓으십시오. 초기 투자금액과 뒤섞이면 수익 관리가 안 되기 때문입니다.

예를 들어 1,000만원을 투자해 100% 수익이 나 2,000만원이 되었더라도 50% 손실이 나면 본전이 되고 맙니다. 또 1,000만원을 투자했는데 50% 손실이 나서 500만원이 되었다면 100% 수익을 올려야 본전이 됩니다. 이렇듯 수익을 올리는 것은 손실을 보는 것보다 2배나 더 어렵습니다. 사소한 듯 보여도 이런 자금 관리가 투자를 신중하게 결정하는 데 도움을 줍니다.

넷째, 투자 일지를 작성해야 합니다.

투자 일지는 보유주식과 변동 현황을 일자별로 종목, 수량, 평균단가, 현금 비중, 평가금액 등으로 구분해 작성합니다. 비고란에는 주식을 매수한 이유와 매도한 이유를 적습니다. 투자 일지 작성은 개인적인 매매 동기를 객관화하는 작업으로, 내가 정한 투자원칙을 일관되게 지키며 같은 실수를 반복하지 않도록 도와주는 매우 효과적인 습관입니다.

 알아두세요

MMF 계좌
Money Market Fund의 줄임말. 단기금융펀드를 말합니다. CP, CD 같은 단기금융자산에 집중 투자하기에 시장금리 움직임을 신속하게 반영해 시장금리가 상승하면 MMF 수익률도 함께 상승합니다. CP, CD는 1,000만원 이상이 있어야 가입할 수 있지만 MMF는 가입금액 제한이 없습니다. 또한 입출금이 자유롭고 중도해지에 따른 수수료를 물지 않습니다.

CMA 계좌
Cash Management Account의 줄임말. 고객의 자금을 주로 RP(환매조건부채권)에 투자해 수익금을 배당해주는 금융상품입니다. 은행 및 CD기를 통해 수시 입출금이 가능하며 급여 이체, 카드 결제, 공과금 이체도 가능합니다. 주식뿐 아니라 금융상품 거래도 가능해 종합자산관리 계좌라고도 부릅니다.

지금까지 왕초보가 주식투자를 할 때 꼭 지켜야 할 5계명을 알아보았습니다. 어조가 조금 단호했지요? 앞으로 이 5계명 또는 여러분 자신이 세운 원칙을 흔들림 없이 지켜나갈 자신이 없다면, 필자는 정중하게 직접투자보다는 간접투자를 권유하는 바입니다.

주식투자는 자신의 심리 상태를 다스리고 상황을 객관적으로 분석해야 성공합니다. 하지만 실제 투자에 들어가면 이런 원칙과 계명은 쉽게 무너집니다. 누구나 자기가 산 주식은 예외일 것이라며 그럴듯한 이유로 자기합리화를 하기 때문이지요. 그러나 어떤 경우에도 예외를 두어서는 안 됩니다.

잠깐만요 | 주식투자를 시작하는 데 필요한 여유자금은 최소 얼마?

주식투자에 필요한 최소 여유자금은 딱히 정해져 있지 않습니다. 50만원이나 100만원 혹은 더 적은 금액으로도 시작할 수 있습니다. 하지만 1주 가격이 100만원이 넘는 종목이 있음을 감안할 때 최소한 분산투자가 가능하도록 300만원 이상은 있어야 주식투자를 한다고 말할 수 있습니다. 다만, 적립식으로 주식을 사모으는 투자자는 10만원 이하의 적은 금액으로도 투자가 가능합니다. 투자자금이 없는 경우에는 종잣돈 마련 계획부터 세워야겠지요.

- **006** 계좌부터 만들어보자!
- **007** 홈트레이딩 시스템으로 시세 보기
- **008** 매매주문 방법의 종류
- **009** 주문을 낼 때 주의사항

첫째
마당

주식투자, 매매부터 따라하자!

 투자 이야기

계좌개설부터 시작하는 직접투자 따라하기

김부자씨는 강알짜씨와 달리 직접 주식투자를 해보기로 마음먹고 가까운 증권사를 찾아갔습니다. 창구 직원이 반갑게 인사하는군요.

"계좌를 개설하러 왔는데요."

"주민등록증과 도장은 가져오셨나요?"

"주민등록증은 있는데 도장은 안 가지고 왔어요. 도장이 꼭 있어야 합니까?"

"도장 대신 사인도 가능합니다. 여기 기재사항을 적고 사인해주십시오."

"집에서 직접 거래를 해볼까 합니다."

"홈트레이딩 시스템(HTS)을 이용하시겠다는 말씀이군요."

김부자씨가 서류를 작성하고 입금할 금액을 건네자, 창구 직원이 증권카드와 입금확인증 그리고 보안카드(OTP)를 주며 말했습니다.

"HTS를 설치할 때는 보안카드(OTP)가 필요합니다. 잘 간직하세요."

집으로 돌아온 김부자씨는 어렵지 않게 HTS를 설치하고 현재가, 주문, 그래프 등의 창을 클릭해보며 화면을 익혔습니다.

다음 날 아침, 김부자씨는 평소 사고 싶었던 D증권주를 전일보다 200원 높은 시세인 7,200원에 1,000주 사겠다는 매수주문을 냈습니다.

오전 9시가 되자 D증권주는 7,200원에 시세가 붙고 나서 바로 7,500원으로 올랐습니다. 주가가 올라 기분이 좋아진 김부자씨는 체결 내역 확인 창을 열어보았습니다. 그런데 1,000주 중에 100주만 체결되고 나머지는 체결이 되지 않았습니다.

'이상하다. 아침 일찍 7,200원에 주문을 넣었는데 100주밖에 들어오지 않았네. 뭐가 잘못된 거지?'

김부자씨는 서둘러 D증권 콜센터에 전화를 걸었습니다.

"왜 제가 낸 1,000주 매수주문 중에 100주만 체결되고 900주는 체결이 되지 않은 건가요?"

설명을 들은 직원은 이렇게 말했습니다.

"고객님의 매수주문은 동시호가 분배원칙 중 수량우선의 원칙 때문에 100주만 체결되었습니다."

"수량우선의 원칙이라니요?"

"아시겠지만 동시호가 시간에는 시간우선은 적용되지 않으며 가격이 높은 것부터 체결됩니다. 이것을 가격우선의 원칙이라고 합니다. 동일한 가격에 주문이 많을 경우에는 많은 수량의 주문이 우선하는 수량우선의 원칙이 적용되는데, 고객님이 매수하신 주식은 7,200원에 매도주문 수량보다 매수주문 수량이 더 많아 일부만 체결된 것 같습니다."

김부자씨는 동시호가 체결 원칙에 대해 설명을 들었지만 완전히 이해가 되지는 않았습니다. 다만 매매체결 원칙이 그렇다고 하니 수긍할 수밖에 없었습니다.

"지금이라도 꼭 사고 싶으시면 매수가격을 매도가격으로 높이거나 시장가 주문으로 정정하시면 됩니다."

김부자씨는 직원의 말을 듣고 주문을 시장가로 정정했습니다. 그러자 이번에는 주문 즉시 전일보다 10% 오른 7,700원에 거래가 체결됐습니다.

그날 D증권 주가는 전일보다 400원 오른 7,400원으로 끝이 났습니다. 김부자씨는 시황을 봐가며 500주씩 두 번으로 나누어 한 번은 7,200원으로, 한 번은 7,500원으로 매수주문을 냈더라면 좋았을 거라며 후회했습니다. 분할매수의 중요성을 경험으로 배운 셈이지요.

하지만 배워야 할 것은 이게 끝이 아니었습니다. 김부자씨는 또다시 황당한 경험을 했습니다. 매도주문 창인 줄 알고 매도주문을 냈는데 나중에 확인해 보니 매수가 되어 있었던 것이지요. 매수주문 창을 매도주문 창으로 착각한 것이었습니다.

두 번째 실수는 첫 번째 경우와 달리 생각지도 못한 손실을 안겨주었습니다.

006 계좌부터 만들어보자!

주식투자는 계좌개설로 시작됩니다. 이번 장에서는 계좌개설 절차와 신용거래 설정 방법, 편리한 은행 이체 제도에 대해 알아보고, 홈트레이딩 시스템(HTS)을 설치해보도록 하겠습니다.

주식투자를 하기로 마음먹었다면 가장 기본인 계좌부터 개설해야 합니다. 주변 지인의 말만 듣고 아무 증권사나 선택하지 말고 신용도나 인지도, 시스템을 잘 살펴보고 선택하세요.

계좌개설 무작정 따라하기

앞서 투자 이야기를 통해 계좌개설부터 주식매매까지 대략 감을 잡아봤습니다. 이제 여러분이 직접 계좌를 개설하고 주문까지 따라해보세요.

알아두세요

법인 명의로 계좌개설을 할 경우에는?

법인 명의로 계좌를 개설할 경우에는 사업자등록증 원본, 대리인의 실명확인증표, 거래인감을 지참하면 됩니다.

❶ 먼저 증권사부터 선택하세요. 증권사 선택 기준은 다음과 같습니다. 초보 투자자의 경우 대형증권사를 선택하는 것이 무난합니다.

첫째, 투자자가 이용하기 편리한 전산플랫폼을 갖추었을 것
둘째, 상품(펀드수익률, CMA 이율, ELS/DLS 등)이 경쟁력이 있을 것
셋째, 거래수수료가 저렴할 것

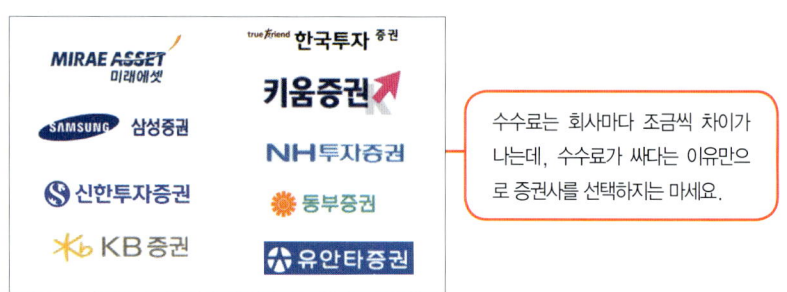

수수료는 회사마다 조금씩 차이가 나는데, 수수료가 싸다는 이유만으로 증권사를 선택하지는 마세요.

알아두세요

이 책에서는 편의상 미래에셋증권 계좌개설 방법을 살펴보겠습니다. 다른 증권사들도 주민등록증만 가지고 가면 누구나 쉽게 계좌를 개설할 수 있습니다.

❷ 증권사를 선택했나요? 그럼 실명 확인이 가능한 신분증(주민등록증, 운전면허증 등)과 도장(서명으로도 가능)을 지참하고 가까운 영업점을 찾아가 창구 직원에게 계좌를 개설하겠다고 말하세요.

❸ 계좌개설신청서와 일반투자자 투자정보확인서 등을 작성해 제출하면 계좌를 개설해줍니다. 참고로, 계좌를 개설할 때 돈은 필요하지 않습니다.

HTS를 신청하면?

HTS를 신청하면 매매주문, 은행 이체, 청약 업무 등을 집에서도 할 수 있습니다.

❹ 계좌를 개설하면 은행처럼 통장이 아닌 증권카드를 줍니다. 집에서 거래를 하고 싶다면 홈트레이딩 시스템(HTS: Home Trading System)을 신청하세요. 창구 직원이 보안카드를 따로 줄 것입니다.

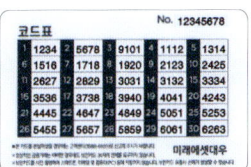

❺ 최근에는 모바일을 통해 비대면으로 신규 계좌를 개설하는 비율이 높아졌습니다. 증권사 앱을 다운받아 몇 가지 단계를 거치면 편리하게 계좌를 개설할 수 있습니다.

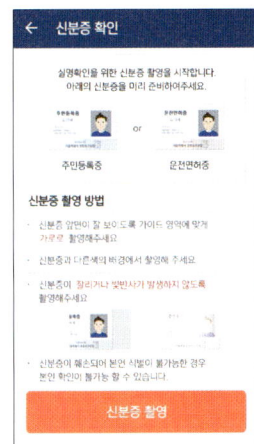
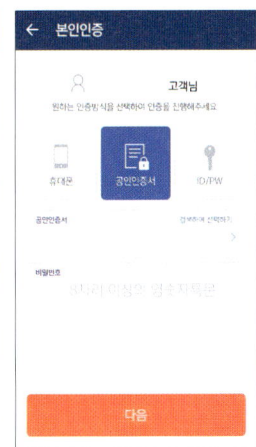

알아두세요

비대면 계좌개설! 은행, 증권사에 가지 않고도 5분이면 OK!

핀테크 시대가 열리면서 은행이나 증권사에 가지 않아도 계좌를 개설할 수 있게 되었습니다. 스마트폰 앱에 신분증을 찍어 올린 다음 정보를 입력하고, 진위 확인과 영상통화를 거치면 계좌가 만들어집니다. 이때 걸리는 시간은 단 5분. 최근에는 시각장애인과 법인도 이용 가능합니다.

- 준비물: 본인 신분증, 입출금 은행 계좌
- 미성년자의 경우는 추가로 가족관계증명서(상세) 필요
- 개설 시간: 신청은 24시간 가능

잠깐만요

그밖에 약정이 필요한 사항들

1. 우편 잔고 통보 사절이 필요한 경우

증권사는 거래 내역이 있는 경우 매월 초에 고객에게 거래 내역과 잔고를 우편 또는 메일로 통지해주며, 거래가 없는 고객에게는 1년에 2번, 6월과 12월에 잔고를 통지해줍니다. 잔고 통지를 원하지 않는다면 본인이 직접 증권사에 방문해 '우편 잔고 통보 사절원'을 작성해 제출해야 합니다. 계좌를 개설할 때 창구 직원에게 '우편 잔고 통보 사절 약정'도 함께 신청하겠다고 이야기하세요.

2. 은행 이체 약정

증권카드로 모든 금융기관의 현금입출금기에서 현금 입출금 및 이체, 공과금 납부가 가능합니다. 은행 이체 약정을 해두면 영업점에 가지 않더라도 HTS나 ARS 전화로 이체가 가능하므로 편리합니다.

3. 신용거래 설정

신용거래란 투자자가 보유한 자금보다 더 많은 금액의 주식을 매수하고자 할 때 증권사로부터 자금을 융자받아 매매하는 거래를 말합니다. 신용융자 가능 금액은 보유현금 규모와 동일한 금액이라고 생각하면 됩니다. 예를 들어 현금이 1,000만원 있으면 증권사로부터 1,000만원을 융자받아 총 2,000만원어치 주식을 매수할 수 있습니다(신용거래는 종목별로 신용대출을 받을 수 있는 금액이 각기 다르고 신용이자율도 회사마다, 기간마다 각기 다릅니다).

신용거래를 원한다면 신분증과 도장(계좌개설 시 사용한 도장), 신용거래 설정 보증금 100만원을 지참하고 증권사에 방문해 신청하면 됩니다. 융자 기간은 3개월로, 그 안에 주식을 매도하거나 현금으로 상환해야 합니다. 따라서 3개월 안에 주가가 오르지 않고 떨어질 경우 2배의 손실이 발생하므로 되도록 신용거래는 하지 않는 것이 좋습니다.

참고로 융자 방식 외에 주가가 하락할 것으로 예상될 때 증권사로부터 주식을 빌려 매도한 후 주가가 떨어지면 도로 매수하여 상환하는 대주제도가 있습니다. 대주는 증권사마다 가능 종목과 가능 수량이 각기 다르니 거래 영업점에 확인해보기 바랍니다.

신용거래가 설정되면 주문을 낼 때마다 승인받을 필요가 없으며 바로 신용거래 주문을 내면 됩니다. 다시 한 번 강조하지만, 신용거래는 증시가 대세상승 추세일 때 예외적으로 단기간 이용하는 것이 좋습니다.

무작정 따라하기

HTS 설치하기

집에서 거래하기 위해서는 HTS를 신청해야 합니다. 여기서는 미래에셋 카이로스 계좌를 개설했다고 가정하고 설명하겠습니다. 다음 절차에 따라 차근차근 따라해보세요.

 알아두세요

증권사별로 HTS 설치 방법이 다를 수 있습니다. 이 책에서 예로 든 미래에셋 카이로스(KAIROS)가 아닌 다른 증권사를 선택하신 분은 참고 삼아 읽어보세요.

❶ HTS를 이용하려면 먼저 사이버 거래 신청 및 ID 등록이 필요합니다(영업점 기준). 미래에셋증권(http://securities.miraeasset.com) 사이트에 접속해 '로그인'을 클릭하세요. 그리고 개인정보 등을 입력해

이용자 ID와 비밀번호 등을 설정합니다. 비대면 계좌개설을 한 경우에는 별도로 ID/비밀번호를 설정할 필요가 없습니다(계좌개설 시 설정).

 알아두세요

공인인증서 발급 시 주의사항

공인인증서를 발급받을 때 범용 인증서를 선택하면 발급수수료를 내야 합니다. 증권용으로만 사용할 예정이라면 발급수수료가 없는 용도제한용 인증서를 발급받으세요.

❷ 공인인증서가 없다면 신규로 발급받아야 합니다. 이용자 ID, 증권계좌 비밀번호, 주민등록번호 등을 입력해 공인인증서를 발급받으세요. 이 과정에서 인증서 비밀번호를 등록해야 합니다. HTS를 이용할 때 필요하므로 잊어버리지 않도록 따로 메모해두세요. 또 HTS 이용 중 장애가 발생하는 경우가 종종 있으므로 계좌개설 증권사의 콜센터 전화번호를 적어 모니터에 붙여두는 것이 좋습니다.

❸ 공인인증서 발급이 완료되면 로그인 화면이 열립니다. 이용자 ID와 이용자 비밀번호, 공인인증서 비밀번호를 입력해 로그인하세요.

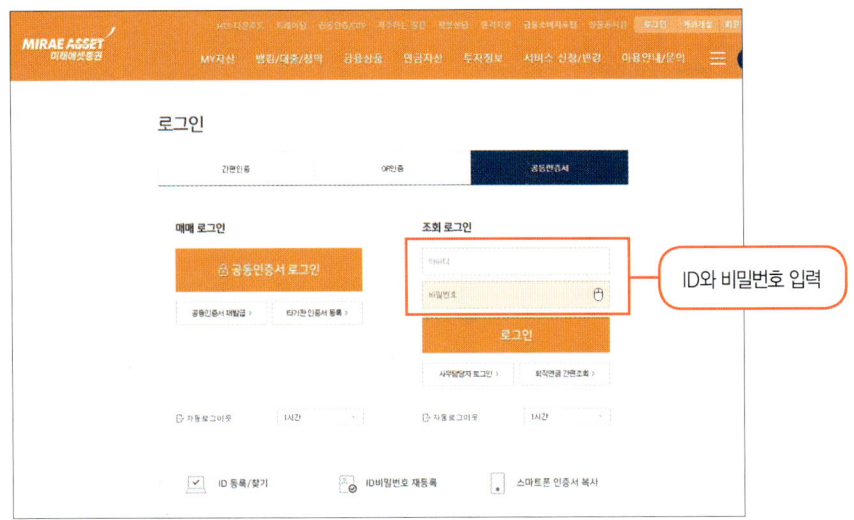

❹ 이제 HTS 프로프램을 다운받아 설치해야 합니다. HTS는 미래에셋증권 사이트에서 메인 화면 하단에 위치한 'KAIROS 다운로드'를 클릭하면 바로 다운받을 수 있습니다.

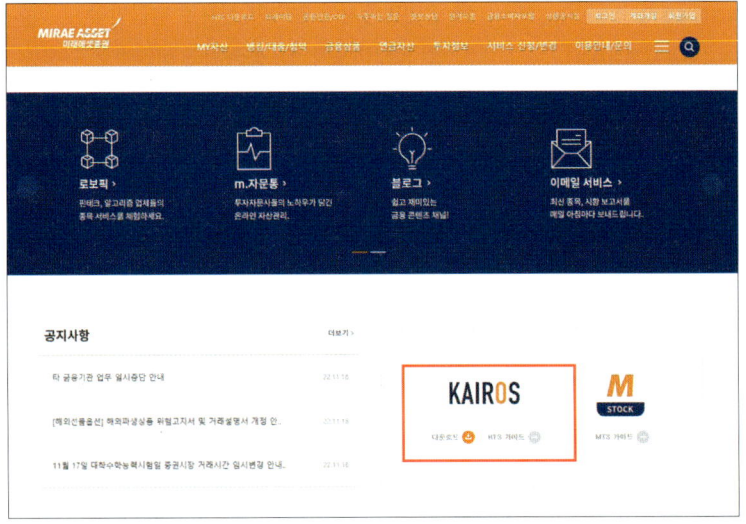

공인인증서 비밀번호는?
공인인증서 비밀번호는 ID 등록 시 입력했던 전자서명 비밀번호입니다.

❺ 이제부터 바탕화면의 바로가기 아이콘을 더블클릭하면 HTS를 실행할 수 있습니다. 증권사 사이트에서 나와 바로가기 아이콘을 더블클릭해 이용자 ID, 이용자 비밀번호, 공인인증서 비밀번호를 입력하고 '로그인' 버튼을 누르세요. HTS 프로그램이 실행됩니다.

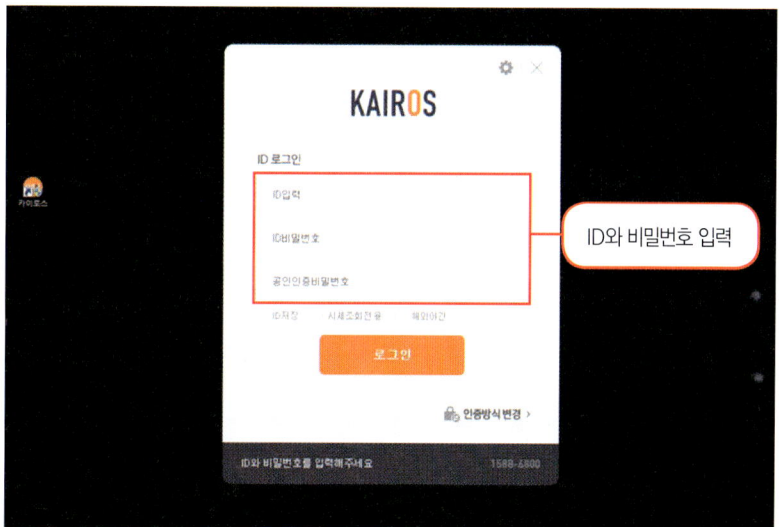

ID와 비밀번호 입력

잠깐만요 이제 모바일로 주식거래한다, MTS!

스마트폰과 태블릿 PC가 대중화되면서 무선으로 주식을 거래할 수 있는 MTS(Mobile Trading System, 모바일 트레이딩 시스템)가 HTS를 잇는 새로운 거래 수단으로 떠오르고 있습니다. HTS 접속을 아예 차단하는 기업이 많아지면서 직장에서 주식거래를 포기해야 했던 직장인들에게 시간과 장소에 구애받지 않는 모바일 주식거래는 매력적인 존재이지요(스마트폰으로 주식거래하는 방법은 103쪽 참조). 요즘은 은행이나 영업점을 방문하지 않고 MTS를 통해 비대면 계좌개설도 가능합니다.

그러나 아무리 편리하다고 해도 지나치게 잦은 매도·매수는 수수료 증가와 데이터 통화료 폭증을 가져올 수 있습니다. 무엇보다 평정심을 잃을 가능성이 높으니 이에 대한 주의가 필요합니다.

홈트레이딩 시스템으로 시세 보기

이번 장에서는 홈트레이딩 시스템의 화면과 시세를 보는 요령을 알아보도록 하겠습니다. '현재가' 창을 이해하고 활용하면 시세를 파악할 수 있습니다.

홈트레이딩 시스템 살펴보기

HTS로 로그인하면 화면에 여러 메뉴가 나옵니다. 먼저 모든 항목을 한 번씩 클릭해 어떤 기능이 있는지 쓱 살펴보세요. 여기서는 현재가 창 보는 방법을 알아보겠습니다.

> **알아두세요**
>
> **현재가 창**
> HTS 화면의 메뉴 구성은 증권사마다 각기 다릅니다. 이 책에서는 편의상 대신증권 크레온을 기준으로 설명했습니다. 다른 증권사들도 화면의 메뉴를 보고 하나씩 열어보면 누구나 쉽게 사용할 수 있습니다. 현재가 창 역시 여러 종류가 있지만, 여기서는 크레온 현재가 창을 살펴보겠습니다.

❶ 현재가, 대비, 등락률
현재가와 등락 여부, 등락률을 표시합니다.

❷ 액면가
액면가는 31쪽 설명을 참조하세요.

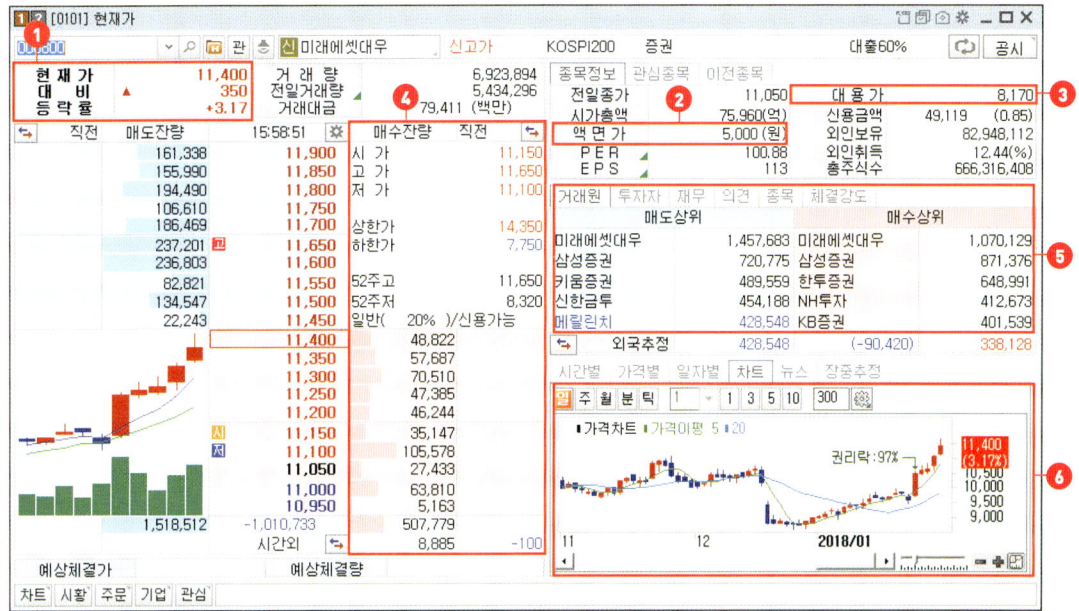

❸ 대용가

대용가는 증권의 담보가치를 말합니다. 보통 6일간의 평균시세를 기준으로 코스피 종목은 시세의 70%, 코스닥 종목은 60%로 계산하여 증권거래소에서 매일 공시합니다.

❹ 10호가(또는 5호가) 시세 정보

해당 종목의 매수호가와 매도호가 정보를 각 10개씩(또는 5개씩) 제공합니다(시가, 고가, 저가, 상/하한가 포함).

❺ 거래원

해당 종목의 개인, 외국인, 기관의 매매추이를 나타냅니다.

그밖에 확인해야 할 것

이외에도 기업정보 및 공시 내용을 반드시 확인해야 합니다.

❻ 차트

해당 종목의 일별, 주간, 월간, 분, 틱 차트를 보여줍니다.

무작정
따라하기

내 입맛에 맞게 화면 만들기

HTS 화면은 자기 입맛대로 보기 편하게 만들 수 있습니다. 다음 화면은 필자가 임의로 배치해본 화면 구성입니다. 각각의 창은 HTS 메뉴에서 해당 창 이름을 찾아 클릭하면 열립니다.

 알아두세요

일봉이란?
봉차트의 한 종류로 하루 동안의 주가 흐름을 나타냅니다. 자세한 내용은 셋째 마당 25장을 참조하세요.

❶ 왼쪽 윗부분에 관심종목 창을 배치하고, 오른쪽에는 오늘 매매할 종목을 띄워놓습니다. 관심종목 밑에는 그래프를 띄웁니다. 그래프는 많은 종류 중에서 일봉을 선택했습니다. 오른쪽 아래에는 지수 창을 띄워놓습니다. 이렇게 하면 한 화면으로 여러 개 창을 동시에 볼 수 있어 신속한 투자 판단에 도움이 됩니다(관심종목 등록 방법은 92쪽 참조)

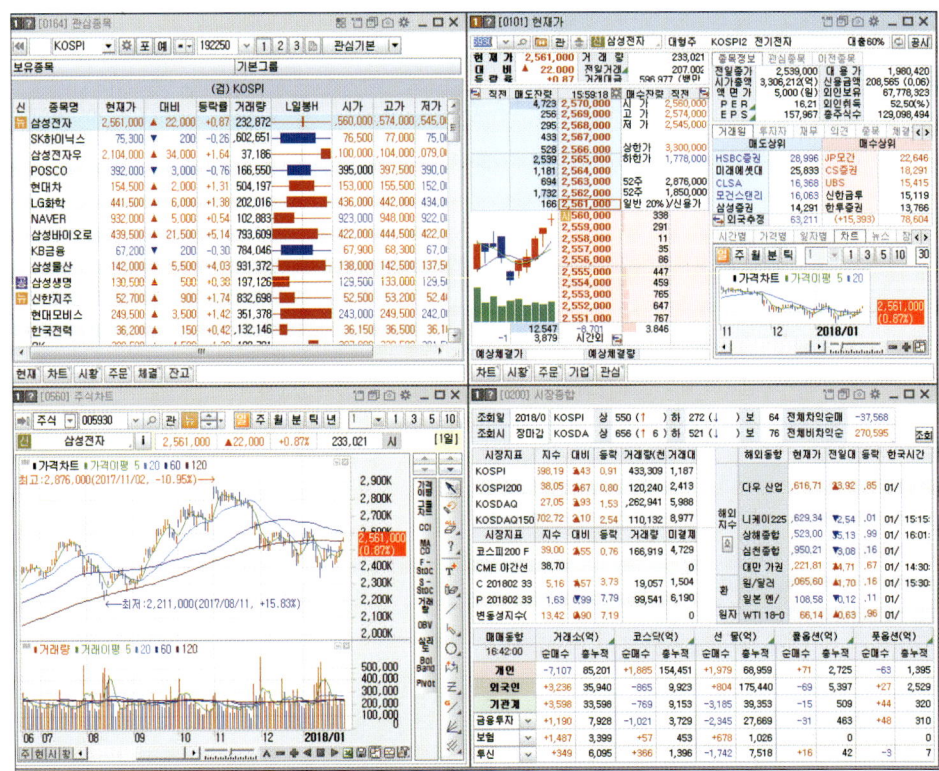

알아두세요

화면번호를 메모해두세요!

자주 이용하는 화면은 왼쪽 상단의 화면번호를 따로 메모하여 모니터에 붙여두면 HTS를 이용할 때 편리합니다.

❷ 다음은 지수 창 대신 주문 창을 띄운 경우입니다. 주문 창을 화면에 미리 띄워놓으면 신속한 주문을 낼 때 편리합니다.

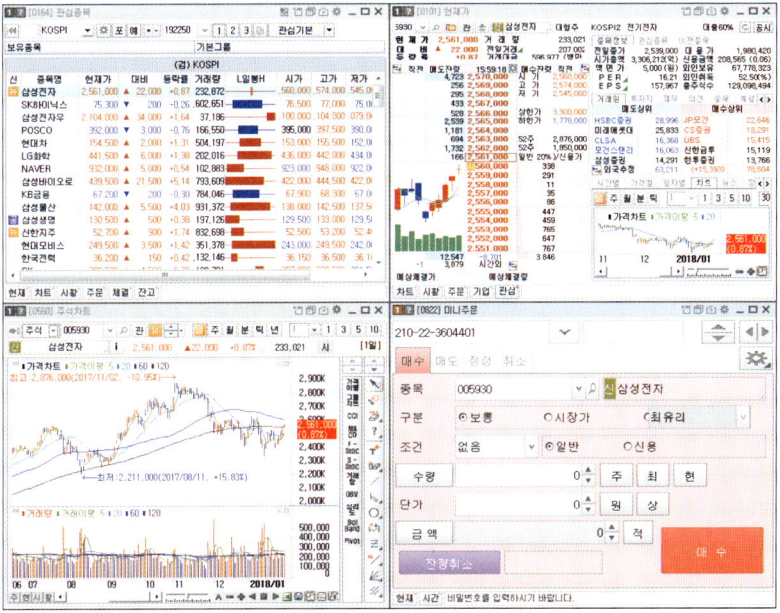

❸ 화면 구성은 화면 최상단 오른쪽에 있는 '설정 → 통합환경설정 → 종목명 색 설정' 메뉴를 이용해 각자 보기 편하게 구성하면 됩니다.

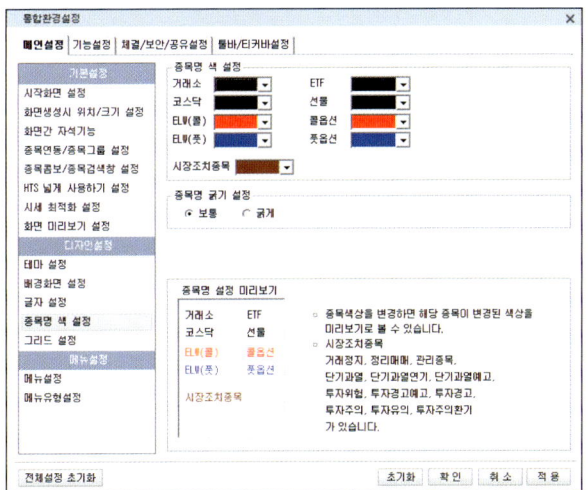

첫째 마당 | 주식투자, 매매부터 따라하자! **091**

❹ 이제 관심종목을 등록해볼까요? 화면 상단의 빈칸에 직접 종목명을 입력하면 바로 등록할 수 있습니다. 그룹 관리 및 자세한 종목 검색을 원할 경우 시계 태엽 아이콘을 클릭하면 상세한 등록이 가능합니다.

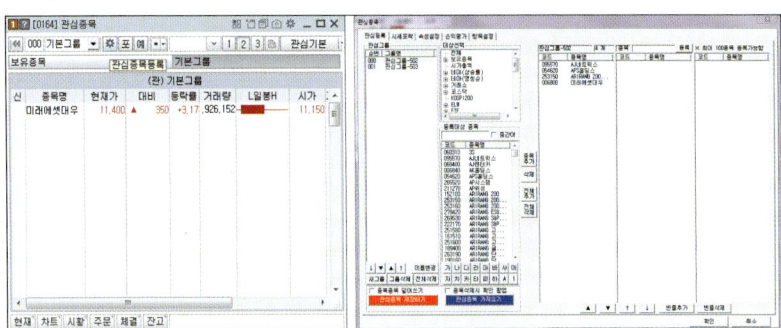

❺ 다음과 같이 기업 특성에 따라 관심종목 창을 여러 개 만들어놓으면 주가 흐름이 보입니다. 특히 여러분이 투자하고 싶은 우선순위 회사를 위쪽에 배치하면 편리합니다.

앞서 이야기했듯 홈트레이딩 시스템 화면은 자기가 보기 편하게 구성하면 됩니다. 정해진 틀이나 원칙이 있는 것이 아니니 다각도로 구성해보고, 그중 편한 화면 구성을 이용하기 바랍니다.

그래프 불러오기

요즘 투자자들은 대부분 그래프로 주가 흐름을 확인한 후 주문을 냅니다. 과거 묻지마 투자에서 진일보한 흐름이라 할 수 있지요. 그래프를 보고 주식을 사는 것을 기술적 분석이라고 하는데, 그래프를 보면 과거 주가와 거래량을 한꺼번에 파악할 수 있습니다. 기술적 분석 방법은 셋째 마당에서 자세히 살펴보기로 하고, 여기서는 홈트레이딩 시스템에서 어떻게 그래프를 불러오는지 따라해보겠습니다.

그래프 창이 달라요!

그래프를 보는 창은 증권사마다 조금씩 다릅니다. 여기서는 미래에셋 카이로스 그래프 창을 예로 들어 살펴보겠습니다.

❶ 그래프를 불러오려면 HTS 상단 메뉴에서 '즐겨찾기 → 주식차트'를 선택하세요. 다음과 같은 창이 열리지요? 화면 왼쪽 상단에 종목코드 입력란이 있고, 오른쪽 옆에 주봉·월봉·일봉·분봉 그래프를 선택할 수 있는 버튼들이 있습니다.

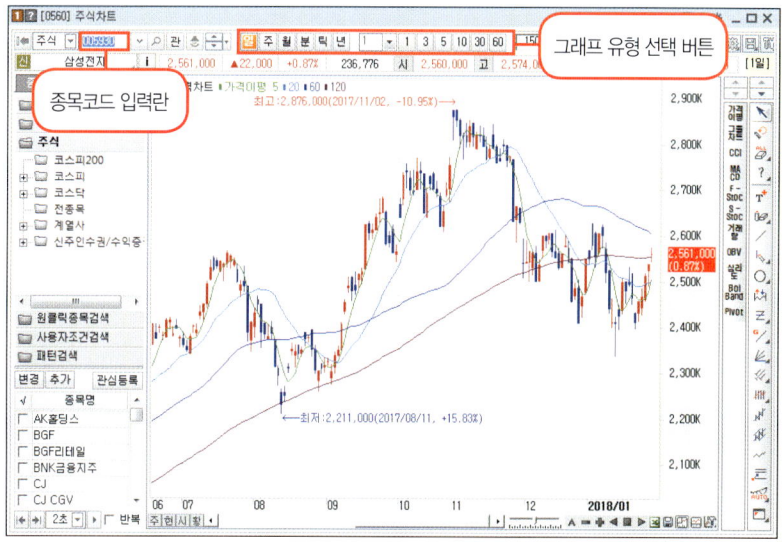

❷ 이번에는 왼쪽에 있는 '지표' 탭을 클릭하고, 선택할 수 있는 차트 목록과 기술적 지표 목록 등을 선택해보세요.

❸ '지표 → 모멘텀지표'에서 이격도를 클릭해보세요. 이격도 지표가 나타나지요? 이격도 지표를 지우려면 이격도라는 글자의 체크박스 표시를 클릭해주면 됩니다. 아니면 이격도 지표 맨 오른쪽 상단의 'X' 버튼을 누르세요.

❹ '지표 → 유형'에서 차트 유형을 바꿀 수 있습니다. 봉차트뿐 아니라, 선차트, 일목균형표 등 다양한 차트 보기를 설정할 수 있습니다.

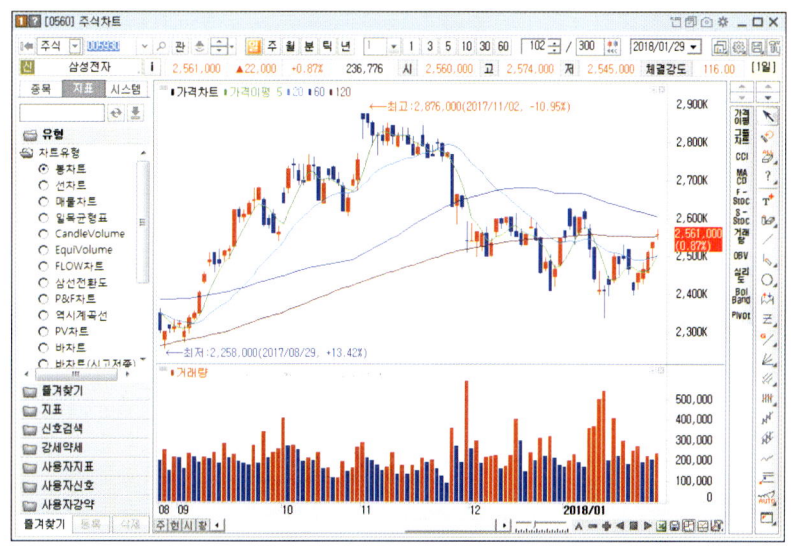

잠깐만요

차트분석, MTS로도 충분히 가능하다!

최근 기술의 발전으로 MTS로도 얼마든지 차트 조회와 분석이 가능한 시대가 열렸습니다. MTS를 통해서도 HTS와 동일하게 차트 유형과 차트 색상 설정이 가능하고 다수의 관심 차트를 한눈에 비교하며 분석할 수 있습니다.

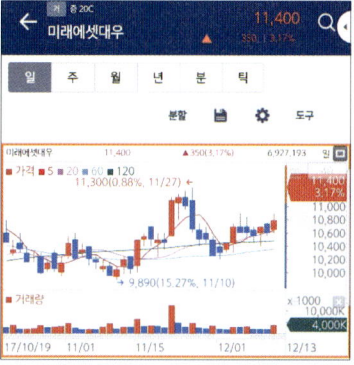

무작정
따라하기

업종별 지수 살펴보기

이번에는 업종별 지수를 살펴보겠습니다. 이를 통해 관련 종목의 등락추이와 차트 등을 살펴볼 수 있습니다.

알아두세요

외국인 매매 동향이 궁금해요!
외국인 매매 동향을 살펴보고 싶을 때는 HTS 검색 창에 '종목 기관/외국인 매매추이'를 검색해 메뉴로 들어가면 됩니다.

❶ 왼쪽 상단에서 검색을 통해 '전체업종지수' 창을 엽니다.

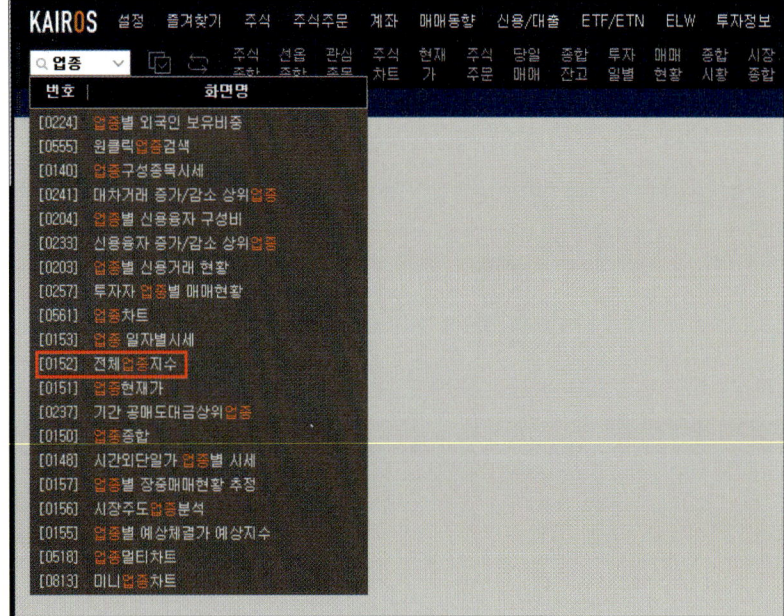

❷ 아래와 같이 창이 열리면서 오른쪽에 비중/등락률, 업종차트, 업종구성종목 정보가 나옵니다. 해당 탭을 누르면 등락추이와 차트 등을 확인할 수 있습니다. 코스닥뿐 아니라 코스피200, 코스피100 등도 살펴보세요.

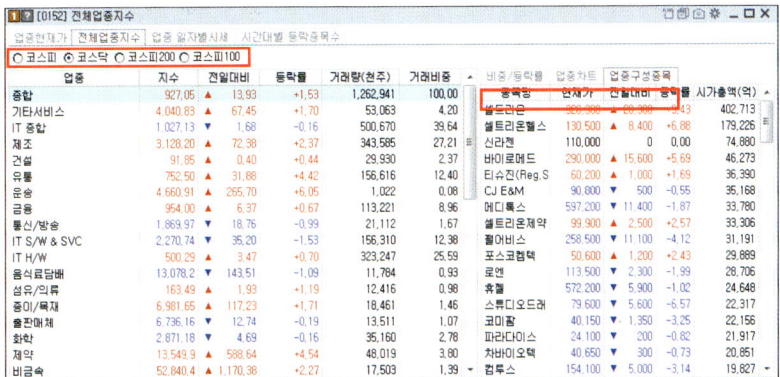

008 매매주문 방법의 종류

매매주문을 내는 방법도 여러 가지가 있습니다. 어떤 것들이 있는지 알아볼까요? 실제로 주문을 낼 때 당황하지 않도록 유형별 장단점을 잘 알아두세요.

매매주문 방법의 종류

매매주문을 내는 방법은 다양합니다. 유형별 장단점을 고려해 각자 필요에 따라 적절히 활용하면 됩니다.

1 | 지정가 주문

투자자가 원하는 종목의 수량과 가격을 지정하여 내는 주문으로, 투자자들이 가장 많이 이용하는 주문 형태입니다. 지정가 주문을 낸 후 현재 시세가 호가와 맞지 않으면 호가를 정정해 다시 주문을 냅니다.

2 | 시장가 주문

투자자가 원하는 종목과 수량만 지정하고, 가격은 직접 지정하지 않고 현재 시장에서 형성되고 있는 가격 또는 형성될 가격으로 매매주문을 내는 경우입니다. 예를 들면 사자 주문은 시장에 나와 있는 매도주문 가격으로 체결되고, 팔자 주문은 매수주문 가격으로 체결됩니다. 가장 빠른 시간 안에 확실히 체결되기를 원한다면 시장가 주문을 선택하면 됩니다. 그러나 사는 쪽과 파는 쪽의 호가 공백이 클 때는 원하는 가격보다 불리하게 체결된다는 단점이 있습니다.

3 | 조건부 지정가 주문

투자자가 장중에 지정가 주문을 냈으나 지정한 가격에 체결되지 않았을 경우, 장 마감 전 10분간의 동시호가 시간에 시장가 주문으로 전환되는 주문입니다. 장중 시세를 계속해서 지켜볼 수 없는 투자자가 이용하기에 적합한 주문 방법입니다.

동시호가제도

동시호가제도는 주문을 모두 모아 같은 시간에 주문이 접수된 것으로 간주하여 시간우선 원칙은 무시하고, 가격우선 원칙과 수량우선 원칙만 적용해 단일한 가격으로 체결시키는 제도입니다. 장 개시 전(8:30~9:00)과 종료 전(15:20~15:30), 두 차례에 걸쳐 실시됩니다. 또한 거래가 중단되었다가 다시 시작되거나 지수가 급락하여 서킷브레이커가 발동된 경우, 개별종목이 10% 이상 급등락하는 경우에도 단일가가 적용됩니다.

4 | 최유리 지정가 주문

투자자가 종목과 수량만 지정하고, 가격은 매수주문의 경우에는 최우선 매도호가로, 매도주문의 경우에는 최우선 매수호가로 지정되는 주문입니다. 정규 시간 중에 가능합니다.

5 | 최우선 지정가 주문

투자자가 종목과 수량만 지정하고, 가격은 매수주문의 경우에는 최우선 매수호가로, 매도주문의 경우에는 최우선 매도호가로 지정되는 주문입니다. 정규 시간 중에 가능합니다.

IOC
주문 즉시 체결 그리고 잔량 자동 취소

FOK
주문 즉시 전부 체결 또는 전부 자동 취소

6 | 조건부여 주문

조건부여 주문이란 일정한 조건을 붙여 주문을 내는 것을 말합니다. IOC주문과 FOK주문, 2가지가 있습니다. IOC(Immediate or Cancel)주문은 주문 수량 중 체결할 수 있는 수량에 대해서만 매매를 체결하고, 매매되지 않은 수량은 취소하는 조건이 붙은 주문입니다. FOK(Fill or

Kill)주문은 주문 수량 전부에 대해 매매를 체결할 수 있는 경우에만 매매하고, 그렇게 할 수 없는 경우에는 주문 수량을 전부 취소하는 조건이 붙은 주문입니다. 목표 수량을 정해두고 수량 단위로 매매하고자 할 때 이용합니다. 기관투자가가 활용하는 주문 방법 중 하나입니다.

최근 스마트폰과 태블릿 PC가 대중화되면서 HTS와 더불어 모바일로 주식을 거래하는 투자자들이 늘고 있습니다. 사회생활로 바쁜 투자자의 경우, 스마트폰으로 주식을 거래하는 방법을 알아두면 편리하겠죠.

대체거래소란?

2025년 3월 4일, 기존 한국거래소(KRX) 외에 별도로 대체거래소(NXT)가 생겨 오전 8시부터 오후 8시까지 하루 12시간 증권거래를 할 수 있게 되었습니다.

❶ 대체거래소 거래 가능 종목은 2025년 3월 31일 기준 800개 종목이며(코스피 380, 코스닥 420) 점차 확대 계획 중입니다. NXT 거래 가능 종목은 현재가 또는 주문창에 NXT 또는 N으로 표시됩니다.
❷ KRX 시장과 NXT 시장은 가격과 수량 등에서 다를 수 있습니다. 그러나 다음 날 아침 시초가는 두 시장이 동일하게 KRX 시장 종가 기준입니다.
❸ 주문을 낼 때 시장 선택이 어렵다면 'SOR'을 이용해 주문하면 좋습니다. SOR(Smart Order Routing)은 증권사가 만든 '자동주문전송시스템'으로, 투자자에게 가격, 수수료, 체결가능성 면에서 유리한 거래소로 주문이 실행되도록 해주는 시스템입니다.

알아두세요

새로 생긴 주문 유형 - 중간가와 스톱지정가

- 중간가: KRX/NXT 중간가 선택 시 호가 지정 없이 주문 접수합니다. 중간가 주문 시 매매체결 확률이 높아집니다.
  중간가=(최우선 매도호가+최우선 매수호가)/2
- 스톱지정가: 사전에 지정한 가격(스톱가격)에 도달 시(지정가격) 주문 접수합니다.

| 거래소별 증권 거래 가능 시간 |

시간	KRX 시장	NXT 시장
08:00	단일가 08:00~09:00	프리마켓 (접속매매) 08:00~08:50
08:30		
08:50		휴장 08:50~9:00
09:00	정규시장 (접속매매) 09:00~15:20	메인마켓 (접속매매) 09:00~15:20
15:20	종가 단일가 15:20~15:30	휴장 15:20~15:30
15:30	장후 시간외 (종가거래) 15:30~16:00	단일가 15:30~15:40
15:40		애프터마켓 (접속매매) 15:40~20:00
16:00	시간외 단일가 16:00~18:00	
18:00		
20:00		

* 1. NXT 시장의 휴장 기간에는 정정 불가, 취소만 가능
* 2. KRX 시간외 단일가
  - 거래시간: 16:00~18:00
  - 가격변동폭: 종가 대비 상하 10%

무작정 따라하기

매매주문 무작정 따라하기

매매할 종목과 가격, 수량을 확정했다면 HTS에서 직접 주문을 내면 됩니다. 매매주문을 낼 때는 단 한 번의 클릭으로도 큰 손해를 볼 수 있으니 확인하고 또 확인해야 합니다.

❶ 먼저 매도주문부터 알아볼까요? HTS 화면에서 주문 창을 여세요. 옆과 같이 매도주문 창이 열립니다. 계좌번호와 비밀번호를 입력한 후 매도할 종목과 수량, 가격, 조건 등을 지정하고 '매도주문'을 누르면 매도주문이 이루어집니다. 체결 내역은 계좌정보에서 확인할 수 있습니다.

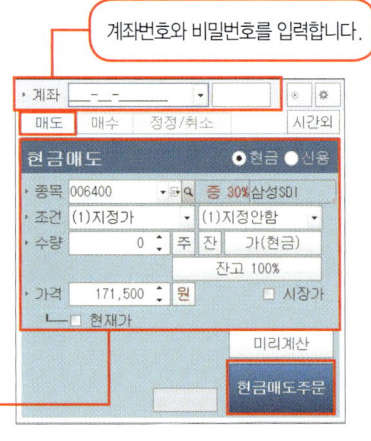

계좌번호와 비밀번호를 입력합니다.

매도할 종목과 수량, 가격, 결제 방법 등을 지정합니다.

❷ 매수의 경우도 별반 다르지 않습니다. 옆과 같이 매수주문 창을 열어 매수할 종목과 수량, 가격, 조건 등을 지정하고 '매수주문'을 누르면 됩니다. 체결 내역은 계좌정보에서 확인할 수 있습니다.

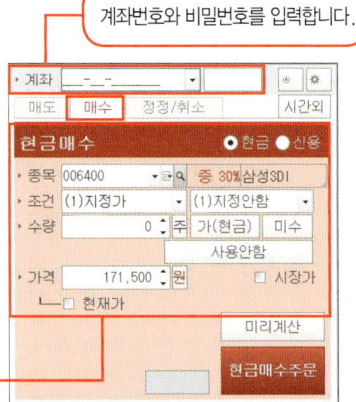

계좌번호와 비밀번호를 입력합니다.

매수할 종목과 수량, 가격, 결제 방법 등을 지정합니다.

무작정 따라하기

스마트폰으로 똑똑하게 주식투자하기

스마트폰으로 주식을 거래하기 위해서는 먼저 앱을 다운받아 설치해야 합니다. 여기서는 스마트폰에 미래에셋증권 m.stock 앱을 설치하고 공인인증서를 등록하는 방법을 알아보겠습니다.

알아두세요

애플리케이션은 흔히 어플 또는 앱이라고 줄여서 부릅니다. 어플 또는 앱을 거래하는 곳을 애플에서는 앱스토어, 구글 안드로이드에서는 플레이스토어라고 부릅니다.

❶ 스마트폰으로 주식거래를 하려면 HTS 계좌를 개설하는 것과 똑같이 계좌를 개설하고 ID와 공인인증서를 등록해야 합니다. HTS 거래를 하고 있다면 HTS 계좌의 ID를 그대로 사용하면 됩니다.

❷ 먼저 앱스토어나 플레이스토어에서 해당 증권사의 앱을 다운받아 설치하고 실행합니다.

❸ 이제 공인인증서를 등록해야 합니다. 앱을 실행해 하단 메뉴를 클릭하여 '인증/OTP → 공인인증서 가져오기'를 차례로 클릭하세요. 하단 인증번호를 확인합니다.

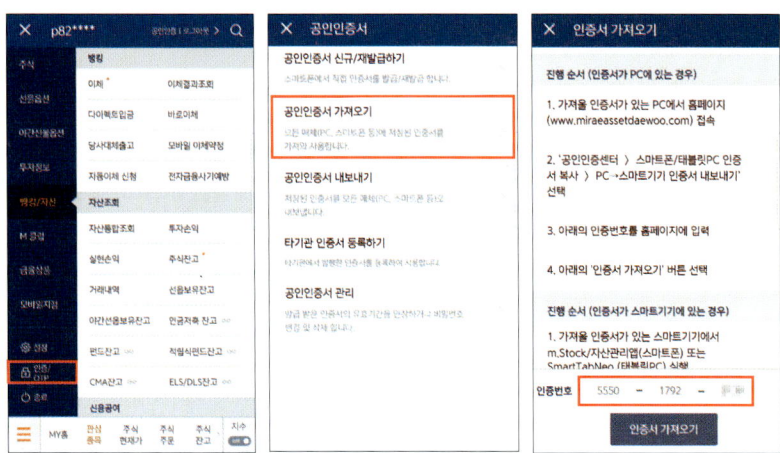

❹ 공인인증서가 저장된 PC에서 '증권사 홈페이지(securities.miraeasset.com) → 공인인증센터 → 스마트기기/PC 인증서 복사 → PC → 스마트기기/PC 인증서 내보내기'를 클릭하면 작은 인증서 창이 뜹니다. 본인의 인증서 비밀번호를 입력합니다.

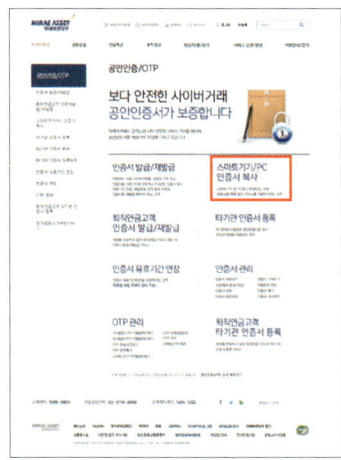 

알아두세요

인증번호 받기가 잘 안 된다면?
거래 증권사 ARS센터에 도움을 청하세요. 근무 시간인 오전 9시에서 오후 6시 사이에 전화를 걸면 친절하게 도와줄 것입니다.

❺ 인증서를 선택한 뒤 앞의 3단계에서 받아둔 인증번호를 입력합니다. 시간이 초과되어 인증 효력이 사라졌다면 스마트폰에서 인증번호 받기를 클릭하여 새 인증번호를 받으면 됩니다.

❻ 스마트폰에서 '인증서 가져오기'를 클릭하여 공인인증서 등록을 마칩니다. 이제 스마트폰에서 로그인하여 HTS와 마찬가지로 매수·매도, 시세 조회 등을 이용하면 됩니다.

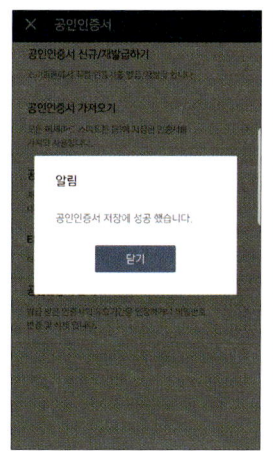 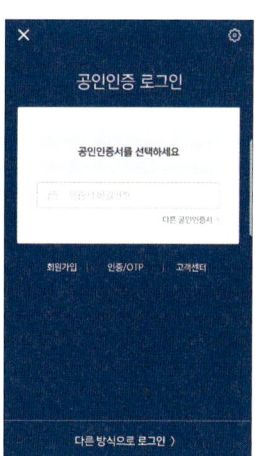 

알아두세요

점차 줄어드는 증권거래세율

증권거래세는 주식을 매도할 때만 내는 것으로, 매도대금의 2023년 0.20%, 2024년 0.18%, 2025년 이후는 0.15%가 부과됩니다.
코스피 0.18%(농특세 0.15% + 거래세 0.03%), 코스닥 0.18%(거래세), 코넥스 0.1%(거래세), K-OTC 0.18%(거래세), 비상장주식 0.35%(거래세)
파생상품인 선물, 옵션, ETF, ELW, ETN 등에는 부과되지 않습니다.

알아두세요

HTS, MTS 이용 시 해외주식 매매수수료

미국 0.2%, 일본과 홍콩 0.25%, 중국 상해 0.3%입니다.

거래수수료는 얼마나 낼까?

거래수수료는 증권사에 내는 위탁수수료와 국가에 내는 증권거래세가 있습니다. 매수할 때는 위탁수수료만 내지만, 매도할 때는 위탁수수료와 증권거래세 모두 내야 합니다. 먼저 위탁수수료는 증권사를 통한 오프라인의 경우 보통 매매대금의 0.5%입니다. 1,000만원 매수거래를 한다면 50,000원의 수수료를 내는 것이죠(1,000만원 × 0.005). 스마트폰을 이용했을 때 위탁수수료는 증권사를 통한 거래의 약 1/3에 불과하며 0.015~0.15% 수준으로 회사마다 차이가 있습니다. 증권거래세(농특세 포함)는 2023년 0.2%, 2024년 0.18%, 그 이후는 0.15%로 매도대금에 부과됩니다.

예를 들어 1,000만원을 투자해 삼성전자 주식을 주당 60,000원에 166주 매수했다가 주가가 50% 올라 90,000원에 매도해 1,494만원이 들어왔다면 거래에 따른 총비용은 얼마나 될까요? 스마트폰을 이용하고 증권사 중 다소 높은 수준의 수수료를 적용한 경우입니다.

1. 증권사 직원을 통한 오프라인 거래일 경우

- **매수 시** 위탁수수료 14,940원(= 60,000원 × 166주 × 0.15%)
- **매도 시** 위탁수수료 22,410원(= 90,000원 × 166주 × 0.15%) + 증권거래세 29,880원
  (= 90,000원 × 166주 × 0.20%) = 52,290원
- **총 거래 비용** 67,230원(매수 시 14,940원 + 매도 시 52,290원)
- **비용 공제 후 순수익** 4,912,770원(매매차익 4,980,000원 − 거래 비용 67,230원)

2. HTS, MTS 등으로 투자자가 직접 주문을 내는 것이 유리

HTS, MTS, ARS 등으로 투자자가 직접 주문을 내지 않고 증권사 직원이 대신 주문을 내줄 경우(오프라인 주문)에는 수수료가 3배 이상 높습니다. 따라서 주문은 투자자가 직접주문을 내는 것이 매우 유리합니다.

다음 표는 100만원을 거래할 때 증권사별로 들어가는 위탁수수료입니다. 온라인, HTS, 스마트폰 그리고 은행에서 증권계좌를 개설하는 경우에 따라 각기 다르니 증권사별로 제공하는 공모주 청약, 기업분석 자료 등의 서비스를 종합적으로 고려할 필요가 있습니다.

| 거래대금 100만원당 주요 증권사 수수료 비교 | (단위: 원)

증권사명	증권사 계좌			은행연계 계좌	
	오프라인	HTS	스마트폰	HTS	스마트폰
KTB투자증권	4,990	150	150	150	150
키움증권	3,000	150	150	150	150
이베스트투자증권	4,800	150	150	150	150
신영증권	4,492	992	992	992	141
부국증권	4,500	1,000	1,000	1,000	1,000
IBK투자증권	5,000	1,000	1,000	1,000	1,000
미래에셋증권	4,900	1,400	1,400	140	140
교보증권	4,990	1,990	1,990	1,990	640
동부증권	4,492	1,992	1,992	232	232
한양증권	4,973	2,173	1,000	2,173	1,000
대신증권	4,972	2,372	1,973	110	110
하이투자증권	4,972	2,372	2,372	2,372	2,372
NH투자증권	4,970	2,440	2,470	140	140
한화투자증권	4,410	2,470	1,500	2,470	1,500
유진투자증권	5,000	2,500	1,500	150	1,500
SK증권	5,000	2,500	2,500	150	2,500
유안타증권	5,000	2,500	1,000	140	1,000
KB증권	4,970	2,573	1,937	150	1,200
메리츠종금증권	4,981	2,881	221	2,881	221
하나금융투자	4,970	2,970	2,970	140	140
삼성증권	4,973	2,973	2,973	2,973	2,973
신한투자증권	4,990	2,990	1,890	2,990	1,890
현대차투자증권	4,981	3,081	1,981	3,081	1,981
한국투자증권	4,973	3,273	3,273	142	142

* 자료: 금융투자협회(HTS 기준 수수료 내림차 배열)
* 위 수수료 금액은 일반 수수료 기준이므로, 실제 적용되는 수수료율은 거래 조건, 고객 등급, 협의사항, 이벤트 적용 등에 따라 회사별로 차이가 있으니 증권사 홈페이지에서 확인해야 합니다. 증권사 선택 시 수수료 수준뿐 아니라 증권사별로 제공하는 서비스 등을 종합적으로 고려할 필요가 있습니다.

주문을 낼 때 주의사항

이번 장에서는 주문을 낼 때 주의해야 할 사항을 알아보겠습니다. 주의사항이라기보다는 매매체결 시 지켜야 할 원칙이라고 생각하고 읽어보기 바랍니다.

분할매수, 분할매도를 하자!

주식을 사고팔 때는 여러 번 나누는 것이 좋습니다. 물론 하락 추세로 전환할 때는 신속하게 전량을 팔아야 할 수도 있습니다. 그러나 매수는 원칙적으로 분할매수를 해야 합니다. 분할 방법은 며칠에 걸쳐 분할하는 것과 하루 중에 시간대로 분할하는 것이 있습니다. 주식을 매도할 시간은 많지 않지만 매수할 시간은 많다는 것을 유념하십시오.

계좌에 항상 일정한 현금을 남겨두자!

투자자들 중에는 앞뒤 따지지 않고 보유현금을 전액 투자해 매수하는 경우가 많은데, 주식을 가지고 있는 것보다 투자 기회를 가지고 있는 것이 유리할 때가 더 많습니다. 실제로 투자하다 보면 마음에 꼭 드는 종목이 나타나거나 찍어둔 종목의 주가가 떨어질 때가 있는데, 그때 현금이 있으면 투자 기회도 살릴 수 있고 종목 교체도 쉽기 때문입니다. 계좌에 잔고가 있어야 능동적이고 신속한 대처가 가능하다는 평범한 원칙을 잊지 마세요. 특히 초보자는 여유자금이 3,000만원 있다 하더라도 1,000만원 이내의 자금만 증권계좌에 입금하고 나머지는 다른 계좌에 넣어두는 것이 좋습니다. 투자를 시작하면 주식을 사기만 하면 이익을 볼 것 같은 생각에 있는 돈을 몽땅 투자해버리기 쉽기 때문입니다.

 알아두세요

수도결제는 3일째 되는 날

주문이 체결되면 수도결제는 3일째 되는 날 이루어집니다. 예를 들어 월요일에 주문을 내 체결되면 수요일에 매수자의 계좌에 주식이 들어오고 비로소 매수대금과 수수료가 빠져나갑니다. 단, 영업일 기준이므로 공휴일과 일요일은 포함되지 않습니다. 주문체결이 확인되면 투자자의 계좌에 매입된 주식이 나타나고, 그때부터 즉시 매도가 가능합니다.

주문을 낼 때 한 번 더 확인하자!

온라인 거래를 할 때는 착오가 없도록 유의해야 합니다. 특히 매수주문 창(붉은색)과 매도주문 창(푸른색)을 잘못 클릭해 매수, 매도가 바뀌는 경우가 있으니 주의하기 바랍니다. 또 10,000주를 1,000주로, 1,000주를 10,000주로 잘못 입력하는 경우도 있습니다. 조금 늦어지더라도 침착하게 입력하고, 전송을 누르기 전에 다시 한 번 확인하기 바랍니다(대부분의 초보자가 실수한 경험이 있으니 각별히 주의하기 바랍니다).

 알아두세요

반대매매

미수로 주식을 매수한 경우 미수금을 입금하지 않으면 증권사에서 임의로 미수금액만큼 주식을 처분하는 것을 말합니다. 보통 시장가로 계산해 처분하기 때문에 투자자 입장에서는 손해를 볼 가능성이 큽니다.

미수매매는 절대 삼가자!

매수주문을 낼 때는 매수할 금액의 40%, 즉 매수증거금만 있으면 됩니다. 계좌에 40만원만 있으면 100만원어치 주식을 살 수 있다는 이야기로, 보유현금을 100% 활용할 경우 본인 자금의 2.5배까지 주문이 가능합니다. 이를 미수매매라 하는데, 주문이 체결되면 부족한 금액은 수도결제일까지 입금해야 합니다. 예를 들어 계좌에 현금 1,000만원이 있는

데 2,500만원어치 매수주문을 내 체결된 경우 초과 매수분 1,500만원이 미수금입니다. 현금과 주식이 함께 있을 경우에는 현금 10%, 주식대용 30%로 잡으면 보유현금의 10배까지도 미수로 살 수 있습니다. 미수금은 3일 내로 입금되지 않으면 4일째 되는 날 아침 동시호가 시간에 반대매매 처리됩니다. 큰 이익을 남길 수 있으리라는 근거 없는 낙관에 빠져 섣불리 손대는 일이 없도록 원칙을 확고히 세워두기 바랍니다.

> **알아두세요**
>
> **가상자산 소득세**
>
> 2025년 1월부터 시행하려던 가상자산 소득에 대한 과세(매매 차익이 250만원을 초과할 경우 초과 금액에 22% 양도세 부과)는 2년 유예되어 2027년 1월부터 시행하기로 법이 개정되었습니다.

잠깐만요 | 주식매매차익에 대한 소득세

주식투자 수익에 대한 소득세는 대주주에게만 적용되고 일반투자자는 매매차익에 대한 세금이 없습니다.

1. 대주주에게 적용되는 양도소득세

| 종목당 대주주 기준과 적용 세율 |

구분	주식소유비율	종목당 시가총액	양도세 적용 세율
코스피 종목	1% 이상	50억원 이상	• 매매차익의 22%(부가세 포함), 최대 33%
코스닥 종목	2% 이상	50억원 이상	• 기본공제 250만원(국내주식+해외주식)
코넥스 종목	4% 이상	50억원 이상	

2. 금융투자소득세 폐지

주식과 채권의 양도소득, 펀드소득, 파생상품 소득 등을 합산한 금액이 5,000만원을 초과할 경우 초과 금액에 세금을 부과하는 금융투자소득세법은 당초 2025년 1월 1일부터 시행할 예정이었습니다. 그러나 한국증시가 세계 선진국 증시에 비해 상대적으로 부진한 점을 이유로 오랫동안 논란이 되었던 금투세법이 2024년 12월에 폐지되었습니다.
참고로 해외주식투자로 발생한 매매차익에서 250만원 초과 금액에 대해 22% 과세되는 점은 변함이 없습니다.

세액 계산식

• 납부액 = [금융투자소득 − (이자소득 + 배당소득) − 이월결손금 − 기본공제금] × 세율

다수 계좌로 거래할 경우

본인이 지정한 1개 기본 계좌를 제외하고 다른 계좌에서 생긴 소득은 무조건 원천징수하고, 총계좌 수익이 5,000만원 미만일 경우 다음해 5월 종합소득세 신고 시 따로 '금투세환급신고'를 해야 합니다.

예수금, 증거금, 대용금, 미수변제소요금은 뭘까?

❶ 예수금: 증권계좌에 들어 있는 결제 전 현금을 말합니다.
❷ 증거금: 주식 매수주문을 낼 때 종목에 따라 보유현금보다 1~4배 많은 금액으로 주문이 가능한데, 이때 보유현금을 말합니다.
❸ 대용금: 주식 매수주문을 낼 때 현금 이외에 보유주식이나 채권도 증거금으로 사용할 수 있는데, 이때 현금 대신 사용할 수 있는 유가증권의 금액을 말합니다.
❹ 미수변제소요금: 미수금액을 상환하는 데 필요한 금액을 말합니다.

주식시장의 다양한 담보대출제도!

주식 담보 대출 위탁계좌에 예탁된 주식을 담보로 대출받을 수 있는 제도입니다. 대출 가능액은 평가금액의 50~70%이며 기간은 180일이고 추후 연장이 가능합니다. 담보주식은 대출금을 상환하기 전까지는 매도할 수 없습니다.
매도대금 담보 대출 주식 매도 시 매도대금 입금일 전에 매도대금을 대출받을 수 있는 제도로, 기간은 체결일로부터 수도결제일까지입니다.
집합투자증권 담보 대출 집합투자증권(펀드 등)을 담보로 지급 가능 금액의 60~70%까지 대출이 가능한 제도입니다. 기간은 6개월이며 1회 연장이 가능합니다.
채권 담보 대출 위탁계좌에 예탁된 채권을 담보로 최고 70%까지 대출을 받을 수 있습니다.

금리와 금액은 증권사별로 다르고 고객별, 종목별 등급에 따라 차이가 있습니다.

통합증거금이란?

미래에셋증권 등 일부 증권사에서는 국내/해외주식 매매증거금을 통합 관리하는 통합증거금 서비스 제도를 운영하고 있습니다. 사전 환전 없이 보유원화 및 매도 결제 예정금액을 증거금으로 사용해 해외주식을 거래하고, 이후에 필요한 외화금액만큼을 자동으로 환전합니다.

주식 대여란?

투자자라면 누구나 보유주식을 증권사에 대여해주고 연간 0.1% 내외의 대여수수료를 받을 수 있습니다. 빌려준 주식은 언제나 매도 가능하며 주주총회 참석 등 권리를 행사할 필요가 있을 때만 4거래일 이전에 증권사에 반환 청구하면 됩니다. 수수료는 증권사, 종목, 대여 기간에 따라 다르므로 해당 증권사 홈페이지를 참고하기 바랍니다.

- **010** 가치투자, 흙 속의 진주를 발견하는 일
- **011** 저평가주가 돈벌어준다!
- **012** 자기자본이익률(ROE)로 저평가주 고르기
- **013** 주당순이익(EPS)과 주가수익비율(PER)로 저평가주 고르기
- **014** 이브이에비타(EV/EBITDA)로 저평가주 고르기
- **015** 주가순자산비율(PBR)로 저평가주 고르기
- **016** 좋은 주식은 어떤 주식인가?
- **017** 주도주, 테마주 고르기
- **018** 외국인/기관 투자 따라하기
- **019** 돈 되는 정보 수집 따라하기
- **020** HTS로 기업분석 따라하기
- **021** 종목선정의 원칙 종합 정리하기
- **022** 분산투자 따라하기
- **023** 해외주식투자 따라하기

둘째
마당

종목선정을
잘해야 돈 번다!

주식투자 무작정 따라하기

투자 이야기

가치투자를 무시한 증권사 영업 직원의 실수

앞서 직접투자를 결정한 김부자씨, 왠지 요즘 그의 얼굴이 밝지 않습니다. 경기가 서서히 회복되는 중이어서 주가가 바닥을 치고 상승하고 있다는 뉴스가 나오는데, 왜 김부자씨의 얼굴은 밝지 않을까요? 바로 종목선정을 잘못했기 때문입니다. 기본적인 투자지표만 확인했어도 황당한 실수를 하지 않았을 텐데, 증권사 영업 직원의 말만 듣고 한 종목을 덥석 산 것이 잘못된 선택이었던 것입니다.

자, 그럼 김부자씨에게 종목을 추천한 영업 직원의 잘못을 살펴볼까요?

2013년 2월 ×일 오전 8시

D증권 강남지점에서 팀별로 종목회의가 열렸습니다. 매주 월요일 아침에는 지점장이 주관하는 전체회의를 개최하고, 월요일을 제외한 다른 날은 영업 직원들만 팀별로 아침회의를 진행합니다. 팀별회의에서는 오늘의 예상시황이나 기업정보에 관한 의견을 교환합니다. 그러나 팀별회의의 핵심은 오늘 내가 어떤 종목을 사고팔 것인지를 밝힘으로써 다른 영업 직원들도 참고하게 하고 다른 사람들의 의견도 들어보는 데 있습니다.

"저는 오늘 EG 주식을 매수종목으로 적극 추천할 생각입니다."

자기 차례가 돌아오자 정문재 사원이 말했습니다.

"EG요?"

의외라는 듯 참석자들의 시선이 정문재 사원에게 쏠렸습니다.

"EG라면 대선 테마주 아닙니까? 대통령 당선인의 남동생이 대주주로 있는…."

팀장인 오지숙 과장이 반문했습니다.

"맞습니다. 2012년 1월에 87,900원까지 올랐던 종목입니다. 1년 이상 조정을 끝내고 다시 본격적으로 상승하고 있습니다. 그래프를 한번 보십시오."

그래프로 본 EG 주가는 2012년 1월에 87,900원으로 고점을 찍고, 그해 말인 12월에 30,000원까지 하락한 후 다시 상승하며 2월 22일 기준 45,000원에 거래되고 있었습니다.

"EG라는 회사는 무엇을 하는 회사입니까?"

옆에서 듣고 있던 윤 대리가 물었습니다.

"기업분석을 보면 알 수 있지요. 가만, 이것 보세요. TV 등 가전제품에 들어가는 페라이트 코어의 핵심 재료로 사용되는 CCL금속, 산화철, ENG 등을 생산하고 있으며 자회사 매출도 38%에 이르고 있군요."

오 팀장이 기업분석 창을 보며 생산 제품에 관한 설명을 읽어주었지만 전문용어라 모두 전자부품이라는 정도로 감을 잡는 데 만족해야 했습니다.

"여기 기업분석 자료를 보니 2012년 예상실적이 적자로 나와 있군요. 2011년 EPS도 전년 대비 급감한 48원에 불과하고요. 이런 실적이면 45,000원이라는 주가는 비싸다고 볼 수 있습니다. 아직도 거품이 많다는 뜻입니다. 대선 테마는 이제 끝났습니다. 아직까지 잔불을 쬐려는 것은 어리석은 짓입니다. 다시 말씀드리지만 주가가 고평가되어 있으므로 이 종목에 투자하는 것은 옳지 않다고 생각합니다."

오 팀장은 기업가치 기준으로 볼 때 EG 주가가 고평가되어 있으므로 매수에 반대한다는 의사를 분명히 했습니다. 정문재 사원은 기분이 상했습니다. 오랜만에 단기에 큰 수익을 낼 수 있는 종목을 찾아 발표했는데 오 팀장이 대놓고 반대했기 때문입니다.

"팀장님, 꿩 잡는 것이 매라는 이야기도 있지 않습니까? 기업가치를 일일이 따져서 어떻게 투자합니까? 장사하는 사람들은 아무 주식이나 싸게 사서 비싸게 팔아 이익을 남기기만 하면 되는 것 아닙니까? 두고 보세요. 단기에 높은 수익을 낼 테니까요. 그리고 대통령의 친동생이 하는 회사인데 설마 부실 기업이야 되겠습니까?"

정문재 사원은 오기가 생겨 반박했습니다.

"정문재씨, 기업의 가치를 따져보지 않고 분명하지 않은 재료만으로 종목을 선정하는 것은 매우 위험한 발상입니다. 그리고 87,000원까지 오른 주가가 버블이었기 때문에 단순히 고점 대비 50% 떨어졌다고 해서 주가가 싸다는 판단은 잘못된 거라고 생각합니다. 이런 하락 추세라면 20,000원 또는 그 이하로 떨어지지 말라는 법도 없지요."

오 팀장이 차분히 설명하자 옆에 있던 윤 대리도 한마디 거들었습니다.

"맞아요. 안철수 후보 테마주였던 안랩, 써니전자 그리고 문재인 후보 테마주였던 바른손 등 대선 관련 테마주는 모두가 고점 대비 최하 50% 이상 폭락했습니다. 또 상당수 종목에 인터넷 방송을 통한 작전이 있었다는 사실이 속속 밝혀지고 있고요."

오 팀장이 차분하게 부연 설명을 했습니다.

"나는 테마주라고 무조건 반대하는 것이 아닙니다. 테마주라도 정부정책과 부합하고 성장성이 뒷받침되는 것은 좋다고 생각합니다. 그러나 대선 관련 테마주는 기업의 가치나 성장 성과는 무관하기 때문에 반대하는 겁니다."

그럼에도 대선 관련 테마주가 일제히 급등하는 것을 지켜보았던 정문재 사원의 생각은 변함이 없었습니다. 단기 낙폭이 크기 때문에

60,000원까지는 쉽게 반등할 것이라고 생각했습니다.

'두고 보라지. 내가 단기에 수익을 내서 모두를 놀라게 할 테니.'

EG 종목에 필이 꽂힌 그는 생각을 바꾸려 하지 않았습니다.

그날 오후 3시 증권시장이 마감되고, 팀원의 관리자별·종목별 거래 내역을 살펴보던 오 팀장은 깜짝 놀랐습니다. 정문재 사원이 관리하는 고객들의 계좌에 EG 주식이 상당수 매수되어 있었기 때문입니다.

"음, 정문재씨가 기어이 일을 저지르고 말았군."

오 팀장의 입에서 절로 탄식이 새어나왔습니다.

그날 이후 EG 주가는 반등다운 반등을 하지 못하고 연일 떨어지기만 했습니다. 2013년 8월부터 외국인의 매수세에 힘입어 증권시장이 회복되고 있음에도 EG 주식을 매수한 투자자들은 계속해서 손해를 보았습니다. 정문재 사원은 고객들의 항의가 빗발치자 가치를 무시하고 투자를 권유한 자신이 한심스럽고 부끄러워 한동안 오 팀장의 얼굴을 마주하기가 민망했습니다.

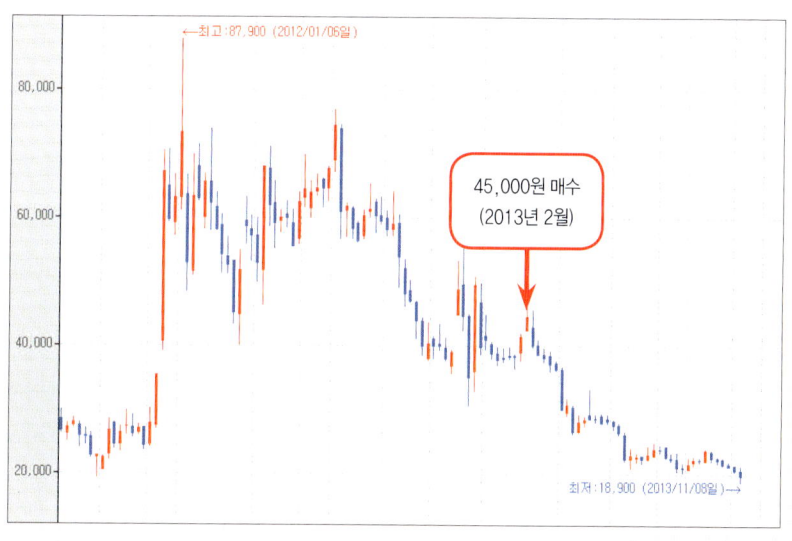

EG 주봉 그래프(2011.8~2013.11.8)

가치투자,
흙 속의 진주를 발견하는 일

어떤 회사의 주식을 사느냐, 즉 어떤 종목을 선정하느냐에 따라 돈을 벌 수 있는지 여부가 판가름납니다. '주식투자는 한 회사를 산다는 생각으로 해야 한다'라는 말이 있습니다. 이번 장에서는 '가치투자'의 의미를 살펴보고, 왜 주가가 기업가치보다 큰 폭으로 움직이는지 그 의미를 알아보도록 하겠습니다.

가치투자는 흙 속의 진주를 골라 투자하는 일

가치투자라는 말, 여러분도 많이 들어보았을 것입니다. 가치투자는 흙 속의 진주를 찾아내 투자하는 것입니다. 다시 말해 매출·순익·배당·자산 등이 양호한데도 시장에서 제대로 평가받지 못하는 주식을 찾아 투자하는 것을 말합니다.

증권시장에 상장된 기업의 가치는 주가로 나타납니다. 삼성전자 주가가 50,000원이면 삼성전자 한 주에 해당하는 기업의 가치가 50,000원이고, LG전자 주가가 10만원이면 LG전자 한 주에 해당하는 기업의 가치가 10만원이라고 보는 것이지요. 다시 말해 '주가 = 기업이 발행한 1주의 가치'라는 등식이 성립합니다.

그러나 현실에서 주가는 투기적인 수요나 공포심에 질린 공급에 의해 기업가치와 무관하게 상승하기도 하고 하락하기도 합니다. 주식에 투자해 돈을 벌 수 있는 원리는 주가가 기업가치보다 쌀 때 사두었다가 주가가 기업가치로 회복되거나 기업가치 이상으로 상승할 때 팔아 차익을 취하는 것입니다.

1 | 기업가치가 올라가면 주가도 상승한다

주식투자를 할 때는 반드시 기업가치를 따져보아야 합니다. 기업가치가 올라가면 주가도 상승하기 때문이지요. 어떤 회사의 기업가치가 얼마나 되는가, 장래 기업가치가 올라갈 것인가 또는 떨어질 것인가를 알아보는 것은 투자에 앞서 매우 중요한 일입니다.

2 | 기업가치보다 쌀 때 사고, 기업가치보다 비쌀 때 판다

주식투자는 주가가 기업가치와 무관하게 급등하거나 급락해 기업가치와 주가 사이의 갭이 크게 벌어졌을 때 그 차이를 이익으로 취하는 것입니다. 값이 쌀 때 사고 비쌀 때 파는 원론적인 투자 방법이지요.

'주가 < 기업가치'일 때 매수
'주가 > 기업가치'일 때 매도 ⟶ 차익 발생

투자수익을 낼 수 있는 원리로는 너무나 쉬워 비웃는 사람도 있겠지만, 주식투자의 핵심은 바로 여기에 있습니다. 오랫동안 많은 투자자들이 비법을 찾아 헤맸지만 종국에 가서 돌아오는 것은 이 원리입니다.

주가는 기업가치와 일치하려는 속성이 있다

기업은 살아 있는 유기체와 같습니다. 끊임없이 변화하며 발전하기도 하고 퇴보하기도 합니다.

주가는 대체로 기업가치와 같은 방향으로 움직이지만, 때로는 기업가치에 비해 훨씬 큰 폭으로 오르기도 하고 떨어지기도 합니다. 시간적으로도 일치하지 않습니다.

그러나 주가는 결국엔 기업가치와 일치하려는 속성을 지니고 있습니다.

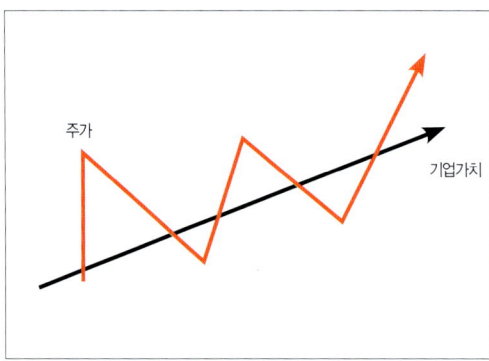

기업가치가 상승하는 회사의 주가

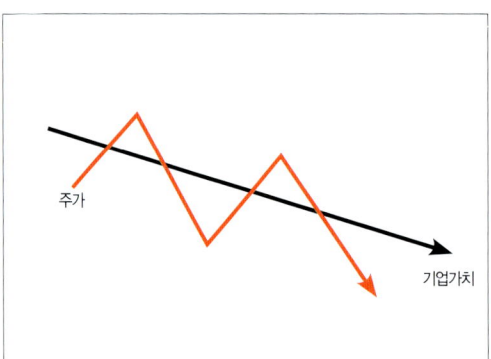

기업가치가 하락하는 회사의 주가

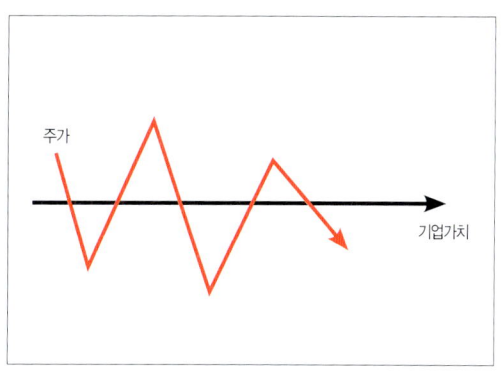

기업가치가 비교적 일정한 회사의 주가. 하지만 주가는 등락을 거듭합니다.

기업가치가 상승하는 회사에 투자한 경우에는 매매시점이 잘못되어 일시적으로 고가에 매수했다 하더라도 장기투자하면 매입가 이상으로 상승할 수 있습니다.

그러나 기업가치가 하락하는 회사에 투자한 경우에는 주가가 상승하는 폭에 비해 하락하는 폭이 크기 때문에 손실을 볼 확률이 높고, 장기투자를 할 경우 손실을 더욱 키우게 됩니다.

따라서 향후 기업가치가 높아질 회사에 투자하는 것은 매우 중요합니다. 특히 미래 기업가치가 불확실한 회사에 투자하는 것은 그만큼 위험이 높다고 할 수 있습니다.

주가는 왜 기업가치보다 큰 폭으로 움직일까?

주가가 기업가치보다 큰 폭으로 움직이는 이유는 수요와 공급의 법칙 때문입니다. 증권시장에 상장된 주식수는 한정되어 있습니다. 기업공개, 유·무상 증자, 주식배당 등으로 이루어지는 공급과 증시에 유입되는 자금의 양에 따라 시장에서 주가 수위는 높아졌다 낮아졌다를 반복합니다.

알아두세요

재료가 뭔가요?

주식시장에서 말하는 재료는 주가가 변동하는 요인을 일컫습니다. 재료에는 주가의 상승 요인이 되는 호재와 주가의 하락 요인이 되는 악재가 있습니다. 그러나 기업의 내재가치를 고려하지 않고 일시적인 재료만으로 주가를 전망해서는 절대 안 됩니다.

물론 공급이 많으면 주가가 떨어지고, 수요가 많으면 주가는 올라가겠지요. 증권시장이라는 한정된 공간에 시중의 유동자금이 과도하게 유입될 때는 버블이 발생합니다. 대표적인 버블은 1975~1978년 건설주, 1986~1988년 금융주, 1999~2000년 바이오, 닷컴 등의 파동 등이며, 이때는 탐욕이 지배하여 기업의 가치를 무시한 채 주가가 과도하게 급등했습니다. 그리고 증권시장에 들어온 돈이 재료에 따라 테마주나 특정 기업에 집중되면 그와 관련된 주식은 무서운 폭발력을 발휘해 급등할 수도 있습니다.

반면 IMF 금융위기(1997~1998년), 세계적 금융위기(2008년) 그리고 코로나 팬데믹(2020년) 때와 같이 모든 투자자들이 추가 하락에 대한 공포로 보유주식을 투매할 때는 주가가 기업의 가치 이하로 폭락하기도 합니다.

인간의 심리에는 탐욕과 공포가 내재합니다. 다수의 투자자가 집단심리에 빠지면 합리적인 판단 기준을 잊어버리게 되고, 그 결과 주가는 기업의 가치와 상관없이 비이성적으로 급등하거나 폭락하기도 합니다. 그러나 비이성적인 주가는 시간이 지나면 결국 내재가치로 돌아오게 마련입니다.

따라서 합리적인 투자자라면 투자에 앞서 투자자의 투자심리를 냉철하게 판단해볼 필요가 있습니다. 일반투자자의 심리가 추가 상승에 대한 기대로 탐욕에 젖어 흥분해 있는 상태인지, 아니면 추가 하락에 대한 공포로 주식을 투매하고 있는 상태인지를 생각해보세요. 전자, 즉 모든 투자자가 탐욕에 빠져 있는 상태라면 주식 비중을 점차 축소해야 하고, 후자, 즉 모든 투자자가 공포에 빠져 있는 상태라면 주식 비중을 점진적으로 확대하고 투자심리가 호전될 때까지 기다리는 것이 성공 투자에 이르는 길입니다.

개인투자자가 중소형주와 코스닥 종목을 선호하는 이유는?

주가의 변동성이 얼마나 큰지 다음 표를 통해 알아볼까요?

삼성전자와 같은 대형 우량주들도 1년 중 저점 대비 고점이 배 가까이 등락을 보이고, 코스닥과 테마 관련주들은 1년 중 3배수 이상 오르거나 떨어지는 것을 알 수 있습니다. 이러한 주가변동폭은 자본금이 적은 중소형주나 개인이 주로 거래하는 코스닥 종목에서 크게 나타납니다. 또한 기업의 수익모델이 불확실할수록, 기업가치가 낮을수록 주가변동폭은 더욱 커집니다.

개인투자자들이 중소형주와 코스닥 종목을 선호하는 이유는 바로 이런 주가 변동성으로 대박의 꿈을 실현할 수 있다고 믿기 때문입니다.

(단위: 원)

회사명	연중	2019년	2020년	2021년	2022년	2023년	2024년
삼성전자 (코스피)	고점	57,300	81,300	86,200	79,800	78,000	80,800
	저점	36,850	42,300	68,300	51,800	59,000	49,900
	배수	1.55	1.92	1.26	1.54	1.32	1.62
LG생활건강 (코스피)	고점	1,466,000	1,649,000	1,784,000	1,110,000	694,000	480,000
	저점	1,065,000	1,045,000	1,060,000	499,500	305,500	300,000
	배수	1.38	1.58	1.68	2.22	2.27	1.60
NAVER (코스피)	고점	190,000	347,000	465,000	381,000	241,500	235,500
	저점	106,500	135,000	376,000	155,000	178,000	151,100
	배수	1.78	2.57	1.24	2.45	1.36	1.56
씨젠 (코스닥)	고점	31,950	322,200	116,400	65,100	27,950	35,950
	저점	14,450	29,100	48,200	25,300	19,040	19,500
	배수	2.20	11.07	2.41	2.57	1.47	1.84
에스엠 (코스닥)	고점	55,000	40,450	85,000	90,000	161,200	100,700
	저점	27,000	16,350	28,600	54,500	82,500	55,100
	배수	2.04	2.47	2.97	1.65	2.00	1.83
리더스 코스메틱 (코스닥)	고점	13100	6,770	8,380	4,500	4,090	3,990
	저점	5320	1,985	3,310	1,910	2,045	1,886
	배수	2.46	3.41	2.53	2.36	2.00	2.12

* 배수 = 연중 최고점/연중 최저점

투자 이야기

가치투자로 성공한 투자 사례

몇 차례 종목선정에 실패한 김부자씨, 주식투자의 기본을 알지 못하고 증권사 영업 직원의 말만 믿고 투자한 자신이 원망스러웠습니다. 그래서 주식투자의 기본을 공부하기 위해 증권 관련 서적을 사서 열심히 읽어보았습니다. 그 결과 ROE, EPS, PER, PBR 등 투자 판단에 기준이 되는 다양한 지표들이 있으며, 종목선정에 앞서 이 지표들을 확인하는 것이 매우 중요하다는 사실을 알게 되었습니다. 그러면서 문득, 6년 전에 자신에게 EPS와 PER 등의 투자지표를 바탕으로 기업가치를 분석해 종목을 선정해주었던 오지숙 팀장의 얼굴이 떠올랐습니다.

2010년 7월 ×일
김부자씨는 주식투자를 시작한 이후 번번이 손실을 보았지만 크게 실망하지 않았습니다. 투자금액이 크지 않기도 했지만, 실패 경험이 큰 밑천이 될 것이라는 믿음(?)이 있었기 때문입니다. 이날도 김부자씨는 그간의 손실은 잊고 새롭게 시작해보자는 마음으로 여유자금을 모아 D증권 강남지점을 찾았습니다. 이날, 오지숙 팀장과 상담하게 된 것이 그에게는 큰 행운이었습니다.
"투자하기 좋은 두 종목을 추천해드리겠습니다."
오 팀장은 현대차와 삼성엔지니어링을 추천해주었습니다.
"추천 기준이 뭐죠?"

"투자대상 기업을 고를 때는 기업의 수익성, 성장성, 안정성이라는 3가지 측면을 고려해야 합니다. 우선 EPS와 PER, PBR을 살펴볼까요?"

오 팀장은 기업분석 자료를 보여주며 차근차근 설명해주었습니다.

"현대차의 EPS, 즉 주당순이익을 보면 올해 예상 EPS가 18,000원입니다. 시장평균 PER이 10이니 적정주가는 18,000원 × 10배, 즉 180,000원이 됩니다."

"주당순이익에 시장평균 PER을 곱하면 적정주가가 된다는 뜻이군요."

"맞습니다. 시장평균 시세로 볼 때 현대차 주가가 180,000원 전후에 가 있는 것이 적당한데 지금 시세는 140,000원에 불과합니다. 다른 기업에 비해 무척 싼 가격 아닙니까?"

"결국 PER이 낮기 때문에 가격이 싸다는 말이군요. 듣고 보니 매수하면 좋을 것 같습니다. 그런데 시장평균 PER이란 무엇입니까?"

"KOSPI200 종목의 예상 PER을 평균한 것입니다. 시장이 활황일 때는 PER이 올라가고 시장이 침체될수록 낮아지는 경향이 있는데 보통은 10에서 12 사이에서 움직이지요."

"지금 시장평균 PER이 10배란 말인가요?"

"맞습니다. EPS뿐 아니라 PBR도 2010년 기준으로 1.7배면 적당하다고 생각합니다."

오 팀장은 현대차의 투자지표를 보여주었습니다.

| 현대차 투자지표 | | | |

연도	EPS(주당순이익)	PBR(주가순자산비율)	주가
2009년	10,374원	1.8배	현재가 140,000원 적정주가 180,000원
2010년(예상)	18,000원	1.7배	
2011년(예상)	26,000원	1.6배	

"알겠습니다. 현대차를 사겠습니다. 그리고 삼성엔지니어링도 추천하셨는데 그것도 EPS와 PER 그리고 PBR을 고려한 것입니까?"

"삼성엔지니어링의 2010년 예상 EPS는 10,000원입니다. 적정주가를 계산하기 위해 주당순이익에 시장평균 PER 10배를 곱하면 10만원입니다. 10만원 전후가 적정주가인데 지금 시세는 120,000원에 거래되고 있습니다. 적정주가보다 약간 고평가되어 있지만 이익증가율이 매우 높기 때문에 추천해드립니다. 2010년 이익증가율은 전년 대비 무려 3배로 예상되고, 2011년 증가율도 40%나 높게 예상됩니다. 이렇게 이익이 급증할 때 주가도 급등하는 경향이 있지요. 최근 중동 지역 수주가 증가하고 있기 때문에 지금의 주가는 싸다고 생각됩니다. 마침 외국인도 매수하고 있고요."

"PBR이 7.1배면 너무 높은 것 아닙니까?"

"엔지니어링 회사들은 자산보다 기술력으로 영업하기 때문에 PBR이 다소 높은 경향이 있습니다. 향후 낮아질 것으로 예상됩니다. 그래도 PBR이 높기 때문에 주가가 어느 정도 오르면 그때 가서 매도하시면 됩니다."

"삼성엔지니어링은 단기매매하라는 뜻이군요."

삼성엔지니어링 투자지표			
연도	EPS(주당순이익)	PBR(주가순자산비율)	주가
2009년	3,589원	8.1배	현재가 120,000원 적정주가 168,000원
2010년(예상)	10,000원	7.1배	
2011년(예상)	13,000원	5.5배	

* 2009년 발행된 A증권사의 리포트 자료 참고

김부자씨는 오 팀장이 제시한 각종 자료가 믿을 만하다고 생각해 현대차와 삼성엔지니어링을 각각 140,000원과 120,000원에 매수했습니다.

2010년 10월 어느 날, 오 팀장으로부터 연락이 왔습니다. 삼성엔지니어링이 목표가격에 도달했으니 매도하는 것이 좋겠다는 전화였습니다.

"아니, 주가가 신나게 잘 올라가고 있는데 왜 팔라는 겁니까?"

"애초에 목표가를 168,000원으로 잡지 않으셨습니까?"

김부자씨는 오 팀장의 말을 듣지 않았습니다. 20만원이 넘어가면 그때 가서 생각해보기로 작정하고 있었기 때문입니다. 결국 그의 생각이 맞았습니다. 삼성엔지니어링은 상승을 지속해 2011년 7월 281,000원까지 올랐습니다. 그래도 김부자씨는 매도하지 않았습니다. EPS와 상관없이 주가가 올라가면서 그의 목표가도 덩달아 올라갔기 때문입니다. 욕심이 생긴 것이지요. 그러나 삼성엔지니어링은 281,000원을 고점으로 하락하기 시작했습니다.

주가가 한참 꺾여 마음이 심란하던 2012년 10월 어느 날, 오 팀장으로부터 전화가 걸려왔습니다.

"오늘 주가가 176,000원인데 지금이라도 매도하는 것이 좋겠습니다. 지난번 고점 280,000원은 잊어버리셔야 합니다."

"무슨 나쁜 소식이라도 있나요? 그렇게 잘 오르던 주가가 왜 계속 하락하는 거죠?"

"분기실적이 적자로 전환될 것이라고 합니다. 해외에서 수주한 대형 프로젝트에서 적자가 났다고 하더군요."

김부자씨는 내키지 않았지만 삼성엔지니어링을 고점보다 10만원 싼 가격인 176,000원에 매도했습니다. 46%의 수익을 거둔 셈입니다.

그로부터 1년이 지난 2013년, 그가 매도한 이후에도 삼성엔지니어링 주가는 계속 곤두박질쳤습니다. 오 팀장의 말대로 삼성엔지니어링이 중동 지역 석유화학 플랜트 공사에서 대규모 적자를 내는 바람에 자본 잠식 상태까지 이르렀기 때문입니다. 하지만 김부자씨는 2015년 12월 삼성엔지니어링을 13,000원에 다시 매수했습니다.

삼성엔지니어링 월봉 그래프(2007.9~2015.12)

| 삼성E&A 투자지표 |

연도	EPS(주당순이익)	전년 대비 증감률	ROE(자기자본이익률)	PBR(주가순자산비율)
2020년	1,288원	-21.3%	17.3%	1.6배
2021년	1,900원	47.5%	20.7%	2.2배
2022년	3,392원	78.5%	28.3%	1.6배
2023년	3,846원	13.4%	24.4%	0.8배
2024년	3,862원	0.4%	19.6%	0.8배
2025년(E)	3,081원	-20.2%	13.8%	0.9배

* PBR은 2025년 7월 29일 종가 기준

2015년 적자로 전환한 이후 대규모 유상증자를 통해 2016년에는 수익성 위주로 수주를 내겠다는 회사의 계획을 믿고 주식을 매수한 것입니다. 이후 삼성엔지니어링은 2015년 12월 29일 신주발행가 8,110원으로 339% 유상증자를 실시했고, 2016년에는 자본 잠식에서 완전히 벗어났으며 주당순이익도 증가 추세로 돌아섰습니다(삼성엔지니어링은 2024년에 사명을 삼성E&S로 변경하였습니다).

김부자씨는 140,000원에 매수한 현대차 주식이 2배 가까이 올랐다가 다시 하락하고 있지만 계속 보유하고 있었습니다. 2012년부터 성장률이 둔화될 것이니 현금화해두었다가 재매수하자는 오 팀장의 제의를 무시한 것이 후회되었습니다.

김부자씨 사례에서 매수시점이 좋았음에도 이익을 실현할 기회를 놓친 이유는 무엇일까요?

현대차의 자기자본이익률(ROE)과 주당순이익(EPS)을 확인해보세요.

| 현대차의 ROE와 EPS 변화 추세 |

연도	ROE(%)	EPS(원)	증감률(%)	연도	ROE(%)	EPS(원)	증감률(%)
2010년	21.3	18,450	77.8	2017년	5.9	14,127	-25.4
2011년	22.8	26,818	45.4	2018년	2.2	5,352	-62.1
2012년	21.2	30,008	11.9	2019년	4.2	10,761	101.1
2013년	17.8	29,921	-0.3	2020년	2.0	5,143	-52.2
2014년	13.4	25,735	-14.0	2021년	6.8	17,846	247.0
2015년	10.7	22,479	-12.7	2022년	9.4	26,592	49.0
2016년	8.4	18,938	-15.8	2023년	13.7	43,589	63.9

먼저 ROE를 보면 증가하던 자기자본이익률이 2011년 22.8%를 기점으로 2012년까지 정체 상태를 보이다 2013년부터 하락 추세를 보이고 있습니다. EPS 역시 2012년 30,008원을 정점으로 2018년 5,352원까지 추세적 하락을 보여주고 있습니다. 한마디로 김부자씨는 현대차의 수익성 지표가 하락될 것이라는 예상 지표가 증권사 HTS에 나와 있었음에도 보지 않았거나 무시했던 것입니다.

한편 현대차 예상 ROE와 예상 EPS가 2021년부터 상승하는 것을 보고 투자를 한 투자자라면 상당한 투자수익을 실현할 수 있었습니다.

| 현대차의 주가와 EPS |

011 저평가주가 돈벌어준다!

앞서 주가가 기업가치 아래로 떨어지면 사고, 주가가 기업가치에 비해 지나치게 올라갈 때 팔면 수익을 낼 수 있다고 했습니다. 이번 장에서는 기업의 가치에 대해 알아보고, 저평가 종목을 스스로 찾는 방법을 배워보겠습니다.

저평가 종목을 고르는 4가지 방법

주가는 기업의 가치를 반영한다고 했습니다. 그런데 기업의 가치는 크게 3가지, 즉 수익가치, 자산가치, 성장가치로 구성됩니다. 그중에서도 수익가치가 가장 큰 비중을 차지합니다. 기업은 이익을 창출하기 위해 만들어진 조직체이기 때문입니다. 이익을 내지 못하는 기업은 존재가치가 없어지고 죽은 목숨과 다를 바 없습니다. 따라서 기업의 가치는 계속해서 이익을 얼마나 낼 수 있는가, 즉 현금창출능력에 있다고 할 수 있습니다.

지금까지 이익을 많이 내왔고, 앞으로도 이익을 많이 낼 수 있는 기업의 주식을 흔히 가치주라고 합니다. 가치주는 주가가 높고 안정적입니다. 자산주는 토지, 건물과 같은 부동산이나 우량 주식, 채권과 같은 유가증권 그리고 현금, 예금과 같은 현금성 자산을 많이 보유한 기업의 주식을

 알아두세요

기업의 가치는 어떻게 계산하나요?

기업의 가치를 학문적으로 계산하는 방법은 기업이 존속하는 동안 벌어들일 수 있는 총수익금을 현재가치로 계산하는 것입니다. 즉, 기업이 존속하는 동안 지급될 배당금의 총액과 나중에 분배받을 분배금의 합을 현재가치로 환산하는 것이지요. 그러나 계산 수식이 너무 복잡하고 어렵기 때문에 이 책에서는 일반투자자들이 쉽게 알 수 있는 4가지 기준을 제시합니다.

> **알아두세요**
>
> 세법과 금융감독원 '유가증권 인수업무에 관한 규정'에서 정한 기업의 본질가치 계산 방법은 수익가치 비중 3/5, 자산가치 비중 2/5로 정하고 있습니다.
> 기업의 본질가치 = {(수익가치 × 3) + (자산가치 × 2)} ÷ 5

말합니다. 또한 성장주는 매출과 영업이익이 시장평균이나 업종평균에 비해 월등히 높은 기업의 주식을 말하며 주가 등락도 심한 편입니다. 지금은 이익을 내지 못하지만 미래에는 수익성이 크게 호전될 것으로 예상되는 기업의 주식도 성장주에 해당합니다.

HTS는 기업의 가치를 비교평가해볼 수 있도록 다양한 투자지표를 제공합니다. 이 책에서는 기업의 가치를 확인하는 데 가장 유용한 4가지 투자지표를 제시하고자 합니다.

❶ 자기자본이익률(ROE)
❷ 주당순이익(EPS)과 주가수익비율(PER)
❸ 이브이에비타(EV/EBITDA)
❹ 주가순자산비율(PBR)

이 중 ❶ 자기자본이익률(ROE), ❷ 주당순이익(EPS)과 주가수익비율(PER), ❸ 이브이에비타(EV/EBITDA)는 주가를 수익가치로 평가하는 지표입니다. 또한 과거 실적을 기준으로 하지 않고 1년 또는 그 후 미래 예상 수익가치를 기준으로 하기 때문에 성장성 가치로 주가를 평가하는 지표라고도 볼 수 있습니다. ❹ 주가순자산비율(PBR)은 주가를 자산가치로 평가하는 지표입니다.

이 4가지 지표만 확실하게 알아두어도 저평가 종목을 찾기에 충분할 것입니다. 여러분이 스스로 종목을 고를 수 있도록 다음 장에서 각 지표에 대해 자세히 설명하겠습니다.

자기자본이익률(ROE)로 저평가주 고르기

주식투자 무작정 따라하기 012

저평가주 고르는 4가지 기준 중에서 첫 번째 기준인 자기자본이익률(ROE: Return On Equity)에 대해 알아보도록 하겠습니다.

저평가주 고르는 기준 ①
자기자본이익률(ROE)

기업은 조달한 자금을 자산에 투자하고, 경영자는 자산을 활용해 제품이나 서비스를 생산, 판매하여 이익을 만들어냅니다. 따라서 기업이 이익을 낼 수 있는 힘을 보통 총자산수익률(ROA: Return On Assets)로 나타냅니다. 총자산수익률은 기업수익률이라고도 하며, 계산 방법은 다음과 같습니다.

$$총자산수익률(ROA) = (이익 ÷ 총자산) × 100$$

기업의 자금은 차입금과 자기자본으로 나눌 수 있는데, 총자산수익률에는 차입금과 자기자본이 모두 포함되어 있습니다. 주주 입장에서는 부채를 포함한 총자산수익률보다 자기자본으로 얼마나 수익을 내고 있는

 알아두세요

수치를 일일이 계산해야 할까요?

저평가 종목을 찾기 위해 자기자본이익률이나 기타 수치를 구하려고 일일이 계산할 필요는 없습니다. 기업의 평가지표는 증권사 HTS, 기업분석 책 그리고 각종 매스컴을 통해 공개되어 있어 쉽게 찾아볼 수 있기 때문입니다. 다만, 이런 지표들이 어떻게 산출되는지 개념은 확실히 알아둘 필요가 있습니다.

가를 알아보는 것이 더욱 중요합니다. 이때 필요한 ROE는 내가 투자한 돈으로 회사가 돈을 얼마나 벌고 있는지를 나타내는 지표로, 당기순이익을 평균 자기자본으로 나누어 구합니다.

> 자기자본이익률(ROE) = (당기순이익 ÷ 평균 자기자본) × 100

ROE가 높은 기업에 투자하면 은행에 예금하는 것보다 유리할 수도 있습니다. 만약 배당을 하는 A라는 기업의 ROE가 해마다 15%가 넘는다면 A사의 주식을 매수하여 보유하는 것이 이자율 연 3%의 예금에 가입하는 것보다 유리하다고 볼 수 있습니다. 왜 그럴까요?

자기자본 대비 15% 이상 이익을 낸 A사는 주주들에게 수익을 배당할 것입니다. 배당하고 남은 금액은 투자하거나 사내에 잉여금으로 유보해둘 테고요. 이는 곧 기업의 가치가 올라가고 주가가 상승한다는 뜻입니다. 또한 ROE가 높은 기업에 투자할 경우 설령 고점에 매수하는 실수를 범하더라도 장기로 투자하면 매수단가 위로 상승할 확률이 높습니다.

따라서 투자대상 종목을 선택할 때는 첫 번째로 ROE를 체크해보고 다음과 같이 생각해야 합니다.

- ROE가 타사에 비해 높다. = 기업의 가치가 타사에 비해 높다.
- 향후 ROE가 높아진다. = 기업의 가치가 올라갈 것이다. 따라서 주가도 상승할 것이다.
- 향후 ROE가 낮아진다. = 기업의 가치가 떨어질 것이다. 따라서 주가도 하락 또는 횡보할 가능성이 높다.

알아두세요

평균 자기자본 산출법
평균 자기자본은 전기 자기자본과 당기 자기자본을 합한 뒤 2로 나누어 산출합니다.
평균 자기자본 = (전기 자기자본 + 당기 자기자본) ÷ 2

앞서 살펴본 투자 이야기의 현대차 투자에서 김부자씨는 ROE가 상승하는 시기에 주식을 매수하여 주가가 올라 수익을 얻었습니다. 그러나 예상 ROE가 하락으로 전환되고 있음을 체크하지 않아 투자수익을 실현할 기회를 놓쳤습니다.

종목을 선정할 때는 ROE를 체크하는 것부터 시작해야 한다는 점을 잊지 말아야 합니다. 자기자본에 비해 이익을 많이 내면 낼수록 이익을 창출할 수 있는 힘이 강하기 때문입니다. ROE를 볼 때 주의할 점은 다음과 같습니다.

첫째는 반드시 영업외수익(또는 손실)이 있는지 감사보고서를 보고 확인해야 합니다. 만약 부동산처분익, 환차익(또는 손) 등과 같이 1회성 영업외손익이 있다면 제외하고 영업이익만을 기준으로 보아야 합니다. 영업외손익은 당해 연도에만 발생한 것이기 때문에 지속가능한 이익이나 손실로 볼 수 없습니다. 둘째는 과거수치도 참고해야 하지만 미래수치에 더 비중을 두어야 한다는 점입니다. 셋째는 미래수치는 어디까지나 애널리스트가 예측한 수치라는 점입니다. 애널리스트는 영업환경이 바뀌면 예상 ROE 수치를 수정하므로 HTS에 정기적으로 들어가 수치변동 여부를 확인해야 합니다.

마지막으로 ROE가 아무리 높아도 주가가 너무 많이 올라 고평가되었다면 유망 투자대상이 아닙니다. 주가가 고평가되었는지 여부를 판단할 때는 다음 장에 나오는 주가수익비율(PER), 주가순자산비율(PBR), 이브이에비타(EV/EBITDA)를 참고해야 합니다.

무작정 따라하기

자기자본이익률(ROE)로 저평가주 고르기

예제1 다음 기업 중 2026년 예상 ROE를 기준으로 적정 투자대상 종목을 골라보세요. 또 2025년에 비해 2026년에 눈에 띄게 좋아지는 기업은 어떤 기업인가요?

회사명	주력사업 (재료)	주가(원)	ROE(%)				
			2023년	2024년	2025년(E)	2026년(E)	2027년(E)
현대건설 (000720)	건설 (원자력)	65,800	6.8	-2.1	6.4	8.5	8.8
현대차 (005380)	자동차 (수소차)	218,000	13.7	12.4	9.8	9.0	8.9
LG전자 (066570)	가전 (AI가전)	77,400	3.7	1.8	6.2	6.4	7.1
하이브 (352820)	엔터콘텐츠 (K컬쳐)	254,500	6.6	0.3	6.3	10.2	9.9
POSCO홀딩스 (005490)	철강 (리튬)	316,500	3.2	2.0	2.5	3.3	3.9
SK하이닉스 (000660)	반도체 (HBM메모리)	262,500	-15.6	31.1	34.7	28.0	22.5
삼성전기 (009150)	IT (적층세라믹)	137,400	5.5	8.2	7.3	8.3	8.8
삼성물산 (028260)	건설, 상사 (저PBR)	172,900	7.3	6.8	7.2	7.4	7.4
NAVER (035420)	인터넷포털 (챗GPT)	233,000	4.4	7.9	7.2	7.6	7.9
LG에너지솔루션 (373220)	2차전지 (배터리셀)	392,000	6.4	-4.9	1.4	6.2	9.5

* 주가는 2025년 7월 29일 종가 기준

알아두세요

가치평가 지표나 기업분석 보고서에 등장하는 E는 Estimated(추정, 예상)의 약자입니다.

재료란?

종목을 선택할 경우 기업실적과 함께 기업이 어떤 재료를 가지고 있느냐도 참고할 필요가 있습니다. 재료란 주가를 움직이는 요인 또는 모멘텀으로, 해당 재료가 시장에서 주도주 또는 인기 테마주에 해당할 경우 주가의 탄력성이 높아집니다.

알아두세요

ROE가 2026년에 전년 대비 높아지는 기업의 증감률은 아래와 같이 계산합니다.
하이브(61.9%↑)=[(10.2-6.3)÷6.3]×100=61.9

해설 1 자기자본이익률(ROE)은 순이익을 자기자본으로 나눈 수치이므로 높을수록 좋고, 최소한 은행 이자율보다는 높아야 주식투자 메리트가 있습니다. ROE가 5~20%이면 적정 투자대상이 될 수 있고, 10% 이상이면 수익성이 높은 회사라고 할 수 있습니다.

따라서 2026년 예상 ROE를 기준으로 한 투자대상 우선순위는 SK하이닉스(28.0%), 하이브(10.2%), 현대차(9.0%), 현대건설(8.5%), 삼성전기(8.3%), NAVER(7.6%), 삼성물산(7.4%), LG전자(6.4%), LG에너지솔루션(6.2%), POSCO홀딩스(3.3%) 순입니다. 또한 ROE가 2026년에 전년 대비 높아지는 기업은 LG에너지솔루션(342%↑), 하이브(61.9%↑), 현대건설(32.8%↑), POSCO홀딩스(32.0%↑) 등입니다.

다만, ROE는 종목선정의 첫 번째 요건에 불과합니다. ROE가 높은 기업이라 해도 주가가 올라 PER이 지나치게 높다면 투자수익을 내기 어렵습니다. 그리고 ROE 수준이 비슷하다면 ROE 증가율이 높은 기업을 우선적으로 선정하는 것이 유리합니다. ROE로 종목을 선정한 후, 주가 적정 여부를 다음 장에 나오는 예상 PER로 판단해야 합니다.

예제 2 다음 기업 중 2026년 예상 ROE를 기준으로 적정 투자대상 우선 순위를 적어 보세요. 또 2025년에 비해 2026년에 눈에 띄게 좋아지는 기업은 어떤 기업인가요?

회사명	주력사업 (재료)	주가(원)	ROE(%)				
			2023년	2024년	2025년(E)	2026년(E)	2027년(E)
SK스퀘어 (402340)	SK지주사 (밸류업)	149,200	-8.0	21.7	25.2	20.4	18.0
한전기술 (052690)	원자력 설계 (SMR)	95,100	6.0	10.4	16.9	9.8	11.3
효성중공업 (298040)	전력 (변압기)	1,293,000	11.3	14.9	19.2	20.9	21.5
한국콜마 (161890)	화장품 (ODM)	93,900	0.8	12.5	14.8	16.9	16.9
한화에어로스페이스 (012450)	방산 (수출계약)	998,000	25.6	53.9	23.8	23.5	23.2

LS일렉트릭 (010120)	전력 (케이블)	304,000	12.6	13.4	15.5	18.1	19.2
현대로템 (064350)	K방산 (K2전차)	206,000	10.0	21.8	31.9	31.2	30.9
LIG넥스원 (079550)	K방산 (유도무기)	622,000	17.6	19.6	22.8	25.0	26.2
한전KPS (051600)	원자력 (전력설비)	52,800	13.1	13.2	12.0	12.8	13.2
한화솔루션 (009830)	신재생에너지 (태양광)	38,100	-1.6	-16.0	1.9	6.6	8.0

* 주가는 2025년 7월 29일 종가 기준

해설 2 ROE를 볼 때는 1년 후 예상 ROE가 가장 중요합니다. 즉, 1년 후 ROE를 기준으로 보되 최근 2년차 예상 실적도 참고하는 것이 좋습니다. 1년차에 이어 2년차 실적도 계속 호조가 예상되는 종목은 중·장기 투자 종목으로도 유망하기 때문입니다. 요컨대 2025년 연초를 기준으로 판단할 경우, 우선적으로 1년 후인 2025년 예상 실적에 높은 비중을 두되 2년 후인 2026년 예상 실적도 함께 참고합니다.

따라서 2026년 예상 ROE를 기준으로 볼 때 투자대상 우선순위는 현대로템(31.2%), LIG넥스원(25.0%), 한화에어로스페이스(23.5%), 효성중공업(20.9%), SK스퀘어(20.4%), LS일렉트릭(18.1%), 한국콜마(16.9%), 한전KPS(12.8%), 한전기술(9.8%), 한화솔루션(6.6%) 순입니다. 또한 ROE가 2026년에 전년 대비 높아지는 기업은 한화솔루션(347%↑), LS일렉트릭(16.8%↑), 한국콜마(14.2%↑), LIG넥스원(9.6%↑), 효성중공업(8.8%↑) 등입니다.

앞서 이야기했듯 ROE가 10% 이상이면 '수익성이 높은 기업', 5% 이상이면 적정 투자대상 종목이라 볼 수 있습니다.

ROE가 비슷한 수준이면 향후 성장성이 상대적으로 높다고 판단되는 기업을 우선적으로 선정하는 것이 좋습니다.

ROE를 체크했다면 다음으로 PER, EV/EVITDA, PBR 순으로 확인해보면 주가가 저평가되어 있는지, 고평가되어 있는지를 알 수 있습니다.

013 주당순이익(EPS)과 주가수익비율(PER)로 저평가주 고르기

저평가주 고르는 4가지 기준 중에서 주당순이익(EPS)과 주가수익비율(PER)에 대해 알아보도록 하겠습니다.

저평가주 고르는 기준 ②
주당순이익(EPS)과 주가수익비율(PER)

EPS와 PER은 기업가치와 주가 수준을 가늠하는 가장 대표적인 지표입니다.

EPS를 알면 적정주가가 보인다

EPS는 세후순이익을 발행주식수로 나눈 것으로, 주식 1주가 1년간 벌어들이는 순이익금을 나타냅니다.

예상 EPS = 예상 세후순이익 ÷ 발행주식수

 알아두세요

예상 주당순이익 산출법
예상 주당순이익(EPS: Earnings Per Share)은 예상 세후순이익을 발행주식수로 나눈 것입니다 (예상 주당순이익 = 예상 세후순이익 ÷ 발행주식수).
EPS는 주식 1주가 1년간 벌어들인 이익금이라 할 수 있습니다. 만약 EPS가 마이너스(-)라면 기업이 손실을 보고 있다는 뜻이며, 이는 주주들의 자기자본이 잠식되고 있다고 볼 수 있습니다.

예상 EPS에 시장평균 PER을 곱하면 적정주가를 계산할 수 있습니다.

적정주가(기업의 가치) = 예상 주당순이익(EPS) × 시장평균 주가수익비율(PER)

예를 들어 A회사의 1년 후 예상되는 주당순이익이 2,500원이고 시장평균 PER(주가수익비율)이 12배라면, A회사의 적정주가는 30,000원이라는 계산이 나옵니다(EPS 2,500원 × 시장평균 PER 12배 = 30,000원). KOSPI200 종목에 해당하는 기업의 주가를 보면 대부분이 적정주가를 크게 벗어나지 않는 범위 내에 형성되어 있음을 알 수 있습니다.

예상 EPS를 알면 적정주가를 예측할 수 있으므로 외국인과 기관은 예상 EPS를 알아보기 위해 기업을 방문하는 등 많은 노력을 기울입니다.

PER이 낮으면 저평가, PER이 높으면 고평가

PER(주가수익비율)이란 현재 주가를 1년 후 예상 주당순이익(EPS)으로 나눈 것입니다.

예상 주가수익비율(PER) = 주가 ÷ 예상 주당순이익(EPS)

PER을 쉽게 이해할 수 있도록 예를 하나 들어보겠습니다. 여러분이 친구 9명과 함께 사업을 하기로 하고 각각 100만원씩 투자해 자본금 1,000만원인 A라는 회사를 만들어 한국거래소에 상장했다고 가정해봅시다. 10명의 친구가 A회사를 공동으로 운영하여 1년 후에 사업 실적을 정산해보니 그동안 들어간 경비를 제하고 100만원이라는 순이익금이 발생했습니다.

주주가 10명이므로 주주 1명당 10만원의 순이익금이 발생한 셈이죠.

알아두세요

예상 주당순이익과 예상 PER은 어떻게 알 수 있나요?

증권사 HTS나 NAVER 또는 다음 증권창에서 주요 기업의 향후 1~2년 예상 EPS를 쉽게 확인할 수 있습니다. 그러나 거래가 적은 중소형주나 애널리스트가 예상하기 어려운 기업에 대해서는 예상 수치를 제시하지 않는 경우도 많습니다.

알아두세요

주당순이익은 언제 발표되나요?

주당순이익은 매 결산기와 분기별로 발표됩니다. HTS의 리서치 또는 기업분석 창을 열어보면 확인할 수 있으니, 관심 있는 기업의 주가 현황을 살펴보고 PER과 적정주가를 예상해보세요.

이때 증권시장에서 A회사의 주가가 10만원이라면 PER은 1이 됩니다 (주가 10만원 ÷ 1주당 순이익금 10만원 = 1).

주가수익비율(PER) 수치가 낮을수록 회사가 벌어들이는 이익금에 비해 주가가 저평가되어 있고, 높을수록 고평가되어 있다고 할 수 있습니다. PER을 계산하는 수식을 보면 주가가 분자이고, 1주당 순이익이 분모입니다. 따라서 예상 주당순이익이 그대로인데 주가가 상승하면 PER은 높아지고, 예상 주당순이익이 그대로인데 주가가 하락하면 PER이 낮아집니다. 바꾸어 말하면 주가가 변함없는데 예상 주당순이익이 증가하면 PER은 낮아지고, 반대로 예상 주당순이익이 감소하면 PER은 높아진다는 뜻입니다.

PER 수치를 단순하게 이해하기 위해 예를 들어보겠습니다. PER이 10인 기업이 있는데 이 회사 수익이 변함이 없다고 전제할 때 주식 1주가 현재 주가까지 되려면 10년이 걸리고, PER이 50인 기업은 50년, PER이 100인 기업은 100년이 걸린다고 생각하면 이해하기 쉽습니다.

향후 1~2년 후의 PER을 예측하기 위해서는 예상 주당순이익을 알아내는 것이 무엇보다 중요하다는 사실을 알 수 있습니다. 그런데 여기에서 의문점이 하나 생깁니다. 상장기업 중에는 PER 수준이 항상 높은 종목이 있는가 하면 항상 낮은 수준에 머물러 있는 종목이 있는데, 이건 어떻게 이해해야 할까요?

예를 들어 유전자나 줄기세포를 이용한 난치병 치료제를 연구/개발하는 기업 또는 각종 암 치료제 등 신약을 연구/개발하는 기업의 경우 PER이 높은 경향이 있는데 이는 개발에 성공할 확률이 낮은 반면, 투자자들의 기대수익은 높기 때문입니다. 개발에 성공하면 대박을 터뜨릴 수 있기 때문이죠. 기술주, 벤처기업 등 고성장이 예상되는 기업도 마찬가지입니다. 그러나 PER이 높은 종목은 기대수익이 높은 반면 손실위험 또한 높다는 점을 알아야 합니다.

반면 우량 대기업의 경우 PER이 낮게 형성되는 경향이 있습니다. 기업이 성장기를 넘어 성숙기에 접어들면 기업 규모가 커져 중소기업일 때보다 성장률이 조금씩 낮아지는 경향이 있기 때문이죠. 이들 기업은 안정성이 높은 대신 상대적으로 성장성에 대한 투자자들의 기대치가 낮기 때문에 PER이 낮습니다. 그러므로 산업이나 기업의 특성을 고려하지 않고 일률적으로 PER이 낮다는 이유만으로 유리하다고 판단하는 것은 무리가 있습니다. 바꾸어 말하면 PER을 볼 때는 시대의 흐름을 읽고, 업계와 해당 기업의 전망에 대한 지식과 이해가 필요합니다.

주가가 싼지 비싼지를 가늠해볼 때는 먼저 다음 수식으로 적정주가를 추정해보세요.

적정주가(기업의 가치) = 예상 주당순이익(EPS) × 주가수익비율(PER)

예를 들어 A회사의 이번 결산기 예상 주당순이익이 1,500원이고 정상적인 주가수익비율(또는 동일업종 평균 PER)이 12배라면, A회사의 적정주가는 18,000원이라는 계산이 나옵니다.

예상 주당순이익 1,500원 × 정상 PER 12 = 적정주가 18,000원

만약 현재 주가가 12,000원이라면 적정주가보다 6,000원이나 저평가되어 있는 것이고, 현재 주가가 30,000원이라면 12,000원이나 비싸게 거래되는 것이지요.

예상 주당순이익(EPS)과 예상 주가수익비율(PER)을 점검하라

좋은 주식을 고르기 위해서는 주당순이익(EPS)과 주가수익비율(PER)을 체크해보아야 합니다. EPS와 PER 체크 요령을 알아보겠습니다.

EPS 보는 요령

1. EPS를 볼 때는 1년 후 예상 EPS를 기준으로 판단합니다. 그런 다음 2년 후 예상 EPS와 최근 년도 실적에 의한 EPS를 동일 수준으로 참고합니다. 과거 실적에 의한 EPS는 이미 주가에 어느 정도 반영되어 있고, 2년 후 예상 EPS는 1년 후 EPS보다 변수가 많은 데다 불확실한 예측치이기 때문입니다.

2. 예상 EPS를 볼 때도 전년 대비 증감률이 중요합니다. 예상 EPS 증가율이 높을수록 그에 비례해 주가상승률도 높아지기 때문입니다.

3. 특별손익이 있을 때는 이것을 제외하고 보아야 합니다. 특별이익이나 특별손실은 정상적인 경영에 의한 결과라고 볼 수 없으며, 특별한 사유가 발생한 당해 연도에만 해당되기 때문입니다. 특별손익을 제외한 수치를 보려면 EV/EBITDA를 활용하면 됩니다.

다음 표는 예상 EPS 수준이 비슷한 A, B, C회사의 EPS 추이를 나타낸 것입니다. 세 회사 중 예상 EPS 증감률을 기준으로 볼 때 어느 회사가 투자 유망기업인지 알아봅시다.

 알아두세요

PER을 중요한 투자 기준으로 생각한 전설적인 투자자 존 네프는 EPS 증가율이 3년 이상 3~25%인 종목을 투자 유망 종목이라고 했습니다. 이에 덧붙여, 40% 이상으로 지나치게 높은 종목은 추후 상대적으로 낮아질 가능성이 높으므로 피하는 것이 좋다고 충고했습니다.

(단위: 원)

회사	2년 전 실적에 의한 EPS	최근 년도 실적에 의한 EPS	1차년도 예상 EPS	2차년도 예상 EPS	3차년도 예상 EPS
A	80	96(20%)	115(20%)	138(20%)	165(20%)
B	50	80(60%)	110(38%)	143(30%)	185(30%)
C	170	150(-12%)	120(-20%)	130(8%)	117(-10%)

* ( ) 안은 전년 대비 증감률

정답은 B사, A사, C사 순입니다. B사는 A사에 비해 EPS가 다소 낮지만 1차년도 예상 EPS 증가율이 38%로 매우 높기 때문에 주가상승률도 가장 높을 것으로 예상됩니다. A사는 해마다 20%씩 안정적인 성장률을 보이고 있으므로 B사 다음으로 유망한 투자대상입니다. 반면 C사는 EPS가 감소하고 있으므로 A사와 B사에 비해 후순위가 됩니다.

PER 보는 요령

1. PER이 높은지, 낮은지를 판단할 때는 1년 후 예상 실적에 의한 예상 PER을 기준으로 합니다. 지난 실적에 의한 PER은 모든 투자자가 이미 알고 있기 때문에 현재 주가에 반영되어 있다고 봅니다. 그리고 2~3년 이후 예상 실적도 알 수만 있다면 참고가 됩니다.

2. 동일업종의 평균치와 비교해보고, 또 같은 업종 내 대표기업과 비교해봅니다. 예를 들어 전자업종 평균 PER이 15이고, 전자업종의 대표기업인 삼성전자의 PER이 10이라고 가정해보겠습니다. 이 경우 전자업종 A사의 PER이 7이고, 전자업종 B사의 PER이 20이라면, A사는 저평가되어 있고 B사는 상대적으로 고평가되어 있다고 판단할 수 있습니다. 따라서 당연히 저평가 기업인 A사가 B사보다 주가가 상승할 가능성이 높고 하락할 위험은 낮다고 볼 수 있습니다.

> **알아두세요**
>
> PER을 보는 요령은 다음에 배울 EV/EBIDTA, PBR을 볼 때도 동일하게 적용됩니다. PER, EV/EBIDTA, PBR은 보는 요령이 동일하다는 것을 잊지 마세요.

구분	PER(배)	투자 판단
전자업종 평균	15	-
전자업종 대표기업 삼성전자	10	-
A사	7	매수
B사	20	매도

3. 추세를 확인해보는 것도 중요합니다. PER 수치가 추세적으로 낮아지는 종목은 좋은 투자대상이 될 수 있습니다. '고PER에 사서 저PER에 팔아라'라는 말이 있는데, 이는 성장성이 높은 기업일 경우 지나치게 PER을 강조하지 말라는 뜻입니다. 예를 들어 해마다 성장률이 5%인 기업에 비해 연평균 성장률이 20~30%인 기업의 PER이 더 높아야 한다는 것은 당연한 이치일 것입니다. 성장률까지 감안한 투자지표로 PEG를 참고할 수도 있습니다. PEG 지표는 낮을수록 유망 투자 종목으로 보는데, 상장기업의 평균 PEG는 1.5이기 때문에 0.5 이하면 좋은 투자대상으로 볼 수 있습니다. PER의 증감 추세가 뚜렷한 방향 없이 기복이 심하다면 기업의 수익모델이 취약하다는 뜻이며, 주가 또한 등락이 심하다고 예측할 수 있습니다.

4. 예외적으로 PER이 높은 종목에 투자할 때는 투자자 본인이 PER이 높은데도 주가가 상승할 거라고 내다보는 이유를 확신할 수 있어야 합니다. 지금은 기업실적이 저조하지만 업황이나 기업 내부 재료를 감안할 때 2~3년 후 기업실적이 좋아질 것이라는 판단이 선다면 투자대상이 될 수 있습니다.

알아두세요

성장률이 높은 기업은 PEG를 참고하라!

PEG(Price Earning to Growth Ratio)란 PER에 이익증가율을 반영해 기업을 평가하는 기준입니다.
즉, 'PEG = PER ÷ 주당 이익증가율'로 계산합니다. PEG가 낮을수록 주가가 저평가되었다고 봅니다. 예를 들어 예상 PER가 50배인 기업이 연평균 이익증가율이 60%일 경우 PEG는 0.83(= 50배 ÷ 60)이 됩니다. PER가 50배로 높지만 상장기업 평균 PEG 1.5배에 비해 낮기 때문에 지나치게 고평가되어 있다고 보지 않습니다. 성장률이 높은 기업을 평가할 때 흔히 사용하는 지표입니다.

무작정
따라하기

HTS에서 EPS, PER, PBR 등 투자지표 찾아보는 방법

이번에는 신한투자증권 HTS인 SHINHANi에서 투자지표를 찾아보겠습니다. 개별 기업의 투자지표인 EPS, PER, ROE, EV/EBITDA 등을 찾아보려면 HTS 상단 메뉴에서 '투자정보 → 기업분석'을 찾아 클릭하면 됩니다. 그러면 과거 수치뿐 아니라 미래 예상 수치까지 확인할 수 있습니다. 증권사마다 다소 차이가 있지만 기본적인 방법은 유사합니다.

* A는 실적, E는 최근 3개월간 증권사 예측치 평균값

코스피 평균 PBR은 1.2~2배 사이에 있습니다.

위의 표는 NAVER(035420)의 2024년 11월 1일자 '상장기업분석/컨센서스' 창에 게시된 투자지표입니다. 과거 2020~2023년 실적 및 투자지표와 함께 2024~2026년 예상실적에 의한 투자지표도 볼 수 있습니다. 높을수록 좋은 지표, 즉 EPS, ROE의 예상지표는 모두 높아지는 반면, 낮을수록 좋은 지표, 즉 PER, PBR, EV/EBITDA의 예상지표는 점차 낮아짐을 확인할 수 있습니다. 상기 지표를 종합해볼 때 좋은 투자대상이 될 수 있습니다.

이제 표 아래 차트는 어떤 신호를 보내고 있는지 알아보겠습니다.

밴드 차트 활용법

상장기업의 PER, PBR 등 투자지표는 기업마다 밴드를 달리하여 움직입니다. 해당 기업의 PER 밴드가 시장평균 PER에 비해 낮게 형성되는 기업이 있는가 하면, 반대로 높게 형성되는 기업도 있습니다. PER 수준이 기업의 성장성이나 투자자의 관심도에 따라 각기 다르기 때문입니다. 예를 들어 IT기술주나 바이오 관련주는 대체로 PER 밴드가 높은 경향이 있습니다. 따라서 PER, PBR 등 투자지표를 볼 때는 절대수치 이상으로 해당 기업의 투자지표 밴드의 방향을 확인해볼 필요가 있습니다.

앞의 그래프는 PER 밴드와 PBR 밴드를 활용하여 주가가 고평가되어 있는지, 저평가되어 있는지를 확인하고 주가 추세를 알아보기 위해 만들어진 볼린저 밴드 중 하나인 MAC(Moving Average Channel) 차트입니다. PER 밴드는 20일 이동평균선을 기준으로 합니다. 제일 위쪽 초록색 밴드(상한선)는 PER의 고점을 연결한 이동평균선이고, 아래쪽 노란색 밴드(하한선)는 PER의 저점을 연결한 이동평균선입니다.

알아두세요

볼린저 밴드란?

주가는 등락을 거듭하지만 통계적으로 보면 중심선인 이동평균선을 따라 일정한 밴드 범위 안에서 움직입니다. 이와 같이 이동평균선을 중심으로 표준편차 범위 내에서 주가가 움직인다는 것을 전제로 하여 위쪽에 상한 밴드, 아래쪽에 하한 밴드를 만들면 변동폭의 띠가 형성되는데, 이를 볼린저 밴드(Bollinger Band)라고 합니다. 볼린저 밴드에 관해 좀 더 깊이 알고 싶다면 《차트분석 무작정 따라하기》를 참고하세요.

❶ 밴드 추세 확인 → 밴드가 상승 추세이면 주가도 상승 추세이고, 밴드가 하락 추세이면 주가도 하락 추세임을 알려줍니다.

❷ PER 그래프(붉은색)가 하한선(노란색) 부근에서 상승으로 바뀌면 주가도 하락에서 상승으로 전환된다고 봅니다. 반대로 상한선(초록색) 부근에서 아래로 내려오는 추세이면 주가도 하락한다고 봅니다.

앞의 NAVER의 경우 PER 밴드가 2022년에 급락한 후 2023년부터 다시 우상향하므로 2023년부터 점진적인 상승을 예상해볼 수 있습니다. PBR 밴드는 2021년 이후 우상향인데도 주가는 반대로 하락하여 밴드 하한선에 근접해 주가가 저평가되어 있습니다.

주당순이익(EPS)과 주가의 상관관계 사례

다음은 SK하이닉스의 월봉 그래프로, EPS 추이와 주가의 상관관계가 높음을 잘 보여줍니다.

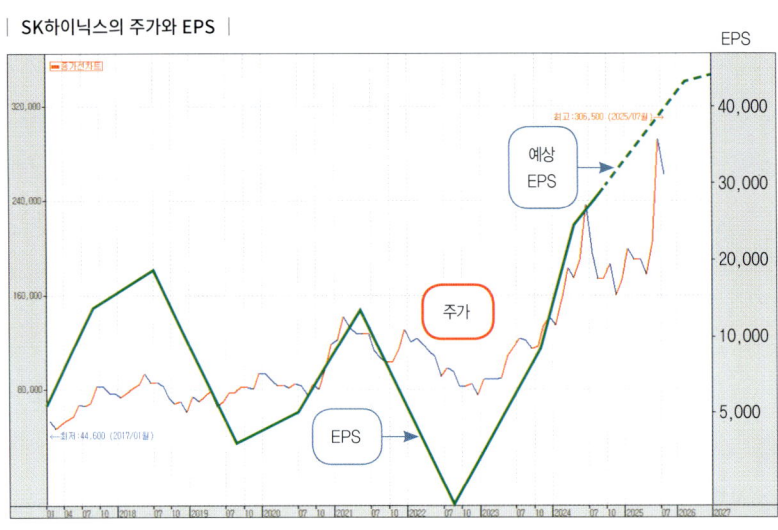

SK하이닉스 월봉 그래프(2017~2025.7.29)

| SK하이닉스의 EPS와 EPS 증감률 |

연도	2017	2018	2019	2020	2021	2022	2023	2024	2025(E)	2026(E)	2027(E)
EPS(원)	14,617	21,346	2,755	6,532	13,190	3,063	-12,517	27,182	42,376	46,091	47,169
증감률(%)	260.3	46.0	-87.1	137.1	101.9	-76.9	적전	흑전	55.8	8.8	2.3

반도체는 전형적으로 경기사이클을 타는 업종입니다. 2016년 4/4분기부터 반도체 슈퍼 호황을 맞이하여 EPS가 21,346원으로 높아졌고 그에 따라 주가도 97,700원까지 상승했습니다.

반도체 경기는 2022~2023년에 불황을 맞이했는데, 2023년에 대규모 적자를 내며 주가도 큰 폭으로 하락하였습니다. 그러나 2024년 4/4분기부터 반도체 경기가 살아나기 시작했습니다. AI 시대를 맞이하여 챗

GPT와 같은 생성형 AI에는 막대한 고사양 메모리(HBM)가 필요하게 되었습니다. 경쟁사인 삼성전자와 마이크론(미)보다 앞서 HBM(고대역폭 메모리)을 개발한 SK하이닉스는 막대한 영업이익과 더불어 큰 폭의 주가상승을 얻게 되었습니다. 그래프에서 주가가 EPS와 동행하는 것을 확인할 수 있습니다. 투자 결정에 앞서 무엇보다 대상 종목의 EPS 전망을 우선 체크해 보아야 합니다.

코리아 디스카운트와 기업밸류업 프로그램

한국증시는 '코리아 디스카운트'라 부를 만큼 오랫동안 저평가되어 왔습니다. 대표적인 투자지표인 주가수익비율(PER), 주가순자산비율(PBR), 자기자본이익률(ROE)을 기준으로 비교해 볼 때 미국, 일본, 유럽 등 세계 주요 증시에 비해 주가가 저평가되었습니다.

한국증시가 저평가된 주요 원인은 첫째로 일반주주에 대한 '주주환원'이 인색하고 주주친화적이지 않기 때문이고, 둘째로는 정부의 정책적 뒷받침이 부족했기 때문이라고 봅니다.

 **알아두세요**

배당수익률
배당금을 현재 주가로 나눈 비율입니다. 즉 현재 주가로 주식을 매수할 경우 배당만으로 올릴 수 있는 수익의 정도를 나타냅니다.

배당성향
당기순이익 중 배당금으로 나가는 비율을 배당성향이라고 합니다. '주당배당금÷주당순이익'으로 계산해 %로 나타냅니다.

대주주의 경영권 방어 수단
1. 차등의결권: 특정 주주 주식에 의결권을 더 많이 부여하는 방법
2. 황금주: 주총에서 거부권을 행사할 수 있는 특별주식
3. 포이즌필: 경영권 분쟁 때 대주주가 싼 가격에 신주를 살 수 있는 제도

한국은 현행법상 이상의 경영권 방어 수단을 허용하지 않고 있습니다.

> **주주친화 정책 또는 주주환원 정책**
> 1. **배당수익률 상향 조정**: 배당수익률이 높으면 배당 매력 때문에 기업가치가 높아집니다. 배당수익률을 높이려면 배당성향을 높여야 합니다.
> 2. **자사주 매입 및 소각**: 회사가 자사주를 매입하는 목적은 ① 주가 부양, ② 경영권 방어 수단, ③ 소각 등이 있습니다. 그중에서 자사주 소각은 유동주식수를 줄이는 것이기 때문에 강력한 주가부양 효과가 있습니다.
> 3. **비영업자산 매각**: 필요 이상의 현금, 영업활동에 필요하지 않는 부동산 등을 매각하여 배당이나 자사주 매입/소각에 활용하면 주주가치가 높아집니다.

기업밸류업 프로그램

정부는 한국증시의 저평가를 해소하여 국민자산을 증대시키기 위해 다음의 '기업밸류업 프로그램'을 발표하였습니다.(2024.2.26.)

1. 코리아 밸류업 지수 및 ETF 출시: 주주환원 기업, 가치 성장이 예상되는 기업으로 구성된 지수 개발
2. 주요 투자지표 비교 공표: 분기별로 PBR, PER, ROE 공표, 연 1회 배당성향, 수익률 공표
3. 기업 스스로 '기업가치 제고 방안'을 세우고 한국거래소를 통해 연 1회 공시
4. 세제지원 등 인센티브 부여

알아두세요

MSCI지수

MSCI World Index. 미국 모건스탠리 캐피털 인터내셔널이 발표하는 지수로 MSCI지수는 세계시장지수, 선진국지수, 신흥시장지수, 프론티어시장지수 등이 있습니다. 한국은 신흥시장지수에 포함되어 있습니다. 전 세계 기관투자자들이 가장 많은 비중을 두고 벤치마킹하는 지수이기 때문에 MSCI지수에 편입되면 주가상승 요인이 되고, 편출되면 주가하락의 원인이 되는 경향이 있습니다. MSCI지수에 편입(편출)되는 기준은 유동주식수를 기준으로 한 시가총액입니다. 정기변경은 1년에 2월, 5월, 8월, 11월 네 번이며, 반기변경인 5월과 11월에 더 많이 변경됩니다.

FTSE 선진국지수

Financial Times Stock Exchange의 줄임말. 영국 FTSE 인터내셔널사가 발표하는 지수로, 주로 유럽계 투자자금이 벤치마킹하는 지표입니다. 한국은 2009년에 FTSE 선진국지수에 편입되었고, 당시 상당한 해외자금이 한국증시에 유입되었습니다.

정부의 '기업밸류업 프로그램'은 일본을 모방한 것으로 일본은 2023년 3월 '기업밸류업 프로그램'을 시행한 후 니케이지수가 사상 최고치를 갱신했습니다. 이 조치는 강제성이 없다는 점에서 효과를 의심할 수도 있지만 추가적인 보완책이 따를 것으로 예상되기 때문에 장기적으로 증시 저평가 해소에 도움이 될 것은 분명합니다. 그리고 배당소득세 분리과세, 자사주 소각 시 법인세 감면, 경영권 승계 시 대주주 상속세 인하 등의 세법 개정과 경영권 방어 수단 도입 등이 보완되어야 한국증시가 한 단계 레벨업 될 것이라고 주장하는 투자자도 있습니다.

한국증시는 아직 MSCI 선진국지수에는 편입되지 못했으나 2009년 FTSE 선진국지수에 편입되었기 때문에 세계 자본시장의 대형 자산운용사들은 한국증시를 사실상 선진국시장으로 분류하여 투자 비중을 결정하고 있습니다. 따라서 외국인 자금의 한국증시 투자는 앞으로도 이어질 것입니다.

무작정 따라하기

주당순이익(EPS)과 주가수익비율(PER)로 저평가주 고르기

예제 1 다음은 세계 시장을 선도하는 한국의 대표적 조선주들의 예상 실적입니다. EPS와 PER의 개념을 복습하는 의미에서 직접 계산해보기 바랍니다.

❶ 순이익과 발행주식수로 2026년 예상 EPS를 구한 뒤, 가장 높은 것부터 차례로 적어보세요.

❷ 시장평균 PER이 10배일 때 각 기업의 적정주가는 얼마입니까?

❸ 주가와 EPS로 2026년 예상 PER을 계산해보고, 예상 PER을 기준으로 할 때 투자매력이 가장 높은 종목부터 차례로 적어보세요.

회사명	주가(원)	발행주식수(만주)	2026년(E) 순이익(억원)	2026년(E) EPS(원)	2026년(E) PER(배)
HD한국조선해양 (009540)	347,000	7,077.3	29,711		
HD현대중공업 (329180)	472,500	8,877.3	17,430		
HD현대미포 (010620)	206,500	3,994.2	3,870		
한화오션 (042660)	96,800	30,641.3	10,552		
삼성중공업 (010140)	18,740	88,000.0	9,538		

* 주가는 2025년 7월 29일 종가 기준

✏️ 알아두세요

2024년 11월 도널드 트럼프 미국 대통령 당선인이 한국 대통령과 통화 중 한국 조선업의 협력을 요청하였고, 한국 조선업은 미 군함의 수리, 건조 등을 큰 호재로 받아들이고 있습니다.

> 해설 1

회사명	주가(원)	발행주식수(만주)	2026년(E) 순이익(억원)	2026년(E) EPS(원)	2026년(E) PER(배)
HD한국조선해양 (009540)	347,000	7,077.3	29,711	41,980	8.3
HD현대중공업 (329180)	472,500	8,877.3	17,430	19,634	24.1
HD현대미포 (010620)	206,500	3,994.2	3,870	9,689	21.3
한화오션 (042660)	96,800	30,641.3	10,552	3,444	28.1
삼성중공업 (010140)	18,740	88,000.0	9,538	1,084	17.3

❶ EPS는 1주당 순이익입니다. 따라서 순이익을 발행주식수로 나누면 구할 수 있습니다. HD한국조선해양의 EPS는 순이익 29,711억원 ÷ 발행주식수 7,077.3만주 = 41,980원입니다.

계산 결과 2026년 예상 EPS가 가장 높은 기업은 HD한국조선해양(41,980원)이고, 그 다음은 HD현대중공업(19,634원), HD현대미포(9,689원), 한화오션(3,444원), 삼성중공업(1,084원) 순입니다.

❷ 적정주가는 EPS(주당순이익)에 시장평균 PER를 곱해서 구합니다. 시장평균 PER가 10배일 때 HD한국조선해양의 적정주가는 41,980원 × 10(시장평균 PER) = 419,800원이 됩니다. 동일한 방법으로 적정주가를 계산하면 HD현대중공업(196,340원), HD현대미포(96,890원), 한화오션(34,440원), 삼성중공업(10,840원)입니다.

❸ PER는 주가수익비율, 즉 주가를 주당순이익으로 나눈 수치입니다(주가÷EPS=PER). PER이 낮을수록 저평가되어 있다고 보므로, 투자매력이 높은 순서는 투자매력이 높은 순서는 HD한국조선해양(8.3배), 삼성중공업(17.3배), HD현대미포(21.3배), HD현대중공업(24.1배), 한화오션(28.1배) 순입니다.

알아두세요

현실주가는 적정주가와 달리 재료, 인기도, 수급 등 시장상황에 따라 오르내리는 경우가 많습니다. 특히 수주산업인 건설업과 조선업은 PER만 볼 것이 아니라 부동산 경기와 해당 산업의 경기를 참고할 필요가 있습니다. 만약 적정주가와 시장 주가 사이에 괴리도가 크면 기업의 성장성(수주 잔고 및 예상 수주)과 안정성(부채비율) 등을 추가로 고려한 후 고평가됐는지 저평가됐는지를 판단합니다.

예제 2 다음은 4차 산업혁명 관련주 중 유망주로 추천된 종목들입니다.

❶ 2026년 예상 증가율을 기준으로 유망한 투자 우선순위를 적어보세요. 또 2025년에 비해 2026년에 눈에 띄게 좋아지는 기업은 어떤 기업인가요?

❷ 2026년 예상 PER을 기준으로 저평가 종목 순위를 적어보세요.

회사명	관련 테마	주가(원)	EPS(원), 증감률(%)				PER(배)			
			2024년	2025년(E)	2026년(E)	2027년(E)	2024년	2025년(E)	2026년(E)	2027년(E)
한미반도체 (042700)	AI반도체 (TC본드)	84,400	1,573 (-75.0)	3,420 (24.6)	4,787 (40.0)	5,594 (16.8)	30.7	24.7	17.6	15.1
피에스케이 (319660)	반도체장비 (HBM메모리)	21,000	2,732 (50.7)	2,582 (5.5)	2,851 (10.4)	3,115 (9.2)	7.7	8.1	7.4	6.7
두산에너빌리티 (034020)	원자력 (SMR)	65,100	174 (200)	452 (160)	791 (75.0)	1,079 (36.4)	374	144	82.3	60.3
레인보우로보틱스 (277810)	로봇 (이족보행)	269,000	110 (흑전)	278 (153)	299 (7.5)	335 (12.0)	2445	967	899	803
HPSP (403870)	반도체장비 (온디바이스AI)	25,550	1,040 (5.1)	1,024 (-1.5)	1,242 (21.3)	1,497 (20.5)	24.5	24.9	20.6	17.3
삼성SDI (006400)	2차전지 (배터리셀)	191,400	8,288 (-70.0)	-3,264 (적전)	9,562 (흑전)	17,022 (78.0)	23.1	-	20.0	11.2
테크윙 (089030)	반도체 (검사장비)	27,800	-559 (적확)	1,874 (흑전)	4,524 (141)	-	-	14.8	6.1	-
LG이노텍 (011070)	전장부품, 광학, 기판소재	155,500	18,983 (-4.0)	15,961 (-15.9)	21,474 (34.5)	25,309 (17.8)	8.2	9.7	7.2	6.1
HD현대중공업 (329180)	조선 (군함수주)	473,500	7,001 (292)	15,175 (117)	19,634 (29.4)	25,247 (28.6)	67.6	31.2	24.1	6.1
HD현대일렉트릭 (267260)	전력 (송전설비)	495,000	13,914 (93.5)	18,693 (34.3)	23,078 (23.4)	27,619 (19.7)	35.6	26.4	21.4	17.9

* 주가는 2025년 7월 29일 종가 기준

> 해설 2

❶ EPS를 보고 주가가 얼마나 상승할지 또는 하락할지를 가늠할 때는 예상 EPS 증감률을 참고합니다. 2026년 예상 EPS 증감률을 기준으로 보면 삼성SDI(흑자전환), 테크윙(141%), 두산에너빌리티(75.0%), 한미반도체(40.0%), LG이노텍(34.5%), HD현대중공업(29.4%), HD현대일렉트릭(23.4%), HPSP(21.3%), 피에스케이(10.4%), 레인보우로보틱스(7.5%) 순입니다.

증가율을 볼 때는 향후 1년을 기준으로 보되 2년 후 예상 수치도 함께 고려하는 것이 좋습니다. 특히 우량주가 불황을 맞아 일시적으로 적자전환하거나 이익이 급감한 경우 다시 흑자로 전환하거나 이익증가율이 커지면, 의외로 주가상승률이 높은 경우를 많이 볼 수 있습니다. 이처럼 이익증가폭과 감소폭이 크면 그에 비례해 주가등락폭도 크다고 볼 수 있습니다.

아울러 EPS나 PER을 볼 때 부동산 매각 등 특별이익이 있을 때는 이를 제외하고 계산해야 한다는 것을 유념해야 합니다. 증권사 HTS에 나온 투자지표는 특별이익이 포함된 수치이므로 투자자 본인이 해당 회사의 재무제표를 확인해야 합니다.

❷ PER은 주가수익비율, 즉 주가를 주당순이익으로 나눈 수치입니다(주가 ÷ EPS = PER). PER이 낮을수록 저평가되어 있다고 봅니다.

4차산업 관련주는 성장성이 높은 테마주이기 때문에 PER이 시장평균보다 높습니다. 2026년 예상 PER를 기준으로 테크윙(6.1배), LG이노텍(7.2배), 피에스케이(7.4배), 한미반도체(17.6배), 삼성SDI(20.0배), HPSP(20.6배), HD현대일렉트릭(21.4배), HD현대중공업(24.1배), 두산에너빌리티(82.3배), 레인보우로보틱스(899배) 순입니다.

PER을 비교할 때는 대기업과 중소기업 그리고 해당 기업의 성장성 높낮이를 감안해야 합니다. PER 수준이 비슷하다면 대형주는 안정성이 있는 반면 중소형주는 주가등락률이 높은 경향이 있습니다. 그리고 예상 실적은 애널리스트들이 예측한 것으로, 상황에 따라 수정될 수 있다는 점을 고려하여 매분기마다 정기적으로 HTS에 들어가 확인해볼 필요가 있습니다.

 알아두세요

특별이익

정상적인 경영활동과 무관하게 일시적 또는 우발적 원인으로 발생하는 이익입니다. 고정자산 처분이익, 투자자산 이익, 법인세 환수액, 채무면제 이익 등이 이에 해당합니다. 특별이익은 지속적으로 창출 가능한 수익이 아니므로 기업가치를 평가할 때는 빼고 따져야 합니다.

이브이에비타(EV/EBITDA)로 저평가주 고르기

저평가주 고르는 4가지 기준 중에서 이브이에비타(EV/EBITDA)에 대해 알아보도록 하겠습니다.

저평가주 고르는 기준 ③
이브이에비타(EV/EBITDA)

2002년 3월 결산 기준 고려시멘트의 주당순이익(EPS)은 무려 550,000원이었고, PER은 0.1 이하였습니다. 당시로서는 전체 상장종목 중에서 PER이 가장 낮았습니다. 같은 시기 삼성전자의 주당순이익이 42,000원, PER이 10 정도였으니까요. 그렇다면 EPS와 PER만 가지고 고려시멘트가 삼성전자에 비해 저평가되었다고 말할 수 있을까요?

회사명	주가(원)	EPS(원)	PER(배)
고려시멘트	20,000	550,000	0.1
삼성전자	400,000	42,000	10.0

고려시멘트는 1995년에 부도가 난 회사로, 회사 정리절차 등 구조조정을 거치면서 감자와 함께 출자전환이 이루어졌습니다. 그 결과, 700억

원의 채무면제 이익이 발생했습니다.

이때 단순하게 PER만 보면 특별이익이나 특별손실이 순이익에 얼마나 영향을 미쳤는지 알 수 없습니다. 이런 경우 순수하게 영업으로 벌어들인 이익으로 기업의 가치를 알아내는 지표로 흔히 이브이에비타(EV/EBITDA)를 활용합니다.

에비타(EBITDA: Earnings Before Interest, Tax, Depreciation and Amortization)는 세전 영업이익에 감가상각비 등 비현금성 비용(비용으로 처리하지만 사외로 지출되지 않는 현금)을 모두 합한 것으로, 세전 기준 영업현금흐름을 나타냅니다.

에비타(EBITDA) = 영업이익 + 감가상각비 등 비현금성 비용 + 제세금

이브이(EV)는 기업의 가치(Enterprise Value)로, 시가총액에 순차입금을 합한 것입니다.

이브이(EV) = 시가총액 + 순차입금(총차입금 − 현금 및 투자유가증권)

이브이에비타(EV/EBITDA)는 기업의 가치라 할 수 있는 현금을 창출해 낼 수 있는 능력이 시가총액에 비해 얼마나 평가되고 있는가를 나타내는 지표입니다. 따라서 이를 현금흐름 배수라고도 합니다.

$$\text{이브이에비타(EV/EBITDA)} = \frac{(\text{시가총액} + \text{순차입금})}{(\text{영업이익} + \text{감가상각비 등 비현금성 비용} + \text{제세금})}$$

이브이에비타를 달리 표현하면 어떤 기업이 순수하게 영업활동으로 지금과 같이 돈을 벌 경우, 투자한 금액(EV, 시가총액 + 순차입금)만큼 버는 데 몇 년이 걸리는지를 나타낸 것이라고 할 수 있습니다. PER과 마찬가지로 그 기간이 짧을수록, 즉 숫자가 작을수록 저평가되어 있다고 보면 됩니다.

일반투자자들은 이브이에비타를 직접 계산할 필요가 없습니다. 개념만 확실하게 이해해두면 됩니다. 증권사 HTS에서 쉽게 찾아볼 수 있고, 증권사에서 발간하는 각종 자료에도 ROE, EPS, PER과 함께 나와 있기 때문이지요.

무작정 따라하기

이브이에비타(EV/EBITDA)로 저평가주 고르기

예제 다음은 N증권이 투자 유망종목으로 추천한 종목들입니다. 2026년 예상 이브이에비타(EV/EBITDA)를 기준으로 가장 매력적인 투자대상 기업을 차례로 적어보세요.

회사명	주가(원)	EV/EBITDA(배)			
		2024년	2025년(E)	2026년(E)	2027년(E)
삼성전자(005930)	70,500	3.5	4.8	4.0	3.5
현대모비스(012330)	296,500	3.7	5.1	4.3	3.5
삼성바이오로직스(207940)	1,087,000	35.3	30.0	26.5	23.0
셀트리온(068270)	178,300	48.0	28.5	21.2	17.4
아모레퍼시픽(090430)	131,200	12.9	11.4	10.0	8.5
SK이노베이션(096770)	111,400	19.4	13.8	9.3	7.8
삼양식품(003230)	1,365,000	14.8	16.2	12.4	9.7
카카오(035720)	56,000	9.6	14.6	13.1	11.9
농심(004370)	383,000	5.0	4.4	3.5	1.6
기아차(000270)	105,900	1.4	1.6	1.3	0.9

* 주가는 2025년 7월 29일 종가 기준

해설 이브이에비타(EV/EBITDA)는 낮을수록 시장에서 저평가되어 있다고 볼 수 있으며, 전년도에 비해 수치가 낮아질수록 주가 상승 기대가 높다고 볼 수 있습니다. 2026년 기준 이브이에비타 수치가 낮은 순위는 기아차(1.3배), 농심(3.5배), 삼성전자(4.0배), 현대모비스(4.3배), SK이노베이션(9.3배), 아모레퍼시픽(10.0배), 삼양식품(12.4배), 카카오(13.1배), 셀트리온(21.2배), 삼성바이오로직스(26.5배) 순입니다.

015 주가순자산비율(PBR)로 저평가주 고르기

주식투자 무작정 따라하기

저평가주 고르는 4가지 기준 중에서 주가순자산비율(PBR)에 대해 알아보도록 하겠습니다.

저평가주 고르는 기준 ④

주가순자산비율(PBR)

주가순자산비율(PBR: Price Book value Ratio)은 주가를 1주당 자산가치로 나누었을 때 몇 배나 되는지를 나타내는 것으로, 기업의 청산가치(장부상의 가치)와 시장가치를 비교하는 방법으로 쓰입니다.

$$주가순자산비율(PBR) = 주가 \div 1주당 자산$$

주가수익비율(PER)이 기업의 수익성만으로 주가를 판단하는 척도라면, 주가순자산비율(PBR)은 기업의 재무 내용과 비교해 주가를 판단하는 척도라 할 수 있습니다.

즉, 주가순자산비율은 재무 내용에 비해 주가가 어느 정도 수준에 있는지를 표시합니다. 따라서 PBR이 높다는 것은 재무 내용에 비해 주가가

 알아두세요

순자산이란?
재무제표상의 장부가치로
= 자산총액 − 부채총액
= 자본총계
= 청산가치와 같은 뜻입니다.

높다는 것이고, PBR이 낮다는 것은 재무 상태에 비해 주가가 상대적으로 낮다는 것입니다.

PBR은 흔히 청산가치로 표현하는데, PBR이 1이면 주가와 기업의 청산가치가 같다는 뜻이고, 1 이하이면 주가가 청산가치에도 못 미칠 만큼 낮다는 뜻입니다. 따라서 PBR이 낮을수록 주가가 저평가되었다고 볼 수 있습니다.

PBR은 자기자본이익률과 주가수익비율을 곱하는 방식으로도 산출할 수 있습니다.

>
> **부채비율은 낮을수록 좋다?**
> 부채비율(총부채 ÷ 자기자본 × 100)이 낮을수록 재무구조가 건전하므로, 부채비율이 낮아야 좋다고 할 수 있습니다. 그러나 부채가 적다고 무조건 좋아할 일은 아닙니다. 이자보다 더 많은 이익을 낼 수 있다면 타인자본을 적절하게 이용하는 것이 더욱 효과적이기 때문입니다. 정부가 제시하는 적정 부채비율은 200% 이하입니다.

$$\text{주가순자산비율(PBR)} = \frac{\text{주가}}{\text{주당순자산}} = \frac{\text{주당이익}}{\text{주당순자산}} \times \frac{\text{주가}}{\text{주당이익}}$$

$$= \text{자기자본이익률(ROE)} \times \text{주가수익비율(PER)}$$

주가수익비율(PER)은 일정 시점의 이익에 대한 주가의 비율을 구한 것이며, 자기자본이익률(ROE)은 기업의 수익성을 측정한 것이므로 이 2가지 내용을 합한 것이 주가순자산비율(PBR)이라고 할 수 있습니다. 그러므로 PBR은 기업의 자산가치에 대한 평가뿐 아니라 수익가치에 대한 평가까지 포함한 지표라고 볼 수 있습니다.

순자산가치는 청산가치로도 볼 수 있기 때문에 주가가 상승할 때보다 하락할 때, 즉 최악의 경우 어느 선까지 하락해야 바닥인지를 가늠해볼 때 유용도가 더욱 높습니다.

무작정 따라하기

주가순자산비율(PBR)로 저평가주 고르기

예제 다음은 M증권이 추천한 투자 유망 금융주입니다. 해당 기업의 PBR 밴드를 보고 최근의 주가를 차트 위에 직접 그려 상대적으로 유리한 금융기관을 골라보세요 (2025년 5월 26일 기준).

❶ 한국금융지주(071050)

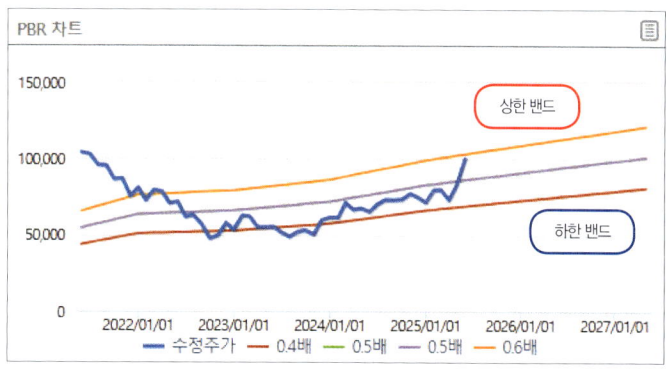

❷ 삼성증권(016360)

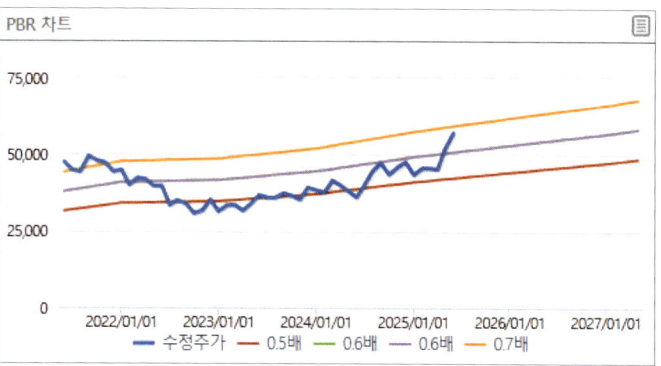

알아두세요

PBR 밴드 보는 법

PBR(주가순자산비율)은 현재 주가를 1주당 순자산으로 나눈 수치입니다. PBR 수치가 높다는 것은 주가가 순자산가치에 비해 높다는 것이고, 수치가 낮다는 것은 순자산가치에 비해 주가가 낮게 평가되고 있다는 뜻이죠. PBR 밴드는 PBR 수치가 가장 높았을 때(차트에서 녹색 그래프)와 가장 낮았을 때(황색 그래프)를 그린 것이고, 가운데 청색과 보라색은 투자자가 보기 쉽게 중간에 밴드를 그려놓은 것입니다. 밴드가 현재보다 높아진다는 것은 기업의 순자산가치가 높아질 것으로 예상된다는 뜻이며, 하향 추세면 향후 자산가치가 주가에 비해 낮아질 것으로 예상된다는 뜻입니다.

❸ **KB금융지주(105560)**

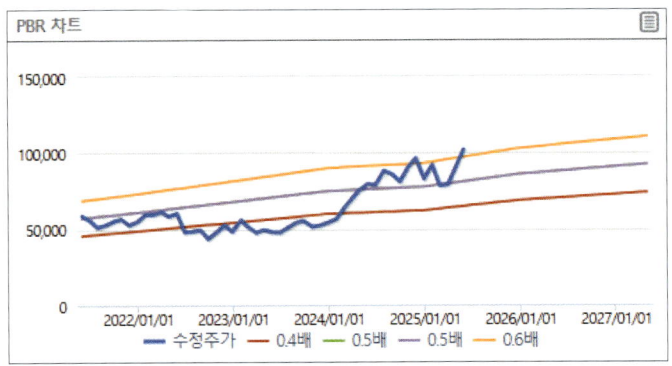

❹ **신한지주(055550)**

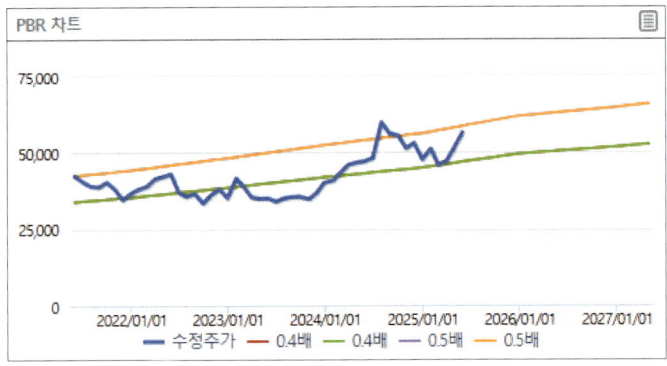

❺ **제주은행(006220)**

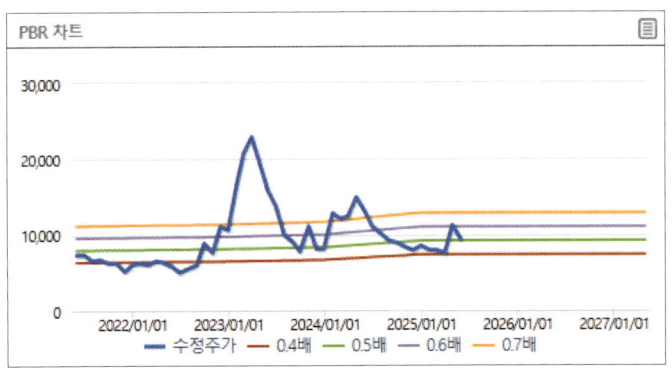

❻ 현대해상(001450)

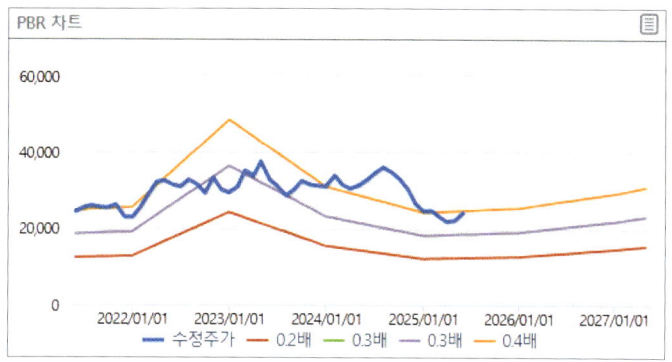

❼ DB손해보험(005830)

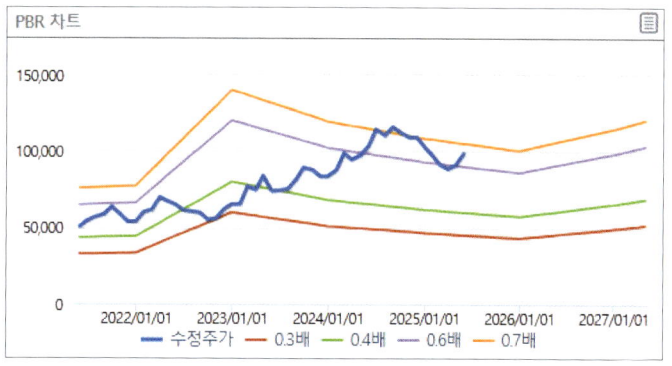

> 해설 금융기관을 비교평가할 때는 PER도 참고하지만 PBR 지표에 더 많은 비중을 둡니다. PBR은 주가를 주당순자산으로 나눈 값으로(주가 ÷ 주당순자산 = PBR) 낮을수록 저평가되어 있다고 봅니다.

금융주는 고ROE/저PBR 종목이 많기 때문에 기업밸류업 대상 기업이라는 재료가 부각되고 있습니다.

예로 든 은행, 증권사, 보험사의 주가는 PBR 밴드가 상승 추세에 있거나 혹은 주가가 밴드 하한선에 근접해 있기 때문에 좋은 투자대상이 될 수 있습니다.

PBR 수준을 보면 0.3~0.8배로 낮은 수준에 있기 때문에 저평가되어 있다고 볼 수 있습니다. 과거 경험상 대체로 고금리 때는 은행주가 강세를, 저금리 때는 증권주가 강세를 보이고 또 증시가 대세상승으로 전환될 때는 증권주가 먼저 선도주로 상승하고 보험과 은행이 뒤따라가는 경향이 있습니다.

ROE는 높을수록, PER, EV/EBITDA, PBR은 낮을수록 좋다

 알아두세요

그밖의 평가지표

기업의 비교평가 방법은 4가지 지표 외에도 업종에 따라 매우 다양합니다. 예를 들어 은행을 비교평가할 때는 총자산수익률(ROA), 자기자본이익률(ROE), 부실채권비율, 충당금적립비율 등을 살펴보아야 합니다.

지금까지 주가를 평가하는 4가지 기준을 살펴보았습니다. 정리하면, ROE는 높을수록, PER, EV/EBITDA, PBR은 낮을수록 좋습니다. 계산식을 살펴보면 그 이유를 쉽게 알 수 있습니다. ROE는 분자에 당기순이익이 있는 반면, 나머지 3개는 분자에 주가가 있고 분모에 이익이 있어서 그렇습니다.

잠깐만요

주가매출액비율(PSR)도 확인하자!

주가가 고평가되어 있는지, 저평가되어 있는지 알아보는 지표로 주가매출액비율(PSR: Price Sales Ratio)도 있습니다.

> 주가매출액비율(PSR) = 주가 ÷ 1주당 매출액

주가매출액비율(PSR)은 주가를 1주당 매출액으로 나눈 것입니다. PSR이 높으면 매출액 규모에 비해 주가가 고평가되어 있다는 뜻이고, PSR이 낮으면 주가가 저평가되어 있다는 뜻입니다. 주로 본격적으로 이익을 내지 못해 수익성 평가가 어려운 신생 IT기업이나 벤처기업 평가에 활용합니다.

그외에 매출액 절대 규모도 참고할 필요가 있습니다. 우량기업의 경우 매출액이 자본금의 20배가 넘습니다. 업종별로 차이는 있지만 매출액 규모가 자본금의 3배가 안 된다면, 회사가 설립된 지 몇 년 되지 않았거나 매출액 이익률이 높은 경우를 제외하고는 투자대상 종목에서 제외하는 것이 좋습니다.

 투자 이야기

우량주와 좋은 주식 매수 사례

유원칙 사장은 2011년 5월 삼성전자 주식을 주당 18,200원에 매수했습니다. 삼성전자는 반도체와 LCD, 휴대폰, 가전의 황금트리오를 구축하는 데 성공해 세계적으로 우뚝 선 한국의 대표적인 IT기업입니다.

매수에 앞서 유 사장은 삼성전자의 전년도 실적을 체크해보았습니다. 전년도 순익이 16조 1,460억원이었고, 올해는 다소 줄어든 14조원으로 전망되고 있었습니다. 올해 예상 EPS는 1,860원이었습니다.

'예상 EPS가 1,860원이면 현재 주가를 기준으로 한 PER은 9.8배(PER = 주가 18,200원 ÷ 주당순이익 1,860원 = 9.8배)란 말이 아닌가! PER로 봐도 주가가 매력적이군.'

유 사장은 적정가도 계산해보았습니다. 삼성전자 EPS에 전자업종 평균 PER 13배를 곱해 보니 약 24,200원이 나왔습니다(삼성전자 EPS 1,860원 × 전자업종 평균 PER 13배 = 24,180원).

'삼성전자 같은 회사의 주가가 30,000원 간다고 하더라도 아무도 버블이라고 말하지 않을 거야.'

이렇게 생각한 유 사장은 계좌관리자인 D증권 강남지점 오지숙 팀장에게 전화를 걸어 삼성전자 주식을 매수하겠다고 말했습니다.

"삼성전자 주식은 이미 가지고 계시잖아요. 게다가 작년 11월 저점인 15,000원에 비해 21%나 올랐으니, 포트폴리오 차원에서 삼성전자보다 코스닥 종목을 추천해드리고 싶습니다."

"겨우 20% 남짓 오른 것 가지고 올랐다고 할 수 있어요? 그건 그렇고, 코스닥 종목이라면 어떤 것이 있나요?"

"에프씨비투웰브라고 성체줄기세포 치료제를 개발하는 회사인데, 줄기세포를 이용한 급성심근경색 치료제 개발을 완료했다고 합니다."

"줄기세포 관련주란 말이지요? 나는 그동안 코스닥 테마주에서 재미를 보지 못했어요. 몇 년 전에도 50%나 손해를 보고 판 기억이 있고."

"삼성전자는 지수 등락률과 같다고 보면 됩니다. 2008년 금융위기 때 900까지 떨어진 지수가 이제 2,200포인트 선에 왔으니 어쩌면 좀 쉬었다 갈 가능성이 큽니다. 바꾸어 말하면 높은 수익률을 기대하기 어렵다는 뜻이지요."

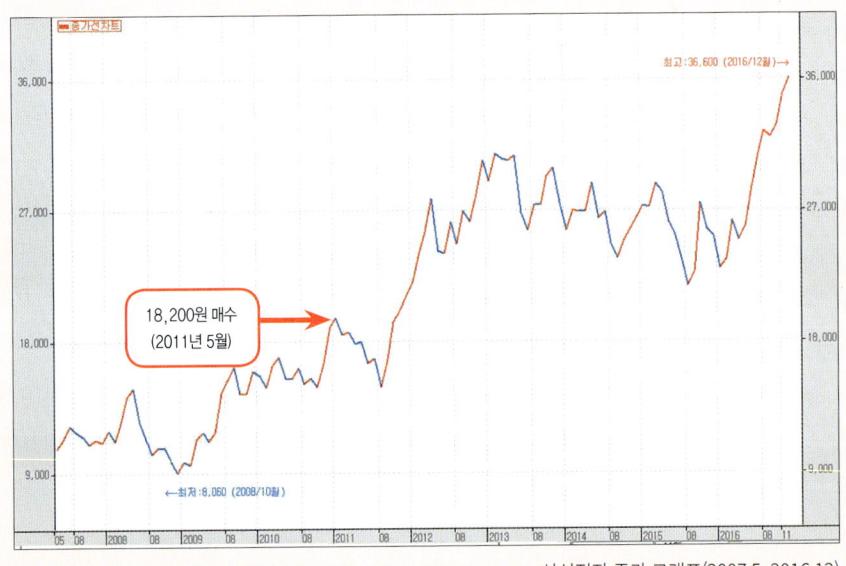

삼성전자 주가 그래프(2007.5~2016.12)

오 팀장은 삼성전자가 저평가되어 있다는 것은 인정하지만, 코스닥 테마주가 수익률 면에서 더 유리하다는 것을 차분히 설명했습니다.

그러나 유 사장은 오 팀장의 말을 듣지 않고 삼성전자를 매수하겠다고 했습니다. 그는 '내가 모르는 주식은 사지 않는다'라는 원칙을 지키는 자수성가한 60대 사업가로, 몸으로 배우고 익힌 투자 철학을 가지고 있었습니다.

"주식투자는 시간이 좀 걸리더라도 마음 편히 하는 것이 제일 중요하다고 생각합니다. 괜히 잘 모르는 주식을 사고 나서 마음이 불안하고 초조하면 행복한 투자가 될 수 없잖아요?"

유 사장의 말에 오 팀장은 짧게 대답했습니다.

"알겠습니다. 사장님 의견에 따라 매수주문을 처리해드리겠습니다."

다음 날, 오 팀장은 K벤처에 근무하고 있는 박벤처 과장으로부터 전화를 받았습니다.

"좋은 종목 하나 추천해주십사 하고 전화드렸습니다. 과거 산성피엔씨처럼 대박을 터트릴 종목이 없을까요?"

박 과장은 산성피엔씨(현 리더스코스메틱) 주가가 2004년 10월부터 2005년 5월까지 7개월 사이에 30배 오른 것을 기억하고 늘 대박 종목을 찾았습니다.

"박 과장님, 대박 종목만 찾다가 여러 번 낭패를 보셨잖아요."

"그렇지만 누구나 아는 삼성전자, POSCO 같은 주식을 사서는 남들보다 더 많은 수익을 기대할 수 없다고 생각합니다. 주식투자란 위험을 감수하는 대가로 수익을 실현하는 것 아닌가요?"

"그런 뜻이라면 종목이 하나 있긴 한데, 에프씨비투웰브라고 들어보셨나요?"

"그럼요. 줄기세포로 급성심근경색 치료제를 개발했다는 회사 아닌가요?"

"맞아요. 실은 에프씨비투웰브가 개발한 줄기세포치료제 '하티셀그램-AMI'가 임상실험을 성공적으로 마치고 곧 식약청에 제품판매허가를 신청한다는 정보가 있어요. 만약 식약청으로부터 제품판매허가가 나오면 세계 최초로 국가로부터 인가 받은 줄기세포치료제가 된대요."

"그래요? 자회사 에프씨비파미셀과 합병도 추진 중이잖아요. 그 회사를 꾸준히 지켜보고 있었는데 정말 신나는 정보군요."

"그래도 적자 회사이니 조심하셔야 해요."

"그래야죠. 아무튼 고맙습니다. 에프씨비투웰브로 돈 벌면 오 팀장님께 한턱

쏘겠습니다."

전화를 끊은 박 과장은 에프씨비투웰브의 주가 그래프를 확인해보았습니다. 2년 전인 2009년에 저점 1,000원에서 14,000원으로 단기간에 14배나 폭등한 이후 4,418원으로 곤두박질쳤다가 다시 꾸준히 상승해 현재 주가 8,500원을 형성하고 있었습니다.

월봉과 주봉으로 볼 때 장기추세는 상승세를 타고 있었고, 일봉도 최근 주가가 급등하지 않아 부담이 없었습니다.

'테마주를 살 때는 선도하는 핵심주를 사라고 했지? 에프씨비투웰브야말로 줄기세포주 중에 대장주라 할 수 있지.'

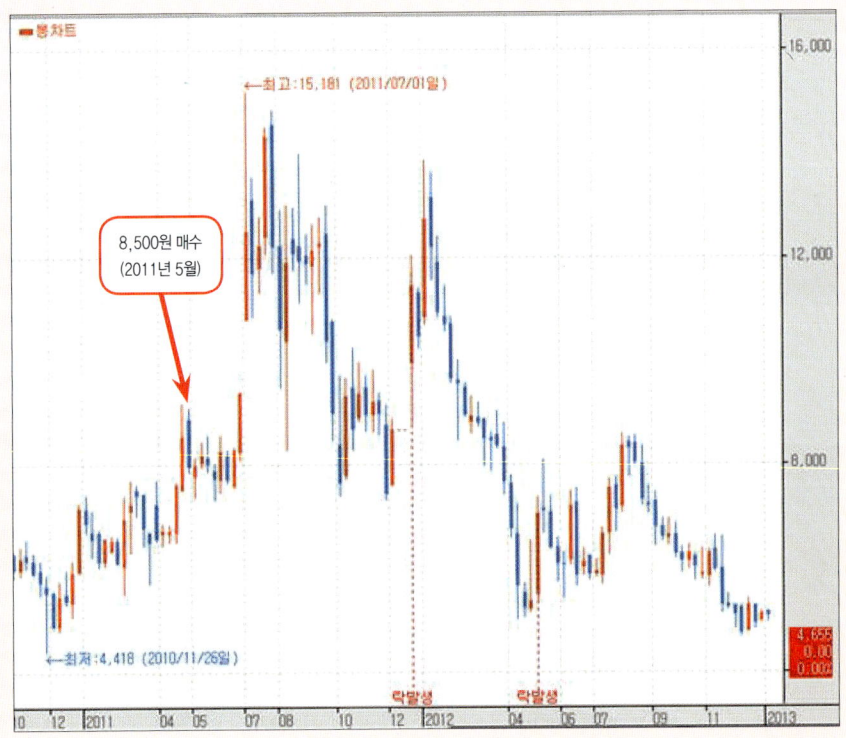

에프씨비투웰브(현 파미셀) 주가 그래프(2010.10~2013.1)

재료의 가치와 그래프를 검토해본 박 과장은 HTS로 에프씨비투웰브 주식을 주당 8,500원에 매수했습니다.

유 사장과 박 과장의 투자 결과는 어떻게 되었을까요?

주식을 매수하고 약 2개월이 지난 2011년 7월 말, 삼성전자 주가는 6.6% 떨어진 17,000원, 에프씨비투웰브 주가는 47% 상승한 12,500원이 되었습니다. 주가가 단기간에 47%나 상승하자 박 과장은 신이 나 혼잣말을 했습니다.

"역시 우량주보다 나에게 수익을 주는 주식이 좋은 주식이야."

그러나 유 사장은 단기 성과에 급급해하지 않기 때문에 전혀 불만이 없었을 뿐만 아니라 장래 수익에 대해서도 조금도 불안해하는 기색이 없었습니다. 삼성전자 주식이 우량 주식이라는 믿음이 굳건했기 때문입니다.

(에프씨비투웰브는 자회사인 에프씨비파미셀과 합병하고 2011년 10월 5일 파미셀로 상호를 변경했습니다. 삼성전자는 2018년 5월 1/50 액면분할한 가격 기준으로 표시했습니다.)

016 좋은 주식은 어떤 주식인가?

좋은 주식은 어떤 주식일까요? 이번 장에서는 좋은 주식에 대해 알아보고, 좋은 주식과 우량 주식은 어떻게 다른지도 알아보겠습니다.

좋은 주식과 우량 주식은 따로 있다!

앞의 투자 이야기에서 유 사장은 우량 주식을 매수했고, 박 과장은 좋은 주식을 매수했습니다. 좋은 주식은 나에게 투자수익을 안겨주는 주식입니다. 반면 우량 주식은 업적과 경영 내용이 좋고 배당률도 높은 회사의 주식을 말합니다. 흔히 블루칩(Blue Chip)이라고 하지요.

좋은 주식이 우량주이기까지 하다면 매우 이상적입니다. 우량주는 주가가 하락하더라도 하락폭이 상대적으로 적을 뿐만 아니라 장기로 투자하면 이익을 볼 확률이 높기 때문입니다. 그러나 투자수익을 높인다는 측면에서는 우량 주식이 아니더라도 부실 주식만 아니면 얼마든지 좋은 주식이 될 수 있습니다. 다만 투자자가 기업의 가치를 제대로 알고 있어야 합니다. 그래야 투자수익 목표를 지나치게 높게 잡지 않고, 주가가 하락할 때 과감하게 손절매도를 할 수 있습니다.

> **알아두세요**
>
> **우량주의 종류**
> 주가 수준에 따라 고가 우량주, 중견 우량주, 품귀 우량주로 구분합니다.

좋은 주식의 3가지 조건
1. 내가 평소에 기업가치를 연구해둔 종목
2. 기업가치 이하로 가격이 떨어진 종목
3. 시장 흐름과 맞는 종목

좋은 주식을 고르기 위해 알아야 할 것

우량주라고 해서 반드시 투자수익을 안겨주는 것은 아닙니다. 시장에는 언제나 유행하는 흐름이 있게 마련이고, 흐름을 타는 종목이 단기적으로는 더 많은 수익을 올려줍니다.

2005~2006년 아파트 가격이 급등해 국가적으로 큰 문제가 된 적이 있습니다. 그러나 전국의 모든 아파트가 급등한 것은 아니었습니다. 서울 강남의 재건축 아파트와 행정중심도시가 들어설 연기, 공주 인근의 아파트가 먼저 급등했고, 이어 소위 '버블세븐'이라 불리는 강남, 서초, 송파, 목동, 과천, 분당, 용인으로 확대되었습니다. 그 여파로 전국이 부동산투기로 들썩거렸으나 전혀 오를 기미 없이 꿈쩍도 하지 않은 지역도 많았습니다.

증권시장도 부동산시장 흐름과 유사합니다. 지수가 올라도 오르지 않거나 오히려 떨어지는 종목도 많이 있습니다. 바꾸어 말하면, 시장 흐름을 타야 수익을 높일 수 있습니다. 그렇다면 어떻게 해야 시장 흐름을 파악할 수 있을까요?

2025년 7월 29일 기준 증권시장에는 2,762개 기업(코스피시장+코스닥시장+코넥스시장), 시가총액으로 3,072조원이 상장되어 있습니다. 많은 종목 중에 일반투자자들이 실제로 매매해 이익을 낼 수 있는 소수의 좋은 종목을 골라내기 위해서는 우선 증권시장을 몇 가지 기준으로 구

알아두세요

우선주란?

우선주는 배당 또는 기업이 해산하는 경우에 잔여 재산의 분배 등에서 보통주에 비해 우선권을 갖는 주식을 말합니다. 일정한 배당을 받은 후 이익이 남을 경우 추가로 받을 수 있는 것과 보통주로 전환할 수 있는 것 등 여러 종류로 나뉩니다.

분할 필요가 있습니다.

시장별 구분 1 — 코스피시장(유가증권시장)

850개 기업이 상장되어 있으며, 시가총액은 2,650조원(2025년 7월 29일 기준)입니다. 코스닥시장에 비해 역사가 길고, 시가총액이 큰 금융업과 전통적인 제조업 기업이 중심입니다.

투자 포인트

시장점유율이 높은 대형 우량주가 많아 주가가 상대적으로 안정적입니다. 특히 KOSPI200에 포함된 종목은 외국인과 기관의 주요 관심종목입니다.

시장별 구분 2 — 코스닥시장

1,795개 기업이 상장되어 있으며, 시가총액은 419조원(2025년 7월 29일 기준)입니다. IT(Information Technology), BT(Bio Technology), CT(Culture Technology) 기업과 벤처기업이 중심을 이루는 시장입니다.

투자 포인트

성장성이 높은 IT 관련주, 바이오주 등 벤처기업이 중심이기 때문에 종목선정을 잘하면 큰 수익을 얻을 수 있습니다. 기관과 외국인의 참여비율이 낮고 단기 고수익을 노리는 개인이 주도하는 시장입니다. 회사 설립 역사가 짧고, 수익모델이 확실하지 못한 특례상장기업 등이 다수인 데다 주가의 기복이 심하므로 매매 시 차트분석이 필요합니다.

알아두세요

특례상장이란?

상장할 때 재무 요건을 면제해주는 특례를 두는 상장을 말합니다. 특례상장제도는 3가지, 즉 기술특례상장, 성장성특례상장, 테슬라상장(이익 비실현상장)이 있습니다. 기술력이 뛰어나지만 영업 성과가 좋지 않아 재무적 문제가 있는 중소기업이 주요 대상입니다. 초기 연구개발비가 대량 발생하는 바이오기업들이 대표적 예입니다.

시장별 구분 3 — 파생상품시장

선물·옵션시장을 말합니다. KOSPI200의 선물·옵션시장 규모는 세계에서 최대 수준이며, 코스피시장의 3배(거래대금 기준)가 넘습니다.

기업가치 구분 1 — 블루칩

재무구조가 좋고 시장지배력이 높은 우량주를 말합니다. 수익성, 성장성, 안정성이 모두 높기 때문에 신용도와 지명도도 높습니다. 대표적으로 삼성전자, POSCO, SK텔레콤, 현대차, HD현대중공업, 삼성화재, CJ제일제당, 신세계, LG화학, 한국타이어앤테크놀로지, LG에너지솔루션, 삼성SDI, KB금융, 신한지주, 농심, NAVER 등이 있습니다. 고가 블루칩의 경우 외국인이 50% 이상 보유하고 있으며, 기관의 보유 비중도 매우 높습니다.

투자
포인트
주도주에 투자하되 정기적으로 실적 변화를 체크해야 합니다. 그래프는 월봉과 주봉을 기준 차트로 하고 장기로 투자하는 것이 좋습니다.

 알아두세요

지주회사란?
다른 회사의 주식을 소유함으로써 그 회사의 경영권 및 사업활동 등을 지배하는 회사를 지주회사(Holding Company)라고 합니다. 영업활동을 병행하는 사업지주회사와 순수하게 경영권만을 지배하는 순수지주회사로 나뉩니다.

기업가치 구분 2 — 옐로칩

블루칩보다는 다소 못한 2등 우량주를 말합니다. 대기업의 중가권 주식, 경기변동에 민감한 업종 대표주 그리고 중견기업의 지주회사 주식을 흔히 옐로칩이라 부릅니다. 블루칩에 비해 주가가 낮기 때문에 가격 부담이 적고 유통 물량이 많아 외국인과 기관들은 우량 옐로칩을 선정하기 위해 많은 노력을 기울입니다. 옐로칩의 예로는 LG전자, 롯데케미칼, 한화, 삼성SDI, 삼성전기, 삼성물산, 현대건설, GS건설, 카카오, SK이노베이션, 현대제철, LS, SK하이닉스, 삼성증권, LG디스플레이, 하나금융지주, 동부화재, CJ ENM, 포스코케미칼, 에코프로, 에코프로비엠, 한화케미칼, 녹십자 등 매우 많습니다.

투자
포인트
주도주나 테마주를 골라 장기투자하는 것이 좋고, 분기마다 실적을 확인하면서 매매하는 것이 좋습니다.

기업가치 구분 3 — 턴어라운드주

턴어라운드주란 기업실적이 극적으로 개선되는 종목을 가리키는 말입니다. 실적 부진으로 주가가 장기간 눌려 있었기 때문에 실적이 호전되어 재평가받을 때는 주가가 스프링처럼 탄력 있게 상승하는 경향이 있습니다. 큰 위기를 겪으면서 구조조정에 성공한 기업에서 흔히 볼 수 있으며, 경기 사이클에 따라 영업실적이 크게 호전되는 기업도 있습니다. 일례로, 5G부품 제조업체인 오이솔루션은 2017년에는 적자기업이었으나 2019년부터 흑자로 전환한 결과 2018년 10,000원이었던 주가가 2019년에는 72,200원으로 7배 이상 급등했습니다. 또한 HMM은 2020년에 흑자로 전환하고, 이어 2021년에는 큰 폭의 영업이익을 실현하면서 2020년 2,200원이던 주가가 2021년 5월에는 55,100원까지 급등했습니다.

이와 같이 턴어라운드 기업을 잘 고르면 큰 폭의 투자수익률을 낼 수 있기 때문에 외국인과 기관들은 이런 종목 발굴에 전력을 기울입니다. 다음은 연도별 턴어라운드(흑자전환) 기업 사례입니다.

- 2023년: HD한국조선해양, HD현대중공업, 한화오션, 두산에너빌리티, LS마린솔루션, 제주항공, 하나투어, 풀무원, 엠플러스
- 2024년: SK하이닉스, HD현대미포, 삼성중공업, 씨에스베어링, 넷마블, SK스퀘어, 켐트로닉스, 위메이드, GS건설, 카카오, 레인보우로보틱스, 알테오젠, 서전기전, 지투파워, 이노룰스, 한국가스공사
- 2025년(E): 한화솔루션, 현대에너지솔루션, 호텔신라, 테크윙, 롯데지주, CJ ENM, 현대제철, LG에너지솔루션, 포스코퓨처엠, 씨젠, 카카오페이
- 2026년(E): 두산로보틱스, 오픈엣지테크놀로지, 두산퓨얼셀, 롯데에너지머티리얼즈, 엘앤에프, 성일하이텍, 롯데관광개발, CJ CGV
- 2027년(E): SKC

투자 포인트 개인투자자들도 조금만 노력을 기울이면 진주 같은 턴어라운드주를 발견할 수 있습니다. 증권사 추천 종목, NAVER나 다음의 증권창, 신문 경제면 등을 통해 종목을 접하고 증권사 HTS에서 '상장기업분석' 창으로 검증 절차를 거치면 누구나 가능합니다.

알아두세요

4차 산업혁명
인공지능, 로봇기술, 사물인터넷, 생명과학이 주도하는 차세대 산업혁명을 말합니다. 1차 산업혁명은 1784년 영국에서 시작된 증기기관과 기계화 혁명, 2차 산업혁명은 1870년 전기를 이용한 대량생산 혁명, 3차 산업혁명은 1969년 인터넷이 이끈 자동화와 정보화 혁명이었습니다. 이와 달리 4차 산업혁명은 로봇이나 인공지능(AI)을 통해 실제와 가상이 통합되어 사물을 자동적·지능적으로 제어할 수 있는 산업 시스템의 변화를 말합니다.
(별책 부록 〈유망 테마주 20〉에서 관련 기업들을 참고하세요.)

기업가치 구분 4 ― 성장주

매출액 증가율이나 EPS 증가율이 시장평균이나 업종평균에 비해 월등히 높은 기업을 성장주라고 합니다. 지금은 실적이 저조하지만 향후 수익 호전이 예상되는 기업들도 포함됩니다. 시대 변화에 따른 새로운 산업군을 선도하는 기업들이 여기에 속합니다. 4차산업은 인공지능, 양자, 5G, 자율주행/전기차/2차전지, 사물인터넷, 증강현실/가상현실(AR/VR), 클라우드 서비스, 스마트팩토리, 바이오테크놀로지 등으로 구현되며 관련주들은 향후 10년 이상 고성장할 것으로 예상됩니다. 그 밖에 스마트폰 관련주, 원자력발전 관련주, 2차전지 관련주, 태양광/풍력 관련주, 암/줄기세포 관련주 등에도 성장주가 많습니다.

투자 포인트 성장성에 대한 판단은 시대의 흐름과 산업에 관한 안목이 전제되어야 합니다. 목표수익률이 높은 대신 주가등락폭도 크므로, 적절한 분산투자와 그래프에 의한 기술적 매매로 대응하는 것이 수익률을 높일 수 있는 방법입니다.

기업가치 구분 5 ― 부실주

재무구조가 취약하고 영업실적이 저조하여 주가가 낮은 주식을 말합니다. 일반투자자들은 주가가 싼 맛에 매수하는 경우가 많은데, 이는 매우 위험한 발상입니다. 물론 일정한 사이클을 이용하면 부실주로도 일시적인 이익을 취할 수는 있습니다. 그러나 종국에 가서는 손해를 보는 경우가 더 많습니다.

> **투자 포인트** 장기투자로는 부적절한 종목입니다. 단기 기술적 매매로 대응해야 합니다.

기타 구분 1 — 관리종목

부도 발생으로 인한 은행거래 정지, 회사 정리절차 개시, 부정적인 감사의견 또는 영업활동 정지 등의 사유로 상장폐지 기준에 해당되면 거래소가 투자자의 주의를 환기시키기 위해 관리종목으로 지정합니다. 관리종목은 미수거래나 신용거래가 불가능합니다.

> **투자 포인트** 초보 투자자는 투자대상에서 제외하는 것이 좋습니다.

기타 구분 2 — 감리종목

주가가 단기간에 급등해 거래소가 요주의 종목으로 분류한 종목입니다. 최근 6일간의 주가상승폭이 가격제한폭의 5배를 초과하거나 12일간 주가상승폭이 가격제한폭의 8배를 넘어서는 상태가 3일간 지속될 경우 감리종목으로 지정됩니다.

> **투자 포인트** 특정 재료를 가진 테마주나 작전주에서 주로 나타납니다.

알아두세요

코스닥 종목 관리종목 지정 및 상장폐지 요건

1. 매출액
   - 관리: 30억원 미만(기술특례기업 예외)
   - 상폐: 2년 연속 30억원 미만
2. 세전손실
   - 관리: 최근 3년 사이 2차례 이상 세전손실이 자기자본 50% 이상일 때(기술특례기업 3년간 미적용)
   - 상폐: 관리종목 지정 후 자기자본의 50%를 초과하는 사업손실 발생
3. 영업손실
   - 관리: 최근 4년간 영업손실 발생(지주사는 연결 기준, 기술특례기업 미적용)
   - 상폐: 5년 연속 시
4. 자본잠식
   - 관리: 자본잠식률 50% 이상, 자기자본 10억원 미만
   - 상폐: 최근 연말 완전 자본잠식, 관리종목 중 감사보고서 제출 기한 10일 초과, 감사의견 부적정, 의견거절, 범위 제한 한정

기술특례기업이란?
신약개발이나 바이오 기업과 같이 벤처기업으로 오랜 기간 연구개발이 필요한 기업 중 기술성 평가를 받은 기업

알아두세요

상장폐지 기업의 주요 특징
1. 최대주주의 잦은 변경, 최대주주 정보 미공개
2. 본업과 상관없는 신규사업이나 해외사업 진출
3. 영업실적은 하락세인데 호재성 재료 공시 남발
4. 자본잠식 우려 속 유상증자 및 전환사채 발행 등을 통한 자본 조달
5. 최대주주 및 자회사에 단기 대여금 급증
6. 공시 번복 등으로 불성실 공시 업체로 지정

알아두세요

스팩에 투자하려면?
스팩(SPAC)이란 기업의 인수합병만을 목적으로 설립된 특수회사입니다. 직접 사업하지 않고 투자만 하므로 종이회사(Paper Company)인 셈입니다. 2020년 5월 기준 53개사가 코스닥에 상장되어 거래가 이루어지고 있습니다. 인수합병을 성사시키지 못하면 상장이 폐지되며, 이 경우 투자원금은 돌려받을 수 있습니다. 스팩에 투자할 때는 합병할 회사를 찾는 데 시간이 걸리는 경우가 많으므로 상장 후 1년 정도 된 스팩을 고르는 것이 유리합니다.

기타 구분 3 — 투자유의종목

재무 상태는 안전하지만 주식거래 실적이 월 1,000주 미만이거나 주식 분산 기준에 미달하는 등 주식유동성이 부족한 기업과 감사의견 부적정 또는 의견거절 기업, 연 2회 불성실하게 공시한 기업, 사업보고서 미제출 기업 등이 투자유의종목에 편입됩니다. 여기에 속한 기업들은 일정 기간 내에 지정 사유가 해소되지 않으면 거래소에서 퇴출될 수도 있습니다.

투자 포인트 거래소에서 퇴출되면 주식을 팔아 현금화할 길이 없어지므로 각별히 주의해야 합니다.

자본금 규모와 업종별 구분

자본금과 시가총액 규모별 구분 – 대형주, 중형주, 소형주
자기자본이 750억원 이상인 종목은 대형주, 350억~750억원인 종목은 중형주, 350억원 이하인 종목은 소형주라고 합니다. 또 시가총액 상위 1~100위 기업을 대형주, 101~300위 기업을 중형주, 300위 아래 순위 기업을 소형주라고 합니다. 보통 시가총액을 기준으로 규모를 구분하는 경우가 더 많습니다.

업종별 구분
체계적이지는 않지만 대략 보기 편하게 다음과 같이 분류합니다. 전기와 전자, 전자부품, 자동차와 자동차 부품, 조선, 기계, 화학, 제약과 바이오, 의복, 음식료, 전기와 가스, 건설, 도소매, 운송, 통신, 은행, 증권, 보험, 문화와 오락, 전문 기술 서비스 등

투자에 앞서 기업의 자본잠식 여부 확인은 필수!

자본금이 전액 잠식되거나 자본금이 50% 이상 잠식된 상태가 2년 연속되는 경우 거래소 상장폐지 사유가 됩니다. 자본잠식이란 사업 부진으로 회사의 적자폭이 커져 잉여금이 바닥나고 납입자본금까지 까먹기 시작한 상태를 말합니다. 따라서 투자에 앞서 증권사 HTS에서 '상장기업 분석' 창을 통해 기업의 재무 상태를 확인해보는 것이 필수입니다. 재무 상태 중 자본유보율이 마이너스(–)이면 자본잠식 상태라는 뜻입니다. 또한 자본잠식은 아니지만 자본잠식 가능성이 있는 기업의 경우 상장폐지 기준 때문에 대규모 감자(주식수를 줄임)를 시행하여 투자자가 큰 피해를 입기도 하니 유의할 필요가 있습니다.

거래소 상장퇴출제도와 K-OTC 및 코넥스시장에 대하여

거래소 상장퇴출제도

한국거래소는 영업활동 정지, 기업회생절차 신청기각, 장기적·반복적 공시의무 위반, 횡령 배임, 회계처리기준 위반, 감사의견 부적정 및 의견거절, 2년 연속 자본잠식 50% 이상, 코스피시장 시가총액 50억원 미만, 코스닥시장 시가총액 40억원 미만, 5년 연속 영업손실(코스닥) 등 상장 적격성에 의문이 발생한 기업에 대하여 상장폐지 실질심사위원회의 심의를 거쳐 시장에서 퇴출시키는 상장퇴출제도를 운영하고 있습니다. 실질심사 대상이 된 기업은 7일 이내에 거래소에 이의를 신청할 수 있으며, 개선 기간(1년 미만)을 부여받은 기업의 경우 개선 기간 종료 시점에 자구계획 이행 여부를 심의(상장위원회)하여 상장 여부를 결정합니다.

K-OTC(Korea Over-The-Counter) 시장은 무엇인가?

한국거래소의 코스피시장 상장 요건이나 코스닥시장 상장 요건에 미달하는 기업 또는 코스피시장에서 퇴출된 기업의 주식을 거래하는 시장으로, 금융투자협회(www.kofia.or.kr)가 2005년 7월 4일 종전의 제3시장을 개편하여 새롭게 개설한 시장입니다. 아이디어와 기술이 있는 초기 형태의 기업에 자금조달 기회를 제공하고, 정규시장에서 퇴출된 기업에 투자한 투자자들에게 환금할 기회를 부여하기 위해 만든 시장으로 증권사에 계좌를 가지고 있는 투자자라면 누구나 참여할 수 있습니다. 또한 벤처기업일 경우 소액주주는 주식 양도차익에 대해 세금을 내지 않아도 됩니다. 매매 시간과 거래 방식, 상하한가 규정 등은 정규시장과 동일하고, 동시호가 주문이 없으며, 증권협회 호가중개 시스템을 통해 거래가 이루어집니다. 2024년 5월 24일 기준으로 129개 기업이 등록되어 거래되고 있으나, 거래소시장만큼 기업분석에 관한 자료가 충분하지 않고 거래도 활발하지 않으므로, K-OTC 종목에 투자할 경우 각별한 주의가 필요합니다.

코넥스시장(KONEX: Korea New Exchange)은 무엇인가?

벤처기업이나 유망 중소기업이 자금조달을 원활히 할 수 있도록 2013년 7월 1일 한국거래소에 개설된 시장입니다. 상장 자격은 자본금 5억원 이상, 연매출 10억원 이상, 순이익 3억원 이상 중 한 가지만 충족하면 됩니다. 업력(기업의 역사)이 3~8년이고 연매출이 30억~300억원인 기업이 주요 대상입니다. 연기금, 펀드, 벤처캐피탈 등이 참여할 수 있으며 개인투자자는 예탁금이 3,000만원 이상일 경우 직접 투자할 수 있습니다. 예탁금이 소액일 때는 펀드를 통해 간접적으로만 참여할 수 있습니다.

017 주도주, 테마주 고르기

주식투자 무작정 따라하기

증권시장에도 유행이 있습니다. 유행을 알고 이용하면 단기에 높은 수익을 낼 수 있습니다.

좋은 주식을 고르려면 주도주와 테마주를 골라라!

앞서 시장 흐름을 파악하기 위해 증권시장과 주식 유형을 구분해보았습니다. 이번에는 좋은 주식, 즉 높은 수익을 안겨주는 주도주와 테마주를 제대로 고르는 방법을 알아보도록 하겠습니다.

주도주

주도주란 '주식시장을 이끌어가는 주된 업종 또는 종목군'을 말합니다. 상대적으로 기업실적이 크게 호전되는 업종이 주도주로 등장하는 경향이 있으며, 강세시장일 때는 주도주가 뚜렷하게 부각되는 반면 약세시장일 때는 잘 나타나지 않습니다. 주도주는 수명이 짧게는 몇 개월에서 길게는 2~3년 이어지며 대체로 경기 사이클과 같은 사이클을 그리는 것이 특징입니다. 쉽게 말해 주도주가 오르면 지수와 시장 분위기도 올라가고, 주도주가 떨어지면 시장 분위기도 식습니다.

 알아두세요

주도주나 테마주는 어떤 점이 좋은가요?

주도주나 테마주는 시세 분출이 강하므로 선도하는 종목에 투자하면 상대적으로 높은 수익을 거둘 수 있습니다.

주도주의 특징

첫째, 기업실적이 두드러지게 좋거나 호전되는 산업 혹은 기업군에서 나타납니다. 경기로 볼 때 상승 사이클을 타는 산업으로, 매출액 및 영업이익이 크게 증가하거나 턴어라운드하는 공통점을 가지고 있습니다. 예외도 있는데 1999~2000년 바이오, 닷컴 버블이 발생했을 때였습니다. 그 당시 상황을 살펴보면, 새로운 밀레니엄 시대를 맞이하여 성장주에 대한 막연한 기대만으로 비정상적이고 비합리적인 버블이 발생했고, 결과적으로 일반투자자에게 큰 피해를 안겨주었습니다.

둘째, 한 번 주도주가 되면 짧게는 1년, 길게는 3년 6개월간 상승을 지속하며 여타 산업군 기업에 비해 주가상승률이 높습니다.

셋째, 상승 초기에는 분석 기능이 앞선 외국인과 기관이 매수주체가 되고, 개인투자자는 중후반으로 가서 주가가 오른 후 확신을 가지고 매수에 가담합니다.

넷째, 주도주는 시장 분위기를 좌우하며 투자자의 관심이 높기 때문에 거래량도 많고 기업분석 자료도 많습니다.

주도주 체크 방법

1. HTS에서 업종별, 기간별(일주일, 1개월, 3개월, 6개월)로 주가 등락률을 체크합니다.
2. HTS에서 분기별마다 업종별 또는 주도주로 여겨지는 종목들의 EPS(주당순이익) 증가율을 체크합니다.
3. HTS에서 업종·투자주체별 거래 동향을 체크합니다.

주도주는 경기 사이클이 끝날 때까지 장기간 상승하는 경향이 있습니다. 따라서 경기 사이클 초기에 매수하여 사이클이 정점에 이를 때까지 보유하면 높은 수익을 거둘 수 있습니다. 관심종목 창에 편입해두고 포트폴리오를 구성할 때 주도주를 일정 비율 이상 편입합니다.

| 국내 증시를 주도해온 주도주 |

시기	주도업종	상승 배경	업종 또는 대표기업 저점/고점 상승률
1975~1978년	건설주	국제유가 상승 중동건설 특수	건설업종 3년 6개월 동안 53.7배 상승
1985~1986년	대형 우량주	외국인 간접투자 허용 자동차, 반도체 수출 시작 (1985년)	현대차 5.6배, 삼성전자 4.8배
1986~1988년	금융, 건설, 무역	88올림픽, 국민주 보급, 금융시장 개방 → 주식대중화 시대 개막	증권업종 33배 상승
1991~1994년	저PER주, 자산주, 블루칩	외국인 직접투자 허용 (1991년)	대한화섬 10배, 태광산업 4.8배, 삼성화재 4.7배
1995~2000년	벤처기업, 닷컴, 바이오	새로운 밀레니엄 시대 맞아 세계적 벤처 버블 발생	코스닥지수 4.8배 상승, 새롬기술(현 솔본) 유무상 감안 150배, 한글과 컴퓨터 70배, 다음 36배
2003~2004년	블루칩	외국인, 기관 주도 장세	현대차 10배, POSCO 8배, 삼성전자 5.5배
2004~2005년	IT, 벤처기업	인터넷 대중화	NAVER 42.8배, 다음 6.5배
2006~2007년	조선, 철강, 화학	세계경기 호조, 펀드 열풍	현대미포조선 122배, 현대중공업 34배, 롯데케미칼 26배, POSCO 4.7배
2008~2009년	IT(반도체, LCD, 자동차), 금융	2008년 금융위기 이후 반등	기아차 14배, 삼성전기 5.3배, 삼성SDI 4배, 신한지주 3.9배
2010~2011년	자동차, 화학, 정유	중국 특수 자문형 랩어카운트 주도	한화케미칼 10.5배, 현대차 7.2배, LG화학 6.1배, OCI 4.2배
2012~2014년	소비주(화장품, 여행, 엔터테인먼트, 스마트폰)	K-Pop, 드라마 한류 콘텐츠 바람	에스엠 17.8배, 안랩 7.8배, JYP엔터 6.2배
2015~2017년	제약, 바이오, 화장품, 음식료	신약개발 건강, 뷰티 관심 고조	신라젠 12배, 한미약품 10배, 아모레G 6.7배, 호텔신라 6.2배, 아모레퍼시픽 5.4배, 삼성바이오로직스 4.7배, CJ 4.6배
2019~2020년	2차전지/배터리소재, 자율주행/전기차, 반도체/반도체장비, 재료, AI/인터넷플랫폼, 메타버스, 제약/바이오, 5G/통신장비	4차 산업혁명, 코로나 팬데믹	엑세스바이오 32.2배, 신풍제약 25.9배, 씨젠 10.6배, SK케미칼 9.5배(코로나 진단, 백신), 효성첨단소재 15.5배, 효성티엔씨 10.8배(수소, 소재), 오이솔루션 8.4배, 케이엠더블유 8.2배(5G), 유니슨 13.4배(풍력), HMM 24.1배(경제 재개)
2022~2023년	2차전지/배터리/소재 인공지능(AI)/로봇	전기차 시대 개막	에코프로 15배(이차전지소재), 에코프로비엠 6.5배, 포스코퓨처엠 6.5배(양극재), 금양 19배(리튬), 엔켐 7.3배(전해질), 루닛 9.6배(AI), 레인보우로보틱스 7.3배(지능형 로봇)
2024~	인공지능/AI반도체/ HBM반도체 원전/조선/방산 저PBR/주주환원	AI 시대 개막, 트럼프발 관세/무역 전쟁, '기업밸류업' 프로그램 시행	SK하이닉스(HBM반도체), 두산에너빌리티(원전), HD현대중공업(조선), 한화에어로스페이스(방산), KB은행(은행) 미래에셋증권(증권), NAVER(AI)

알아두세요

테마주 목록은 별책 부록을 참고하세요.

별책 부록 〈유망 테마주 20〉을 보면 주요 테마군을 알 수 있습니다. 테마주 선정 시 꼭 참고하기 바랍니다.

테마주

테마주는 '정부정책의 변화 또는 시대 흐름과 패러다임의 변화로 특정 재료를 보유하게 된 종목들이 동시에 같은 방향으로 움직이는 것'을 말합니다. 강세장뿐 아니라 주식시장이 하락하거나 횡보하는 시기에도 두각을 나타냅니다. 적게는 4~5개, 많게는 20~60개 종목이 집단을 이루어 움직이며, 1년여 동안 3배, 예외적인 경우에는 5~10배 오르는 등 대단한 위력을 발휘하기도 합니다. 태양빛을 돋보기로 한곳에 모았을 때 불길이 일 듯, 시장의 자금을 특정 종목군에 집중시켜 엄청난 주가 폭등을 가져오기 때문입니다. 그러나 지나치게 급등해 버블이 발생하면 단기간에 하락폭도 크다는 점을 명심해야 합니다.

테마주는 크게 실적을 수반하는 테마주와 실적과 무관하게 재료만으로 움직이는 테마주로 분류됩니다.

❶ 실적 수반 테마주

시대의 흐름을 타거나 산업환경이 호전되어 매출과 영업이익이 크게 증가하는 테마주입니다. 예를 들면 2000년대 초 인터넷 대중화 시대가 열릴 때의 IT 관련주, 2000년대 중반 반도체 슈퍼 사이클 호황을 맞이할 때의 반도체주, 2000년대 말 중국 특수를 맞이한 차화정(자동차, 화학, 정유)주 등입니다. 2019년 이후 5G/통신장비 테마, 전기차/수소차 테마, 자율주행 테마, 지능형로봇/인공지능(AI) 테마, 시스템반도체/반도체장비 테마 등과 같은 4차산업 관련주 등이 두각을 나타내고 있습니다. 또한 미세먼지/황사/공기청정기와 같은 환경 관련 테마, 화장품/성형수술과 같은 뷰티 관련 테마, 헬스케어/건강보조식품과 같은 건강 관련 테마, 온라인 상거래/전자결제 테마 등도 시대 흐름을 타는 테마라 할 수 있습니다. 2022~2023년에는 2차전지/배터리/소재가 뜨거운 테마주였으며, 2024~2025년에는 조선, 방산, 원전(흔히 '조방원'이라 함)과 AI 관련주, 증권주가 관심이 높은 테마주가 되었습니다.

실적 수반 테마주는 주도주와 겹칠 뿐만 아니라 외국인과 기관들이 관심을 가지고 있기 때문에 등락을 반복하며 꾸준히 상승하는 경향이 있습니다.

❷ 대박을 기대하는 테마주

바이오, 신약개발 테마주는 신약개발에 성공하면 대박을 터뜨릴 수 있습니다. 실제로도 테마주 중에서 신약개발 테마주를 보유한 기업이 다른 테마주에 비해 주가 상승 시 가장 큰 폭발력을 보였습니다. 그러나 많은 제약사와 바이오 기업이 도전하고 있음에도 실제 신약개발에 성공할 확률은 매우 낮습니다. 연구/개발에 많은 자금과 오랜 기간이 필요한 데다, 투자자들은 최종 결과가 나올 때까지 신약개발 성공 여부를 알 수 없습니다. 그런데도 신약개발이라는 장밋빛을 보고 흥분합니다.

2018~2019년 투자자들은 대표적인 신약개발 회사 네이처셀, 신라젠, 헬릭스미스 등의 종목에서 급등과 급락의 롤러코스터를 경험했습니다. 따라서 바이오, 신약개발 관련주에 투자할 경우에는 차트분석을 통해 그래프 매매를 해야 합니다.

❸ 실적과 무관한 재료 테마주

황당한 보물선 테마, 주식수가 적다는 점을 이용해 씨 말리기 작전을 펼치는 우선주 테마, 대선 때마다 되풀이되는 정치인/선거 테마, M&A 테마 등은 기업실적과 무관하게 재료만으로 급등락합니다. 그리고 급등한 후에는 반드시 오르기 전의 주가로 회귀하는 것이 특징입니다. 주가가 급등하면 기다렸다는 듯이 외국인, 기관, 대주주들이 보유주식을 털어내기 때문입니다.

따라서 실적과 관계없이 재료만으로 움직이는 테마주에는 손을 대지 않는 것이 상책입니다.

투자 포인트

실적을 수반하는 테마주를 '관심종목' 창에 편입해두세요. 그리고 포트폴리오를 구성할 때 테마주 중 선도 종목을 편입해두면 수익률 제고에 많은 도움이 됩니다. 그러나 테마주는 급등과 급락을 반복하는 특징이 있다는 점을 명심하고 리스크 관리를 위해 투자자금 중 테마주 비중을 사전에 정해두고 일관되게 지키는 것이 중요합니다.

알아두세요

포스트 코로나 사회경제 변화

코로나19가 확산된 이후 사회경제적으로 가장 두드러진 변화는 '비대면(Uncontact)'과 '디지털화'라 할 수 있습니다. 원격근무(재택근무), 원격교육, 원격진료, 디지털뱅킹, 온라인 상거래 등이 일상화되고 있으며, 이에 따라 인공지능(AI), 로봇, 빅데이터의 활용도가 높아졌습니다. 이러한 변화는 ICT인프라가 전제되어야 가능하기 때문에 4차산업(5G, 자율주행, 2차전지/수소차, 반도체, 인터넷 플랫폼, 게임 등)과 관련 있는 종목들이 증권시장에서 주도주와 테마주로 부각되고 있습니다. 또한 건강에 대한 관심이 높아짐에 따라 제약, 바이오, 헬스케어도 유망 테마주가 되고 있습니다.

메타버스란?

3차원 가상공간으로 초월을 뜻하는 'META'와 세상, 우주를 뜻하는 'VERSE'의 합성어입니다. 3차원에서 실제 생활과 법적으로 인정되는 활동인 직업, 금융, 학습 등이 연결된 가상 세계를 뜻합니다. 국내 기업 관련주로는 와이지엔터, 엔씨소프트, 자이언트스텝 등 게임 관련주와 NAVER, 카카오 등 인터넷 포털 관련주가 있습니다.

국내 증시를 주도해온 주요 테마	
2006년	지주회사, 조선기자재, 자원개발, 와이브로
2007년	한미FTA, 지주회사, 바이오디젤, 2차전지
2009년	자전거, 음원/음반, 2차전지, 인터넷포털, TFT-LCD부품, 휴대폰부품/카메라모듈, 전기차, 게임, 원자력발전
2010년	항공, 애니메이션, 화장품, 태양광에너지, 핵융합에너지, 반도체장비/LED장비
2011년	제대혈, 슈퍼박테리아, 출산장려정책, 캐릭터상품, 헬스케어, 의료기기, 모바일 게임, 정치인 테마주
2012년	PCB, 화장품, 신약, 전자결제, 휴대폰부품, GPS, 전자파, 무선충전기술, K팝 테마주
2013년	공기청정기, 황사, 신약
2014년	화장품, 모바일게임, 리모델링/인테리어, 테마파크, 신종플루, 줄기세포, 치아치료, SNS, 사물인터넷
2015년	화장품, 아이핀(I-PIN), 바이오, 헬스케어, 신약개발, 사물인터넷
2016년	슈퍼박테리아, LCD장비 및 OLED, 제약 바이오, 창투사, 인공지능
2017년	반도체, 지능형 로봇/인공지능(AI), 자율주행, 5G, 풍력에너지, 제약, 바이오, 가상화폐
2018년	남북경협(철도, 강관, 건설, 전력/통신/시멘트 등), 4차산업(인공지능, 2차전지, 5G, 자율주행 등), 바이오/줄기세포, 황사/미세먼지
2019년	반도체/재료/부품, 5G/통신장비, 황사/미세먼지
2020년	5G/통신장비, 제약, 바이오, 코로나19(진단/백신/방역/구충제/슈퍼박테리아), 마스크/소독제, 비대면(원격진료/교육/디지털 뱅킹), 2차전지/수소차, 반도체/장비/적층세라믹콘덴서, 신재생에너지/풍력/태양광, 게임
2021년	2차전지/소재, 인터넷플랫폼, 메타버스, 게임, 가상화폐, 탄소나노튜브
2022년	2차전지/소재, 태양광/풍력, 방위산업, 원자력발전, 사료, 구제역/광우병/아프리카돼지열병, 조선기자재, 도심항공모빌리티(UAM), 가스관사업, 자원개발
2023년	이차전지/소재, 지능형로봇/인공지능(AI)/챗GPT, 방위산업, 원자력발전, 시스템반도체/반도체장비, 엔터주/음원/음반, 초전도체/양자, LED 장비
2024년	AI반도체/고대역폭메모리(HBM)/온디바이스AI/반도체장비, AI챗봇/AI소프트/AI로봇/AI의료, 초전도체, 비대면 진료, 원자력, K방산, 전력/전선/설비, 동해석유탐사/가스/석유/강관, 저PBR/고ROE/주주환원/은행, 보험, 자동차, 2차전지/소재, 조선, 바이오/신약개발, 양자암호
2025년	조선, 방위산업, 원자력에너지, STO/토큰증권/스테이블코인, 가스/강관, 지능형 로봇, AI반도체, 전력설비/전선, 증권/은행/지주사, 태양광

무작정 따라하기

주도주와 테마주를 알아내는 4가지 요령

주도주와 테마주를 알아내는 요령을 익히고 싶다면 증권시장이 끝난 오후 3시 30분쯤 HTS로 다음 몇 가지를 확인해보세요. 오늘 시장의 특이점을 체크하고, 내일의 투자전략을 세우기 위해 꼭 필요한 과정입니다. 이렇게 매일 하다 보면 빠른 시간 안에 주도주와 테마주를 알아내는 눈을 갖게 될 것입니다.

❶ 오늘 하루 지수 움직임과 투자주체별 매매 동향 살펴보기

첫 번째로 살펴볼 것은 장중 종합주가지수 움직임과 거래량 그리고 투자주체별(외국인, 기관, 연기금, 개인) 매매 동향입니다. 다음 종합주가지수 창은 2019년 10월 28일 하루 동안 종합주가지수가 어떻게 움직였는지를 보여줍니다.

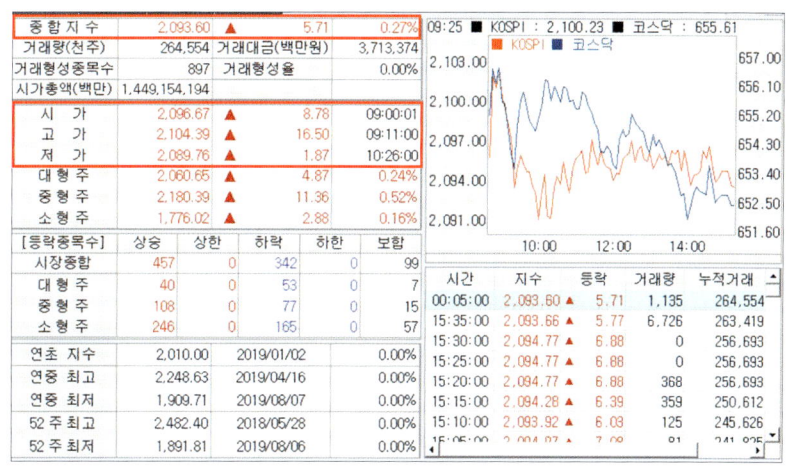

종합주가지수 동향(2019. 10. 28)

거래소시장인 코스피의 시가는 전일 대비 8.78포인트 높게 시작한 후 9시 11분에 16.5포인트(0.79%)까지 올랐으나 이후 하락으로 밀려 전일 대비 5.71포인트(0.27%) 상승하는 데 그쳤습니다. 코스닥시장도 아침에 전일 대비 많이 올랐으나 결국 0.05포인트(0.01%) 보합 수준에서 마감했습니다.

아래 첫 번째 창은 하루 동안의 투자주체별 매매 동향을 수치로 본 것이고, 두 번째 창은 투자주체별 매매 동향을 한눈에 볼 수 있도록 도표화한 창입니다. 이날 외국인은 거래소시장에서 -552억원어치를 순매도한 반면, 코스닥시장에서는 +219억원어치를 순매수했습니다. 기관은 거래소시장에서 +1,359억원어치를, 코스닥시장에서 +337억원어치를 순매수했습니다. 이날 적극적으로 매수에 가담한 기관은 금융투자와 연기금이었습니다.

그러나 개인은 거래소시장에서 -1,255억원어치를, 코스닥시장에서 -480억원어치를 순매도하여 이날 주가 상승을 끌어내린 투자주체는 개인이었음을 알 수 있습니다.

		개인	외국인계	기관계	금융투자	투신	은행	기타금융	보험	연기금 등
거래소	매 도	18,424	10,005	8,499	2,130	1,242	41	24	719	3,734
	매 수	17,169	9,454	9,858	3,603	920	33	41	478	4,022
거래대금	순매수	-1,255	-552	1,359	1,473	-323	-8	17	-241	288
코스닥	매 도	56,408	5,486	1,634	432	387	13	14	97	186
	매 수	55,928	5,705	1,971	928	352	6	12	109	232
거래대금	순매수	-480	219	337	495	-35	-7	-1	12	46
선물	매 도	31,544	86,766	14,355	8,071	2,441	218	0	33	3,592
	매 수	33,088	85,232	14,243	7,730	3,254	50	0	570	2,639
거래량	순매수	1,544	-1,534	-112	-341	813	-168	0	537	-953

투자주체별 당일 매매 동향

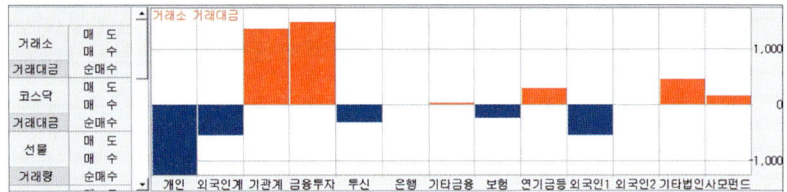

거래소 투자주체별 매매 동향

❷ 업종별 등락률 살펴보기

다음 화면은 거래소시장 업종별 등락률 창입니다. 이날 업종별 등락률을 살펴보면 오른 업종에서는 의약품(1.85%), 기계(1.35%), 비금속광물(1.23%) 순으로 상승했습니다. 하락한 업종은 은행업(-4.67%), 의료정밀업(-1.70%), 전기가스업(-1.02%), 보험업(-0.66%)으로, 특히 은행업의 하락이 두드러졌음을 확인할 수 있습니다.

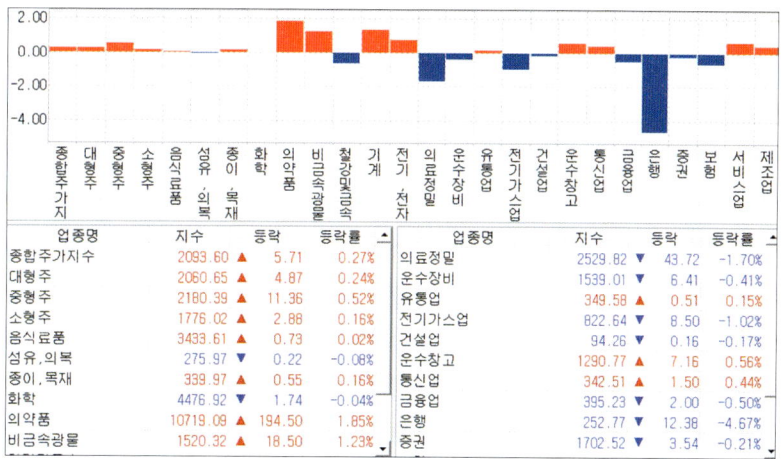

거래소시장 업종별 등락률

❸ 테마별 등락률 살펴보기

아래 표는 테마별, 기간별 등락률을 보여주는 '섹터분석-섹터별 추이' 표입니다. 표를 보면 2025년 2월 26일부터 2025년 5월 26일까지 3개월 동안 상승률이 높은 테마는 조선(22.54%), 건설 대표주(21.81%), 미용기기(21.58%), 강관업체(20.87%), 영화(20.32%), 해저터널(20.23%), 면세점(20.15%), 보톡스(19.62%), 원자력발전(18.49%), STO(17.76%) 등의 순으로, 이들이 주요 테마임을 알 수 있습니다.

이와 같이 당일 및 기간별로 테마별 등락을 확인해 보는 것은 투자수익률을 높이는 데 많은 도움이 됩니다.

테마별 기간별 등락률(2025.2.26~2025.5.26)

❹ 오늘의 거래량, 거래대금 상위 종목 체크하기

거래량과 거래대금이 많다는 것은 투자자의 관심과 인기가 높다는 것을 의미하며 이는 주가의 탄력도를 나타낸다고 볼 수 있습니다.

따라서 기업의 가치를 확인했다면 반드시 시장에서 인기를 알아보는 지표인 거래량과 거래대금을 체크하여 주도주와 테마주를 알아보아야 합니다.

아래 표는 2025년 5월 26일 거래대금 상위 종목을 순위로 보여주고 있습니다. 시가총액 1, 2위 기업인 삼성전자와 하이닉스를 제외하면 두산에너빌리티(원전), 현대로템(방산), 인투셀(신약개발), 현대건설(원전), 한화오션(조선) 등이 거래대금 상위에 있습니다. 거래대금과 함께 거래량도 정기적으로 체크해 보면 주도주와 인기 테마주를 파악하는 데 도움이 됩니다.

당일 거래량, 거래대금 상위 종목

018 외국인/기관 투자 따라하기

우리나라 주식시장에서 외국인 주식 보유 비중은 시가총액 기준으로 30% 이상에 이르고, 외국인 매매가 시장에 미치는 영향이 커지면서 주식투자 시 외국인 매매 동향을 참고하는 것이 필수사항이 되었습니다. 외국인의 종목선정 기준은 무엇이며, 외국인의 매매 동향은 어떻게 체크하는지 알아봅시다.

외국인이란?

우리가 흔히 말하는 외국인에는 외국계 투자은행과 같은 기관투자가와 뮤추얼 펀드, 연기금, 헤지펀드, 개인투자자 등 여러 종류가 있습니다. 그리고 우리나라에 투자하는 외국계 큰손으로는 세계적인 자산운용사인 블랙록, 뱅가드, UBS(스위스), 피델리티, 모건, JP모건, 캐피털그룹 등이 있습니다.

연기금은 보통 10년 이상 장기로 투자하고, 뮤추얼 펀드나 기관투자가들은 짧게는 5년, 길게는 10년 이상 장기투자를 합니다. 반면 헤지펀드나 개인투자자 중에는 투기성이 강한 단기자금도 있습니다. 외국인/기관 투자가의 목표수익률은 일률적으로 말하기 어려우나 보통 5년 동안 2배 수익을 목표로 한다고 합니다.

외국인 투자형태 4가지

1992년 최초로 외국인에게 직접투자를 허용한 이래 외국인의 국내 주식투자 비중은 지속적으로 증가해왔습니다. 특히 IMF 구제금융을 받은 1998년 외국인에 대한 투자 한도가 완전히 철폐되자 외국인의 주식보유 비중은 시가총액의 44.5%(2004년 3월 말)로 급격히 올라갔다가 글로벌 금융위기 때인 2008년 3월 29.1%까지 줄어들기도 했습니다. 2024년 6월 기준 한국증시 외국인 보유 비중은 35%까지 올랐으나 2025년 1월 이후에는 대략 33% 내외를 유지하고 있습니다. 시장별 점유율은 코스피시장이 90% 이상 차지하고, 외국인 중에서 미국의 비중이 압도적으로 높은 비중을 차지하고 있습니다. 거래 비중도 20%에 달해 국내 기관투자가와 함께 가장 큰손에 해당합니다.

한국증시는 이제 완전히 글로벌 증시로 자리 잡았으며 외국인은 한국증시를 세계시장의 일부분으로 보고 종목을 선정하며 매매합니다. 외국인은 종목을 선정하고 나면 목표 수량을 채울 때까지 지속적으로 매수하고, 매도할 때도 지속적으로 매도하는 경향이 있기 때문에 주가에 미치는 영향이 매우 큽니다. 따라서 개인투자자가 매매할 때도 외국인 매매 동향을 체크해보는 것이 필수사항이 되었습니다. 외국인의 투자형태를 따라하면 큰 수익을 얻을 수 있기 때문입니다. 외국인의 투자형태는 크게 다음과 같이 네 가지로 나뉩니다.

1 | 가치투자

첫째는 가치투자입니다. 외국인들은 기업의 내재가치에 비해 저평가되어 있는 종목을 사서 주가가 올라갈 때까지 느긋하게 기다립니다. 대체로 업종 대표주와 시장점유율이 높은 가치주가 많습니다.

알아두세요

한국증시, 선진국 시장에 진입하다!

한국증시는 2009년에 FTSE 선진국지수에 편입되었고, 조만간 MSCI 선진국지수에도 편입될 예정입니다. 이미 다우존스는 1999년에, S&P는 2008년에 한국증시를 선진시장으로 분류했습니다. 따라서 종전 이머징마켓(Emerging Market Index)에 편입되어 있을 때보다 세계증시에서 한국의 비중이 높아지고 있으며, 우리나라 대기업은 앞으로 글로벌 증시에서 제대로 된 평가를 받게 될 것입니다.

알아두세요

가치주 투자와 성장주 투자 중 어느 것이 더 유리한가요?

가치주는 자산가치나 수익가치에 비해 주가가 싼 주식을 말하고, 보통 PBR, ROE 등으로 판단합니다. 성장주는 주당순이익이 빠르게 증가하는 기업을 말하고, 보통 EPS 증가율, 매출액 증가율, 영업이익 증가율 등을 기준으로 판단합니다.

과거 장기간의 통계를 보면 평균적으로 가치주가 성장주보다 투자 성과가 높았습니다. 그러나 특정한 시기(예. 1999~2000년)에는 성장주가 가치주보다 높은 수익률을 기록했습니다.

가치주를 선택하느냐 성장주를 선택하느냐는 개인의 투자 철학에 달려 있으며, 성장성을 보유한 가치주를 선정하거나 양쪽을 적당한 비중으로 포트폴리오에 넣는 것이 좋습니다.

우리나라의 대표적인 가치주는 삼성전자, POSCO, SK텔레콤, LG화학, 삼성화재, 현대중공업, KB금융, 신한금융, 삼성생명 등 흔히 블루칩으로 불리는 종목들입니다. 외국인들은 이들 종목에 50% 이상 투자해 이미 상당한 수익을 거두고 있을 뿐만 아니라 장래 추가 수익에도 큰 기대를 걸고 있습니다.

2 | 성장성 투자

둘째는 성장성 투자입니다. 어떤 산업이 다른 산업에 비해 더 성장성이 있는지, 또 어떤 기업이 산업 내에서 매출액 증가율과 이익증가율이 높은지를 찾아 그 기업에 투자합니다. 성장성이 높은 기업에 투자하여 적중하면 기업가치에 투자하는 것보다 수익률이 월등히 높습니다. 외국인들은 성장성이 높은 기업을 찾기 위해 기업을 방문합니다.

외국인들은 다양한 각도에서 기업을 점검하지만 핵심은 미래 EPS와 미래 PER을 예측하는 것입니다. 현재 우리나라에서 성장성이 높은 산업으로는 AI 반도체 등 AI 관련 산업, 2차전지, 정보통신산업(IT산업), 바이오산업(BT), 나노산업(NT), 환경 관련 산업, 교육, 레저, 로봇, 게임 산업 등이 있고, 특히 4차산업과 바이오산업 분야가 성장성이 높습니다.

3 | 배당수익 투자

셋째는 배당수익 투자입니다. 안정적으로 높은 배당금 지급이 예상되는 회사에 투자하는 것이지요. 저금리 시대에는 배당투자가 큰 장점이 될 뿐만 아니라 주가 상승이라는 보너스를 받을 가능성도 있습니다. 우리나라에는 금리보다 높게 배당하면서 주가가 싼 종목이 많이 있습니다.

대체로 전기, 가스 등의 기간산업과 우량자산주, 은행, 보험주가 이에 해당합니다.

4 | 시장 흐름에 따른 단기투자

넷째는 시장 흐름에 따른 단기투자입니다. 외국인 헤지펀드나 개인투자자들 중에는 시장의 흐름을 좇아 치고 빠지며 매매하는 경우가 많습니다. 국내 개인투자자들과의 차이점은 시장의 재료가 기업가치에 얼마나 영향을 미칠 것인가를 생각한 뒤 매매한다는 것입니다.

예를 들어 2004년 초 사스 공포가 전 세계에 불어닥치자, 육류 소비가 줄고 수산물 소비가 증가할 것으로 예상되어 수산주가 단기간에 3배 이상 급등했습니다. 그러나 외국인들은 수산주를 매수하지 않았습니다. 사스로 인해 증가하는 수산물 수요가 별것 아니라는 것을 알았기 때문입니다. 급등한 수산주는 얼마 가지 않아 모두 제자리로 돌아왔습니다. 또한 2012년 대선 당시 안철수 후보의 대선 출마와 관련하여 안랩의 주가가 19,000원(2011년 7월)에서 167,200원(2012년 1월)까지 치솟아 6개월 동안 무려 8.8배 올랐지만 외국인은 이 주식을 매수하지 않았고, 오히려 주가가 올라갔을 때 보유주식을 매도했습니다. 기업실적과 무관하다고 생각한 것입니다.

외국인들은 국내외 증시 악재에 그리 민감하게 반응하지 않습니다. 북한 핵 문제가 증시 악재로 등장할 때도 그들은 별 동요를 하지 않았습니다. 2006년 8월 기아차가 사상 최대 파업을 했을 때도, 2013년 8월 현대차 파업이 사회적인 문제가 되었을 때도 외국인들은 주식을 팔기는커녕 오히려 매수해 보유 비중을 늘렸습니다. 기업가치와 관계없는 돌출 악재로 주가가 떨어지면 오히려 매수 기회로 여기기 때문입니다.

외국인도 환율이나 유가 그리고 중국 특수와 같이 기업의 수익에 영향을 미치는 사항에는 민감한 반응을 보입니다. 2004년 중국 특수가 한창 좋을 때 철강주와 화학주를 집중적으로 사들였다가 주가가 오르자 바로 이익을 실현한 경우만 봐도 그렇습니다. 또한 이들은 2014년 상반기에는 중국 특수를 누리는 아모레퍼시픽, 한국콜마, LG생활건강 등 한국의 화장품기업에 대한 투자 비중을 높였습니다.

 **알아두세요**

주식 공매도란?

주식 공매도는 주식을 보유하지 않은 사람이 주식을 파는 것을 말합니다. 향후 주가가 떨어질 것을 예상한 투자자가 주가를 현재 가격으로 팔고, 이후 가격이 떨어지면 다시 매입해 매매차익을 얻는 방식입니다. 우리나라는 완전 공매도를 허용하지 않으며, 외국인과 기관이 타 기관으로부터 주식을 빌려 매도하는 대차거래만 허용합니다. 공매도는 대부분 외국인과 기관이 주도하고 있으며, 개인의 경우, 공매도가 허용되어 있지만 기간이 짧고(3개월) 종목도 제한되어 있어 활성화되지 못하고 있습니다. 공매도는 주가가 하락할 때 하락률을 키우는 요인도 되지만, 매도한 주식을 도로 매수할 때는 상승 탄력을 키우는 역할도 합니다. 공매도 수량이 발행주식의 10%를 초과하거나 급격히 증가하면 주가가 하락할 가능성이 높습니다. 스마트폰으로 쉽게 공매도 현황을 찾아볼 수 있습니다. 증권사 어플에서 현재가/수급/공매도를 클릭하면 당일 공매도 수량, 공매도 비율, 누적 공매도 수량 등을 볼 수 있습니다.

국내 기관투자가의 투자형태는 외국인과 다를까?

국내 기관투자가는 크게 자산운용사, 증권사, 은행, 보험사 같은 금융기관과 연기금으로 구분됩니다. 연기금 중에는 국민연금이 자산 규모와 투자 규모에서 가장 크고, 그외 정보통신부기금, 공무원연금, 사학연금, 군인연금 등이 큰 규모에 속합니다.

우리나라 기관투자가의 주식 보유 비중은 시가총액 대비 16%에 머물러 있어 미국(49%), 영국(56%), 일본(31%) 등 선진국들에 비해 낮은 수준이라고 할 수 있습니다.

외국인은 선물, 옵션 같은 파생상품을 이용하거나 주식 공매도를 활용해 공격적으로 매매하기 때문에 주가변동폭을 키우는 경향이 있습니다. 따라서 정부는 외국인 매매가 주식시장의 불안 요인이 되지 않을 수준으로 기관의 비중을 높일 필요가 있습니다.

국내 기관투자가의 종목선정 방법은 외국인과 별 차이 없다

국내 기관투자가의 종목선정 방법은 외국인과 별 차이가 없습니다. 국내에서 판매되는 주식형 펀드의 투자원칙을 보면 외국인의 종목선정 원칙과 유사하다는 것을 알 수 있습니다. 국내 기관투자가도 외국인과 같은 방법으로 투자하면 높은 수익을 낼 수 있다는 것을 알기 때문입니다. 단지 차이가 있다면 외국인은 5년 이상 장기투자 관점에서 투자하는 데 반해 국내 기관투자가는 몇 주 또는 길어야 1년 이내에 수익을 거둘 목적으로 종목을 선정한다는 것입니다. 투자 기간이 다르니 자연히 선정하는 종목이 같을 수 없을 뿐입니다.

알아두세요

연기금이란?

연기금은 연금과 기금을 합친 말입니다. 우리나라의 4대 대표 연기금으로는 국민연금기금, 공무원연금기금, 우체국보험기금, 사학연금기금이 있습니다. 가입이 강제적이고 사회보장적 성격이 강합니다. 장기투자가 필요하기 때문에 증권시장에서 대표적인 기관투자에 속합니다.

'외국계 창구'와 '외국인 매매'는 다른가요?

'외국계 창구'는 외국인뿐 아니라 내국인도 이용이 가능합니다. 마찬가지로 외국인도 국내 증권사 창구를 이용할 수 있습니다. 장중에 '현재가 창'에 표시되는 '외국인 매매'는 외국인 창구를 이용한 매매를 말합니다. 따라서 순수 외국인 매매 동향을 파악하려면 장중에는 '시황 창'에서 수시로 확인할 수밖에 없습니다. 장이 완전히 끝나는 오후 6시(오후 3시 30분부터 6시까지 시간외 거래가 계속됨) 이후에야 '외국인 매매 동향 창'을 통해 당일의 실제 외국인 매매를 확인할 수 있습니다.

외국인 및 기관 매매는 어떻게 참고하나?

외국인 및 기관의 매매 동향은 HTS에서 실시간으로 확인이 가능합니다. 현재가 창에서 실시간으로 외국인의 매매 동향을 알 수 있으며, 외국인 매매추이는 투자주체별 매매추이를 확인해보면 알 수 있습니다. 또한 외국인의 종목 분석으로 들어가면 '외국인의 연속 보유증가 종목'을 볼 수 있어 최근 외국인이 집중적으로 매수하는 종목이 무엇인지 체크해볼 수 있습니다.

투자주체별 매매 동향

외국인의 종목 분석 중 외국인의 연속 보유증가 종목

019 돈 되는 정보 수집 따라하기

주식투자 무작정 따라하기

투자의 첫걸음은 기업을 아는 것에서부터 시작합니다. 전체 시황도 중요하지만 무엇보다 기업의 가치를 알아야 싼값인지 비싼 값인지를 알고 투자를 결정할 수 있기 때문입니다. 이번 장에서는 정보의 종류와 가치에 대해 알아보고 필요한 정보를 얻는 방법을 알아보도록 하겠습니다.

정보에도 옥석이 있다?

외국인과 기관투자가들은 투자를 결정하기에 앞서 기업의 가치를 알아내기 위해 여러 차례 대상 기업을 방문합니다. 하지만 개인투자자는 현실 여건상 직접 기업을 방문하기가 어렵습니다. 따라서 가장 손쉬운 방법은 다른 사람이 발로 뛰어 만들어놓은 자료를 최대한 활용하는 것입니다.

우리가 흔히 "정보를 알아야 투자를 하지"라고 말할 때의 정보는 크게 기업공시, 기업에 관한 분석 자료, 매스컴에서 보도하는 자료, 증시에 떠도는 루머성 재료 등으로 구분할 수 있습니다. 먼저 정보의 내용을 구분해 주가 상승에 영향을 미칠 호재성 재료인가, 아니면 주가를 하락하게 하는 악재성 재료인가를 알아봅니다.

 알아두세요

영업이익과 주가의 관계

영업이익이 30% 이상 큰 폭으로 증가하면 공시 전후 약 3개월간에 걸쳐 주가가 상승하는 경향이 있습니다. 다만 이익의 절대금액이 소액일 때는 증가율 자체가 별 의미가 없습니다. 그리고 영업이익 증가 재료가 실적 발표 전에 선반영된 경우에는 추가 상승을 기대하기 어렵다는 점도 참고하세요.

알아두세요

액면분할과 주가의 관계

액면분할(주식분할)은 주가가 싸다는 착시현상 외에 통계적으로 해당 주식에 대한 배당금이 높아지는 경향이 있으므로 주가 상승 요인이 됩니다. 미국 S&P500지수 편입 종목을 분석한 결과, 액면분할 6개월 후 지수가 2.1% 상승한 데 비해 액면분할 기업은 평균 7.8% 상승했고, 1년 후에는 지수가 9.1% 오르는 동안 액면분할 기업은 평균 25.4% 상승했습니다. 그러나 액면분할 재료가 주가에 미리 반영된 경우는 분할 후 주가 상승은 제한적일 수 있습니다.

M&A 때 인수회사와 피인수회사 중 어느 쪽이 더 많이 오를까요?

2003년 이후 M&A가 성사된 경우를 대상으로 M&A 사실이 확정 발표되기 전 1년 동안의 주가를 분석한 결과, 피인수회사 주가는 코스피지수 상승률보다 평균 17% 상승한 반면, 인수회사는 코스피지수 상승률보다 오히려 부진했습니다.

자사주 매입 소각

자사주를 매입하면 유통되는 주식이 줄어들기 때문에 주가 부양 효과가 있다고 알려져 있습니다. 현재 주가가 실적 대비 저평가됐다는 일종의 바닥 신호가 되기 때문이죠. '자사주 매입 = 주가 상승'의 공식은 일률적으로 적용되지 않지만, 자사주를 매입한 후 소각할 때는 주당가치가 높아지기 때문에 주가가 오르는 경우가 대부분입니다.

호재성 재료

❶ 영업실적 호전: 주가 상승의 최고 재료는 '영업실적 호전'입니다. 애널리스트들은 예상 실적 이상의 호실적을 'Surprise'라 하고 목표주가를 상향합니다. 기업은 매출액 또는 영업이익이 30% 이상 증가할 때는 반드시 공시해야 합니다.

❷ 영업환경 개선: 예를 들면 원재료 가격이 하락하거나 수출단가가 상승하는 경우, 수출기업에 있어 환율이 상승하는 등의 경우입니다.

❸ 기업의 재무구조 개선: 흑자전환, 부채의 출자전환 또는 관리종목 탈출 등의 경우입니다.

❹ 신약 개발, 신소재 개발, 신기술 개발, 특허나 영업권의 취득: 주가 상승의 대형호재가 되는 경우가 많습니다.

❺ 새로운 사업에 진출

❻ 유전, 가스, 기타 자원개발 참여: 원자재값이 급등하면 호재로, 급락하면 악재로 작용합니다.

❼ 무상·유상 증자: 큰 폭의 무상증자만 호재로 작용하며, 큰 폭의 유상증자는 오히려 악재로 작용하는 경우가 많습니다.

❽ 액면분할

❾ M&A 및 경영권 분쟁

❿ 대주주 및 임직원의 주식 매수: 특히 특정 기간에 2인 이상의 임원이 매수하는 경우에는 실적 호전 또는 호재가 있을 가능성이 있습니다.

⓫ 자사주 매입 및 소각: 과거 통계를 보면 자사주를 매입한 회사의 주가는 자사주 매입을 공시한 후 연간 15~20% 상승했고, 시장평균 상승률보다 대체로 상승폭이 컸습니다.

⓬ 자산 재평가: 자산 재평가를 실시하면 PBR(주가순자산비율)이 낮아져 저평가 매력이 생깁니다.

⓭ 외자유치 성공

❹ 유능한 CEO 영입
❺ 경쟁사에 대형 악재 발생
❻ 외국인, 기관, 큰손의 매집
❼ 증권사 애널리스트의 매수 추천

악재성 재료

❶ 매출액 또는 영업이익 감소
❷ 영업환경 악화
❸ 자본금 감소
❹ 특허분쟁, 덤핑관세, 하자 등 대형 손해배상 발생과 피소
❺ 동종업계 경쟁격화와 출혈경쟁
❻ 대주주 및 임직원의 주식 매도: 특히 특정 기간에 2인 이상의 임원이 매도하는 경우는 실적 악화 또는 악재가 있을 가능성이 있습니다.
❼ 유능한 CEO의 퇴진
❽ 노사분규 발생
❾ 대주주 및 임직원의 대규모 회사 재산 횡령
❿ 외국인, 기관, 큰손의 주식 매도
⓫ 증권사 애널리스트들이 주가가 고평가되어 있다고 판단해 매수 등급을 하향 조정하는 경우

알아두세요

지분공시 5%룰과 임원보고

5%룰이란 어떤 투자자가 지분을 5% 이상 보유하거나, 5% 이상 보유자에게 1% 이상 지분변동이 있을 때 5영업일 안에 공시하는 제도입니다. 임원보고는 회사의 임원 또는 주요 주주(10% 이상 보유자)가 회사 주식을 단 1주라도 매매할 때 의무적으로 공시하게 하는 제도입니다. 전자공시시스템(dart.fss.co.kr)에 접속하면 볼 수 있습니다.

알아두세요

공정공시제도

기업이 애널리스트나 기관투자가에게 기업의 주요 정보를 제공하는 경우, 그 내용을 일반투자자에게도 즉시 공시하도록 의무화한 제도입니다.

개인투자자의 경우 진실한 정보를 얻기가 어렵고, 얻었다 하더라도 그 재료가 기업에 미치는 영향을 측정하기 쉽지 않습니다. 또한 재료가 주가에 반영되는 시기를 알아내기도 힘듭니다. 개인투자자가 이러한 어려움을 극복하는 손쉬운 방법은 여러 재료 중에서 내재가치 저평가와 기업실적 호전에만 집중하는 것입니다. 이 2개의 재료가 주가에 가장 많이 반영되기 때문입니다. 현재 시행 중인 공정공시제도는 개인투자자들도 기관투자가와 대등한 위치에서 정보를 얻을 수 있게 하기 위한 제도입니다.

알아두세요

우회상장이란?

비상장 기업이 정식 상장 절차를 거치지 않고 코스피나 코스닥시장에 상장된 기업과 인수합병 과정을 거쳐 증권시장에 바로 상장하는 것을 말합니다. 상장 요건을 갖추지 못한 기업이 상장심사나 공모주 청약 등의 절차를 밟지 않기 위한 편법으로 주로 이용합니다. 일부 함량 미달 기업이 우회상장될 경우 일반투자자의 피해가 발생할 우려가 있습니다.

돈 되는 정보 ①

공시에 숨어 있다

공시란 상장기업들이 경영과 관련한 주요 현안이나 변동사항을 투자자들에게 알리는 것을 말합니다. 증권가에 떠도는 루머는 신뢰성이 없는 반면 공시는 거래소를 통해 기업이 공식적으로 발표하는 것인 만큼 신뢰성이 높습니다. 물론 기업이 공시를 할 때 기업 PR에 도움이 되는 호재성 재료는 적극적으로 공시하는 반면, 악재성 재료는 소극적으로 공시하는 경향도 있습니다. 그럼에도 불확실하고 근거 없는 루머를 좇아 투자하는 것보다는 기업공시를 이용하는 것이 훨씬 유리합니다.

기업에 관한 재료가 주가에 미치는 영향의 강도는 대체로 대형회사보다 중소형회사가 큽니다. 중소형주의 경우 재료에 따라 기업의 사활이 좌우되는 경우도 있기 때문입니다.

재료를 대할 때 가장 중요한 것은 그 재료가 1회성이냐, 아니면 두고두고 오랫동안 기업실적에 영향을 미칠 재료냐를 구분하는 것입니다.

투자 포인트

지나가는 1회성 재료일 경우 악재로 인해 주가가 떨어질 때가 오히려 매수 기회가 되고, 호재가 나와 주가가 올라갈 때가 매도 기회가 되기도 합니다. 예를 들면 삼성전자가 자사주를 매입할 때 외국인은 주식을 매도했고, 기아차 노조 비리가 터져 매스컴이 떠들썩할 때 외국인은 기아차 주식을 매입했습니다. 그러나 장기적으로 기업의 수익성과 성장성에 영향을 미치는 재료일 때는 지속적으로 관심을 두고 주가 조정 시 매수하는 전략이 필요합니다.

돈 되는 정보 ②

산업과 기업에 관한 증권사 리서치 자료

산업과 기업에 관한 리서치 자료를 HTS 투자정보창/리서치/탐방속보에서 볼 수 있습니다. 이 자료는 실제로 산업 전망과 기업 전망에 목마른 일반투자자들에게 도움이 되기도 합니다. 특히 애널리스트가 기업을 탐방하고 작성하는 탐방속보는 기업의 현황과 전망을 이해하는 데 많은 도움이 됩니다.

- 산업리서치: 산업별 최근 실적과 전망, 산업별 유망종목
- 기업리서치: 기업별 최근 실적과 전망, 예상 투자지표
- 탐방속보: 애널리스트가 직접 기업을 탐방한 후 작성한 기업의 현황과 전망

그러나 일부 대기업에 편중되어 있고 막상 일반투자자들이 알고 싶어 하는 코스닥 기업과 중소형주에 대한 자료는 부족해 아쉬움이 있습니다.

 알아두세요

인터넷 세상에도 돈 되는 정보가 있다!

인터넷 사이트도 참고하면 도움이 됩니다. NAVER와 다음의 증권창, 그리고 증권 전용 사이트 팍스넷(paxnet.moneta.co.kr), 머니투데이(www.moneytoday.co.kr), 이데일리(www.edaily.co.kr) 등은 증권에 관한 뉴스를 실시간으로 제공합니다.
인터넷에서 기업 내용을 알려면 대부분 유료 사이트에 들어가야 하며, 그중에는 근거 없는 루머성 재료도 있으므로 유의할 필요가 있습니다.

돈 되는 정보 ③
신문 구독하기

최소한 1개 이상의 일간지 경제면 또는 경제지를 구독하며 관심종목에 관한 기사를 스크랩하여 정리해두는 것이 좋습니다. 지나간 정보를 확인할 필요가 있을 때는 신문사 홈페이지에 들어가보세요.

주가는 경제는 물론 정치, 사회, 문화 등 모든 분야의 영향을 받습니다. 정치, 사회 문제에도 관심을 갖고 그 흐름을 주시하고, 특히 경제기사는 주가에 미치는 영향이 크므로 반드시 읽어보아야 합니다. 경제기사는 대체로 2가지로 구분할 수 있습니다. 하나는 거시경제 및 산업과 기업에 관한 기사이고, 또 하나는 증권시장에 관한 기사입니다. 거시경제 지표로는 경기, 금리, 국제수지, 환율, 국제유가 등의 기사도 있고, 업종별 경기나 개별 기업에 관한 정보도 있습니다. 그중에서도 관심종목의 영업실적이나 신규 투자, M&A 등에 관한 기사를 스크랩해두면 도움이

됩니다. 기업공시란도 관심을 갖고 보면 좋습니다. 증권시장에 관한 기사에서는 시황해설, 시황지표, 장세지표, 업종별 지수, 상승률 상위 종목, 하락률 상위 종목, 거래량 상위 종목 등을 눈여겨볼 필요가 있습니다.

투자 포인트

증권시장이나 특정 기업에 관한 호재 또는 악재가 매스컴 상단에 Top으로 노출될 때는 반대로 생각해볼 필요가 있습니다. 호재가 크게 보도될 때는 재료가 주가에 미리 반영된 경우가 많기 때문에 매도를 생각하고, 반대로 대형 악재도 주가에 사전에 반영되었다면 매도보다 매수 관점에서 보는 것이 좋습니다. 매스컴은 현재 사실을 보도할 뿐 미래의 주가를 예측하지는 않기 때문입니다.

잠깐만요

기업공시를 알려면?

기업의 공시사항을 더 자세히 알고 싶다면 금융감독원 전자공시시스템(dart.fss.or.kr)에 들어가 기업별 주주총회 결과와 공시사항을 확인해보기 바랍니다. 한국거래소 상장공시시스템(kind.krx.co.kr)에 들어가거나 증권사 HTS에 들어가 '공시 창'을 클릭해도 볼 수 있습니다. 다음 공시 창은 하나대투증권 HTS의 기업공시 창입니다. HTS에서 '투자정보 → 공시 → 종목코드'를 치면 나오는 화면입니다.

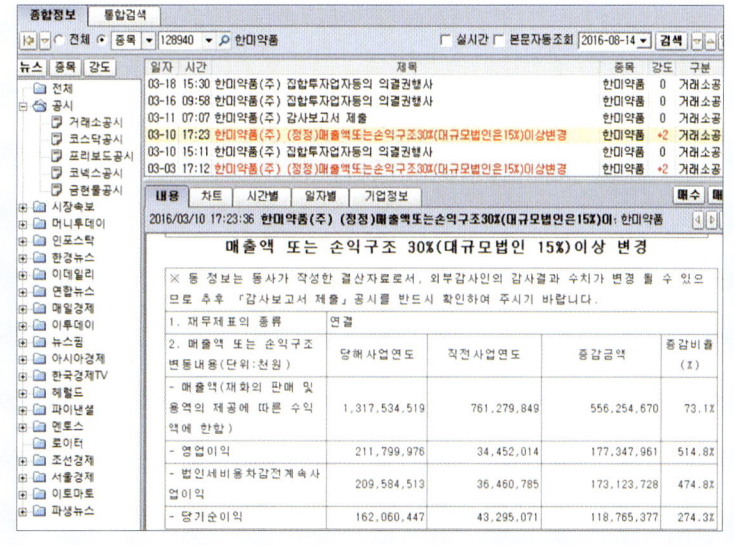

잠깐만요

인공지능이 알려주는 투자정보, 진짜로 돈이 될까?

알파고가 세계 정상의 바둑 고수들과의 대결에서 연승을 거두는 것을 본 투자자들은 인공지능의 능력에 한계가 없음을 확인하게 되었습니다. 인공지능이 증권투자를 가이드해주는 로보어드바이저(Roboadviser)는 미국 등 선진국에서 이미 활발하게 이용되고 있으며, 국내 증권사들도 앞다퉈 출시하고 있습니다.

로보어드바이저를 활용하면 진짜로 돈이 될까요? 로보어드바이저의 장점은 다음과 같습니다.

첫째, 경제성장률, 금리, 환율, 물가, 원자재가격 등의 경제 요인과 증시 수급 변수 등 증권시장에 영향을 미치는 방대한 변수들을 분석하고 통합하여 시장 흐름을 예측하는 데 인간보다 유리할 수 있습니다.

둘째, 주가는 과거 패턴을 반복하는 경향이 있는데 과거 데이터 기억력에서 인간보다 인공지능이 유리합니다.

이와 같은 이유로 로보어드바이저는 다음 분야에서 상당한 도움이 될 것으로 보입니다.

① 시장상황에 따라 주식, 채권, 현금의 비중을 결정하는 자산배분
② 펀드 선택
③ 투자자 성향에 맞는 맞춤형 포트폴리오 구성
④ 리스크 관리

그러나 주식의 매수시점, 매도시점 그리고 급등종목의 발견과 같은 개별종목에 관한 예측에서는 아직 부족합니다. 인공지능이 인간의 이성뿐 아니라 감성까지 읽을 수 있는 단계가 되면 가능할 수도 있겠지요. 로보어드바이저도 결국 사람이 만든 것이므로 도움을 받더라도 투자 결정은 어디까지나 투자자 본인이 해야 합니다.

HTS로 기업분석 따라하기

돈 되는 정보를 어디에서 찾아야 할까요? 증권사 HTS '상장기업분석' 창에 모두 들어 있습니다. '상장기업분석' 창을 활용하는 요령만 익힌다면 누구나 전문가가 될 수 있습니다. 이번 장에서는 상장기업분석 창에서 투자를 결정하기 전에 반드시 체크해보아야 할 사항과 참고할 점을 알아보겠습니다.

 알아두세요

HTS에서 기업분석을 보는 방법은 삼성SDI 사례로 따라가보겠습니다. HTS에서 삼성SDI(006400) 종목의 '기업분석' 창을 열고 직접 체크리스트를 작성해보세요.

앞서 투자대상 종목을 선정할 때 주요한 기준 4가지, 즉 ① ROE, ② EPS와 PER, ③ PBR, ④ EV/EBITDA에 대해 알아보았습니다. 과거 수치보다 미래 투자지표가 더욱 중요하다는 점도 확인했습니다. 그리고 돈이 되는 정보를 얻는 방법도 알아보았습니다. 그렇다면 이 모든 투자지표와 정보는 어디에 있을까요?

HTS '상장기업분석' 창에 모두 들어 있습니다. 투자를 결정하기 전에 반드시 체크해야 할 사항 중 투자지표를 중심으로 따라가보겠습니다.

상장기업분석 필수 체크리스트

1 | 기업 현황

❶ 무슨 사업을 하는 기업인가?

❷ 사업 전망은 밝은가?

❸ 최근 실적과 향후 전망은? 그렇게 전망하는 이유는 무엇인가?

❹ 투자 의견은 어떻고 목표 주가는 얼마인가?

2 | 기업 개요

❶ 주요제품별 매출 구성 비율은 어떤가?
- 배터리 제조 경쟁사인 LG에너지솔루션 및 SK온과의 차이점은 무엇인가?(별책 부록 참고)

❷ 연구개발은 활발한가?

❸ 수출 비중은 어떤가?

❹ 출자비율이 높은 관계회사는 어떤 곳들이 있는가?

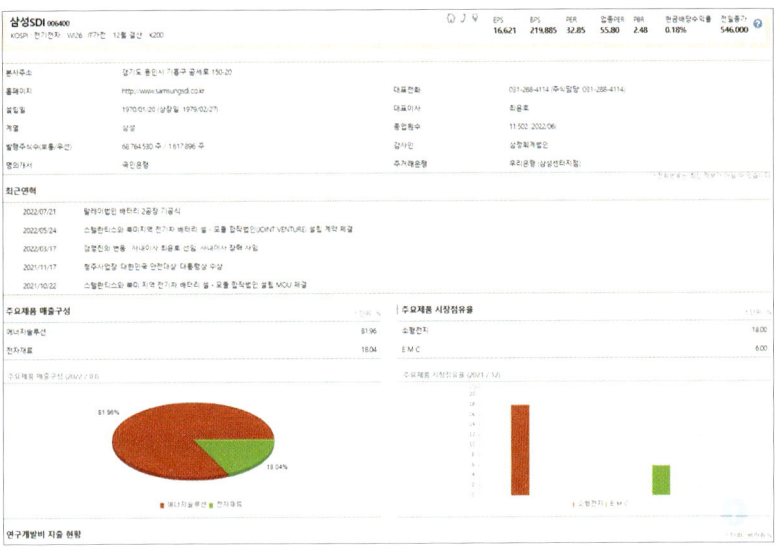

> **알아두세요**
>
> 상장기업분석 자료는 금융과 기업에 관한 정보 서비스 전문 기관인 FnGuide에서 제공하므로 모든 증권사가 동일합니다. 그리고 기업실적 예측 자료는 어디까지나 애널리스트가 예측한 것이므로 언제든 수정될 수도 있다는 점을 참고해 정기적으로 기업분석 자료를 확인해보아야 합니다.

3 | 재무 분석

❶ 영업활동으로 인한 현금 흐름이 양호한가?

4 | 컨센서스

컨센서스는 기업의 수익성, 안전성, 성장성에 관한 지표를 과거뿐 아니라 향후 2~3년을 예측해 보여줍니다. 미래 투자지표는 향후 주가 예측에서 핵심적인 자료이므로 투자에 앞서 필수적으로 체크해보아야 합니다.

❶ EPS(주당순이익)는 얼마인가? 증가율이 높은가?
❷ PER(주가수익비율)이 어느 수준인가? 만약 지나치게 높다면 PER이 높은 만큼 성장성이 있다고 보는가? 예상 PER이 낮아지고 있는가?
❸ BPS(주당순자산)는 증가 추세인가?
❹ 예상 PBR(주가순자산비율) 수치가 낮아지고 있는가?

❺ 예상 EV/EBITDA(이브이에비타) 수치가 낮아지고 있는가? 하락률이 큰가?

5 | 경쟁사 분석

종목을 개발하고 싶다면 증권사 추천 종목을 보고 유사한 사업을 영위하는 기업을 분석해봅니다. 특정 기업실적이 좋아지면 동일업종이나 경쟁관계에 있는 업체의 실적도 호전되는 경우가 많으므로, 경쟁사 분석을 통해 스스로 종목을 개발하는 효과가 있습니다.

❶ 경쟁사에는 어떤 기업들이 있는가?
❷ 투자지표로 볼 때 경쟁사 대비 비교 우위에 있는 기업인가?
❸ 경쟁사의 주가는 상승 추세인가?

6 | 지분 현황

대주주의 지분이 크게 감소한다면 일반투자자들이 알 수 없는 숨은 악재가 있을 수 있습니다.

❶ 최대주주의 지분이 증가하고 있는가, 감소하고 있는가?

7 | 기타 참고사항

상장기업분석 창을 보면서 이상의 질문에 답해보세요. 질문에 대한 대부분의 해답은 기업분석 창에서 찾을 수 있습니다. 질문에 답하고 나면 누가 뭐래도 종목에 대해 나름의 확신이 생길 것입니다. 또한 이런 과정을 거치면서 확신이 생기면 작은 주가 등락에 쉽게 흔들리지 않게 될 것입니다.

❶ 최근 리포트에서 기업 전망이 좋게 나타났는가?
❷ 투자 의견이 strong buy 또는 buy인가? 최근 투자 의견이 상향되었는가?
❸ 금감원 공시는 어떤가?

종목선정의 원칙 종합 정리하기

앞서 종목선정을 위해 4가지 지표(ROE, PER, PBR, EV/EBITDA)에 따라 저평가주 고르기, 주도주와 테마주 고르기, 외국인과 기관 투자 따라하기, 돈 되는 정보 수집 따라하기 등을 살펴보았습니다. 이 모든 것은 종목선정 시 자신만의 원칙을 만들기 위한 과정에 불과합니다. 지금까지 익힌 것들을 토대로 나만의 종목선정 원칙을 정리해보세요.

종목을 선택할 때는 그 회사의 대주주나 대표와 동업한다는 마음가짐을 가져야 합니다. 또한 이왕이면 크게 오를 수 있는 종목을 골라야 합니다. 실패하더라도 손실은 적게 보고 오르면 크게 오를 수 있는 종목을 선정해야 직접 투자하는 효과가 있기 때문입니다.

1 | 내재가치보다 저평가된 종목

종목을 선정할 때 첫 번째로 고려해야 할 사항은 기업의 가치를 확인하는 것입니다. 시장평균 또는 업종평균에 비해 ROE는 높되 PER, PBR, EV/EBITDA는 낮은 종목이 좋은 종목입니다. 이때 중요한 것은 과거 실적이 아니라 1~2년 후 장래 예상 수치에 비중을 더 두어야 한다는 점입니다.

'과거 실적이 좋았고 앞으로도 이익창출능력이 뛰어날 것으로 판단되는 기업'을 관심종목 창에 편입해두고 주가 동향을 정기적으로 살펴보면 매수시점이 보입니다. 그리고 기업의 가치를 확인했다면 사소한 수치에 너무 얽매이지 말아야 합니다.

내재가치 투자는 가격이 아닌 투자자산의 가치를 보고 투자하는 것입니다. 때에 따라서는 시장 방향과 역행하기도 하므로 중·장기 투자를 원칙으로 해야 하며 인내가 필요합니다. 그래프를 참고할 때도 일봉보다 주봉과 월봉을 활용하는 것이 도움이 됩니다.

2 | 성장성이 높은 기업(꿈이 있는 기업)

매출액 증가율, 이익증가율이 시장평균보다 월등히 높은 기업 또는 지금은 수익이 좋지 않지만 짧게는 1~2년 후, 길게는 3~5년 후 수익성이 크게 좋아질 기업을 성장기업 또는 꿈이 있는 기업이라고 합니다. 기업의 내재가치만으로 종목을 선정하면 성장성이 높은 미래 우량기업을 놓칠 수 있습니다. 예를 들어 지금은 고가주인 SK텔레콤, NAVER, 카카오, 셀트리온 같은 종목들도 초기에는 주가가 매우 낮았습니다. 그렇다면 꿈이 있는 기업은 어떤 분야의 종목일까요?

❶ 4차산업: 인공지능(AI)/지능형로봇/AI의료/스마트팩토리, AI반도체/시스템반도체/반도체장비, 양자암호, 자율주행차/수소차/전기차, 자동차배터리/ESS전력저장장치, 태양/풍력/수력/원자력 등 친환경에너지, 소재산업 등

❷ 생명공학산업: 바이오산업, 줄기세포/유전자/분자진단, 신약개발, 백신/진단시약, 건강식품/헬스케어 등

❸ 뷰티산업: 화장품/미용의약품, 성형수술, 임플란트, 인체보조기구, 엔터테인먼트 등

그밖에 일시적으로 기업실적이 악화되었다가 극적으로 호전되는 턴어라운드주도 성장주라 할 수 있습니다. 기업실적이 극적으로 호전된다는 것은 외부적으로 기업환경에 극적인 변화가 있거나 내부적으로 신제품 개발과 같은 큰 변화가 있기 때문입니다. 미래성장성을 수치로 계량화하기는 쉽지 않습니다. 따라서 투자자 본인이 평소 산업과 기업 동향에 꾸준한 관심을 기울여야 합니다.

3 | 외국인 또는 기관이 매수하는 종목

외국인 투자만 따라하는 사람들이 있을 정도로 믿을 만한 정보라고 할 수 있습니다. 다만, 외국인은 대부분 중·장기로 투자한다는 점을 잊지 말아야 합니다.

4 | 시장 흐름으로 볼 때 주도주나 테마주에 해당하는 기업

주식투자자는 시장 흐름을 주도하는 주도주와 테마주를 파악해두어야 합니다. 추세가 살아 있는 주도주나 테마주가 조정받을 때 투자하는 것은 다른 사람들보다 투자수익률을 더 높일 수 있는 좋은 방법입니다. 강세시장일 때는 주도주가 분명하게 나타납니다. 그러나 약세시장에서는 주도주가 분명하지 않은 대신 테마주가 강세를 보이는 경향이 있습니다.

5 | 다음과 같은 종목은 제외합니다

- 부실위험이 있거나 매출액, 영업이익이 감소하는 추세의 종목
- 매출액이 자본금의 5배 이내인 종목: 매출액에 비해 자본금이 지나치게 많은 것은 자본 효율성이 떨어진다는 뜻입니다.
- 일일 평균거래량이 30,000주 이내로 적은 종목: 거래량이 너무 적으면 살 때도 팔 때도 힘이 듭니다.

- 단기에 지나치게 급등한 종목: 투자심리가 과열되어 주가가 급등하거나 급락할 때보다 주가가 조용히 안정적으로 움직일 때 매수해야 실수를 줄일 수 있습니다.

관심종목 창에 등록

종목을 선정했다면 '관심종목' 창에 등록하세요. 관심종목 수는 적게는 20여 개, 많게는 40여 개로 투자자의 기업분석능력에 따라 다를 것입니다. 관심종목 창에 종목을 등록할 때는 투자자가 가장 유망종목이라고 생각하는 종목을 5개 이내로 압축하고, 관심종목 창 최상단에 올려놓으세요. 이제 투자할 종목선정이 끝났습니다.

잠깐만요 | 투자자가 업황을 직접 예측하는 방법

업황이 호전되는 업종의 경우 기업실적이 발표되기 전 그에 대한 기대감이 미리 주가에 반영되는 경향이 있습니다. 증권사 애널리스트가 제공하는 예상 실적도 정보 제공 시점과 주가 사이에 시차가 있거나, 때로는 예측과 실적 사이에 오차가 있는 경우가 흔하므로 투자자가 스스로 증권사 HTS를 활용하거나 경제신문 같은 미디어를 바탕으로 업황을 예측해 보는 것이 투자 판단에 큰 도움이 됩니다. 특히 반도체, 디스플레이, 폴리실리콘, LED 등 대량생산과 가격경쟁을 통해 치킨게임을 벌여 승자가 독식하는 업종에서는 업황 예측이 더욱더 필요합니다.

1. 조선 및 건설
조선과 건설을 흔히 수주업종이라고 합니다. 수요를 예측해 일방적으로 생산하는 제조업과 달리 사전에 수주를 받은 후 수년에 걸쳐 제품을 생산, 판매하기 때문입니다. 따라서 업황을 전망하려면 수주 현황과 수주 잔고를 확인해야 합니다. 수주 잔고를 비교할 때는 수주가 전년 또는 전분기 대비 증가했는지 감소했는지를 확인합니다. 또한 수주업종은 수주 못지않게 매출 대비 수익성도 참고해야 합니다. 신규 수주 현황은 전자공시시스템인 dart.fss.co.kr에서 알아볼 수 있는데, 역시 HTS를 통해 확인 가능합니다. 신한아이의 투자정보에서 '종합뉴스/시황/공시 → 금감원전자공시(DART) → 정기공시 최종보고서'를 클릭한 후 검색을 클릭하면 분기보고서가 나오는데, 여기서 '사업 내용 중 수주 현황'을 보면 됩니다.

알아두세요

HBM(고대역폭메모리)

HBM이란 'High Bandwidth Memory'의 약자로 D램을 여러 개 쌓아 속도를 높이면서 전력소비를 줄이는 고성능 메모리반도체를 말합니다. 일반 D램보다 가격은 3~5배 비싸지만 개당 수익률은 10배에 이릅니다. 방대한 양의 데이터를 연산하는 인공지능(AI)에 필수적입니다.

온디바이스(On-device)

외부 서버나 클라우드에 연결되어 데이터와 연산을 지원받았던 기존의 클라우드 기반 AI에서 벗어나 기기 자체에 탑재되어 직접 인공지능(AI) 서비스를 제공받는 것으로, 통신 상태의 제약을 받지 않으며 보안성이 높고, 정보처리 속도가 빠르다는 점에서 차세대 기술이라 할 수 있습니다. 온디바이스 AI를 탑재한 경우 AP와 신경망처리장치(NPU) 고사양화에 따라 D램과 낸드 용량이 증가됩니다.

AI반도체

중앙처리장치(CPU) 같은 기존 시스템반도체는 입력한 내용을 순서대로 빨리 처리하는 데 초점을 맞추고 있습니다. 하지만 인공지능(AI) 학습과 서비스에 필요한 반도체는 대량의 데이터를 동시에 처리하고 분류하기 때문에 기존 반도체보다 높은 효율성이 필요하고, 전력 소모도 많습니다.

2. 반도체

반도체 업체들은 대량생산되는 특성상 주기적으로 치킨게임을 벌입니다. 따라서 반도체 가격 동향은 반도체 관련 기업의 주가를 결정한다고 해도 과언이 아닐 정도로 크게 영향을 미칩니다.

신한투자금융 HTS인 '신한아이'로 반도체 가격 동향을 확인해보겠습니다.

'투자정보 → 시황/경제지표 → 반도체시황'을 클릭하면 다음과 같은 화면이 나옵니다.

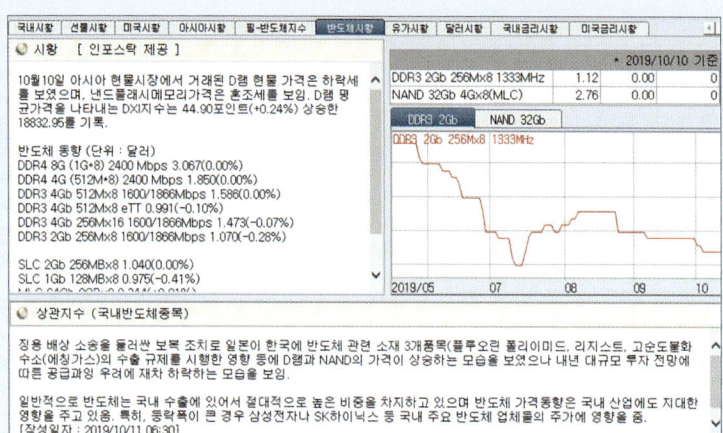

• 반도체 기업 이해하기

'산업의 쌀'이라 불리는 반도체는 다음과 같은 복잡한 과정을 거쳐 만들어집니다. ① 설계를 마치고 ② 실리콘으로 웨이퍼(기판)를 만든 뒤 ③ 기판을 다이아몬드 칼로 절단하여 칩 단위로 분리(후공정, 패키징)하고 ④ 검사 과정을 거칩니다. 반도체 기업은 크게 설계업체, 소재업체, 장비업체로 나누어보는 것이 이해하기 쉽습니다.

1) 반도체 제조: 삼성전자(005930), SK하이닉스(000660), DB하이텍(000990)

2) 국내 설계업체

번호	회사명(코드)	공정	번호	회사명(코드)	공정
1	제주반도체 (080220)	온디바이스 메모리반도체 설계	5	퀄리타스반도체 (432720)	반도체 IP 개발
2	어보브반도체 (102120)	비메모리반도체 설계	6	동운아나텍 (094170)	비메모리반도체 설계
3	오픈엣지테크놀로지 (394280)	메모리시스템 IP 솔루션	7	칩앤미디어 (094360)	반도체 칩 설계
4	에이디테크놀로지 (200710)	시스템반도체 칩 개발	8	가온칩스 (399720)	시스템반도체 디자인

3) 국내 소재업체

번호	회사명(코드)	공정	번호	회사명(코드)	공정
1	원익머티리얼즈 (104830)	특수가스	7	티씨케이 (064760)	식각공정 부품
2	SKC (011790)	반도체, 2차전지 소재	8	하나머티리얼즈 (166090)	식각공정 부품
3	한솔케미칼 (014680)	증착 소재	9	오션브릿지 (241790)	증착 소재
4	솔브레인 (357780)	불화수소 등	10	메카로 (241770)	증착 소재
5	동진쎄미켐 (005290)	포토레지스트 등	11	디엔에프 (092070)	증착, 노광
6	SK (034730)	특수가스	12	원익QnC (074600)	석영

4) 국내 장비업체

번호	회사명(코드)	공정	번호	회사명(코드)	공정
1	한미반도체 (042700)	반도체장비 일괄 생산라인	9	HPSP (403870)	수소열처리장비
2	원익IPS (240810)	종합 장비업체	10	케이씨텍 (281820)	노광, 연마장비
3	유진테크 (084370)	증착장비	11	유니테스트 (086390)	칩테스트장비
4	테스 (095610)	증착, 식각, 세정장비	12	파크시스템스 (140860)	테스트장비
5	주성엔지니어링 (036930)	증착장비	13	엘오티베쿰 (083310)	진공펌프
6	피에스케이 (319660)	포토공정장비	14	테크윙 (089030)	검사장비
7	리노공업 (058470)	검사장비	15	ISC (095340)	테스트 소켓
8	고영 (098460)	검사장비	16	이오테크닉스 (039030)	레이저커팅 장비

* 세계적 반도체 장비 업체: 어플라이드머티리얼즈(미국, 반도체 제조장비), KLA(미국, 공정제어), ASML(네덜란드, 극자외선 노광장치), 램리서치(미국, 식각장비), 도쿄일렉트론(일) 등

알아두세요

반도체 노광장비란?

반도체 소자의 표면에 회로를 그리는 제조공정 중 반도체 미세공정에 필수적인 장비입니다. 노광 방식으로는 불화아르곤(ArF) 노광과 극자외선(EUV) 노광의 두 가지가 있는데 불화아르곤 노광은 불화아르곤 가스를 레이저 광원으로 사용하고, 극자외선 노광은 극자외선을 사용하여 소자에 회로를 그립니다. ASML은 세계에서 유일하게 극자외선 노광장비를 생산하는 회사입니다.

증착장비란?

웨이퍼 위에 원하는 분자 혹은 원자 단위의 박막을 입히는 과정을 증착이라 합니다. 증착장비는 반도체 소자의 표면에 얇은 막을 입히며, 반도체 소자의 전기적 특성을 제어하고 성능을 향상시키는 역할을 합니다.

식각장비란?

반도체 소자에 그려진 패턴을 따라 필요치 않는 부분을 파내는 공정 장비입니다. 반도체 회로의 길을 만드는 공정을 식각이라 합니다.

022 분산투자 따라하기

종목선정을 잘못하면 주식시장이 활황이더라도 손해를 볼 수 있습니다. 혹시 종목선정을 잘못했더라도 적절히 분산투자했다면 손실위험이 줄어듭니다. 이번 장에서는 똑똑하게 분산투자하는 방법을 알아보겠습니다.

왜 분산투자를 해야 하나?

'달걀을 한 바구니에 담지 말라'라는 서양 속담이 있습니다. 이 말을 증권시장에 적용하면, 위험을 줄이기 위해 분산투자를 하라는 뜻이 됩니다. 증권시장에는 2가지 위험이 있습니다. 하나는 1997년 IMF 금융위기 시기나 2008년 서브프라임 사태, 2020년 코로나 팬데믹 때처럼 시장 전체가 하락하는 것이고, 다른 하나는 시장과 관계없이 개별종목이 하락하는 것입니다.

전자를 '체계적 위험'이라고 하고, 후자를 '비체계적 위험'이라고 합니다. 체계적 위험은 투자 시기를 분산함으로써 줄일 수 있습니다. 적립식 펀드처럼 장기간에 걸쳐 주식을 나누어 사면 평균 매입단가를 낮추는 효과가 있어 그만큼 위험을 줄일 수 있습니다. 반면 비체계적 위험인 개별 종목의 위험은 여러 종목에 분산투자함으로써 줄일 수 있습니다. 분산투자를 할 때는 자금의 규모와 투자 목적을 감안하여 자기 나름의 포트폴리오를 구성하는 것이 좋습니다.

분산투자 기준 1 — 상반되는 주식으로 분산

대형주와 중소형주, 가치주와 성장주, 고위험주와 저위험주처럼 성격이 대치되는 종목들로 분산투자합니다.

분산투자 기준 2 — 자금 규모에 따라 종목은 최대 5개까지만

1,000만원, 500만원 또는 그 이하의 적은 자금이라도 2~3개 종목으로 분산투자하는 것이 바람직합니다. 투자금액이 올라갈수록 종목수를 조금씩 늘리되 5개 이상으로는 늘리지 않는 것이 좋습니다. 개인투자자의 경우 종목수가 많아지면 기업 내용을 깊이 알기가 어렵고, 차트분석으로 적절한 매매시점을 찾기도 힘들기 때문입니다.

분산투자는 수량보다 금액 기준으로 해야 합니다. 투자자금이 1,000만원이라면 고가인 삼성SDI에 500만원(10주), 저가인 삼성엔지니어링에 500만원(380주)을 투자하는 식입니다.

분산투자 기준 3 — 목표수익률과 투자성향

자신이 어떤 성향의 투자자인지를 스스로 파악해야 합니다. 수익률이 낮더라도 손해를 볼 위험이 적어야 한다고 생각하는 투자자가 있는 반면, 손실위험을 감수하고라도 높은 수익률을 추구하는 투자자도 있습니다. 투자자 본인이 스스로 어느 쪽을 택할 것인지를 생각한 후 포트폴리오를 구성해야 합니다.

분산 포트폴리오의 3가지 유형

다음 포트폴리오 구성 사례를 참고하여 나만의 포트폴리오 구성 원칙을 만들기 바랍니다.

1 | 안정적 수익추구형

손실위험을 줄이면서 안정적인 수익을 추구하는 유형으로 지수나 업종 대표주, 내재가치가 높은 종목 및 고배당주로 구성합니다.

> **안정적 수익추구형 구성 사례**
>
> KOSPI200 추종 ETF 40% + 업종 대표 주도주 또는 저평가주 30% + 고배당주 30%

2 | 적극적 수익추구형

위험을 감수하고라도 투자수익을 높이려는 적극적인 투자자라면 내재가치보다 변동성이 높은 테마주, 턴어라운드주, 재료 보유주의 투자 비중을 높여 포트폴리오를 구성합니다.

> **적극적 수익추구형 구성 사례**
>
> 주도주, 소비주, 건강 관련주 50% + 테마주 30% + 턴어라운드주 20%

3 | 절충형

시장지수보다 수익률은 높이고 개별종목의 위험성은 낮추는 중간 형태의 이상적인 포트폴리오입니다.

절충형 구성 사례

업종 대표 주도주 및 고배당주 50% + 소비 및 건강 관련주 30% + 테마주 20%

분산투자 시 종목연구는 필수

이상 3가지 유형의 포트폴리오 중 하나를 선택하기에 앞서 업종 대표주, 주도주, 테마주, 턴어라운드주 등에 해당하는 종목에 어떤 것들이 있는지 평소에 종목연구를 해두어야 합니다. 앞서 언급한 바와 같이 주도주는 주식시장이 강세장일 때 뚜렷하게 나타납니다. 그리고 테마주(또는 재료 보유주)는 강세장일 때뿐 아니라 약세장 또는 횡보장일 때도 나타났다 사라지기를 반복하는 경향이 있습니다. 따라서 지금의 주식시장이 강세장인지, 약세장인지 아니면 횡보장인지를 판단한 후 포트폴리오 구성 비중을 조절해야 합니다.

가치주는 장기투자가 원칙입니다. 반면 성장주(테마주, 재료 보유주 포함)는 주가 기복이 심하므로 고점 매도, 저점 매수를 반복하면서 보유하는 것이 유리합니다.

포트폴리오 구성 종목을 결정했다면 관심종목 창에 넣어두고 정기적으로 기업 정보를 체크하고, 그래프도 살펴보십시오. 그러면 매수시점과 매도시점이 보일 것입니다. 시간이 없거나 힘들다고요? 이 정도 노력 없이 증권시장에서 남보다 높은 수익률을 추구하려고 한다면 애당초 생각이 잘못된 것 아닐까요?

 알아두세요

소비 관련주에는 어떤 것이 있나요?

식음료, 의류, 화장품, 화장지, 스마트폰, TV, 냉장고 등과 같은 필수생활소비재와 자동차, 가구, 엔터테인먼트, 게임, 영화, 드라마, 건강보조제 등과 같은 재량소비재가 있습니다.

건강 관련주에는 어떤 것이 있나요?

제약, 바이오, 건강보조식품, 헬스케어, 치아치료, 건강검진, 정수기, 공기청정기 등이 있습니다.

023 해외주식투자 따라하기

오늘날 통신과 인터넷의 발달로 국가 간 자금거래와 해외주식투자가 실시간으로 가능하게 되었습니다. 이번 장에서는 해외주식투자 요령과 참고해야 할 점을 알아보겠습니다.

해외 종목을 포트폴리오 구성에 포함시켜야 하는 이유

1 | 다양한 종목으로 효율적인 포트폴리오를 구성할 수 있다

외국에는 업종별로 다양한 글로벌 기업이 국내보다 더 많이 존재합니다. 따라서 국내 주식뿐 아니라 해외종목도 함께 넣으면 더욱 효율적인 포트폴리오를 구성할 수 있습니다. 외국 투자자들이 한국증시를 세계시장의 일부로 보고 투자하고 있으며, 지금도 코스피 시가총액의 30% 이상을 외국인이 보유하고 있습니다. 따라서 국내 투자자들도 30% 이내에서 적당한 비율로 해외 종목을 편입시키는 것이 효율적일 것입니다.

2 | 코리아디스카운트를 줄일 수 있다

남북 관계의 불확실성과 환율의 불안정 등으로 한국증시가 세계증시에 비해 상대적으로 저평가받는 불이익을 받고 있습니다. 따라서 해외증시에 분산투자를 하면 코리아디스카운트를 어느 정도 해소할 수 있습니다.

3 | 해외주식에 투자하면 국내주식투자 판단에 도움이 된다

세계증시는 미국증시를 정점으로 동조화 현상을 보이고 있습니다. 해외증시를 알면 국내 주식에 투자할 경우에도 국내증시 흐름 파악이나 업종/종목선정 시 도움이 됩니다.

4 | 환전 등 투자 방법이 쉬워졌다

환전이 실시간 환율로 이루어지고, 정규장 개장 전후 시간대에도 거래가 가능하다는 점 등 국내증시에 투자하는 것과 별반 다르지 않아 쉽게 매매할 수 있게 되었습니다.

해외주식투자, 어느 국가, 어떤 종목에 투자할 것인가?

어느 국가 증시에 투자할 것인가?

미국, EU, 일본 등 선진국은 GDP성장률이 낮은 반면, 통화가치가 안정되어 있고 증시 변동성도 크지 않기 때문에 저위험·중수익을 목표로 할 때 선정합니다. 중국, 인도, 베트남, 인도네시아 등 동남아 국가와 브라질, 칠레 같은 개발도상국들은 GDP성장률이 높은 반면, 증시 등락이 심하고 통화가치도 변동성이 심하기 때문에 고위험·고수익(High risk high return)을 추구할 때 선정합니다.

> **알아두세요**
>
> **미국 증권시장 제도**
> 1. 정규 거래 시간(한국 시간 기준)
> 오후 11시 30분 ~ 다음 날 오전 6시(서머타임 오후 10시 30분~다음 날 오전 5시)
> 정규 거래가 어려울 때는 '애프터마켓(정규장 마감 후 장)', '프리마켓(정규장 개장 전 장)'에서 거래 가능, 예약주문 가능(정규장에서만 유효)
> 2. 상한가와 동시호가제도 없음
> 3. 환전한 후 미국 달러 기준으로 거래
> 4. 결제일: T + 1일(한국 T + 2일)
> 5. 15분 지연 시세가 제공되므로 실시간 시세를 보려면 별도 신청 필요(월 5달러)
> 6. 매매수수료: 0.2~0.5%
> 7. 거래세: 매도 시 0.00231%(한국 매도 시 2023년 0.20%, 2024년 0.18%)
> 8. 세금
> • 배당금 세율: 15%(한국 15.4%)
> • 차익에 대한 양도소득세: 22% (공제금액 250만원, 한국은 대주주만 22~33% 과세)

어떤 종목에 투자할 것인가?

외국인은 한국증시에 투자할 때 한국의 대표기업을 선정하고 장기투자를 합니다. 이와 마찬가지로 해외주식을 선정할 경우에는 해당 국가의 지수를 추종하는 ETF 또는 해당 국가를 대표하는 기업을 우선적으로 선정하는 것이 원칙입니다.

해외주식 종목선정도 국내주식투자와 크게 다르지 않습니다. 수익성과 성장성을 겸비한 우량대형주이면서 업종을 대표하는 종목을 골라 장기투자하되 모멘텀투자(차트, 수급, 재료 등을 고려한 투자)를 일부 가미하는 전략이 바람직합니다.

미국증시에 투자하기

미국증시는 글로벌 시가총액 약 50%, 글로벌 ETF시장 약 80%를 점유하고 있을 뿐만 아니라 세계증시에서 시가총액 상위 10위권에 있는 기업의 주식도 대부분 속해 있는 만큼 세계증시에서 차지하는 비중이 매우 높습니다. 또한 전 세계 투자자들이 미국증시에 투자하고 있기 때문에 미국증시는 세계증시의 풍량계 역할을 하고 있다고도 볼 수 있습니다. 무엇보다 통화가치가 안정되어 있다는 장점 때문에 해외주식투자 중 미국주식 비중이 제일 높습니다.

미국증시 주요 ETF

전 세계 ETF시장은 미국이 약 80%를 점하고 있습니다. 따라서 미국증시에 상장되어 있는 ETF와 투자 방법에 대해서도 알아볼 필요가 있습니다.

알아두세요

해외 기업의 실적과 정보를 알아보려면?

스마트폰에서 '현재가/정보' 창을 클릭하면 기업의 개요와 실적, 재무정보, 컨센서스, 배당정보, 매출 구성, 주주정보, 주요공시, 연관 ETF까지 알아볼 수 있습니다. 기업정보를 확인한 다음에 그래프를 참고하는 것이 좋습니다.

1 | 대표적 지수 ETF

지수	대표 종목	티커
S&P500	❶ SPDR S&P500 ETF	SPY
S&P500지수×2배수	ProShares Ultra S&P500	SSO
S&P500지수×3배수	❷ ProShares UltraPro S&P500	UPRO
나스닥100	❸ Invesco QQQ Trust	QQQ
나스닥100지수×3배수	❹ ProShares UltraPro QQQ	TQQQ
S&P MidCap 400	iShares Core S&P Mid-Cap ETF	IJH
Russell 2000	❺ iShares Russell 2000 ETF	IWM
종합지수	❻ Vanguard Total Stock Market Index Fund ETF	VTI

❶ SPDR S&P500 ETF(SPY) — S&P500지수

흔히 SPY라고 부르며, S&P500지수 수익률을 추종하는 ETF입니다. 전 세계에서 운용규모가 가장 크고, 가장 많이 거래되는 ETF 중 하나입니다. 스프레드가 작으며 유동성이 높아 거래가 용이하여 미국 대형주 단기 투자자들에게 적합합니다. 세계 3대 신용평가 중 하나인 미국의 스탠더드 앤 푸어사(Standard & Poors)가 기업규모, 유동성, 산업의 대표성을 고려하여 선정한 보통주 500개 종목을 기준으로 산출해 발표하는 주가지수로, 다우존스산업지수(Dow Jones Industrial Average)보다 포괄적이어서 미국증시를 대표하는 지수로 평가받고 있으며, 많은 펀드가 해당 지수를 벤치마크로 활용하고 있습니다.

- 주요 구성 종목: 애플, 마이크로소프트, 아마존, 메타, 구글, 존슨앤존슨, 버크셔 해서웨이 등 시가총액 상위 500개 기업으로 구성
- 특징: SPDR 주가는 장기간 상승 추세를 이어가고 있고 배당도 1년에 4회에 걸쳐 약 2%를 받기 때문에 개별 주식에 비해 안전하고 장기투자에 적합

| 코스피와 S&P500지수 수익률 비교 |

종가선 차트(2020~2025.5.29)

❷ ProShares UltraPro S&P500(UPRO) — S&P500×3배

증권과 파생상품을 조합하여 S&P500지수 일별 수익률(수수료 및 비용 차감 전)의 3배를 추종하는 레버리지 ETF입니다. 지수 등락의 3배로 움직이므로 고위험·고수익 상품입니다. 따라서 차트분석으로 단기매매로만 대응하되 투자금액의 30% 이내로 한정하여 예측이 잘못되었을 경우 발생할 위험을 다소 낮출 필요가 있습니다.

❸ Invesco QQQ Trust(QQQ) — 나스닥100지수

미국 나스닥시장에 상장된 종목 중 비금융 종목 중에서 시가총액과 유동성을 고려하여 선정된 100개 종목으로 구성되어 있는 ETF입니다. 나스닥100지수를 추종하는 ETF 중 가장 큰 운용규모를 자랑하며, 전 세계에서 가장 많이 거래되는 ETF 중 하나입니다. 유동성이 높고 스프레드가 낮기 때문에 단기투자에 적합합니다. 보수율이 가장 낮은 반면, 투자 종목이 기술 분야에 집중되어 변동성이 높습니다.

- 주요 구성 종목: 애플, 마이크로소프트, 아마존, 메타, 구글, 테슬라, 인텔, 엔비디아, 넷플릭스 등 나스닥 시가총액 상위 100개 기업으로 구성

❹ ProShares UltraPro QQQ — 나스닥100지수×3배

주식과 파생상품을 조합하여 나스닥100지수 일별 수익률의 3배(수수료 및 비용 차감 전)를 추종하는 레버리지 ETF입니다. 미국의 기술주를 대표하는 나스닥100지수이며, 레버리지가 3배로 매우 높은 고위험·고수익 종목이므로 단기매매로만 한정해야 합니다.

❺ iShares Russell 2000 ETF(IWM) — Russell 2000지수

미국을 대표하는 중소기업 지수로 Russell 3000 구성 종목 중 시총 상위 1,000개를 제외한 나머지 2,000개 종목을 기반으로 산출하고 있습니다. 미국 중소형주의 일별 수익률을 추종하는 ETF로 대형주를 추종하는 ETF보다 등락률이 높습니다. 따라서 고위험을 선호하는 투자자들에게 적합한 종목입니다.

❻ Vanguard Total Stock Market Index Fund ETF(VTI) — 전 종목 지수

시가총액 규모와 상관없이 미국(뉴욕, 나스닥)에 상장된 모든 종목을 대상으로 지수를 산출하는 ETF입니다. 벤치마크 지수에 편입된 종목의 수가 너무 많아 벤치마크 비율을 그대로 복제하는 것이 아닌, 샘플링 과정을 통해 종목선정 및 비율을 배분하는 전략을 취하고 있습니다.

알아두세요

해외 ETF 검색 사이트

1. ETF.com(www.etf.com)
ETF에 관한 기본적인 정보를 제공하는 사이트로, 가장 많이 이용되고 있음
2. ERF.DATABASE(etfdb.com)
특정 ETF 검색에 유용하며 카테고리별로 찾아볼 수 있도록 되어 있음
(예. 신흥시장주식 ETF, 배터리소재 ETF, 부동산 ETF 등)

2 | 섹터 ETF 베스트 10

번호	섹터	대표 종목	티커
1	리튬/2차전지	❶ Global×Lithium & Battery Tech ETF	LIT
2	자율주행/전기차	❷ Global×Autonomous & Electric Vehicles ETF	DRIV
3	고배당	❸ Vanguard High Dividend Yield Index Fund ETF	VYM
4	반도체	iShares PHLX Semiconductor ETF	SOXX
5	바이오텍	iShares Nasdaq Biotechnology ETF	IBB
6	헬스케어	❹ Health Care Select Sector SPDR Fund	XLV
7	금융	Financial Select Sector SPDR Fund	XLF
8	항공우주/방위	iShares US Aerospace & Defense ETF	ITA
9	성장주	*iShares Core S&P US Growth ETF	IUSG
10	가치주	iShares Edge MSCI USA Value Factor ETF	VLUE

❶ Global×Lithium & Battery Tech ETF(LIT) — 리튬배터리

2차전지 산업에 투자하는 간단한 방법은 리튬배터리 관련 LIT ETF에 투자하는 것입니다. 리튬은 배터리 제조에 비중이 가장 높은 필수 소재이기 때문입니다.

상기 상품은 Solactive Global Lithium Index의 투자수익률(수수료 및 비용 차감 전)을 추종하며, 총자산의 80% 이상을 기준 지수의 주식과 해당 주식을 기초자산으로 발행된 DR종목에 투자합니다. 기준 지수는 중국, 미국, 한국, 일본 등에 걸쳐 리튬산업에 속한 글로벌 기업들로 구성되어 있습니다.

❷ Global×Autonomous & Electric Vehicles ETF(DRIV) — 자율주행/전기차

전 세계 자율주행과 전기차 시대를 열어줄 기업들에 분산투자하는 ETF입니다. 기준 지수는 하이브리드차, 전기차, 자율주행차, 관련 소재 부품, 자율주행기술, 커넥티드 카 서비스 등을 생산 및 제공하는 상장기

업(테슬라, 엔비디아 등)을 추종하도록 설계되어 있습니다.

❸ Vanguard High Dividend Yield Index Fund ETF(VYM) — 고배당주

뱅가드에서 운영하는 배당주 ETF입니다. 고배당 ETF 중 가장 규모가 큰 ETF입니다. 운용규모는 42억달러, 운용보수는 0.06%이며 분기 배당입니다.

미국 대형 고배당주로 구성된 FTSE High Dividend Yield Index를 추종하고 있습니다. 기준 지수는 평균보다 높은 배당수익률을 보이는 약 440개 종목으로 구성되어 있으며 소비재, 에너지 섹터 투자 비중이 높은 점이 특징입니다. 대세상승기에는 성장주에 비해 수익률이 상대적으로 저조할 수 있습니다. 배당을 중시하는 장기투자자에게 유망한 ETF입니다.

❹ Health Care Select Sector SPDR Fund(XLV) — 헬스케어

Health Care Select Sector Index 투자수익률(수수료 및 비용 차감 전)을 복제하며, 총자산의 95% 이상을 기준 지수를 구성하는 주식에 투자합니다. 기준 지수는 제약, 건강의료기기 및 물품, 헬스케어 서비스, 바이오테크, 생명과학 도구 및 서비스, 헬스케어 기술 등의 섹터에 속한 기업들로 구성되어 있습니다.

- 주요 구성 종목: 유나이티드헬스(9.1%), 존슨앤존슨(8.8%), 화이자(5.6%), 애비브(5.0%), 써모피셔사이언티픽(4.5%), 애보트래보라토리(4.5%), 머크(3.8%), 일라이릴리(3.7%) 등

알아두세요

해외주식을 알아보는 사이트

1. 증권사 HTS에서 '해외주식' 창을 열면 ① 현재가, ② 기업계요, ③ 재무비율, ④ 그래프, ⑤ 투자의견 분포와 목표 주가 등을 볼 수 있습니다. 다만, 15분 지연 시세가 제공되므로 실시간 시세를 보려면 월 5달러(미국증시 기준)를 내야 합니다.

2. 야후파이넌스(Yahoo Finance) 사이트를 활용하면 실시간 시세, 차트, 재무 데이터를 무료로 볼 수 있습니다.

미국주식 관심종목

미국주식 관심종목 12선

번호	회사명	티커	주력사업
1	애플	AAPL	모바일, 미디어장치, 개인용 컴퓨터, 디지털음악 등을 설계, 제조, 판매. 시가총액 1위
2	마이크로소프트	MSFT	클라우드, 컴퓨터, 앱, 게임 등 소프트웨어 개발, 판매
3	알파벳	GOOGLE	인터넷 포털 서비스 및 지주회사. 주수입은 온라인 광고이며 유튜브, 클라우드 서비스 등의 영업을 함. 보통주 class A(GOOGLE)와 무의결권주 class C(GOOG)로 나누어져 있음
4	아마존	AMZN	미국 최대 온라인 쇼핑 서비스 제공
5	테슬라	TSLA	전기자동차(EV), 기타 에너지 저장, 태양광에너지 등의 사업도 함
6	메타	FB	세계 최대 SNS 플랫폼 운영. 구 Facebook
7	인텔	INTC	세계 최대 반도체 칩 제조업체
8	엔비디아	NVDA	프로그래밍이 가능한 그래픽 프로세서 기술 제공 세계 1위 기업
9	넷플릭스	NFLX	TV프로그램, VOD, 영화 등을 제공하는 미국 최대 엔터테인먼트 회사
10	존슨앤존슨	JNJ	헬스케어 제약 및 생명공학 제약 세계 선두
11	유나이티드 헬스그룹	UNH	미국에서 약 7,000만명의 환자 및 고객에게 건강과 웰빙 서비스 제공
12	에이알엠홀딩스	ARM	IT/반도체, 디스플레이/반도체 제조

미국 배당주 주식 10선

S&P500 내에서 꾸준한 실적과 배당성향이 높은 기업의 예

번호	회사명	티커	주력사업	번호	회사명	티커	주력사업
1	존슨앤존슨	JNJ	건강장비	6	알트리아그룹	MO	담배
2	시스코	CSCO	통신장비	7	에이티앤티	T	통신
3	맥도날드	MCD	식음료	8	이튼코퍼레이션	ETN	전자소재
4	엑슨모빌	XOM	에너지	9	콘솔리데이티드 에디슨	ED	전자장비
5	다우듀폰	DWDP	화학	10	JP모건 체이스	JPM	금융

중국증시에 투자하기

높은 GDP성장률과 거대한 내수시장이 장점입니다. 그러나 사회주의 국가이기 때문에 기업경영에 정부의 간섭이 많다는 단점이 있습니다.

중국증시 관심종목

번호	회사명	상장증시	코드번호	주력사업
1	알리바바	홍콩	9988	아시아 최대 전자상거래
2	텐센트	홍콩	0700	게임(42%), SNS(22%), 광고 등
3	바이두	홍콩	9888	중국 대표 인터넷 검색엔진
4	복성제약	상해	600196	중국 대표 헬스케어
5	CTG면세점	상해	601888	중국 면세점시장 독과점
6	중공교육과기	심천	002607	중국 최대 취업교육
7	중국평안보험	상해	601318	중국 최대 민영 종합금융
8	중신증권	상해	600030	중국 최대 증권사

국내 설정 해외 ETF

국내증시에 상장된 해외 ETF를 매수하는 것도 해외증시에 투자하는 것과 동일한 효과가 있습니다.

❶ 미국: TIGER미국S&P500선물H(143850), TIGER미국나스닥100(133690), ARIRANG미국S&P500H(269540)
❷ 중국: TIGER차이나CSI300(192090), KINDEX중국본토CSI300(168580), KODEX중국본토A50(169950)
❸ 일본, 베트남, 유로: TIGER일본TOPIX합성H(195920), KODEX선진국MSCIworld(2513)

해외주식 계좌 만들고 매매하기

1 | 스마트폰으로도 해외주식 거래 가능

기존 증권계좌를 보유한 투자자는 스마트폰으로 간단히 해외주식계좌를 개설하고, 바로 매매도 가능합니다. '해외주식 이용신청'에서 '해외주식 서비스 약관'에 동의한 후 '온라인 서비스 등록'을 하면 바로 거래가 가능합니다.

2 | 환전

해외주식은 해당 국가의 통화로 거래됩니다. 따라서 원화를 해당 국가 통화로 환전해야 합니다. HTS에서 '환전/실시간환전거래' 창을 열고 환전할 금액을 입력한 다음 확인을 누르면 실시간으로 환전이 이루어집니다.

환전에는 2가지, '원화 → 외화', '외화 → 원화'가 있습니다.

환전 창에는 환율일별추이/당일실시간 고시환율/기준환율이 나타납니다. 적용되는 환율은 증권사가 제시하는 '기준환율'로, 이는 환전수수료까지 포함된 환율입니다.

환전수수료는 매수, 매도 시 1% 내외로 은행보다 저렴합니다. '원화 → 외화' 환전은 주식을 매수하기 위한 환전으로 보기 때문에 환전한 외화는 출금할 수 없습니다.

환전 가능 시간은 오전 9시부터 다음날 새벽 2시까지이고, 주식을 사려면 미리 해당 국가의 화폐로 환전해 두어야 주문을 낼 수 있습니다.

3 | 주요 증시 거래 시간

국가	시장 구분	한국 시간	현지 시간	참고
미국	프리장(Pre-Market) (정규장 개장 전 시장)	18:00~23:30	04:00~09:30	서머타임 적용 시 1시간씩 당겨짐
	정규장	23:30~06:00	09:30~16:00	
	애프터장(After-Market) (정규장 마감 후 시장)	06:00~09:00	16:00~18:00	
	주간대체시장 (BOATS, Blue Ocean ATS)	10:00~17:30	18:00~22:30	
일본	정규시장	현지 시간과 동일	09:00~11:30 12:30~15:30	
중국	정규시장	10:30~12:30 14:00~17:00	09:30~11:30 13:00~15:30	
홍콩	정규시장	10:30~13:00 14:00~17:00	09:30~12:00 13:00~16:00	
베트남	호치민	11:15~13:30 15:00~17:00	09:15~11:30 13:00~15:00	
	하노이	11:00~13:30 15:00~17:00	09:00~11:30 13:00~15:00	

❶ 대형증권사는 대부분 프리장, 애프터장을 제공하고 있지만 증권사마다 시간이 조금씩 다른 경우가 있고, 제공하지 않는 증권사도 있으므로 해당 증권사에 확인이 필요합니다.

❷ 서머타임 적용은 3월 둘째주 일요일~11월 첫째주 일요일입니다.

❸ 세계 각국 증시 가격제한폭

- 가격제한폭이 없는 나라: 미국, 영국, 캐나다, 스페인, 홍콩, 싱가포르, 남아공
- 가격제한폭이 있는 나라: 한국, 태국(30%), 중국, 프랑스(10%), 대만(7%)
- 독일은 종목별로 다르고, 일본은 정액제로 평균 21.2%입니다.

4 | 스마트폰 해외주식 창

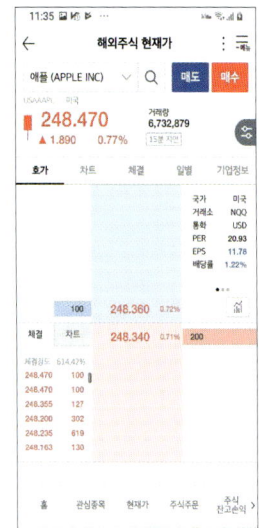

거래세, 매매차익에 대한 양도소득세, 배당금에 대한 세금

1 | 해외주식 거래세

국가	매수 시	매도 시
한국	0	2023년 0.20%, 2024년 0.18%, 2025년 0.15%
미국	0	0.002315%(SEC Fee)
중국	0.01087% (Handling Fee 0.00487%, Securities Fee 0.002%, Transfer Fee 0.004%)	0.110875% (Handling Fee 0.00487%, Securities Fee 0.002%, Transfer Fee 0.004%, Stamp Duty 0.1%)
일본	0	0
베트남	0	0.1%(Tax)

2 | 해외주식 매매차익에 대한 양도소득세

❶ 세율: 22%(비과세 한도 250만원)

❷ 해외주식은 해외에 상장된 해외주식과 ETF를 말하며, 국내상장 해외 ETF, 국내설정 해외 펀드는 배당소득세 15.4%가 적용됩니다.

❸ 1년간 거래를 통산하여 투자수익이 있는 투자자는 다음 해 5월에 국세청에 신고해야 합니다. 거래 증권사에서 과세 자료를 출력할 수도 있고, 증권사에 신고대행을 신청할 수도 있습니다.

❹ 환율은 매매시점의 기준환율을 적용합니다.

❺ 금융소득종합과세 대상 여부: 해외주식, ETF 투자수익은 금융종합과세 대상에 포함되지 않습니다. 반면 국내설정 해외펀드와 국내상장 해외 ETF 수익은 대상에 포함됩니다.

3 | 해외주식 배당금에 대한 세금

❶ 한국: 15.4%

❷ 미국: 5%

❸ 중국: 14.4%

❹ 일본: 15.315%

- **024** 차트는 주가를 예측한다
- **025** 봉차트란 무엇인가?
- **026** 봉차트와 연결봉으로 주가 예측하기
- **027** 추세선으로 매매시점 파악하기
- **028** 이동평균선을 따라 마음 편히 매매하기
- **029** 패턴분석으로 매매시점 알아보기
- **030** 거래량 분석으로 세력의 힘 느끼기
- **031** 보조지표 활용하기
- **032** 차트로 투자 시기 예측하기
- **033** 관심종목 매매원칙 종합 정리하기

셋째 마당

차트는 주가를 예측한다

주식투자 무작정 따라하기

투자 이야기

차트로 매매시점 감잡기

2011년 3월, D증권 강남지점 정문재 사원은 오지숙 팀장에게 다가가 조심스럽게 말을 걸었습니다.

"오 팀장님, 오늘은 무슨 주식을 사십니까?"

"저는 오늘 LG화학을 사려고 해요."

"왜 LG화학이죠? 무슨 좋은 재료가 있나요?"

"지금 시장에서 LG화학이 주도주이면서 테마주잖아요."

"테마라면 전기자동차용 2차전지를 말하는 건가요?"

"맞아요. 작년 미국 미시건주에서 열린 홀랜드시 LG화학의 전기자동차용 2차전지공장 기공식에 오바마 대통령이 참석해 축사를 했다는 것은 그만큼 미래성장성이 높다는 뜻이라고 생각해요."

"그렇다고 100년간 이어져온 석유연료 자동차가 하루아침에 전기차로 바뀌겠어요?"

"그렇게만 생각할 게 아니에요. 10년 후면 전기차용 배터리 시장 규모가 100조원을 넘어서고 20년 후면 주유소마다 배터리 충전기가 설치될 거예요. LG화학은 리튬전지 분야에서 세계 선두 기업이랍

LG화학 일봉 그래프(2010.12~2011.5). 3월 초 390,000원대에서 5일, 10일, 20일 이동평균선이 차례로 골든크로스하고, 보조지표인 MACD와 스토캐스틱도 매수 신호를 보내고 있습니다.

니다."

"오 팀장님 말을 들어보니 LG화학이야말로 꿈이 있는 주식이네요."

"그리고 이 그래프를 보세요."

오 팀장은 정문재 사원에게 LG화학의 월봉, 주봉, 일봉 그래프를 차례로 보여주었습니다.

"먼저 월봉과 주봉 그래프에서 주가가 중·장기적으로 상승 추세임을 확인할 수 있습니다. 그리고 일봉을 보세요. 여기 5일 이평선과 10일, 20일 이평선이 수렴하고 있잖아요. 주가/5일/10일/20일 이평선이 골든크로스하면서 매수 신호를 주고 있지요."

오 팀장은 주가가 이동평균선 수렴 구간을 뚫고 올라가면 주가상승률이 높았다는 과거 사례를 설명해주었습니다.

"보조지표도 보세요. MACD가 골든크로스를 만들며 상승 중이지요? 스토캐스틱 역시 주식을 매수하라는 신호를 보내고 있습니다."

"그러고 보니 차트에 나와 있는 모든 지표가 동시에 매수 신호를 보내고 있군요. 알겠습니다. 저도 고객들에게 LG화학 매수를 추천해야겠습니다."

정문재 사원은 오 팀장에게 고맙다고 인사한 뒤 자리로 돌아와 고객들에게 전화를 걸어 상담에 들어갔습니다.

* LG화학은 2020년 12월 1일부로 전지사업부문(자동차전지, ESS, 소형전지)을 떼어내 ㈜LG에너지솔루션으로 분사했습니다. 그러나 LG에너지솔루션은 LG화학이 86.09% 지분을 가진 자회사로 기업실적은 LG화학에도 반영됩니다.

차트는 주가를 예측한다

주식투자를 하는 사람이면 누구나 다음 2가지 문제에 직면하게 됩니다. 첫째는 어느 주식을 살 것인가, 즉 종목선정의 문제이고, 둘째는 언제 사고 언제 팔 것인가, 즉 매매시점 포착의 문제입니다. 이번 장에서는 차트를 보고 주가를 예측하는 방법, 즉 주식을 사야 하는 시점과 팔아야 하는 시점을 알아보도록 하겠습니다.

매수세가 강하면 강세시장, 매도세가 강하면 약세시장

 알아두세요

매수세력과 매도세력 비유

흔히 매수세력은 황소(Bull)로, 매도세력은 곰(Bear)으로 비유합니다. 황소도 곰도 모두 힘이 센 동물로, 황소가 뿔을 치켜들고 돌진하는 모습에서 상승세를, 곰이 앞발로 위에서 찍어내리는 모습에서 하락세를 연상하게 된다고 하여 이렇게 비유합니다.

주가는 기본적으로 기업가치에 의해 결정되지만 보다 직접적으로는 시장에서 수요와 공급에 의해 결정됩니다. 주가가 올라갈 것이라고 생각하는 사람은 주식을 매수할 것이고, 떨어질 것이라고 생각하는 사람은 매도할 것입니다. 보통 매수세력이 강하면 주가가 올라가고, 매도세력이 강하면 주가가 떨어집니다. 매수세력이 강한 시장을 강세시장(Bull Market)이라고 하고, 매도세력이 강한 시장을 약세시장(Bear Market)이라고 합니다.

사는 사람은 올라갈 거라고, 파는 사람은 떨어질 거라고 생각한다

주식을 사는 사람들을 살펴보면, 기업가치보다 저평가되어 있기 때문에 언젠가는 제대로 평가받을 것이라고 생각하고 사는 사람도 있고, 유·무상 증자나 신제품 개발로 영업실적이 좋아질 것이라고 생각하고 사는 사람도 있습니다. 또 외국인, 기관 혹은 큰손들이 매수하니 따라 사는 사람도 있고, 기술적 분석기법인 그래프를 보고 매수시점이라 생각하고 사는 사람도 있습니다. 이렇게 매수하는 사람들은 저마다 주가가 상승할 것이라고 판단하는 자기 나름의 이유가 있습니다. 주식을 파는 사람들은 이와 반대로 주가가 떨어질 것이라고 보는 각자의 이유를 가지고 있습니다. 기업가치 대비 주가가 고평가된 경우, 단기 급등으로 수익을 실현하기 위한 경우, 심지어 공매도 세력이 주가를 떨어뜨리기 위한 경우도 있습니다.

이와 같이 매수자는 매수자대로, 매도자는 매도자대로 각자 이유를 가지고 주식을 사고팝니다. 매수세력의 자금이 많고 강하면 주가는 상승할 것이고, 매도세력의 물량이 많고 강하면 주가는 하락할 것입니다.

대표적인 기술적 분석 방법은 차트!

기술적 분석이란 주가나 거래량 등 주식시장에 나타난 과거의 데이터를 기초로 하여 시세를 예측하는 것을 말합니다. 흔히 차트를 이용하며, 분석을 통해 투자심리, 매매시점, 주가 동향 등을 예견하지요.

기술적 분석가들은 서로 상반된 생각을 가진 다수의 매수자와 매도자가 힘을 겨룬 결과로 만들어진 그래프를 보고 주가가 상승 방향인지 하락 방향인지를 파악합니다. 또한 오르고 있는 주가가 어느 시점에 하락으로 전환할 것인지, 내리고 있는 주가가 언제 방향을 바꾸어 올라갈 것인지, 방향 전환의 변곡점을 찾아냅니다.

차트를 보고 어떻게 주가를 예측하는가?

차트분석가들은 무엇을 근거로 주가의 방향성과 변곡점을 찾아낼까요? 그 답은 주가 그래프의 3가지 본질적인 속성에 있습니다.

첫째, 그래프는 새로운 변화가 나타날 때까지는 진행 방향을 계속 유지한다(추세 계속성).

상승(또는 하락) 추세인 주가는 새로운 변화가 나타날 때까지 계속 상승(또는 하락)하려는 속성이 있습니다.

둘째, 도표상의 주가 모형은 반복하려는 속성을 지닌다(반복성).

그래프에 삼봉천정형(Head & Shoulder Formation)이 나타났다면, 과거에도 같은 모형이 나타났을 때 주가가 떨어졌으니 이번에도 주가가 하락하리라고 판단하는 것입니다.

셋째, 주가에도 어느 정도 구심력이 있다(기업가치 회귀성).

주가가 이동평균선에서 너무 멀어지면 구심력에 의해 이동평균선으로 회귀하려는 속성이 있습니다. 장기 이동평균선의 값은 투자자 다수가 인정한 기업가치라고 할 수 있습니다.

 **알아두세요**

삼봉천정형이란?

산봉우리 3개가 연이어 있는 모양의 그래프로 삼중천정형이라고도 하고, 사람의 머리와 양 어깨의 형상이라는 뜻에서 Head&Shoulder형이라고도 합니다. 삼봉천정형은 전형적인 주가 하락의 패턴입니다. 자세한 내용은 283쪽을 참조하세요.

차트는 과학, 심리학, 예술?

현대의 기술적 분석가들은 차트를 과학이요, 심리학이요, 예술이라고 합니다. 과학으로 보는 이유는 게임이론, 확률론, 기하학 같은 수학적 개념을 도입하기 때문입니다. 그리고 군중심리와 집단심리에 따라 매수자는 탐욕에, 매도자는 공포에 빠지기 때문에 심리학이라고도 합니다. 또 분석자들이 차트의 움직임을 보며 감정의 강약이나 리듬을 느끼기도 하므로 예술이라고도 할 수 있습니다. 인간은 패턴을 찾으려는 본능을 지니고 있습니다. 대다수 차트분석가들은 자기가 기억하고 있는 흐름이나 패턴을 발견하면 기계적으로 매매하려고 하는 경향이 있습니다.

봉차트란 무엇인가?

봉차트를 이해하는 것은 그래프를 이해하기 위해 갖추어야 할 필수조건이라 할 수 있습니다. 이번 장에서는 봉차트 그리는 방법과 그 의미를 알아보도록 하겠습니다.

봉차트란?

그래프를 이해하기 위해서는 먼저 봉차트를 알아야 합니다. 봉차트 없는 그래프는 존재하지 않는다고 해도 과언이 아닐 만큼 그래프의 기본 요소로 자리하고 있기 때문입니다. 일반적으로 널리 사용하는 봉차트는 시가(시작가격), 고가(최고가격), 저가(최저가격), 종가(마감가격)가 그려지며, 막대모양으로 나타냅니다. 봉차트 그리는 방법과 그 의미를 알아보고 투자 판단에 활용하는 방법도 알아보겠습니다.

봉차트의 종류 1 ― 작성 기간에 따른 분류

봉차트는 작성 기간에 따라 일봉차트, 주봉차트, 월봉차트로 나뉩니다. 일봉은 하루, 주봉은 일주일, 월봉은 한 달 동안의 주가 흐름을 나타냅니다. 일봉차트는 매수세력과 매도세력이 하루 동안 치열한 힘겨루기를 한 결과를 일자별로 연결해 만들어진 것이므로 단기 주가의 흐름을 파악하는 데 활용하고, 주봉과 월봉 차트는 중·장기 주가의 흐름을 파악하는 데 활용합니다.

봉차트의 종류 2 — 작성 방법에 따른 분류

미국식 도표와 일본식 도표로 나뉘는데, 미국식 도표는 저가·고가·종가만을 표시하고, 일본식 도표는 시가·고가·저가·종가를 그리되 주가가 상승한 날은 붉은색으로, 떨어진 날은 흑색 또는 청색으로 그립니다. 우리나라에서는 일본식 도표를 사용합니다.

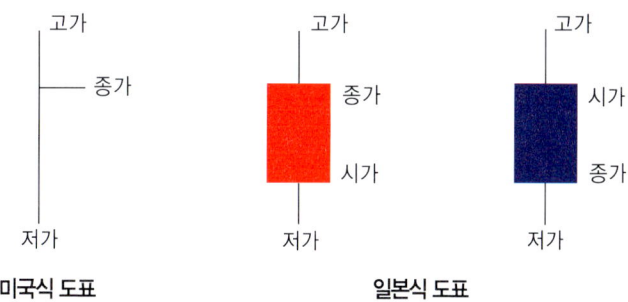

봉 그리는 방법

 알아두세요

양봉과 음봉은 시가 대비 종가가 올랐느냐 떨어졌느냐에 따라 구분합니다. 따라서 전일과 비교한 등락과는 관계가 없음을 알아두세요.

아래 A와 같이 주가가 아침 동시호가 때 시가보다 상승해 종가가 더 높게 끝나는 경우를 양봉이라 하고, 붉은색으로 나타냅니다. 반면 B처럼 주가가 시가보다 하락해 종가가 더 낮게 끝나는 경우를 음봉이라 하고, 청색(또는 흑색)으로 나타냅니다.

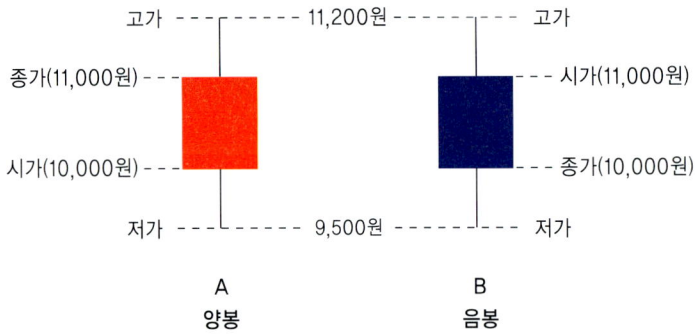

양봉인 A는 시가가 10,000원에 시작해 장중에 11,200원까지 상승하기도 하고 9,500원까지 하락하기도 했지만 마지막에 종가가 11,000원으로 올라 끝이 난 경우이고, 음봉인 B는 시가가 11,000원에 시작해 장중에 오르기도 하고 떨어지기도 했지만 종가는 시가에 비해 떨어진 10,000원으로 끝이 난 경우입니다.

무작정 따라하기

봉 그리기

예제 1 아침에 시가가 10,000원으로 시작했으나 장중에 9,700원까지 밀렸다가 오후에 회복하여 10,500원으로 장을 마친 경우 봉을 그려보세요.

해설 1 봉을 그릴 때 종가가 최고가일 경우 고가선을 따로 그리지 않습니다.

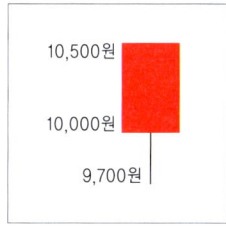
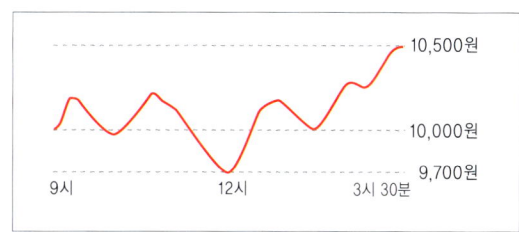

일일 주가 흐름 가상도

예제 2 아침에 시가가 10,000원으로 시작하여 장중에 10,500원까지 상승했으나 최종 주가는 9,500원으로 장을 마친 경우 봉을 그려보세요.

해설 2 봉을 그릴 때 종가가 최저가일 경우 저가선을 따로 그리지 않습니다.

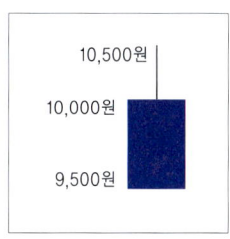
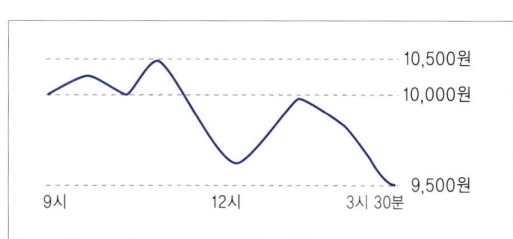

일일 주가 흐름 가상도

봉차트와 연결봉으로 주가 예측하기

주식투자 무작정 따라하기 026

봉차트 하나하나도 제각기 의미가 있지만, 여러 개의 봉을 연결해서 보면 주가의 방향을 더욱 쉽게 알 수 있습니다. 이를 연결도표라고 하는데, 봉차트와 연결도표를 분석해 투자 판단에 활용하는 방법을 알아보겠습니다.

봉차트로 매매전략 살펴보기

강한 양봉

아침 시가부터 시장이 종료될 때까지 강한 매입세력이 꾸준히 들어와 주가가 상승으로 끝이 났다는 뜻이며, 몸통이 긴 상승선이 나타나면 주가가 상승국면으로 전환되는 경우가 많습니다.

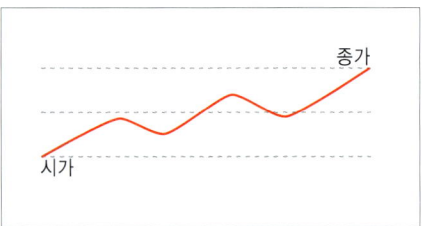

기간 중 주가 흐름 가상도

투자 포인트 매수세력이 강하므로 상승 관점에서 주가를 봅니다.

꼬리는 무엇을 의미하나요?

꼬리는 장중에 거래가 이루어졌으나 시장에서 거부당한 가격을 의미합니다. 고점에서 위로 달린 긴 꼬리는 매수자가 탐욕이나 조바심으로 추격매수하면서 생긴 것입니다. 반면 바닥에서 아래로 달린 긴 꼬리는 매도자가 추가 하락에 대한 공포심으로 추격매도하면서 생긴 것이라고 볼 수 있습니다. 천정권에서 위로 붙은 긴 꼬리가 나타나면 매도를, 바닥에서 아래로 붙은 긴 꼬리가 나타나면 매수를 검토하는 것이 좋습니다.

아래꼬리가 달린 양봉

아래꼬리가 달린 것은 장중에 일시적으로 주가가 시가 이하로 떨어졌다가 올라갔다는 뜻입니다. 바닥권에서 나타나면 속등할 가능성이 높고 상승 전환의 의미로 봅니다.

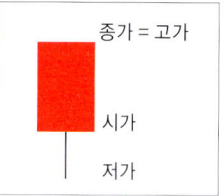
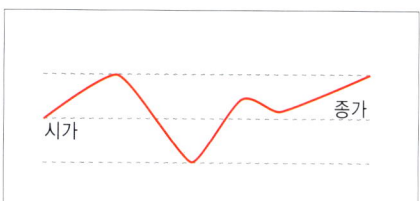

기간 중 주가 흐름 가상도

 투자 포인트 — 매수세력이 강하므로 상승 관점에서 주가를 봅니다.

위꼬리가 달린 양봉

전일보다 주가가 상승했지만, 고가에서 매도세력에 밀려 종가가 장중 고가보다 낮은 가격에 끝났음을 의미합니다. 주가가 급격히 떨어지며 반락할 가능성도 있음을 말해줍니다.

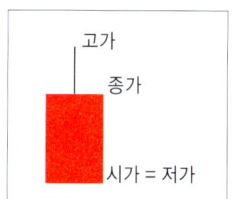
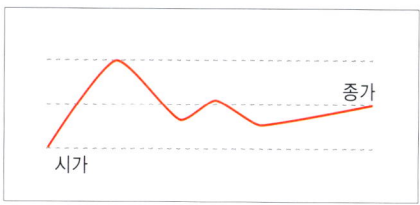

기간 중 주가 흐름 가상도

 투자 포인트 — 매물을 받았으나 상승세력이 여전히 강하다는 것을 나타냅니다.

긴 꼬리가 달린 망치형 양봉

장중에 크게 하락했지만 반발 매수세가 들어와 결국은 시초가와 동일한 가격 또는 전일 종가 이상으로 회복된 경우입니다. 망치 같은 모양을 하고 있다고 해서 망치형 양봉이라 합니다. 꼬리가 길수록 극적인 반발 매수세가 들어왔다고 볼 수 있습니다.

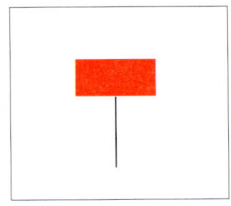
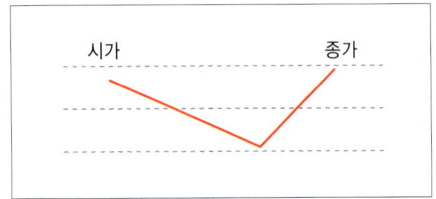

기간 중 주가 흐름 가상도

주가가 하락 후 바닥권에서 나타나면 일단 상승으로 전환되는 신호로 봅니다.

매수세력과 매도세력이 균형 있게 맞서 있는 상태

주가가 소폭의 등락을 보이며 횡보하고, 시세가 전환되기 전에 나타나는 경우가 많습니다.

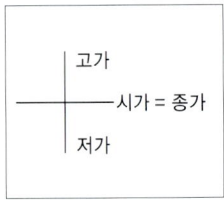
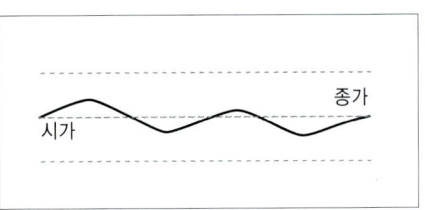

기간 중 주가 흐름 가상도

관망하다가 다음에 나타나는 신호를 확인한 후 판단하는 것이 좋습니다.

천정권이란?

주가가 상승한 후 추가 상승의 힘이 부족해 고점에서 에너지를 소비하며 시간을 끌고 있는 상태를 말합니다.

강한 음봉

매도세가 강하다는 것을 나타내며 주가가 계속해서 떨어질 가능성이 있습니다. 천정권에서 긴 하락이 나타날 경우에는 하락 국면으로 방향이 전환되는 경우가 많습니다.

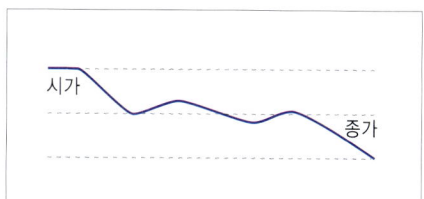

기간 중 주가 흐름 가상도

투자 포인트   매도세력이 강하므로 하락 관점에서 주가를 봅니다.

위꼬리가 달린 음봉

매도세가 강하다는 것을 나타내지만 위꼬리로 볼 때 일시 상승 시도가 실패한 모양입니다. 이 형태는 상승에서 하락으로 전환될 때 자주 나타납니다.

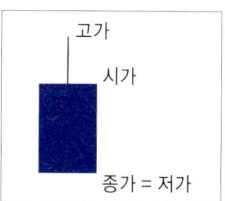
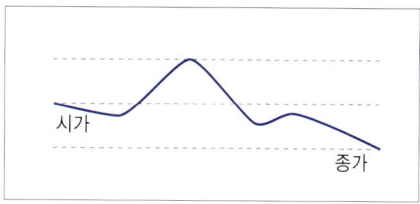

기간 중 주가 흐름 가상도

투자 포인트   천정권에서는 매도 관점에서 보고 매수는 다음 봉 확인 이후로 미루는 것이 좋습니다.

아래꼬리가 달린 양봉

하락세를 나타내지만 아래꼬리를 달고 있어 바닥권에서 매수가 들어와 반등할 가능성이 있습니다.

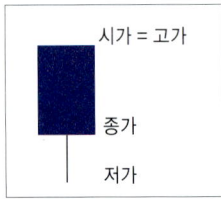
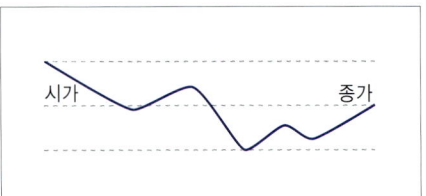

기간 중 주가 흐름 가상도

 다음 신호를 확인하며 매수 시기를 기다리는 것이 좋습니다.

위로 긴 꼬리가 달린 역 망치형 음봉

장중에 상승했지만 반발 매도세력이 들어와 결국은 시초가와 동일한 가격 또는 전일 종가 이하로 하락한 경우입니다. 망치를 거꾸로 세워둔 모양을 하고 있다고 해서 역망치형 음봉이라 합니다.

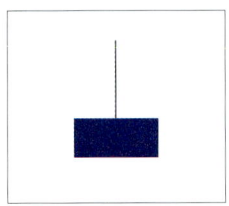
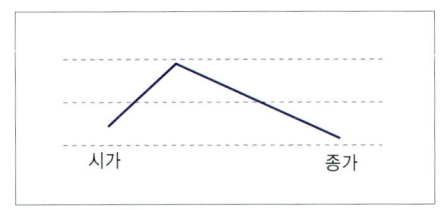

기간 중 주가 흐름 가상도

 주가가 상승 후 천정권에서 나타나면 일차 하락으로 전환되는 신호로 봅니다.

선만 있는 경우

강력한 평형국면을 나타내며, 보통 거래량이 적고 침체국면에서 잘 나타납니다.

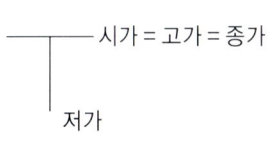
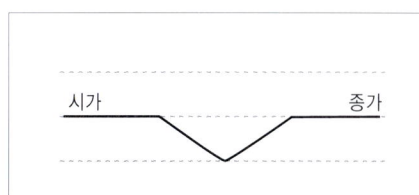

기간 중 주가 흐름 가상도

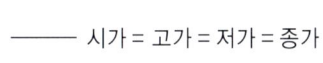

기간 중 주가 흐름 가상도

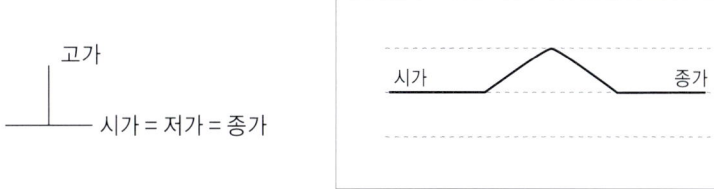

기간 중 주가 흐름 가상도

거래량이 증가하는 것을 확인한 후에 주가가 움직이는 방향에 따라 매매합니다.

연결봉으로 매매전략 살펴보기

개별 봉들을 연결해서 보면 주가의 향방을 더욱 쉽게 알 수 있습니다. 먼저 그래프를 보고 주가가 올라갈 것인지 떨어질 것인지를 감각적으로 느껴보십시오. 그런 후 설명을 읽어보면 더욱 효과적입니다.

바닥권에서 큰 양봉이 출현할 때

주가가 연속 하락하다가 멈추고 바닥권에서 큰 양봉이 나타나면 주가는 상승 반전을 예고합니다.

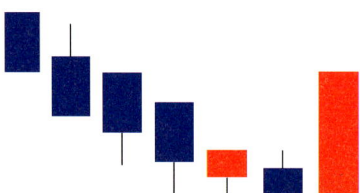

> **알아두세요**
>
> **신고가와 신저가**
> 주가가 이전 일정 기간의 최고가를 경신했을 때 그 가격을 신고가라 하고, 주가가 이전 일정 기간의 최저가를 경신했을 때 그 가격을 신저가라 합니다.

잠깐만요 | 봉차트 볼 때 참고해야 할 몇 가지 사항

1. 시가와 종가에 관심을 가져야 합니다.
종가가 시가보다 올라가면 매수세력이 강하고, 종가가 시가 이하이면 매도세력이 강합니다. 초보자들은 아침 시가에 매수하고, 프로들은 장중 힘의 균형을 확인한 후 종가 부분에서 매매를 결정하는 경향이 있습니다.

2. 오늘의 시세가 신고가인지, 신저가인지 확인해야 합니다.
신고가는 강한 매수세력이 형성되었다는 반증으로서 추가 상승을 예고하고, 신저가는 강한 매도세력으로 인해 매수세력이 붕괴되었음을 뜻하므로 추가 하락을 예고합니다.

3. 거래량을 확인해야 합니다.
거래량이 수반되는 상승 또는 하락이어야 주도세력의 힘에 의한 것이라고 생각할 수 있습니다.

며칠간 이어진 악성 매물을 모두 소화하고 나타난 양봉이므로 매수 관점에서 보되 다음 날 소폭 조정 시, 보합선 매수에 적극 가담하는 것이 좋습니다.

바닥권에서 긴 꼬리가 달린 망치형 봉이 출현할 때

하락 추세에서 몸통에 비해 3~4배 이상 긴 꼬리가 달린 망치형 양봉(또는 망치형 음봉)이 출현하고, 전일 종가보다 높게 가격이 형성될 때는 하락에 대항해 강력한 반발 매수세력이 들어온 것이므로 상승 반전을 예고합니다.

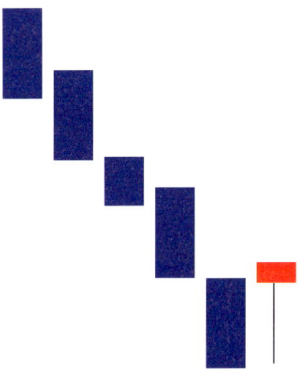

 연속 하락으로 출회된 투매 물량을 바닥에서 받아낸 망치형 양봉 출현은 상승으로 반전될 가능성이 크므로 매도는 보류하고 매수 관점에서 봅니다.

바닥권에서 큰 음봉이 출현할 때

하락하던 주가가 멈추는 듯하더니 추가로 폭락하는 경우입니다. 주식을 보유한 사람들이 추가 하락이 겁나 투매하는 경우 이런 현상이 나타납니다. 이때 거래량이 늘어나면 일정 기간 후에 상승할 가능성이 높습니다.

 거래량이 크게 증가하면 일단 매도, 거래량이 줄어들면 매도 보류합니다.

천정권에서 큰 음봉이 출현할 때

상승하던 주가가 천정권에서 크게 하락한 경우입니다. 이익을 실현하려는 매물이 쏟아져 나왔거나 악재가 나온 경우에 나타납니다. 추가 하락이 예상된다는 신호로 볼 수 있습니다.

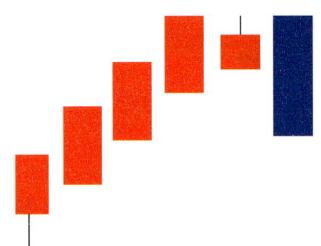

 하락 또는 횡보 추세에서 나타난 것이라면 매도 관점으로 보고, 상승 추세 중에 일시 하락(조정)이 있을 때에는 이후 상승하므로 매수 준비를 하는 것이 좋습니다.

천정권에서 큰 양봉이 출현할 때

상승하던 주가가 천정권에서 큰 폭으로 추가 상승하는 경우입니다. 투자자들이 주가가 조정될 때를 기다리다 기회가 오지 않자 흥분해서 매수하는 경우가 많습니다.

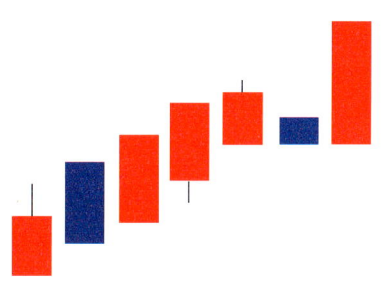

 매수 관점에서 보되 추격매수는 자제하는 것이 좋습니다.

상승 중에 상승갭이 발생했을 때

상승하던 주가가 가격의 갭을 만들며 상승한 경우에는 추가로 상승할 가능성이 높습니다. 매수세력이 매우 강하거나 호재가 나오자 투자자들이 흥분하여 매수한 흔적입니다.

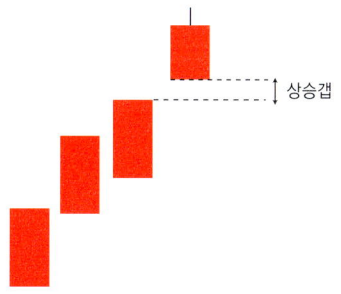

 추가 상승이 예상되므로 매도는 늦추는 것이 좋습니다.

하락 중에 하락갭이 발생했을 때

주가가 갭을 만들며 하락하는 경우에는 추가로 하락할 가능성이 높습니다. 보통 악재가 나왔을 때 겁먹은 사람들이 투매할 때 발생하며, 투매 물량을 받는 매수세력은 수익을 거둘 확률도 있지만 가능하면 매수 시기를 늦추는 것이 좋습니다.

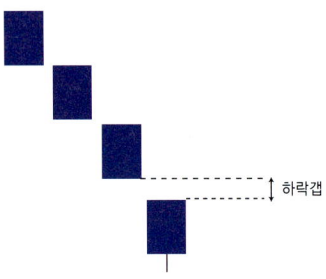

 매도 관점에서 보되 매수는 준비만 하는 것이 좋습니다.

천정권에서 장대 같은 위꼬리가 나타날 때

주가가 오른 상태에서 몸통보다 3~4배나 긴 꼬리가 달린 역망치형 봉이 나타난 경우입니다. 지나친 상승 때문에 매물을 받은 경우로, 하락할 가능성을 점검해볼 필요가 있습니다.

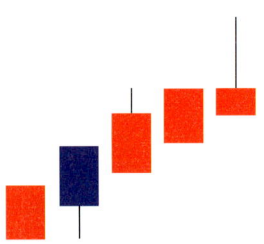

 매도하거나 매도 준비를 하는 것이 유리합니다.

알아두세요

주가파동이론과 봉차트

주가파동이론은 주가가 상승할 때는 고점과 저점을 높이는 파동을 반복적으로 그리고, 주가가 하락할 때는 고점과 저점을 낮추는 파동을 반복적으로 그린다는 이론입니다. 몇 개의 봉으로 주가를 예측하기보다 주가 움직임을 파동으로 이해하고 예측하는 것이 더욱 효과적이라는 내용을 담고 있습니다. 실제로 주가가 상승 파동일 때는 매수 관점에서 대응하고, 주가가 하락 파동일 때는 매도 관점에서 대응하는 것이 좋습니다. 대표적인 파동이론으로는 엘리어트 파동이론(329쪽 참조)이 있습니다.

두 손 모아 기도하는 모습의 차트

두 손 모아 기도하는 모습을 연상케 하는 차트입니다. 매수세력과 매도세력이 번갈아가며 힘을 겨루는 모습으로, 조만간 주가 변화가 예상되는 모양입니다.

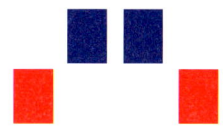

투자 포인트 천정권에서는 매도 신호를, 바닥권에서는 매수 신호를 보이고 있으니 참조하세요.

잠깐만요

갭이란 무엇인가?

갭(Gap)이란 인접한 2개의 봉에서 한 봉의 저점이 다른 봉의 고점보다 높은 모양을 말합니다. 갭은 매수와 매도 주문이 갑작스럽게 불균형을 이루어 급등하거나 급락하는 경우에 나타납니다. 상승갭은 매수세력이 매우 강하거나 돌발 호재 출현 시에, 하락갭은 매도세력이 매우 강하거나 돌발 악재 출현 시에 주로 발생합니다. 보통 갭은 며칠 이내에 메워집니다. 그러나 세력이 매우 강한 경우에는 갭이 메워지지 않은 채 진행되는 예외 상황도 있습니다.

매매전략을 세울 때는 상승갭이 발생하면 추가 상승 관점에서 보고, 하락갭이 발생하면 추가 하락 관점에서 봅니다. 그러나 상승갭이 발생한 후 신고점을 경신하지 못하면 매도하고, 하락갭이 발생한 후 신저점을 경신하지 못하면 매수로 대응합니다.

적삼병(赤三兵)과 흑삼병(黑三兵)

적삼병이란 주가가 3일 연속 상승한 경우입니다. 3일 연속 저가와 고가를 높이면서 주가가 상승한다는 것은 기업에 좋은 재료가 있거나 매수세력이 매우 강한 경우로, 주가가 상승으로 전환되거나 상승세가 지속됨을 의미합니다.

보통 주가가 3일 연속 상승한 후 하루 반락하는 경우가 있는데, 이를 적삼병 후 흑일병이라고 하며, 매수 기회로 이용합니다. 특히 주가가 바닥권일 때 적삼병이 나타나면 강력한 매수 신호로 봅니다. 그러나 거래가 수반되지 않은 경우는 속임수로 판명되기도 합니다.

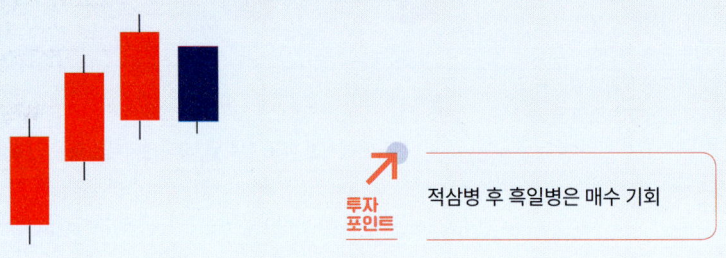

투자 포인트: 적삼병 후 흑일병은 매수 기회

흑삼병이란 주가가 3일 연속 하락한 경우입니다. 3일 연속 저가와 고가를 낮추면서 주가가 하락한다는 것은 매도세가 매우 강하다는 뜻이므로 주가가 하락 전환하거나 하락이 지속됨을 의미합니다.

보통 주가가 3일 연속 하락한 후 하루 반등하는 경우가 있는데, 이를 흑삼병 후 적일병이라고 하며, 매도 기회로 이용합니다. 특히 주가가 천정권일 때 흑삼병이 나타나면 강력한 매도 신호로 간주합니다.

투자 포인트: 흑삼병 후 적일병은 매도 기회

027 추세선으로 매매시점 파악하기

모든 그래프에는 추세, 즉 주가 흐름 방향이 있습니다. 추세를 읽고 추세에 순응하는 투자자는 성공할 확률이 높고, 추세를 모르거나 역행하는 투자자는 실패할 확률이 높습니다. 따라서 그래프를 볼 때 제일 첫 번째로 확인해봐야 할 것이 바로 추세선입니다. 이번 장에서는 추세선 보는 방법, 지지선과 저항선 보는 방법 그리고 추세이탈에 대해 알아보겠습니다.

추세선이란 무엇인가?

 알아두세요

관성의 법칙과 추세선

추세선은 뉴턴의 '관성의 법칙' 이론에 근거를 두고 있습니다. 뉴턴의 제1 운동법칙인 '관성의 법칙'은 '운동 상태의 모든 물체는 외부에서 힘이 가해지지 않는 한, 계속 운동한다'는 것입니다. 주가도 추세를 가지고 움직일 때는 새로운 세력이 개입하지 않는 한, 같은 방향으로 추세가 지속된다고 봅니다.

추세선(Trend Line)이란 주가 흐름의 방향을 나타내는 선을 말합니다. 주가는 일정한 기간에 같은 방향으로 움직이려는 경향이 있는데 이를 추세라 하고, 추세를 알아보기 쉽게 직선으로 나타낸 것을 추세선이라고 합니다. 그래프를 분석할 때 일차적으로 보아야 하는 것이므로 추세선은 투자 판단에서 매우 중요한 분석기법입니다.

지지선과 저항선

주가는 파도처럼 고점과 저점을 만들며 쉬지 않고 움직입니다. 주가의 고점과 저점 중 의미 있는 두 고점 또는 두 저점을 연결한 직선이 바로 추세선입니다.

저점을 연결한 결과 위로 향하는 것을 상승추세선이라 하며, 주가가 하락할 때마다 이 선에서 가격 하락을 지지해주므로 지지선이라고도 합니다. 반대로 고점을 연결한 결과 아래로 향하는 것을 하락추세선이라 하며, 주가가 상승할 때마다 이 선에서 저항을 받아 내려오므로 저항선이라고도 합니다.

보통 상승추세선은 주가의 저점을 연결해서 만들고, 하락추세선은 고점을 연결해서 만듭니다.

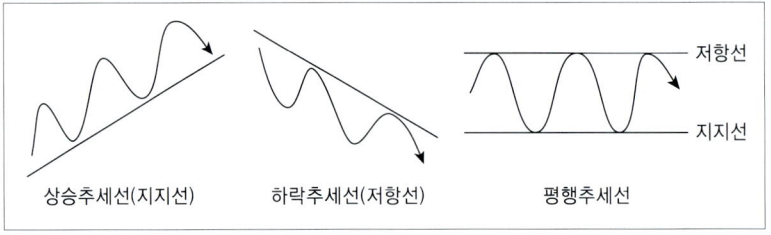

상승추세선(지지선)　　하락추세선(저항선)　　평행추세선

지지선에서는 매수하고, 저항선에서는 매도합니다.

추세선의 신뢰도

1. 추세선은 길이가 길수록 신뢰도가 높습니다.
추세선의 길이가 길다는 것은 시간 단위가 길고 추세선과 주가의 만남이 많다는 것을 의미합니다. 이는 주가가 추세선에 닿을 때마다 지지나 저항을 받았음에도 무너지지 않고 추세를 이어갔다는 것이므로 그만큼 추세선의 신뢰도가 높다는 뜻입니다. 강세장일 경우 개별 기업의 추세선은 6~8주 움직이는 것이 보통이고, 길 때는 수개월간 이어지기도 합니다.

2. 추세선의 기울기는 매수자 또는 매도자의 세력 강도를 의미합니다.
가파른 추세선은 매수자 또는 매도자 세력이 급격히 움직이고 있음을 나타냅니다. 초보 투자자의 경우에는 이와 같은 움직임에 합류해 휘말리기보다는 완만한 기울기를 보이는 종목에 투자하는 것이 좋습니다. 일반적으로 45도 정도의 기울기를 이상적인 상승 추세로 봅니다.

추세선을 이용한 4가지 매매 방법

일반적으로 주가가 추세선을 이탈하지 않는 한, 추세가 이어진다고 봅니다. 따라서 추세선의 방향을 보고 매매 여부를 판단해야 합니다.

1 | 상승 추세와 하락 추세일 때 매매 방법

상승 추세일 때는 매수 관점에서 그래프를 보아야 합니다. 따라서 주가가 추세선을 하향 돌파하기 전까지는 매수한 주식을 쉽게 팔지 말아야 합니다. 그러나 주가가 상승추세선을 하향 돌파하면 매도합니다. 반면 하락 추세일 때는 매도 관점에서 그래프를 보아야 하고, 잔파도를 노려 주식을 쉽게 매수해서는 안 됩니다. 그러나 주가가 하락추세선을 상향 돌파하면 매수합니다.

아래 삼성증권(016360)의 일봉 그래프를 보고 매수시점과 매도시점을 확인해봅시다.

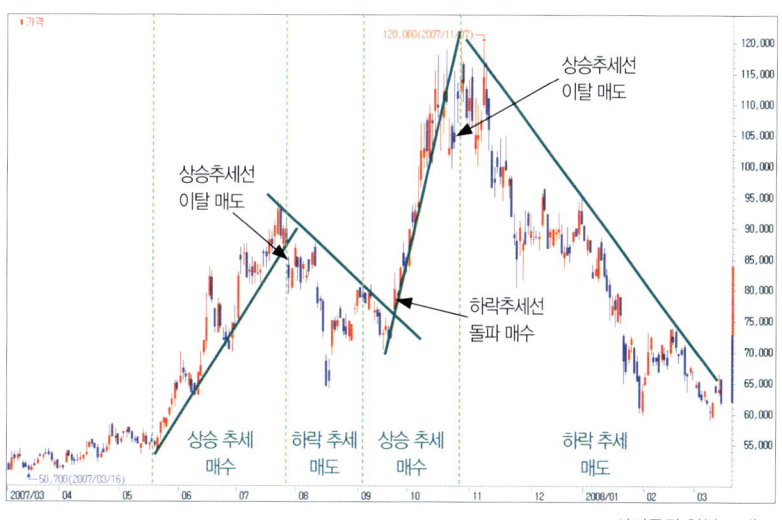

삼성증권 일봉 그래프

 알아두세요

추세이탈의 기준은?
대체로 3~5%를 기준으로 하여, 주가가 그 이상 추세선을 벗어나면 추세이탈이라고 봅니다.

추세에 역행해 잔파도를 타려고 하지 마세요!
상승 추세일 때 고점에 매도하고 저점에 다시 사는 잔파도를 타기 위해 보유주식을 매도할 경우, 결국 판 가격보다 더 높은 가격에 되사게 되거나 큰 수익을 낼 기회를 놓치게 됩니다. 특히 하락 추세에서 잔파도를 타기 위해 매매하는 것은 실패의 지름길로 가는 행위라 할 수 있습니다.

2 | 지지선과 저항선에 따른 매매 방법

추세선은 지지선과 저항선을 알려줍니다. 지지선과 저항선은 매도세력과 매수세력 간 힘의 균형을 의미하므로 주가가 지지선까지 내려오면 매수하고, 주가가 저항선까지 올라가면 매도합니다. 그러나 상승하던 주가가 지지선을 하향 돌파하면 매도하고, 주가가 저항선을 상향 돌파하면 매수해야 합니다.

지지선이 붕괴된다는 것은 새로운 악재가 나왔거나 매수세력이 약화되었음을 나타내므로 보유주식 중 일부라도 일단 매도해두고 나머지는 검토 후 결정하는 것이 좋습니다. 마찬가지로 저항선이 뚫린다는 것은 새로운 호재가 있거나 매수세력이 강하다는 것을 의미하므로 매수에 가담하되 매도는 일단 보류하는 것이 좋습니다.

아래 LG전자(066570)의 일봉 그래프를 보고 지지선과 저항선으로 매매 시점을 알아봅시다.

LG전자 일봉 그래프

3 | 추세선이 가파를 때 매매 방법

지나치게 가파른 추세선은 무너지기 쉽습니다. 가장 이상적인 추세선의 기울기는 우상향 45도를 유지하는 것입니다. 상승추세선이 45도를 넘어 직각에 가까우면 곧 조정 또는 폭락이 예상되므로, 흥분해서 추격 매수하는 우를 범하지 말아야 합니다. 주가가 가파른 추세선을 이탈하면 매수단가를 생각하지 말고 과감하게 매도해야 합니다. 또 가파른 추세선이 붕괴된 후 최근의 고점을 다시 시험하는 경우가 있습니다. 이때는 거래량이 직전 고점대의 거래량에 미치지 못하면 매도해야 합니다. 직전 거래된 물량 중 하락 시 미처 매도하지 못한 대기성 매물을 소화하지 못한다면 전 고점을 돌파하기 어렵기 때문입니다.

포스코대우 일봉 그래프

4 | 거래량에 따른 매매 방법

추세선은 거래량과 함께 보아야 합니다. 추세선과 같은 방향으로 거래량이 증가하면 추세를 확인하는 것으로 보고, 거래량이 추세선과 반대로 움직이면 추세 반전을 경고하는 의미로 봅니다. 예를 들어 주가는 상승을 이어가고 있는데 거래량은 점차 감소하는 경우 또는 주가는 하락을 지속하고 있는데 거래량은 오히려 증가하는 경우는 조만간 주가의 반전이 예상된다는 뜻입니다.

멀티캠퍼스 일봉 그래프

위 4가지 경우 외에 추세대(지지선과 저항선이 평형을 이루는 경우)를 이용할 때는 매수·매도가격을 정해두고 매매합니다. 이때는 주가가 박스권에서 등락을 반복하므로 지지선에서 매수하고 저항선에서 매도하는 것을 되풀이합니다.

무작정 따라하기

추세선으로 투자 판단하기

예제 아래 그래프를 보고 추세선을 이용한 매매 방법을 기억하며 투자 판단을 해 보세요.

❶
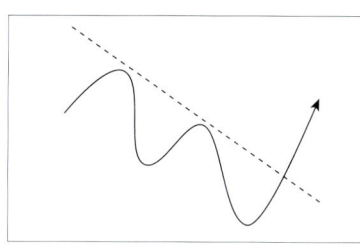

❷
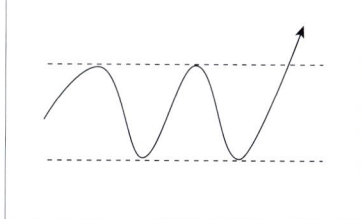

❸
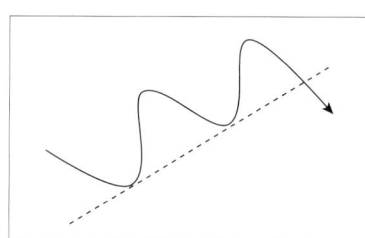

❹
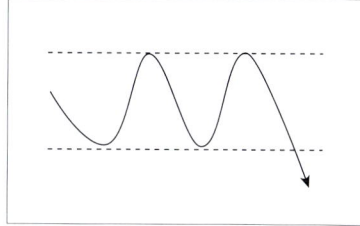

해설

❶ 주가가 하락추세선(저항선)을 상향 돌파한 경우이므로, 매수하는 것이 좋습니다.

❷ 주가가 추세대(저항선)를 상향 돌파한 경우이므로, 매수하는 것이 좋습니다.

❸ 주가가 상승추세선(지지선)을 하향 돌파한 경우이므로, 매도하는 것이 좋습니다.

❹ 주가가 추세대(지지선)를 하향 돌파한 경우이므로, 매도하는 것이 좋습니다.

무작정
따라하기

추세선으로 매매시점 판단하기

예제 1 다음은 현대건설(000720)의 일봉 그래프입니다. 지지선과 저항선을 그려보고, 추세선을 이용해 매수시점과 매도시점을 찾아보세요.

현대건설 일봉 그래프

해설 1 지지선은 저점과 저점을 이어 직선으로 그리고, 저항선은 고점과 고점을 이어 직선으로 그립니다. 주가가 저항선을 상향 돌파하면 매수하고, 지지선을 하향 이탈하면 매도해야 합니다. 주가가 상승추세선(지지선)을 타면 주식을 매수하고, 추세선을 이탈하기 전까지는 주식을 매도하지 말아야 합니다. 주가가 하락추세선(저항선)을 타면 주식을 매도하고, 추세선을 상향 돌파하기 전까지는 매수하지 말아야 합니다.
그래프에서는 2010년 12월 17일과 2011년 1월 4일에 주가가 저항선을 돌파하고 있으므로 매수합니다. 반면 지지선을 이탈하는 2011년 1월 20일과 2월 9일에는 매도 신호에 따라 매도합니다. 2011년 3월 3일에 하락하던 주가가 저항선을 강력하게 돌파하므로 다시 매수합니다.

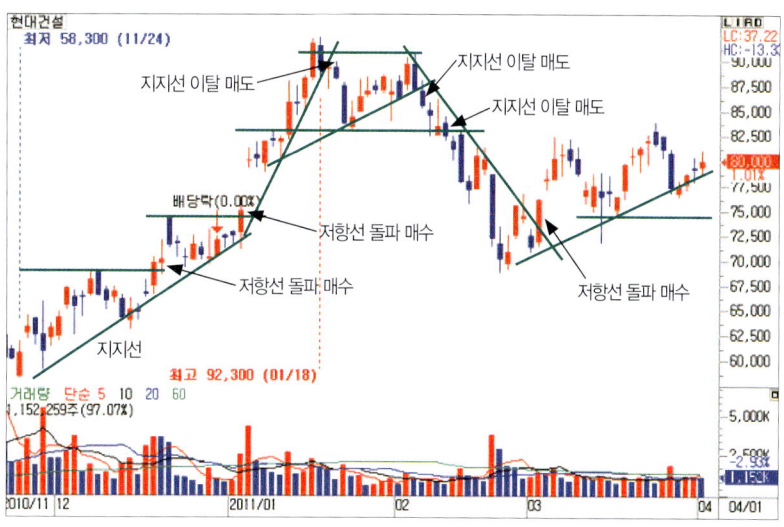

(예제 2) 다음은 2차전지 사업을 영위하는 삼성SDI(006400)의 주봉 그래프입니다. 지지선과 저항선을 그려보고, 추세선을 이용해 매수시점과 매도시점을 찾아보세요.

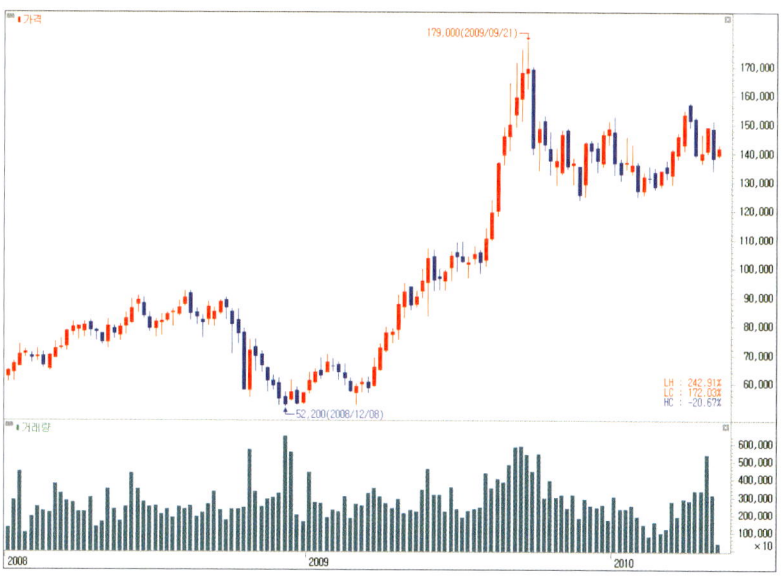

삼성SDI 주봉 그래프

셋째 마당 | 차트는 주가를 예측한다 **265**

해설 2 추세선으로 각각 두 번의 매도시점과 매수시점을 확인할 수 있습니다. 첫 번째 매도시점은 주가가 지지선을 하향 돌파한 2008년 10월 13일경이며, 매수시점은 주가가 저항선을 돌파한 2009년 3월 23일경입니다.

주가가 상승을 계속하다가 가파른 지지선을 하향 돌파한 2009년 9월 말이 두 번째 매도시점이며, 주가가 저항선을 상향 돌파한 2010년 3월 중순경이 매수시점입니다.

그래프를 볼 때는 추세선 외에도 이동평균선과 보조지표를 함께 보면 주가 변동이 속임수인지 아닌지 판단할 수 있습니다.

이동평균선을 따라 마음 편히 매매하기

주가의 평균가격을 선으로 이어 그린 이동평균선은 투자 판단에 가장 많이 활용하는 대표적인 그래프입니다. 이동평균선을 보면 주가의 방향성과 변곡점을 쉽게 알 수 있어 마음 편한 매매가 가능합니다. 이번 장에서는 이동평균선으로 주가의 방향성과 변곡점을 알아보겠습니다.

이동평균선의 의미와 작성 방법

투자자가 이용 가능한 기술적 지표 가운데 가장 신뢰할 수 있고 알기 쉬운 지표 중 하나가 이동평균선입니다. 이동평균선은 변화무쌍한 주가의 흐름을 객관적으로 관찰할 수 있도록 주가의 평균가격을 계산하여 연결한 선으로, 기업가치(또는 시장가치)에 대한 시장참가자들의 평균적인 합의를 반영한다고 할 수 있습니다. 이동평균선은 주가의 진행 방향을 나타내므로 미래의 주가 동향을 예측할 수 있게 해줍니다.

이동평균선의 종류 1 — 주가 이동평균선

이동평균선은 주가 이동평균선과 거래량 이동평균선으로 나뉩니다. 주가 이동평균선은 200일, 120일, 60일, 20일, 10일, 5일 등 기간별로 세분

> **알아두세요**
>
> **20일 이동평균선을 가장 많이 이용합니다!**
> 20일 이동평균선은 시장 판단뿐 아니라 개별종목 판단에 가장 많이 이용되며 이격률, P&F차트, MACD 등 여타 분석지표 작성 시 중심지표로도 활용됩니다. 이격률, P&F차트, MACD, 볼린저 밴드 등 여타 분석지표에 대한 설명은 31장에서 하겠습니다.

화되어 있습니다. 이 중 200일과 120일 이동평균선은 장기추세로서 경기 사이클과 유사하게 움직이는 경향이 있으며 중·장기 투자에 활용합니다. 60일과 20일 이동평균선은 수급선으로 중·단기 투자에 활용하고, 10일과 5일 이동평균선은 단기추세로서 재료와 수급에 영향을 받기 때문에 주로 단기매매에 많이 이용합니다. 선물·옵션의 경우에는 더욱 세분화해 시간 단위(1시간, 2시간), 분 단위(30분, 5분, 1분)로 구분하여 보기도 합니다.

기간별 이동평균선은 각기 장단점을 가지고 있습니다. 중·장기 이동평균선은 매일매일의 주가 변동에 크게 좌우되지 않기 때문에 대세를 판단하는 데는 유용하나, 시세 전환을 신속히 파악하기 어렵다는 단점이 있습니다. 반면 단기 이동평균선은 하루하루 움직임에 민감하게 영향을 받으므로 추세 판단에 혼란을 가져올 때가 있습니다. 그러므로 단기와 중기 그래프를 함께 확인해보는 것이 좋습니다.

| 5일 이동평균 주가 산출의 예 |

일자	1	2	3	4	5	6	7
주가	451	453	452	455	457	456	458
5일 이동평균 주가	-	-	-	-	453.6	454.6	455.6

최근일로부터 계산하므로 가장 먼 날짜를 빼고 최근일을 포함하는 선입선출 방식으로 단순평균을 냅니다.

5일자 5일 이동평균 주가: (451 + 453 + 452 + 455 + 457) ÷ 5 = 453.6
6일자 5일 이동평균 주가: (453 + 452 + 455 + 457 + 456) ÷ 5 = 454.6
7일자 5일 이동평균 주가: (452 + 455 + 457 + 456 + 458) ÷ 5 = 455.6

이동평균선의 종류 2 — 거래량 이동평균선

거래량 이동평균선은 주가 대신 거래량을 이용해 그립니다. 주가 이동평균선과 거래량 이동평균선은 대체로 서로 호응해 움직입니다. 특별히 거래량 이동평균선이 주가 이동평균선과 반대로 움직일 때, 예를 들면 주가 이동평균선은 상승하는데 거래량 이동평균선은 하락 추세라면 주가 이동평균선의 변화를 예고한다고 할 수 있습니다. 거래량 이동평균선은 5일선과 20일선을 주로 활용합니다.

이동평균선 활용 방법 ①
주가의 방향을 파악하는 데 활용한다

1. **상승 추세:** 이동평균선이 상승하면 주가는 상승 추세라고 봅니다. 주가가 5일 이동평균선 위에 있는 동안에는 상승 추세가 이어진다고 보아야 합니다.
2. **하락 추세:** 이동평균선이 하락하면 주가도 하락 추세라고 봅니다. 주가가 5일 이동평균선 아래에 있는 동안에는 하락 추세가 이어진다고 보아야 합니다.
3. **횡보 추세:** 이동평균선이 횡보하는 동안에는 주가도 횡보한다고 봅니다.

이동평균선 활용 방법 ②
매수·매도시점을 파악하는 데 활용한다

1. **상승 전환:** 하락하던 주가가 5일 이동평균선을 상향 돌파하면 매수시점으로 봅니다. 주가가 5일, 20일 이동평균선을 차례로 돌파하고 5일 이동평균선도 상승으로 돌아서면 적극 매수합니다.

단기 이동평균선이 장기 이동평균선을 돌파하면?

5일 이동평균선이 20일 이동평균선을 상향 돌파하면 주가가 중기적으로 상승 추세로 전환되었다고 말합니다. 또한 20일 이동평균선이 120일 이동평균선을 혹은 60일 이동평균선이 200일 이동평균선을 상향 돌파하면 주가가 장기 대세 상승국면으로 전환되었다고 말합니다.

2. 하락 전환: 상승하던 주가가 5일 이동평균선을 하향 돌파하면 매도 시점으로 봅니다. 주가가 5일선, 20일선을 차례로 돌파하고 5일 이동평균선도 하락으로 전환되면 적극 매도해야 합니다.

3. 횡보국면: 이동평균선이 횡보하는 상태에서 주가가 이동평균선 위로 상승하면 매수하고, 주가가 이동평균선 아래로 하락하면 매도합니다. 특히 주가가 장기 하락하여 주가와 이동평균선이 수렴한 곳에서 주가가 5일선 또는 20일선 등 중·단기 이동평균선을 동시에 돌파하면서 상승할 때는 주가상승폭이 클 것으로 예상합니다. 주가가 장기간 횡보하며 급한 매물이 정리된 상태에서 들어온 신규 매수세력이 위력을 발휘할 것으로 보기 때문입니다. 반대로 주가가 장기 상승을 보인 후 고점에서 5일, 20일 이동평균선이 수렴한 상태로 주가가 이동평균선 아래로 떨어지면 하락폭이 클 것으로 보고 적극적으로 매도해야 합니다.

이동평균선 활용 방법 ③
지지선과 저항선으로 활용한다

상승하던 주가가 5일선을 하향 돌파하면 어디까지 하락할까요? 1차적으로 20일선까지 하락하고 20일선에서 지지된다고 보면 됩니다. 20일선을 돌파하면 60일선, 120일선 등이 차례로 지지선이 됩니다.

마찬가지로 하락하던 주가가 5일선을 상향 돌파하면 어느 선에서 저항을 받을까요? 1차적으로 20일선에서 저항을 받고, 다음으로 60일선, 120일선이 차례로 저항선이 됩니다.

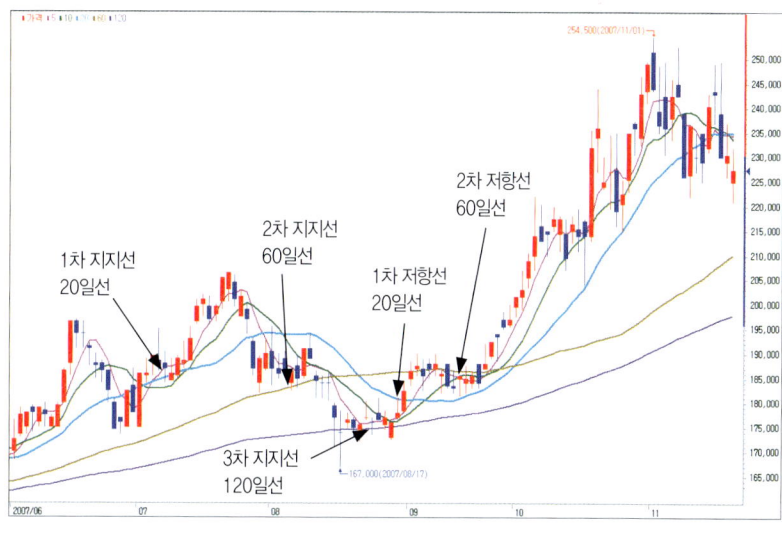

무작정 따라하기

이동평균선 보고 투자 판단하기 1

그랜빌 투자전략

이동평균선을 이용해 투자 판단을 하는 것을 그랜빌 투자전략이라고도 합니다. 그랜빌(J. E.Granville)이라는 사람이 발견했다고 해서 붙은 이름입니다.

 아래 그래프를 보고 앞에서 배운 것을 생각하며 투자 판단을 해보세요. 이동평균선은 일반투자자들이 가장 많이 사용하는 20일 이동평균선을 기준으로 하였습니다.

❶
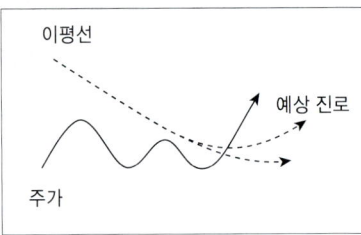

❷
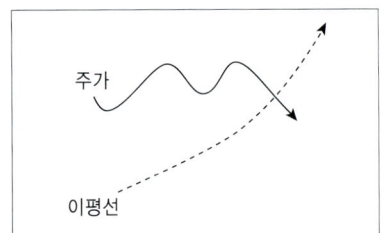

❸
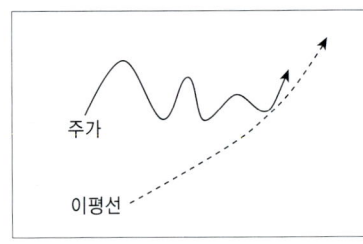

❹
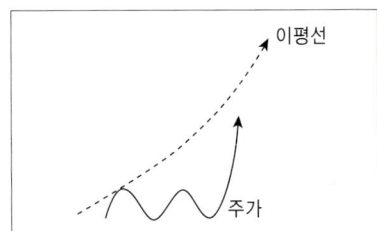

❺
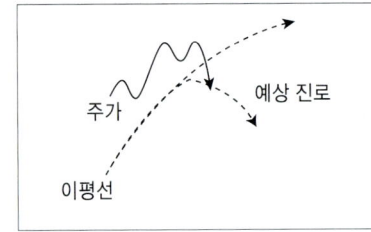

❻
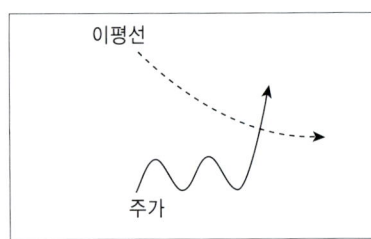

❼ 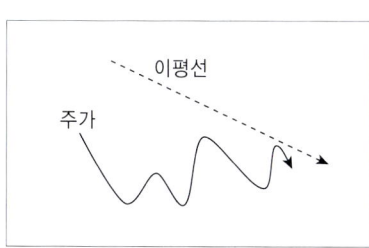 ❽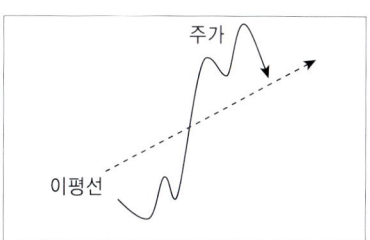

> **해설**

❶ 이동평균선이 하락하다가 완만해져가는 중에 주가가 이동평균선을 상향 돌파하는 경우입니다.

투자 포인트 | 매수. 거래량이 수반되면 강력 매수

❷ 이동평균선이 상승 추세에 있고 주가가 이동평균선 아래로 하락하는 경우입니다. 대세가 상승국면일 때는 일시적인 하락으로 볼 수 있습니다.

투자 포인트 | 주변 여건을 점검한 후 매수

❸ 주가가 이동평균선 위에 있다가 이동평균선 근처까지 하락한 후 재상승하는 경우입니다.

투자 포인트 | 적극 매수

❹ 주가가 이동평균선 밑에서 급락한 후 상승 중인 이동평균선으로 접근하는 경우입니다.

단기 매수

❺ 이동평균선이 상승하다가 횡보 상태에 있을 때 주가가 이동평균선을 하향 돌파하는 경우입니다. ❷의 경우와 달리 이동평균선의 상승 추세가 멈추고 예상 진로가 하락하는 것에 주목해야 합니다.

강력 매도

❻ 이동평균선의 하락 추세가 이어지고 있는 가운데 주가가 이동평균선을 일시적으로 상향 돌파하는 경우입니다.

매도

❼ 주가가 하락하는 이동평균선을 돌파하지 못하고 다시 하락하는 경우입니다.

매도

❽ 주가가 상승하는 이동평균선을 뚫고 올라가 급등하다가 반락할 조짐이 보이는 경우입니다.

단기 매도. 재반등 가능성이 있으므로 일시적 매도로 대응

이동평균선 활용 방법 ④

장·단기 이동평균선을 이용한 투자 판단에 활용한다

지금까지 이동평균선과 주가의 관계를 바탕으로 투자 판단을 해보았습니다. 이번에는 장·단기 이동평균선의 모양으로 투자 판단을 해보겠습니다.

정배열

위로부터 단기·중기·장기 이동평균선 순으로 나란히 상승 추세에 있을 때(전형적인 정배열 상태임)

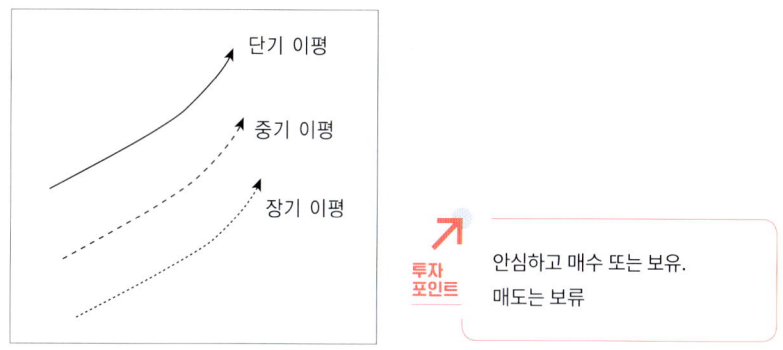

골든크로스

단기 이동평균선이 중·장기 이동평균선을 급속히 상향 돌파할 때

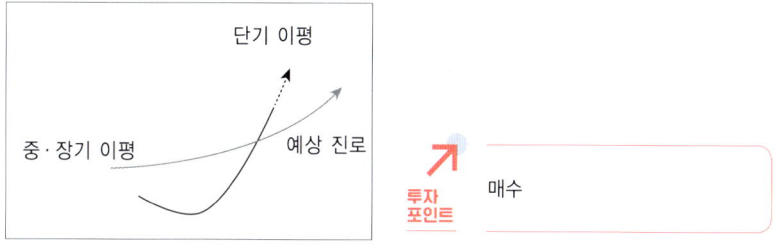

알아두세요

이동평균선의 수렴이 주가에 미치는 영향은?

이동평균선의 수렴은 주가의 변곡점이 되는 경우가 많습니다. 상승 중이던 5일, 20일, 60일 이동평균선이 수렴하면 하락으로 전환될 가능성이 높고, 반대로 하락 중이던 5일, 20일, 60일 이동평균선이 수렴하면 상승으로 전환될 가능성이 높습니다.

역배열

이동평균선이 위로부터 장기·중기·단기 순으로 나란히 하락 추세에 있을 때(정배열의 반대 모양으로 전형적인 역배열 상태임)

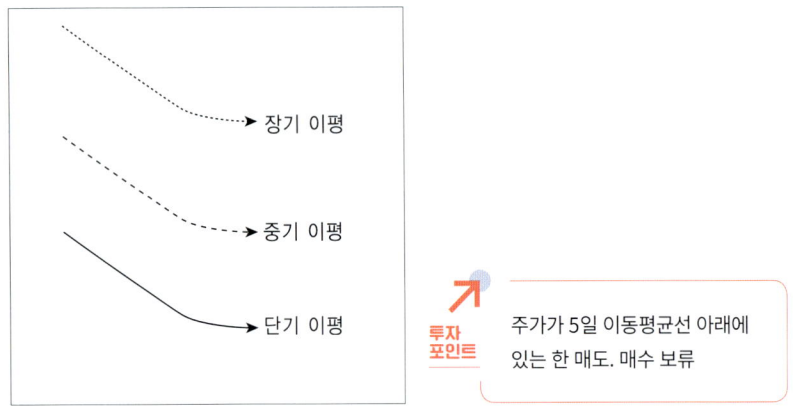

데드크로스

단기 이동평균선이 중·장기 이동평균선을 급속히 하향 돌파할 때

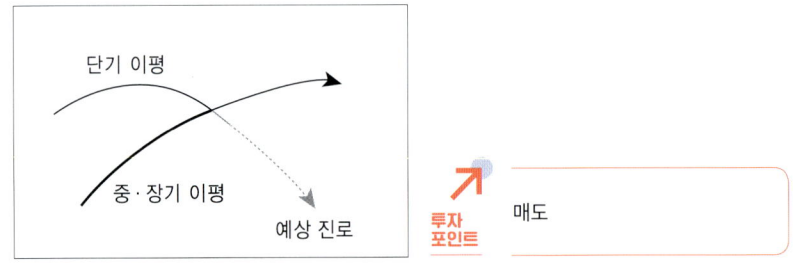

> **잠깐만요**

골든크로스와 데드크로스는 무엇이며, 어떻게 활용하는가?

골든크로스(Golden Cross)는 단기 이동평균선이 장기 이동평균선을 아래에서 위로 상향 돌파하는 경우를 말합니다. '황금 십자가'라는 말 그대로 가장 좋은 매수시점이라는 뜻입니다. 특히 주가가 바닥 상태에서 나타날 때는 더욱 좋은 매수시점이 될 수 있습니다.

데드크로스(Dead Cross)는 단기 이동평균선이 장기 이동평균선을 위에서 아래로 하향 돌파하는 경우를 말합니다. 이럴 때 주식을 사면 죽는다고 해서 '죽음의 십자가'라는 말이 붙었습니다. 특히 주가가 천정권일 때 발생하는 데드크로스는 좋은 매도시점이 될 수 있습니다.

골든크로스와 데드크로스는 매수·매도시점 파악에 많이 활용하는 대표적인 기술적 분석 기법 중 하나입니다. 그러나 과거의 경험으로 볼 때 모든 골든크로스가 매수 신호는 아니었고, 모든 데드크로스가 매도 신호도 아니었습니다. 대세가 강세시장이냐, 약세시장이냐에 따라 정반대로 해석해야 하는 경우가 있기 때문입니다. 강세시장에서의 데드크로스는 상승 추세 속 조정기가 될 확률이 높기 때문에 오히려 매수시점이 될 수 있습니다. 또한 약세시장에서 나타나는 골든크로스는 오히려 매도시점이 되는 경우가 있음을 명심해야 합니다.

모든 물체는 서로 끌어당기는 인력을 가지고 있고 그 힘은 질량의 크기에 비례한다는 데서 비롯된 그랜빌의 이론에 따르면, 이동평균선은 장기일수록 그 질량이 크므로 단기 이동평균선이 중·장기 이동평균선과 같은 방향일 때는 추세가 강화되고, 다른 방향일 때는 보다 힘이 센 장기선의 방향으로 단기선이 끌려가게 됩니다. 따라서 일봉에서 5일 이동평균선과 20일 이동평균선이 D.C.(데드크로스의 약자)를 그리더라도 120일, 200일 이동평균선이 상승 추세를 이어간다면 D.C.는 오히려 매수시점으로 보아야 합니다.
또한 20일 이동평균선이 60일 이동평균선을 돌파하는 G.C.(골든크로스의 약자)가 나타나더라도 중·장기 선인 120일, 200일 이동평균선이 하락을 이어간다면 매도시점으로 보아야 합니다.

다음 그래프를 보세요. 60일선, 20일선, 5일선이 데드크로스를 만들고 있지만 중·장기 이동평균선인 120일선과 60일선이 상승 중이기 때문에 오히려 매수시점이 되고 있습니다.

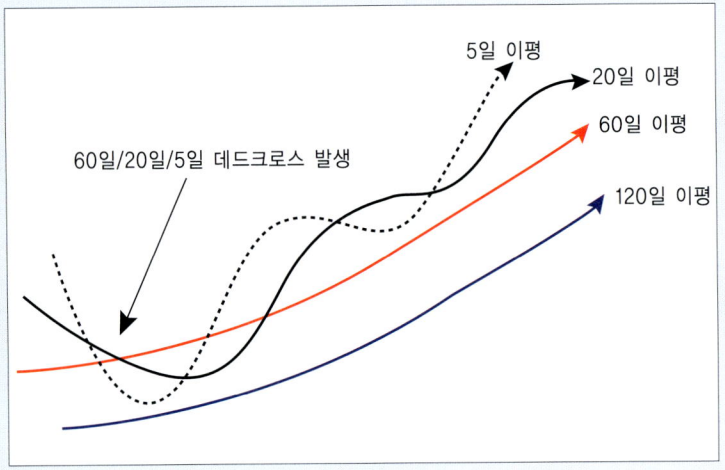

이번에는 20일/5일, 60일/20일 이동평균선이 골든크로스를 그리고 있지만 중·장기 이동평균선인 120일선과 60일선이 하락 추세에 있으므로 오히려 매도시점이 되고 있습니다.

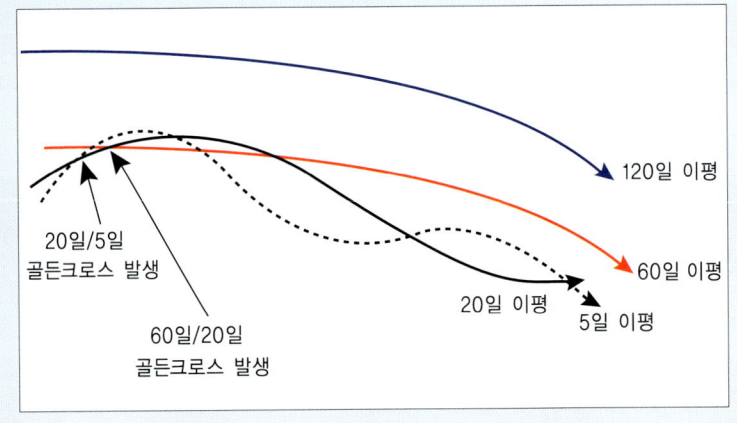

이동평균선 보고 투자 판단하기 2

예제 1 다음은 원자력 발전 설비 국내 독과점 기업인 두산에너빌리티(03402)의 일봉 그래프입니다. 이동평균선을 이용해 매수시점을 찾아보세요. 골든크로스 발생시점과 그래프의 배열 상태도 확인해보십시오.

두산에너빌리티 일봉 그래프

해설 1 하락하던 주가가 5일 이동평균선을 상향 돌파하면 일단 매수 관점으로 보고 일차적으로 매수합니다. 그러나 좀 더 확실한 매수시점은 5일 이동평균선이 상승으로 전환되고 주가가 20일선을 돌파하는 것이 확인되는 시점으로, 이때 매수하면 확인매수가 됩니다. 10일선을 활용하는 것도 좋은 방법이 되겠지요. 골든크로스도 매수 신호가 됩니다.

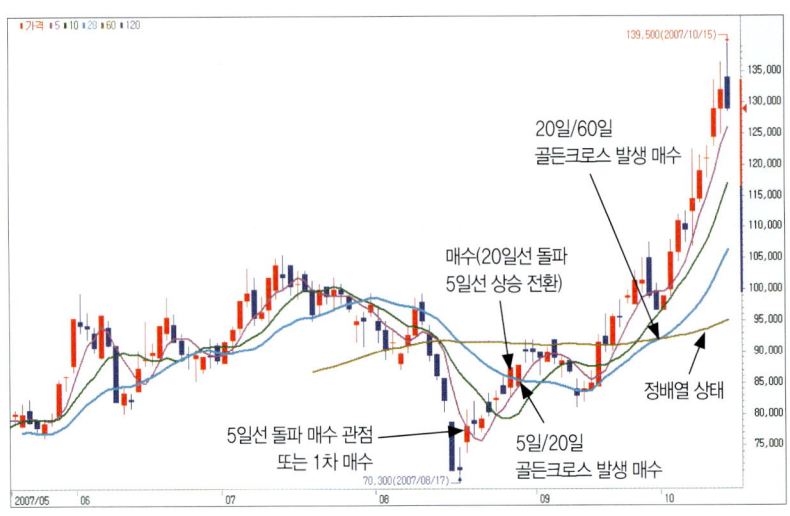

예제 2 다음은 미국 나스닥시장에 상장되어 있는 넷플릭스의 일봉 그래프입니다. 넷플릭스는 TV프로그램, VOD, 영화 등을 제공하는 미국 최대 유료 동영상 스트리밍 서비스로 사랑받고 있는 다국적 엔터테인먼트 회사입니다. 매도시점을 찾아보세요. 데드크로스 발생시점과 차트의 배열 상태도 확인해보십시오.

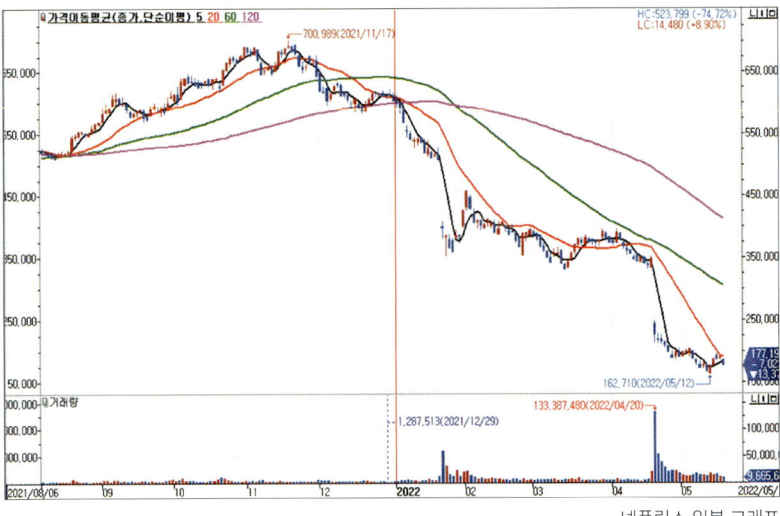

넷플릭스 일봉 그래프

(해설2) 상승하던 주가가 5일 이평선을 하향 돌파하면 주가 추세가 하락으로 전환될 가능성을 의심해야 합니다. 그리고 주가가 10일 이평선 또는 20일 이평선을 하향 돌파하면 일단 매도해야 합니다. 5일 이평선이 20일 이평선을 하향 이탈하면 주식을 매도해야 하는데 전량 매도하기 아까우면 보유주식 중 최소 30~50%라도 현금화해 두어야 합니다. 그리고 주가/5일선/20일선으로 역배열인 상태에서는 하락폭이 크다는 이유만으로 매수해서는 안 됩니다.

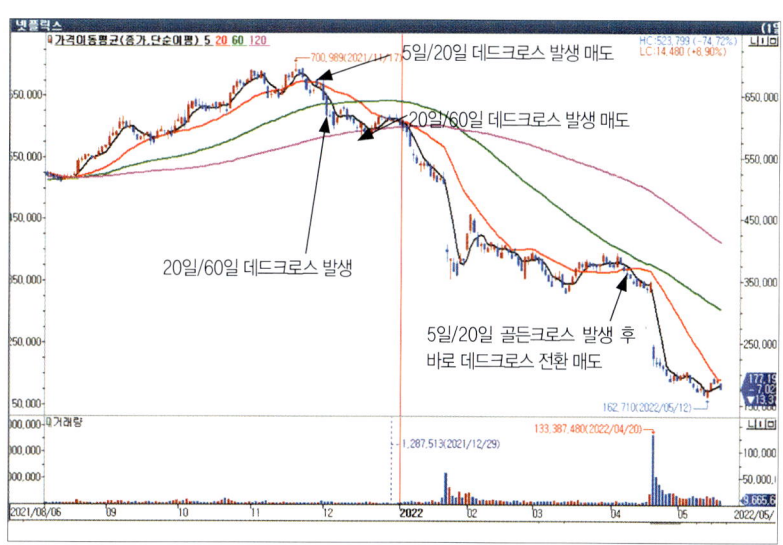

패턴분석으로 매매시점 알아보기

다수의 투자자들은 그래프에 나타나는 특정한 모양을 찾아내 매매시점 판단의 근거로 이용합니다. 패턴분석은 일정한 기간이 지나서야 알 수 있는 후행지표라는 단점이 있습니다. 따라서 추세선, 이동평균선으로 먼저 매매시점을 확인한 후에 참고로 보아야 합니다. 또한 패턴과 거래량은 불가분의 관계이므로 다음 장에서 배울 거래량 분석지표와 함께 보는 것이 좋습니다.

패턴분석이란?

투자자들은 오랜 경험을 통해 그래프가 여러 가지 모양을 그린다는 것과 그 모양에 따라 주가가 떨어지고 오른다는 것을 발견했습니다. 그리하여 그래프의 모양을 몇 가지 형태로 정형화해 패턴이라는 것을 만들게 되었고, 이를 분석해 앞으로의 주가 향방을 예측하게 되었습니다. 이렇게 과거 주가 흐름을 통해 검증된 패턴을 현재 주가 흐름에 대입해 주가의 등락을 예측하는 것을 패턴분석이라고 합니다. 그래프의 모양을 보고 다수의 투자자가 동일한 판단 자료로 이용한다는 것은 패턴이 그만큼 위력 있는 정보라는 것을 반증합니다.

알아두세요

삼중바닥형(천정형)은 삼봉바닥형(천정형)이라고도 하며, 이중바닥형(천정형)은 쌍봉바닥형(천정형)이라고도 합니다.

상승이 예상되는 패턴

삼중바닥형(역Head & Shoulder형), 이중바닥형, 원형 바닥형, V자형 바닥형, 상승삼각형, 강세박스권

투자 포인트 이런 패턴이 나타날 때는 매수 기회로 생각합니다.

하락이 예상되는 패턴

삼중천정형(Head&Shoulder형), 이중천정형, 원형 천정형, V자형 천정형, 하락삼각형, 약세박스권

투자 포인트 이런 패턴이 나타날 때는 매도 기회로 생각합니다.

패턴별 투자 포인트

알아두세요

기준선

기준선은 목선(Neck Line)이라고도 하며, 의미 있는 저점과 고점들을 연결했을 때 만들어지는 수평선으로, 시세 흐름에서 균형선의 의미를 갖습니다. 즉, 주가가 기준선을 상향 돌파하면 주가가 매도·매수세력의 균형점을 돌파한다고 보아 상승한다고 보고, 기준선을 하향 돌파하면 주가가 떨어진다고 봅니다.

다음 주가 패턴을 보고 직접 매수·매도를 판단해보십시오. 그런 다음 설명을 읽어보면 여러분이 내린 판단과 비교해 무엇이 잘못되었는지 또는 어떤 점에서 일치하는지 알 수 있어 공부하는 재미가 배가될 것입니다. 기준선과 추세선도 주의해서 관찰하십시오.

삼중천정형(H&S형, 삼봉천정형)

산봉우리 3개가 사람의 머리와 어깨처럼 그려진 모양입니다. 장기간에 걸쳐 만들어지는 경우가 많으며, 주가 하락의 전형적인 모양 중 하나입니다.

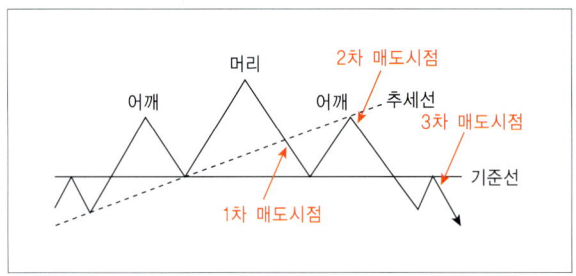

추세선 하향 이탈 시 매도. 기준선까지 반등 시 매도

삼중바닥형(역H&S형, 삼봉바닥형)

삼중천정형을 거꾸로 돌려놓은 모양입니다. 주가 상승의 대표적인 모양 중 하나입니다.

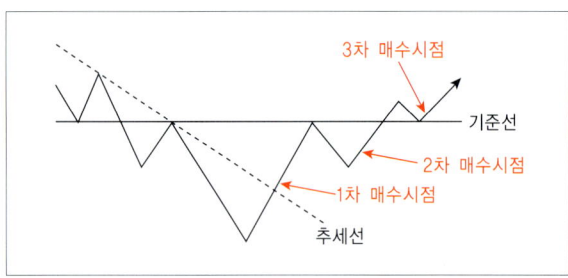

추세선 상승 이탈 시 매수. 기준선까지 되돌림 현상 발생 시 매수

이중천정형(M자형)

2개의 산봉우리가 만들어진 모양입니다. 두 차례나 동일한 가격 선에서 저항을 받아 내려오기 때문에 전형적인 주가 하락 모양입니다.

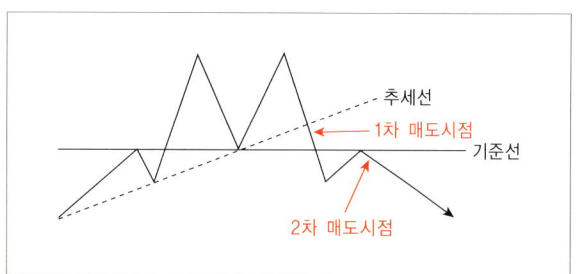

 추세선 이탈 시 매도. 기준선까지 반등 시 매도

이중바닥형(W자형)

이중천정형을 거꾸로 돌려놓은 모양입니다. 바닥에서 두 차례나 지지를 받아 상승하기 때문에 전형적인 상승 모양입니다.

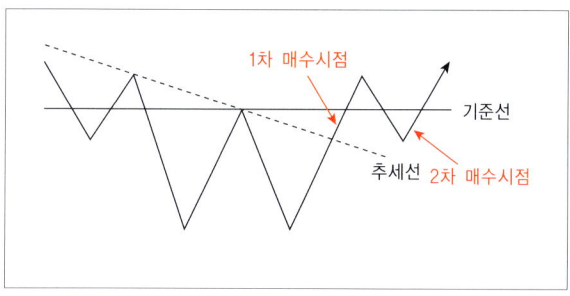

 추세선 돌파 시 매수. 기준선까지 조정 시 매수

원형 천정형

주가가 상승 후에 힘에 부쳐 원형으로 하락하는 모양입니다. 거래량이 상승하는 동안 늘었다가 원형 정상에서는 줄어드는 특색이 있고, 낙폭이 큰 경우가 많습니다.

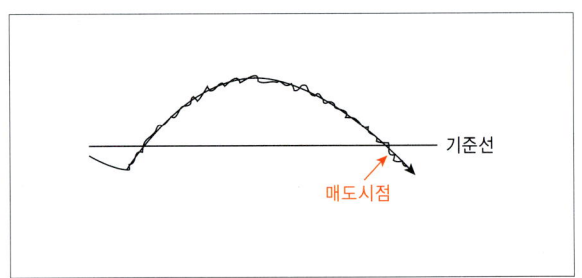

기준선에서 반등하지 못할 때는 매도

원형 바닥형

원형 천정형을 거꾸로 뒤집은 모양입니다. 원형을 완성한 후 보합권을 이탈하여 거래량을 수반하면서 상승할 경우 추가 상승 가능성이 매우 높습니다.

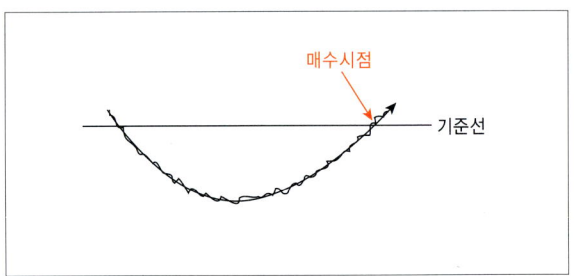

기준선 상승 돌파 시 매수

V자형 천정형

기세 좋게 오르던 주가가 돌발 악재로 인해 하락으로 방향을 전환한 경우입니다. 상승과 하락 사이의 각도가 유사합니다. 특히 거래량이 줄어들면 추가 하락 가능성이 있습니다.

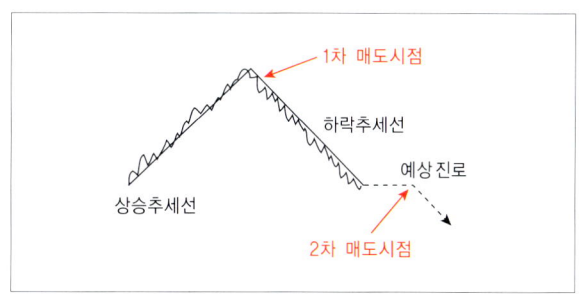

 매도

V자형 바닥형

V자형 천정형을 거꾸로 뒤집은 모양입니다. 상승추세선에서 거래량이 늘면 상승에 대한 신뢰도가 높습니다.

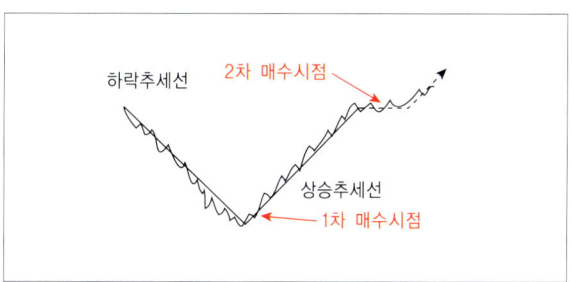

 매수

하락삼각형

하락추세선과 지지선으로 만들어진, 밑이 수평인 삼각형입니다. 수평선 하락 돌파 시에는 추가 하락이 예상됩니다.

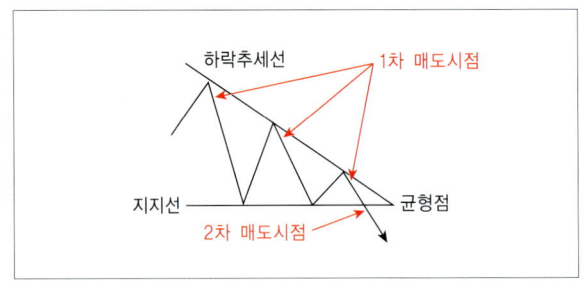

 매도

상승삼각형

저점은 상승추세선을 타고, 고점은 저항선으로 만들어진 삼각형입니다. 삼각형 수평선(저항선)을 돌파할 경우 추가 상승이 예상됩니다.

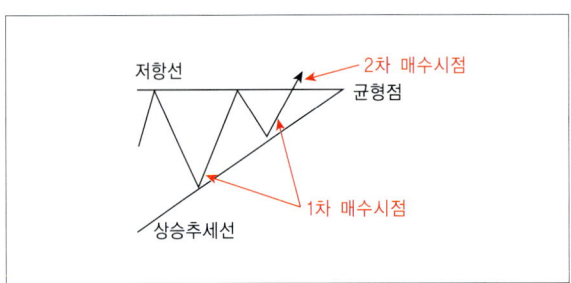

 매수

하락박스형

주가가 박스권 안에서 움직이다가 박스를 하향 돌파할 때 추가 하락이 예상됩니다.

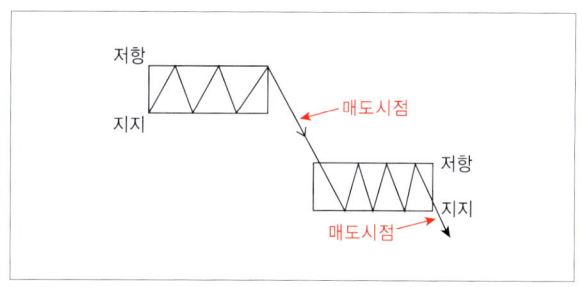

 박스권 하향 돌파 시 매도

상승박스형

박스권 안에서 움직이던 주가가 박스를 상향 돌파할 때 추가 상승이 예상됩니다.

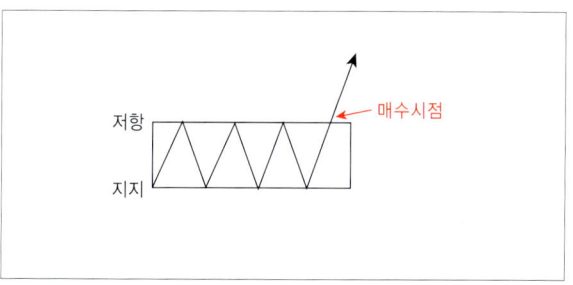

 박스권 상향 돌파 시 매수

대칭삼각형

고점 추세선은 하락하고, 저점 추세선은 상승하여 균형이 잡힌 삼각 깃대형입니다. 이런 경우는 주가가 삼각 깃발을 어느 방향으로 돌파하느냐에 따라 상승 또는 하락이 예상됩니다.

알아두세요

패턴분석을 할 땐 보조지표를 참고하세요!

패턴분석의 단점은 과거의 패턴이 그대로 되풀이되지 않고 예외가 많다는 것입니다. 그러므로 패턴분석을 이용할 때는 반드시 거래량 분석을 함께해야 하고, 보조지표인 MACD와 스토캐스틱 지표도 참고하는 것이 좋습니다.

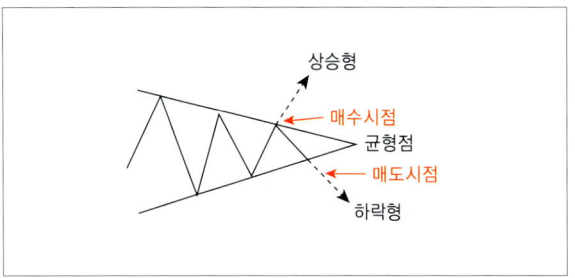

투자 포인트 상향 이탈 시 매수. 하향 이탈 시 매도

확장삼각형

대칭삼각형과 반대로 균형점에서 주가가 확산되어가는 모양입니다. 상승 추세가 끝나고 하락 추세로 전환될 때 나타납니다.

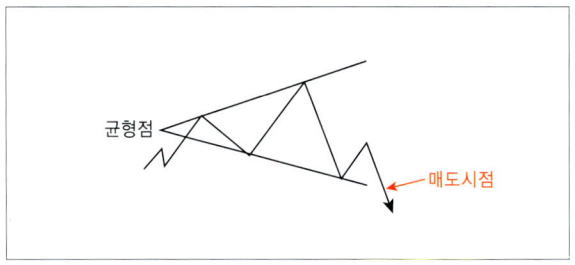

투자 포인트 추세선 돌파 시 매수. 기준선까지 조정 시 매수

이제는 그래프 모양만 보고도 상승과 하락을 예측할 수 있겠죠? 지금까지 갈고닦은 실력을 무기 삼아 여러분이 직접 주가 패턴을 찾아보는 시간을 갖겠습니다. 혹 엉뚱한 답을 내놓았다면 앞으로 돌아가 다시 한 번 점검해보기 바랍니다.

패턴분석으로 매매시점 알아보기

예제 1 다음은 SK이노베이션(096770)의 일봉 그래프입니다. 삼중바닥형 패턴을 그려보고 매수시점을 찾아보세요.

SK이노베이션 일봉 그래프(2008.7~2009.2)

해설 1 삼중바닥형은 바닥이 3개인 경우로 삼중천정형을 거꾸로 세워둔 모양입니다. 주가 바닥은 봉우리가 하나뿐인 외바닥, 봉우리가 둘인 쌍바닥(이중바닥 또는 W자형), 봉우리가 셋인 삼중바닥, 봉우리가 넷 이상인 다중바닥이 있습니다. 대체로 외바닥에 비해 이중바닥 또는 삼중바닥이 바닥에 대한 신뢰가 높습니다. 삼중바닥은 세 봉우리 중 머리에 해당하는 가운데 봉우리가 가장 낮고 양옆의 두 봉우리는 높습니다. 유의할 점은 패턴을 그릴 때는 꼬리도 포함해서 그려야 한다는 것입니다.

1. 먼저 추세선을 그립니다. 하락 추세에서 추세선은 고점과 고점을 이은 선으로 주가 상승을 가로막는 저항선 역할을 합니다.
2. 저항선 역할을 하는 추세선을 돌파하면 매수 신호입니다(1차 매수 신호).
3. 기준선을 돌파하면 2차 매수 신호입니다. 기준선은 등락폭의 중심이 되는 선으로 매수세력과 매도세력이 힘을 겨루는 양대 세력의 중간 선이라 할 수 있습니다. 기준선은 자동으로 그려지지 않으므로 본인이 직접 그려보아야 합니다.
4. 삼중바닥형은 일반적으로 왼쪽 어깨보다 가운데 머리와 오른쪽 어깨에서 거래가 많이 이루어집니다.

(예제 2) 다음은 삼성전자(005930)의 일봉 그래프입니다. 삼중천정형 패턴을 그려보고 매도시점을 찾아보세요.

삼성전자 일봉 그래프(2008.2~2008.8)

해설 2 삼중천정형은 천정권에서 봉우리 3개를 만들고 하락으로 전환되는 전형적인 하락 패턴입니다. 가운데 제일 높은 봉우리를 머리라 하고, 왼쪽 봉우리를 왼쪽 어깨, 오른쪽 봉우리를 오른쪽 어깨라고도 합니다.

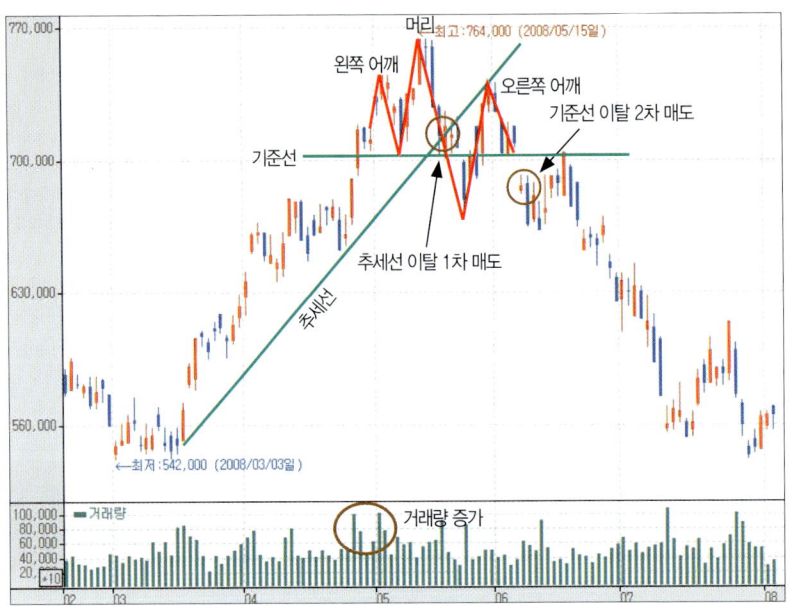

1. 먼저 추세선을 그립니다. 저점과 저점을 잇는 상승추세선은 주가 상승을 지지하므로 지지선이 됩니다. 따라서 주가가 지지선을 하락 이탈하면 1차 매도시점이 됩니다.
2. 3번째 봉우리에서 갭으로 기준선을 하락 이탈했으므로 2차 매도시점이 됩니다.

030 거래량 분석으로 세력의 힘 느끼기

주식투자 무작정 따라하기

투자자들이 시장에서 사고판 주식수, 즉 거래량으로도 주가의 흐름을 어느 정도 예측할 수 있습니다. 이번 장에서는 거래량 증감이 의미하는 바와 거래량 지표 활용법을 알아보겠습니다. 거래량 그래프는 보통 막대그림으로 가격 그래프 아래에 그립니다.

거래량 분석 감잡기

 알아두세요

뉴턴의 제2 운동법칙과 거래량

뉴턴의 제2 운동법칙은 '힘과 가속도의 법칙'으로 '힘 = 질량 × 가속도'입니다. 이는 어떤 물체가 일정한 속도로 일정한 거리까지 움직이기 위해서는 어느 정도의 힘(에너지)이 필요한가를 계산하는 수식입니다. 주식의 경우에도 주가가 일정한 수준까지 상승하기 위해서는 힘이 필요한데, 이때 힘을 알아보는 방법은 거래량을 체크해보는 것입니다.

투자자들이 시장에서 사고판 주식수, 즉 거래량의 변화를 통해서도 주가의 향방을 예측할 수 있습니다. 주가가 시장에서 형성된 가격의 흐름을 나타낸 것이라면, 거래량은 시장에서 사는 사람과 파는 사람이 힘을 겨룬 결과치입니다. 다시 말해 거래량은 주가의 힘이라고 할 수 있습니다. 거래량이 추세와 반대로 움직인다면, 이는 추세가 반전될 가능성이 높다는 신호입니다.

거래량 지표 활용하기

❶ 거래량이 증가하면 주가가 상승하고, 거래량이 감소하면 주가는 하락합니다. 거래량은 주가의 선행지표입니다. 주가가 바닥권에서 횡보

알아두세요

거래량이 많다, 적다는 무엇을 기준으로 하나요?

거래량이 많다, 적다는 회사마다 상대적인 개념입니다. 발행주식이 많은 회사, 즉 자본금이 큰 회사는 대체로 거래량이 많고, 발행주식이 적은 회사, 즉 자본금이 적은 회사는 대체로 거래량이 적을 수밖에 없습니다. 같은 발행주식 수를 가진 회사라 하더라도 대중이 선호하는 저가주는 거래량이 많습니다. 따라서 거래량의 많고 적음은 발행주식수와 그 회사의 일평균 거래량을 비교해 판단해야 합니다. HTS에서 주가추이 메뉴를 선택하면 종목별로 거래량과 거래량 회전율을 확인해볼 수 있습니다.

하는 상황에서 거래량이 증가하면 주가가 조만간 상승한다는 신호입니다.

❷ 거래량이 전 고점의 거래량을 뛰어넘으면 주가도 전 고점을 돌파합니다. 반면 거래량이 전 고점을 넘기지 못하면 주가도 크게 상승하기 어렵습니다.

❸ 거래가 급증하는 종목은 급등주가 될 가능성이 있으므로 관심종목에 넣어두고 지켜보아야 합니다. 특히 주가가 바닥을 친 상태에서 대량거래가 이루어진 후 일정 기간 쉬었다가, 다시 전 거래량을 돌파하는 2차 대량거래가 나타나면서 급등주가 되는 사례가 많습니다.

❹ 주가 급등을 수반하며 사상 최고 거래량을 기록하는 등 거래량이 꽃을 피울 때는 큰손이 보유 물량을 팔고 떠나는 경우도 있고, 주가 붕괴 후 장기 조정으로 들어갈 가능성도 있으므로 매도해야 합니다. 새로운 상승추세선이 나타나기 전까지는 주가하락폭이 크다는 이유만으로 매수해서는 안 됩니다.

❺ 전장 거래보다 후장 거래가 더 많으면서 양봉을 그리면 다음 날 상승할 가능성이 높습니다.

❻ 거래량 단위를 보면 큰손 물량인지, 일반투자자 물량인지 파악할 수 있습니다. 큰손 물량은 거래 단위가 크고 연속적이어서 주가 방향을 결정하는 경향이 있습니다. 컴퓨터로 분 단위 거래량을 체크해보면 됩니다.

❼ 매집 물량인지 매도 물량인지 파악할 수 있습니다. 주가가 오르면서 거래되는 것은 매집 물량이고, 주가가 떨어지면서 거래되는 것은 매도 물량입니다. 따라서 상승하던 추세선을 이탈하여 추세가 하락으로 전환된 상태에서 거래가 대량으로 이루어진다면 추가 하락을 예상해야 합니다.

❽ 거래량 없는 폭락은 큰 의미가 없습니다. 적은 거래량으로 하락했다면 반등할 때도 많은 거래량이 필요하지 않아 쉽게 반등하기 때문입니다.

무작정
따라하기

거래량 분석으로 세력의 힘 느끼기

예제 1 다음은 포스코 계열사인 포스코 ICT(022100)의 일봉 그래프입니다. 거래량을 보고 매수·매도시점을 찾아보세요.

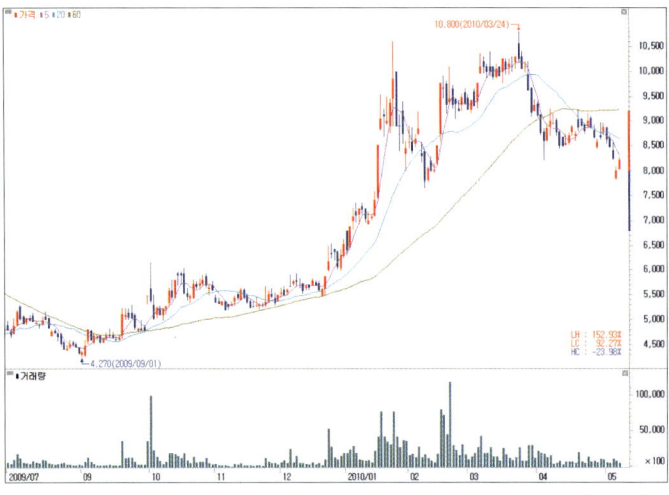

포스코 ICT 일봉 그래프

해설 1 포스코 ICT의 평소 일거래량은 100만주였습니다. 그런데 2009년 10월 1일 갑자기 평소 거래량의 10배나 많은 990만주라는 대량거래가 이루어졌습니다. 그러고 나서 주가가 5,000원 선에서 장기 횡보를 하다 2009년 12월 22일부터 거래량이 다시 증가하면서 주가도 급등했습니다. 2009년 10월 1일의 대량거래는 회사가 크게 변한다는 신호였던 것입니다. 이후 주가 상승과 함께 2010년 2월 19일에 거래량이 1,184만주로 증가했고, 이때가 매도시점이 되었습니다.

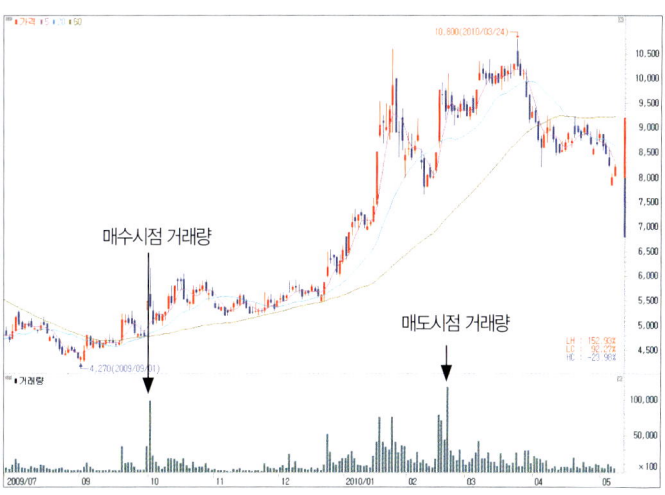

예제 2 다음은 5G 통신장비 업체인 에이스테크(088800)의 일봉 그래프입니다. 거래량을 보고 매수시점을 찾아보세요.

에이스테크 일봉 그래프

해설 2 주가가 바닥에 횡보하고 있을 때 1차로 대량거래량이 나타나면 매수 신호로 볼 수 있습니다. 거래가 미미하던 에이스테크 그래프에 의미 있는 대량거래가 2번 나타났습니다. 2020년 6월 26일에서 30일 사이에 1차 대량거래가 출현하면서 주가가 8,000원에서 19,000으로 크게 상승했습니다. 그리고 한 달 넘게 주가가 조정을 거치면서 거래량도 줄어들었습니다.

그리고 2020년 8월 7일에서 11일 사이에 2차 대량거래가 나타났습니다. 주가가 19,000원에서 34,600원으로 2차 급등하는 모습이 나타났습니다. 이와 같이 장기간 거래가 소강 상태를 보이던 그래프에서 대량거래가 나타나면 주가 상승을 예고하는 경우가 많으므로 2차 대량거래 출현 여부를 확인해볼 필요가 있습니다. 다만 주가가 하락하면서 2차 대량거래가 발생한다면 그때는 매도 신호로 봐야 합니다.

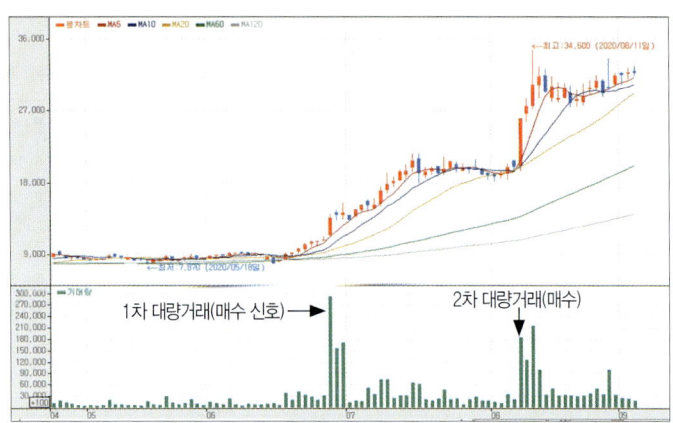

예제 3 다음은 세계 최초 자가면역질환 치료용 바이오시밀러 '램시마'를 개발한 바이오의약품 생산업체 셀트리온(068270)의 일봉 그래프입니다. 거래량을 보고 매도 시점을 찾아보세요.

셀트리온 일봉 그래프

해설 3 전형적인 하락 추세인 역배열 차트입니다. 2021년 11월 14일에 반등을 시도했으나 밀리고, 다음 날인 15일 장중에 무려 17.6% 상승을 보였으나 대량매물을 받아 위로 긴 꼬리를 단 조정을 크게 받았습니다. 큰손 대기매물과 공매도 세력으로 보입니다. 2022년 1월 4~5일에 이어 3월 22일에도 대량거래를 수반하며 주가는 -7.2% 하락했습니다. 3차례 모두 주가가 하락할 때 대량거래가 수반되면 주가는 추가 하락한다는 공식을 확인해주었습니다.

031 보조지표 활용하기

추세선, 이동평균선, 거래량을 기본적인 차트라고 합니다. 이 3가지 그래프만으로 충분하다고 볼 수 있습니다. 그러나 3가지 기본적 차트를 보고도 확신이 서지 않는 경우도 있습니다. 이 경우 좀 더 확신을 갖기 위해 보는 차트가 이번 장에서 배울 보조지표입니다.

보조지표 감잡기

투자 분석지표에는 기본적인 그래프 외에도 수많은 기술적 분석기법이 있으며, 컴퓨터의 발달로 새로운 분석기법이 날로 증가하고 있는 추세입니다. 보조지표의 종류와 대표적인 보조지표에 대해 알아보고, 그래프상에서 상호간에 다른 신호를 보낼 때 어떻게 대처해야 하는지에 대해서도 알아봅시다. 보조지표는 작성 방법이 난해한 것이 많으므로 개념을 이해하고 이용 방법만 알아두면 됩니다.

보조지표의 종류

❶ 추세 지표
- 현재 주가가 상승 추세, 하락 추세 또는 횡보 추세 중 어느 추세에 있

는지를 알아보는 대표적인 보조지표입니다.
- 이동평균선, 일목균형표, DMI, MACD, MACD Oscillator, MAO, Parabolic Sar, Pivot Line

❷ 모멘텀 지표
- 추세의 전환, 즉 상승 추세가 하락으로 전환되는가, 하락 추세가 상승으로 전환되는가 또는 횡보 추세에 새로운 추세로 변화가 있는가를 알아보는 보조지표입니다.
- 모멘텀, Renko차트, 이격도, P&F, 삼선전환도, 투자심리선, AB Ratio, ADX, Chakin's Volatility, Mass Index, Price Oscillator, Price ROC, 상대강도(RSI), Stochastic Fast & Slow, SONAR, TRIX, Williams%R

❸ 변동성 지표
- 주가가 변동할 때 그 폭을 알아보는 보조지표입니다.
- 변동성, ATR, 볼린저 밴드, Envelope, Keltner Channels

❹ 시장강도 지표
- 시장에서 상승 또는 하락의 강도를 알아보는 보조지표입니다. 시장에서 힘은 주로 거래량으로 체크합니다.
- 거래량, OBV, 매물대, CCI, Chakin's Oscillator, 거래량 이동평균선, EOM, MFI, PVT, Volume Oscillator, Volume Ratio

추세 분석지표
MACD

주가의 단기 이동평균선과 장기 이동평균선이 서로 가까워지면 멀어지고(확산, Divergence), 멀어지면 다시 가까워진다(수렴, Convergence)는 원리를 이용해 만든 지표로, 추세의 변화를 알아보는 대표적인 추세 확인 보조지표입니다. 이동평균선은 실제 주가보다 늦게 나타나는 후행성 지표이기 때문에 투자자들이 이용할 때는 시간적으로 늦어지는 결점이 있습니다. 이와 같은 이동평균선의 후행성 문제를 해결하기 위해 과거 주가보다 최근 주가에 더 큰 가중치를 두는 지수 이동평균법을 개발했는데, 이것이 바로 MACD(Moving Average Convergence Divergence)입니다. MACD 지표는 2개의 곡선, 즉 MACD 곡선과 시그널 곡선으로 구성되어 있습니다.

- MACD 곡선 = 단기 이동평균선(12일선) − 장기 이동평균선(26일선)
- 시그널 곡선 = N일(9일) 동안의 MACD 지수 이동평균

투자 포인트

1. 기준선을 이용한 매매 방법
- MACD 곡선이 기준선 위에서 상승할 때 → 주가는 상승 추세
- MACD 곡선이 기준선 아래에서 하락할 때 → 주가는 하락 추세

2. 시그널 곡선을 이용한 매매 방법
- MACD 곡선이 시그널 곡선을 상향 돌파하면(골든크로스) → 매수 신호
- MACD 곡선이 시그널 곡선을 하향 돌파하면(데드크로스) → 매도 신호

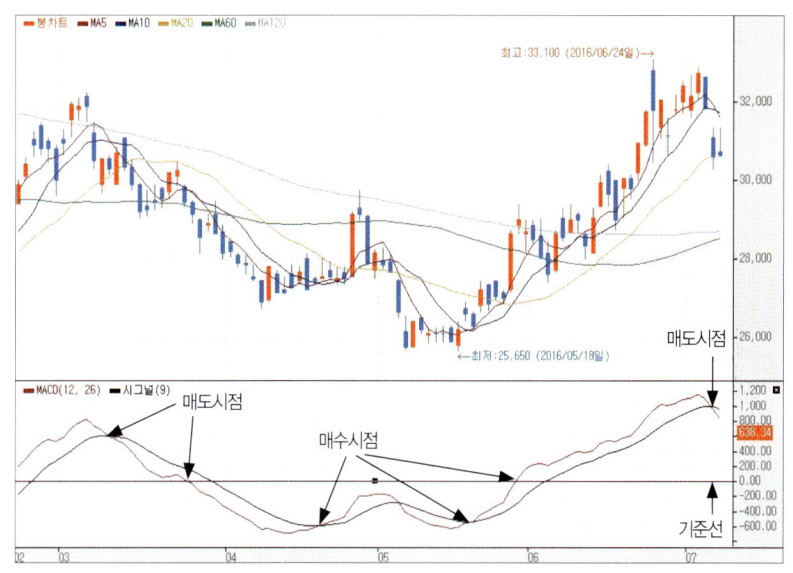

SK하이닉스 MACD 그래프

잠깐만요

그물망 차트

다양한 기간값을 갖는 이동평균선을 서로 다른 색상을 이용해 반복적으로 평활할 경우 마치 그물망을 꼬아놓은 것 같은 모양의 추세 추종형 지표가 만들어집니다. 이를 그물망 차트라 부르는데, 이동평균선들의 간격이 벌어졌다가 좁아지기 시작하면 추세전환 신호로 보며, 바닥권에서 나타나면 매수 신호로, 천정권에서 나타나면 매도 신호로 활용합니다. 보통 한 화면에 9일 이동평균선에서부터 간격을 1로 하고 12~30개의 이동평균선을 동시에 그려 만듭니다.

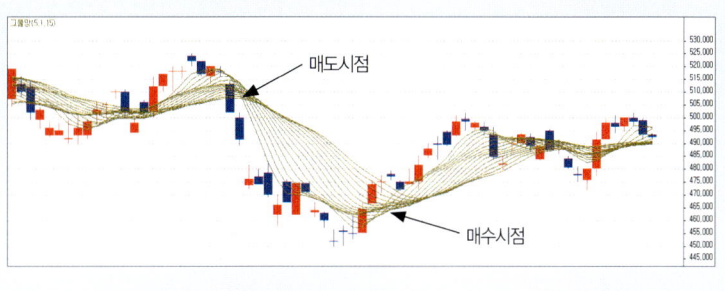

스토캐스틱의 기준선

스토캐스틱은 일정한 기간에 최고 가격을 100으로 하고 최저가격을 0으로 하기 때문에 지표가 100과 0 사이에서만 등락합니다. 스토캐스틱이 50이라면 분석기간의 중간값이 되며 이를 기준선이라 합니다.

MACD와 스토캐스틱은 다수의 전문가가 활용하는 대표적인 보조지표입니다. 좀 더 확실하게 알고 싶다면 《차트분석 무작정 따라하기》를 참조하세요.

모멘텀 분석지표 ①

Stochastic Fast&Slow

Stochastic Fast&Slow는 현재 주가 수준이 전체적인 주가 흐름에서 어떤 단계에 위치하는지를 알아봄으로써 미래의 주가를 예측하는 분석기법입니다. 스토캐스틱(Stochastic)은 상승 추세에서는 당일 종가가 최근 기간 중 최고가에 근접해 있고, 하락 추세에서는 당일 종가가 최근 기간 중 최저가에 근접해 있다는 논리에서 출발합니다. 따라서 최근일의 가격변동폭에 대한 현재의 시장 위치를 나타냅니다.

참고로, Stochastic Fast는 Fast%K와 Fast%D를 비교분석하는 기법이고, Stochastic Slow는 Slow%K와 Slow%D를 비교분석하는 기법입니다. 이 중 Stochastic Fast는 주가에 너무 민감하게 반응한다는 단점이 있으므로, Stochastic Slow를 사용하는 것이 더 효율적입니다.

Stochastic Fast&Slow 계산 방법

- Fast%K = $\dfrac{\text{당일 종가} - \text{최근 n일 동안의 최저가}}{\text{최근 n일 동안의 최고가} - \text{최근 n일 동안의 최저가}} \times 100$
- Fast%D = %K를 지수 이동평균한 값
- Slow%K = Fast%D = Fast%K를 지수 이동평균한 값
- Slow%D = Fast%D를 지수 이동평균한 값

Stochastic Fast&Slow 활용 방법

❶ 기준선 활용(기준선 = 50%)

- 지표가 기준선을 상향 돌파할 때 → 매수
- 지표가 기준선을 하향 돌파할 때 → 매도

❷ 신호선 활용

- %K가 %D를 골든크로스하면 → 매수 신호
- %K가 %D를 데드크로스하면 → 매도 신호

❸ 과매수·과매도 구간 활용

- 스토캐스틱이 80% 이상일 경우 과매수 → 80%를 하향 돌파할 때 매도
- 스토캐스틱이 20% 이하일 경우 과매도 → 20%를 상향 돌파할 때 매수

❹ 진행 방향이 바뀔 때

- 스토캐스틱이 상승 반전 → 매수
- 스토캐스틱이 하락 반전 → 매도

❺ 추세 비교

- 종가 이동평균선이 상승 추세일 경우 → 매수
- 종가 이동평균선이 하락 추세일 경우 → 매도

스토캐스틱으로 매매시점 알아보기

예제 다음은 GS건설(006360)의 일봉 그래프입니다. 스토캐스틱 지표를 이용해 매수시점과 매도시점을 체크해보세요.

GS건설 일봉 그래프

해설 스토캐스틱 지표가 80% 이상이면 매도하고, 20% 이하이면 매수합니다. 또한 Slow%K가 Slow%D를 하향 돌파(데드크로스)하는 시점에는 매도하고, Slow%K가 Slow%D를 상향 돌파(골든크로스)하는 시점에는 매수합니다. 특히 20% 구간을 강력하게 상향 돌파하면서 골든크로스가 발생하면 유력한 매수 신호가 됩니다.

이동평균지수는 어떻게 구하나요?

이동평균지수 구하는 방법은 268쪽을 참고하세요.

모멘텀 분석지표 ②

이격도

이격도는 이동평균선과 비교하여 주가가 어느 수준에 있는지를 알아보는 분석기법입니다. 주가가 이동평균선보다 지나치게 높으면 매도시점으로 보고, 지나치게 낮으면 매수시점으로 봅니다. 이동평균선 중 20일선과 60일선을 가장 많이 활용합니다.

- 이격률 = (주가 ÷ n일 이동평균지수) × 100
- 20일 이격률 = (주가 ÷ 20일 이동평균지수) × 100

투자 포인트

1. 상승국면인 경우
- 20일 이동평균선 기준 이격률이 98% 이하이면 → 매수
- 20일 이동평균선 기준 이격률이 106% 이상이면 → 매도

2. 하강국면인 경우
- 20일 이동평균선 기준 이격률이 92% 이하이면 → 매수
- 20일 이동평균선 기준 이격률이 104% 이상이면 → 매도

이격률로 매매시점 알아보기

예제 다음은 KOSPI의 일봉 그래프입니다. 이격률을 보고 매수·매도시점을 찾아보세요.

KOSPI 일봉 그래프

해설 이격률을 보면 102% 이상일 때 매도하고, 98% 이하일 때 매수해야 유효하다는 것을 알 수 있습니다.

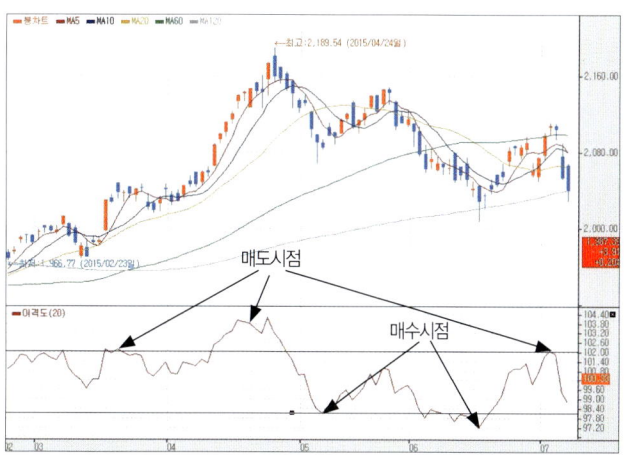

알아두세요

이격률은 융통성 있게 적용하세요!

이격률은 한 가지 기준값을 정해 일률적으로 적용하지 말고, 시장 상황과 투자 종목에 따라 다소 융통성 있게 적용해야 합니다.

모멘텀 분석지표 ③

투자심리선

증권 시세는 인간의 심리에 의해 결정되는 경우가 많습니다. 주가가 최근 며칠 동안 상승만을 계속했다면 일반투자자들은 어느 정도 조정을 예상하면서 조심스럽게 매도주문을 냅니다. 반대로 주가가 연속 하락했을 때는 반등을 예상하고 매수주문을 냅니다. 이러한 투자자들의 심리를 이용한 것이 투자심리선입니다. 최근 일정 기간(보통 10일 기준) 동안 주가가 상승한 날의 백분율을 이용해 주가가 과열인지 침체인지를 알아보고 매매의 판단 자료로 이용하는 것입니다.

예를 들어 10일 중에 상승한 날이 6일이면 투자심리도는 60%입니다.

투자심리선 = (최근 10일간 전일 대비 상승일수 ÷ 10일) × 100

투자 포인트
투자심리선 25% 이하인 경우 → 침체권이므로 매수
투자심리선 75% 이상인 경우 → 과열권이므로 매도
투자심리선 25% 이하에서 상승 반전하는 경우 → 매수
투자심리선 75% 이상에서 하향 반전하는 경우 → 매도

모멘텀 분석지표 ④
P&F차트

P&F차트는 사소한 주가 변동을 차트에서 제외함으로써 주가의 주요 추세를 파악해 투자시점을 찾고, 주가의 상승폭 또는 하락폭을 사전에 예측하는 데 활용합니다. 매매시점과 목표치를 계산할 수 있고 장기간에 걸친 주가추이를 한눈에 알 수 있다는 장점이 있는 반면, 주가가 이미 상당 수준 하락 또는 상승한 후에 매매신호가 나타난다는 단점이 있습니다.

 알아두세요

P&F차트의 특징
P&F차트는 시간과 거래량은 고려하지 않고 주가만 가지고 그립니다. 작성 방법은 주가 수준에 따라 눈목을 정하고 하락 시에는 O을, 상승 시에는 X를 표시합니다.

 알아두세요

눈목은 어떻게 정하나요?
눈목은 주가의 3~5% 선에서 임의로 정합니다. 표시 방법은 눈목 1,000원 기준일 경우 1,000원 상승할 때마다 X를 그리고, 1,000원 하락할 때마다 O을 그립니다.

목표주가 계산 방법(수평계산법 기준)

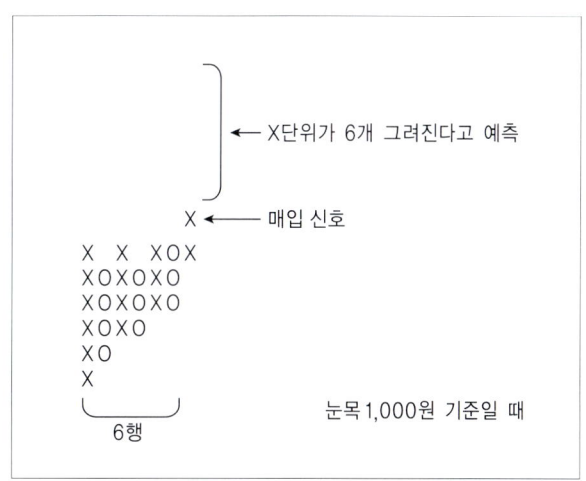

매입 신호가 나타나기 전까지 6행이므로,

6(행) × 1,000원(눈목 단위) = 6,000원

 투자 포인트 이 경우 상승 목표치가 6,000원이므로 6,000원 상승하면 매도합니다.

P&F차트로 매매시점 알아보기

예제 다음은 현대차(005380)의 P&F차트입니다. 이 차트로 볼 때 지금은 매수시점입니까, 매도시점입니까?

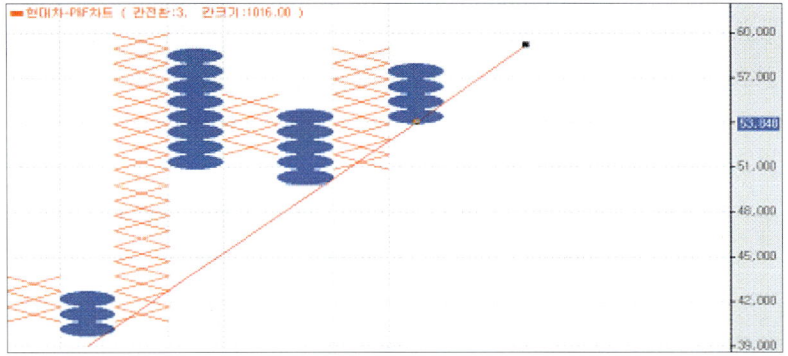

현대차 P&F차트

해설 P&F차트는 삼선전환도와 함께 거래량과 시간을 무시하고 오직 주가만으로 그린 그래프로, 주가 상승은 X, 하락은 O로 나타냅니다. 위 그래프에서는 마지막으로 그려진 것이 매도 신호인 O이므로 매도해야 합니다. 상승 표시인 X가 그려지기 전까지는 하락이 지속된다고 보고 매수는 보류합니다. 그러나 추세선을 만들어보았을 때 추가 하락이 없으면 상승으로 전환될 가능성도 있습니다. P&F차트는 보조지표로 이용하는 것이 좋습니다.

모멘텀 분석지표 ⑤

Renko

주가의 전환시점을 파악하는 데 자주 쓰이는 모멘텀차트입니다. Renko 란 벽돌이라는 일본어 '렌가'에서 유래된 것입니다. 일반적으로 주가가 3% 오르면 붉은 벽돌 하나를, 3% 하락하면 파란색 벽돌 하나를 그려나 가기 때문에 누구나 쉽게 활용할 수 있습니다.

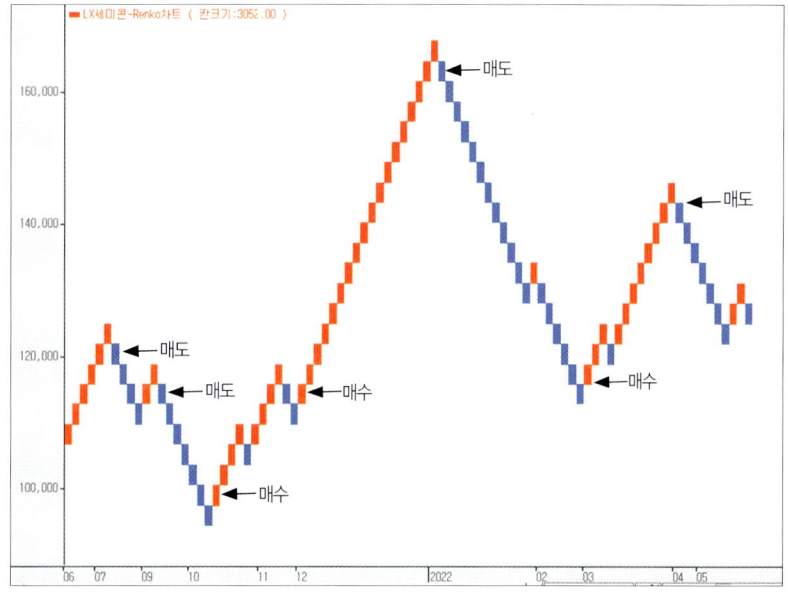

하락 중에 붉은색 벽돌이 나타나면 매수, 상승 중에 파란색 벽돌이 나타나면 매도하라는 지표입니다. Renko 지표로 월봉, 주봉, 일봉을 차례로 확인해 보세요.

시장강도 지표 ①

OBV

일정한 날을 기준으로 하여 주가 상승일의 거래량은 더하고 하락일의 거래량은 차감하여 그래프를 그립니다. 곡선그래프의 진행 방향과 고점이나 저점 돌파 여부를 파악해 증시가 매집 단계에 있는지, 분산 단계에 있는지를 가늠해볼 수 있는 지표입니다.

> **잠깐만요**
>
> ### 역시계곡선이란?
>
> 주가와 거래량의 이동평균치를 연결하여 중·장기 매매 타이밍을 포착하기 위한 차트로, 주가와 거래량의 상관관계를 나타냅니다. 기본적으로 우상향이면 매수하고, 좌하향이면 매도합니다. 단, 매매 타이밍이 늦다는 단점이 있습니다.

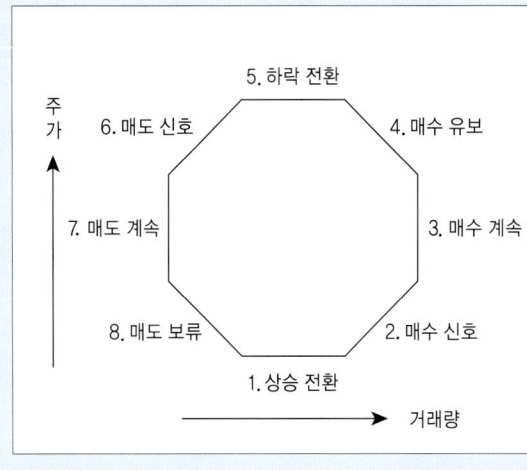

시장강도 지표 ②

매물대

매물대란 일정한 가격대에 거래가 집중되어 이 구간을 돌파하는 것이 부담스러운 가격대를 말합니다. 주가가 매물대에 도달하면 기다리고 있던 이익 실현 물량과 손절매성 물량이 출현하여 주가 상승에 부담이 되는 벽으로 작용하기 때문에 매물부담벽이라고도 합니다. 매물대를 상향 돌파할 때는 주가의 추가 상승이 예상되고, 매물대는 새로운 지지선이 됩니다. 반대로 매물대를 하향 돌파하는 경우에는 주가가 추가로 하락할 가능성이 있고, 매물대는 저항선이 됩니다.

매물대 그래프는 가격대별로 막대그래프로 표현합니다.

매물대로 지지와 저항 알아보기

예제 다음은 줄기세포를 이용하여 난치병 치료제 개발을 연구하는 차바이오텍(085660)의 2011년 3월부터 7월까지의 매물대 그래프입니다. 매물대를 이용해 지지와 저항을 찾아보세요.

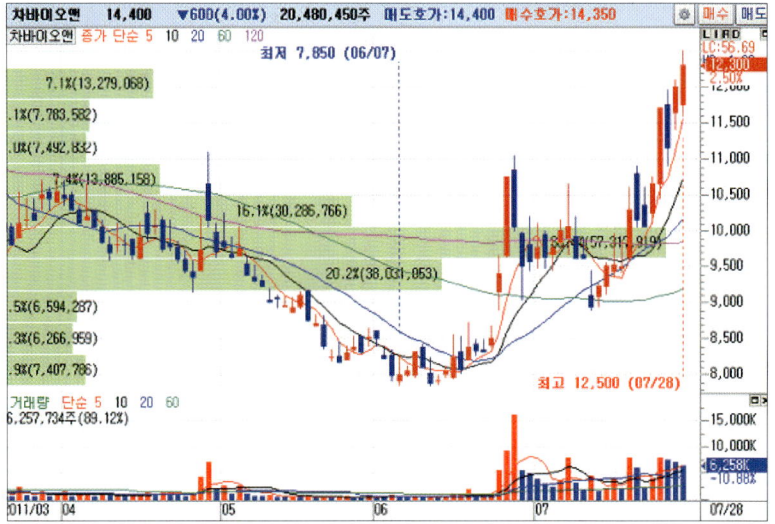

차바이오텍 매물대 그래프

해설 5개월 거래량 중 9,600원~10,050원에서 전체 거래량의 30.4%가 거래되어 매물대가 형성되어 있습니다. 주가는 2011년 6월 27일에 매물대를 1차 돌파했으나 실패하고, 7월 19일에 종가 10,300원을 기록하면서 2차 돌파에 성공하고 있습니다. 매물대를 돌파한 주가는 주가 10,000원을 지지선으로 하고 7월 25일에는 직전 저항선인 10,700원을 강하게 상향 돌파하며 추가 상승을 예고하고 있습니다. 7월 19일 기준으로 종전까지 저항선 역할을 했던 매물대가 지지선으로 바뀌었음을 알 수 있습니다.

차트분석 종합 정리

많은 차트 분석기법 중에 무슨 차트부터 봐야 할지, 분석기법 상호간에 서로 다른 신호를 보낼 경우 어떻게 판단해야 할지 등을 알아봅시다. 즉, 차트 분석기법을 보는 순서와 여러 차트를 보고 종합적으로 판단하는 요령을 알아봅시다.

차트 보는 순서와 매매신호 판단 요령

첫째, 추세선을 봅니다.
차트를 보면 제일 먼저 차트에 추세가 있는지, 있다면 주가가 상승 추세인지, 하락 추세인지 아니면 횡보 추세인지를 알아봅니다. 그리고 추세의 전환 신호가 있는지도 찾아봅니다.

둘째, 이동평균선을 봅니다.
주가와 이동평균선을 보고 주가가 상승 추세, 하락 추세, 횡보 추세 중 어느 추세인지 알아봅니다. 그리고 추세 전환 신호인 골든크로스 또는 데드크로스가 있는지도 찾아봅니다.

셋째, 추세선 매매신호와 이동평균선 매매신호가 일치하는 점이 있는지를 찾아봅니다.
매도 신호가 추세선과 이동평균선에서 일치되게 나타나는지를 알아봅니다. 확인 결과 일치하면 매도시점이라 판단합니다.
매수 신호가 추세선뿐 아니라 이평선에도 일치하게 나타나면 매수시점이라 판단합니다. 시점이 일치하는 경우도 있고 시차가 조금 있는 경우도 있습니다. 매매신호가 시차가 있는 경우는 먼저 나타난 신호는 가능성 신호로 보고 나중에 나타난 신호는 확인신호로 볼 수 있습니다.

넷째, 보조지표 MACD를 봅니다.

추세선과 이동평균선 2개의 신호로 매수, 매도의 추세전환 신호를 확인했지만 그래도 의심스러울 때 한 번 더 체크해보기 위해 보조지표인 MACD를 봅니다.

추세선과 이동평균선 그리고 MACD 지표까지 일치된 신호를 보낸다면 더 이상 의심하지 말고 실행에 옮겨야 합니다. 만약 매도 신호인데 보유주식 전량을 팔기 어려우면 1/3 또는 1/2이라도 매도해야 합니다. 매수 신호라면 사고자 하는 물량의 일부라도 매수해야 합니다.

다섯째, 다른 지표도 참고로 확인해봅니다.

봉차트와 거래량차트에 특이점이 있는지 살펴봅니다.

다른 보조지표, 즉 볼린저 밴드, 일목균형표 등 다른 차트도 참고로 봅니다. 그러나 보조지표는 어디까지나 보조지표일 뿐, 주요 지표인 추세선, 이평선, 거래량이 중심이라는 점을 알아두기 바랍니다.

차트가 애매하거나 서로 다른 신호를 보낼 때는?

지금까지 여러 종류의 차트를 보고 분석하는 방법을 알아보았습니다. 그러나 막상 그래프를 보고 지금까지 배운 내용을 적용하려 하면, 이론과 딱 들어맞지 않고 애매하거나 차트 상호간에 다른 신호를 보내는 경우를 종종 맞닥뜨리게 됩니다.

물론 업종의 특성이나 개별종목의 특성에 따라 적중률이 높은 차트와 그렇지 못한 차트가 있게 마련이지만, 그럼에도 이런 상황에 처하면 머릿속이 혼란해지며 갈피를 잡지 못하게 됩니다. 이런 경우 어떻게 해야 하는지 알아봅시다.

알아두세요

차트 천정권과 바닥권이란?
차트 천정권(또는 상투권)이란 주가가 상당 기간(또는 상당폭) 상승한 후 더 이상 상승하지 못하고 횡보하는 상황입니다.
→ 하락 또는 일정 기간 조정 가능성 높음

차트 바닥권은 주가가 상당 기간(또는 상당폭) 하락한 후 어느 선에서 하락을 멈추고 횡보하고 있는 상황입니다.
→ 상승 또는 일정 기간 후 상승 가능성 높음

1 | 조금 더 긴 시간 단위 그래프를 봅니다

일봉을 보고 판단하기 곤란할 때는 주봉과 월봉을 보십시오. 예를 들어 주봉차트가 바닥권에서 상승 전환되고 있는데 일봉차트가 단기 상투권에 도달했다면, 단기 매수자는 좀 더 기다려본 후 매수하는 것이 좋습니다. 그러나 중·장기 매수자라면 분할매수로 대응하는 것이 유리합니다. 반대로 주봉차트가 천정권에서 하락으로 전환되고 있을 때 일봉차트가 단기 바닥권이라고 덥석 매수에 가담해서는 안 됩니다. 월봉과 주봉 차트를 볼 때도 동일한 원리가 적용됩니다.

2 | 다른 종류의 차트를 동시에 봅니다

MACD, 스토캐스틱, 볼린저 밴드 등 보조지표를 봅니다. 보조지표는 투자자가 추세선, 이동평균선, 거래량 등을 체크해서 내린 결론이 맞는지 틀렸는지를 검증해줄 것입니다. 기본지표와 보조지표가 일치할 때는 두려워하거나 망설일 필요가 없습니다.

3 | 종합주가지수와 동종업종에 속한 종목의 그래프를 봅니다

관심종목의 그래프가 종합주가지수 혹은 동종업종에 속한 종목의 그래프 추세와 다르게 움직일 때는 관심종목에 특별한 재료나 이유가 있는지를 확인해보십시오. 특별한 이유를 발견하지 못한다면 종합지수 혹은 경쟁관계 종목의 그래프를 참고해 판단하는 것도 도움이 될 것입니다.

무작정 따라하기

매수와 매도시점 찾기

(예제 1) 다음은 미국증시에서 시가총액 1위 기업인 애플의 일봉차트입니다. 차트를 보고 추세선, 이동평균선, MACD지표를 이용하여 매수시점과 매도시점을 찾아보세요.

애플 일봉 차트

(해설 1)

1. 추세선을 그려봅니다.
   - 주가가 하락추세선을 상승 돌파하는 A, D, G는 매수 신호입니다.
   - 주가가 상승추세선을 하락 돌파하는 B, E, F는 매도 신호입니다.
2. 이동평균선에 나타나는 골든크로스와 데드크로스가 추세선의 매매 신호와 일치하는지를 확인해봅니다.
   - 5일/20일 이평선 골든크로스 발생: A, D, G
   - 5일/20일 이평선 데드크로스 발생: C, F
3. MACD지표로 매수·매도시점을 검증해봅니다.

A: 추세선-상향 돌파 매수 신호

　이동평균선-5일/20일 이평선 골든크로스 매수 신호

A: MACD-추세선, 이평선 일치하게 매수 신호이며, MACD지표는 사전에 매수 신호를 주고 있었으므로 매수 신호로 판단합니다.

B: 추세선은 하향 이탈 매도 신호를 보내고 있으나 이동평균선과 MACD지표는 매도 신호가 없으므로 판단 보류

C: 추세선 매도 신호가 먼저 나온 다음 이동평균선(5일/20일) 데드크로스 발생과 동시에 MACD지표 매도 확인이므로 매도 신호로 판단

D: 추세선, 이동평균선, MACD지표 일치하게 매수 신호 → 매수 신호로 판단

E: 추세선과 MACD는 매도 신호지만 이동평균선은 신호가 없으므로 판단 보류

F: 추세선, 이평선, MACD 모두 매도 신호 → 매도로 판단

G: 추세선, 이평선, MACD 모두 매수 신호 → 매수로 판단

예제 2 다음은 한국증시에서 시가총액 1위 기업인 삼성전자(005930)의 주봉차트입니다. 차트를 보고 추세선, 이동평균선, MACD지표를 이용하여 매수시점과 매도시점을 찾아보세요.

삼성전자 주봉 차트

해설 2

1. 추세선을 그려보면 A, B, C, D 4개의 변곡점을 찾을 수 있습니다.
2. 각 변곡점이 이동평균선 및 MACD지표와 일치하는지를 확인해봅니다.

    A: 이평선은 5일/10일 골든크로스 이후 5일/20일 골든크로스 → 매수 신호

       MACD도 5일/10일 골든크로스 때부터 매수 신호

       종합 → 매수 판단

    B: 추세선 저항선 돌파 → 매수

       이평선 5일/20일 골든크로스 → 매수

       MACD 골든크로스 발생 후 상승 → 매수

       종합 → 매수 판단

    C: 추세선 매도 신호

       이평선 5일/10일 데드크로스 → 매도 신호

MACD 매도 신호
　　　종합 → 매도 판단
　D: 추세선 매수
　　　이평선 5일/10일 골든크로스 매수
　　　MACD 매수
　　　종합 → 매수 판단

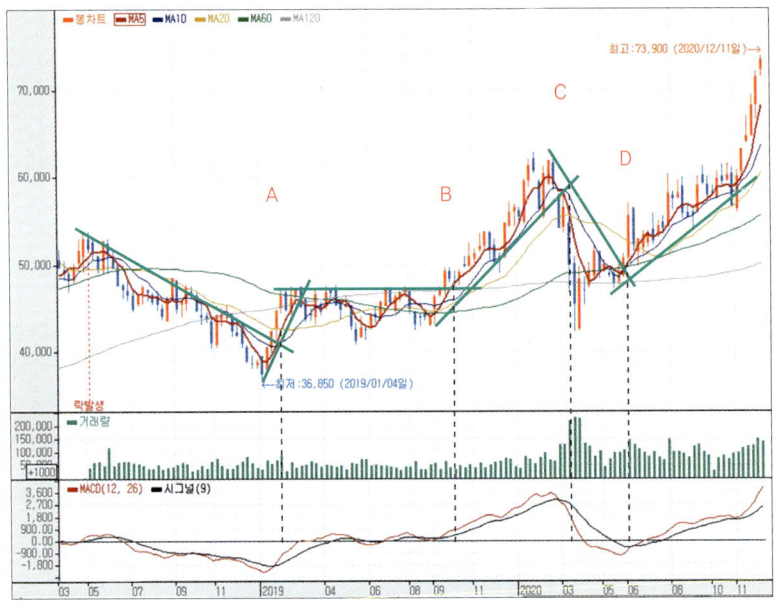

032 차트로 투자 시기 예측하기

주식투자 무작정 따라하기

직접투자를 할 때는 증권시장이 상승기에 있는지, 하락기 또는 횡보기에 있는지를 아는 것이 매우 중요합니다. 우리는 4장에서 2개의 갭, 즉 GDP 갭과 일드갭으로 경제적 대세 판단을 체크해보는 방법을 알아보았습니다. 이번 장에서는 차트분석으로 직접투자를 해야 할 시기를 판단하는 방법을 알아보도록 하겠습니다.

대세상승기에는 시장에 적극 참여하고, 대세하락기에는 시장을 떠나 쉬는 것이 좋습니다. 쉬는 것도 하나의 투자 방법입니다. 그렇다면 대세는 어떻게 알 수 있을까요? 직접투자 시기를 가늠하는 데 꼭 필요한 대세 판단 요령을 알아보겠습니다.

대세 판단 요령 ①
그래프로 판단하기

증권시장에서 대세상승이라고 하면 보통 200일 이동평균선을 기준으로 하여 200일 이동평균선이 상승 중일 때는 대세상승기라 하고, 하락 중일 때는 대세하락기라고 합니다. 200일이면 기간으로 10개월에 해당합니다. 당연히 일봉보다는 주봉이나 월봉을 보고 판단하는 것이 좋겠지요? 증시의 대세 사이클은 짧게는 1~2년, 길게는 3~4년 지속됩니다.

다음은 1999년 1월부터 2009년 3월까지의 우리나라 종합주가지수 월봉 그래프입니다. 그래프에 따르면 2009년 당시는 대세상승기일까요, 대세하락기일까요? 200일 이동평균선(월봉 기준으로는 MA 10)이 상승 추세에 있으므로 대세상승기라고 할 수 있습니다.

종합주가지수 월봉 그래프

알아두세요

피보나치 수열이란?

12세기 이탈리아 수학자 피보나치가 이집트 피라미드를 연구하다 발견한 황금분할비율의 계수로, 1, 2, 3, 5, 8, 13, 21, 34, 55, 89, 144…로 나가는 숫자입니다. 이 숫자는 몇 가지 특징이 있습니다. 첫째, 이어지는 두 숫자를 더하면 그다음 숫자가 됩니다. 즉, 3 + 5 = 8, 5 + 8 = 13이 됩니다. 둘째, 수열 34부터 앞에 있는 수의 1.618배이고, 두 번째 앞에 있는 수의 2.618배입니다. 1 : 1.618을 황금비율 또는 황금률이라고 하는데, 시각적으로 균형 잡힌 감각을 가리키며 고대 이집트의 피라미드, 파르테논 신전 등에서도 찾아볼 수 있습니다.

대세 판단 요령 ②

엘리어트 파동이론으로 판단하기

그래프로 대세를 파악하는 대표적인 이론 중 하나인 엘리어트 파동이론은 한마디로 이렇게 요약할 수 있습니다. 장기 주가 흐름은 상승 5파와 하락 3파로 끊임없이 순환하며, 각각의 파동 안에 다시 작은 상승 5파와 하락 3파가 존재한다는 것입니다. 엘리어트 파동이론의 목적은 주가의 장기 대세 파동을 파악하는 것이며, 피보나치 수열에 의한 황금비율(38.2%, 61.8%)로 각 파동의 상승폭과 하락폭을 예측한 것이 특징입니다.

엘리어트 파동이론에 의하면 1번, 3번, 5번 파동은 상승 움직임을 보이고, 2번과 4번 파동은 조정 파동 역할을 하여 하락 움직임을 보인다고 합니다. 그리고 5번까지의 움직임이 끝나면 a, b, c파동으로 구성되는 하락 추세가 이어지는데, a와 c파동은 하락하고, b파동은 조정 파동으로 상승한다고 합니다. 주가는 끝없이 오르거나 내리기만 하는 것이 아니라 추세의 38.2%, 61.8%의 비율만큼 되돌려진다는 것이죠.

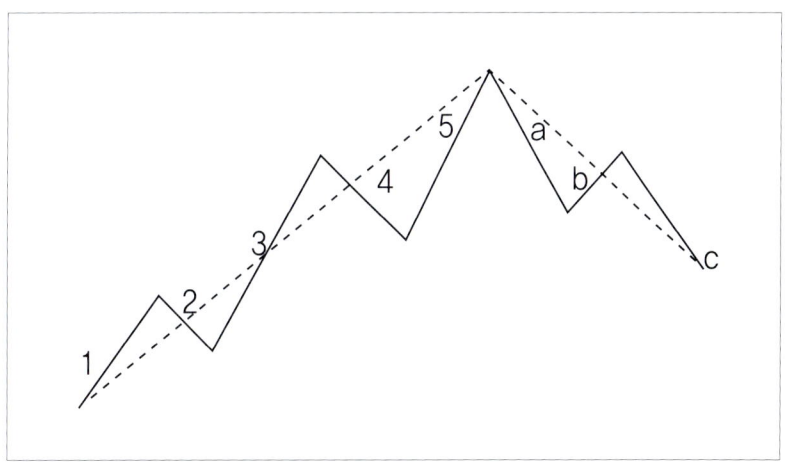

*1, 2, 3, 4, 5는 상승 5파이고, a, b, c는 하락 3파입니다.

파동별 특징과 주가변동폭 예측하기

아래 그림과 앞 페이지의 종합주가지수 월봉 그래프를 보면서 각 파동의 특징과 피보나치 수열을 이용한 코스피지수의 상승폭과 하락폭을 예상해보도록 하겠습니다. 부담 없이 계산을 따라해보면 엘리어트 파동이론을 이해하는 데 도움이 될 것입니다.

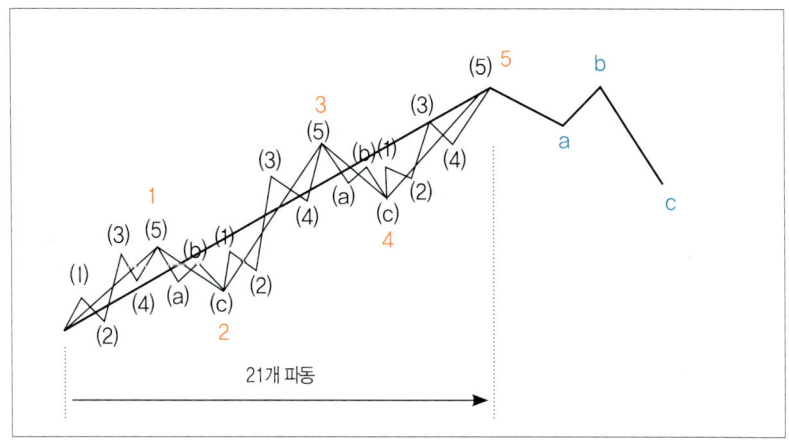

❶ 1번 파동(상승)

하락에서 상승으로 전환되는 파동입니다. 보통 기존 추세가 무너지고 새로운 추세가 시작되는 시점을 상승 1파라고 합니다. 주가가 새로운 추세를 형성하면서 1파 안에서 다시 작은 5개 파동이 완성될 때 1번 파동이라고 합니다. 코스피지수를 기준으로 볼 때 1989년부터 2003년 초까지 약 15년간 500~1,000포인트 박스권에 머물던 주가가 2003년 3월 512포인트를 기록하면서부터 새로운 추세가 형성되었다고 봅니다. 엘리어트 파동이론에 따라 코스피지수를 계산해보도록 하겠습니다.

상승률 계산: 512포인트(2003년 3월)에서 새로운 추세가 시작된 코스피지수는 939포인트(2004년 4월)까지 올라 1차 상승폭이 427포인트가 되었습니다(939 − 512 = 427).

❷ 2번 파동(조정 파동으로 하락 또는 횡보)

2번 파동은 상승 1파에 대한 조정 파동으로 그 안에 3개의 작은 파동을 가지고 있으며, 절대로 1번 파동의 출발점인 512포인트 아래로 내려가서는 안 됩니다. 그럴 경우 1번 파동을 새롭게 시작한 파동으로 볼 수 없습니다.

하락률 계산: 1번 파동폭의 38.2% 비율로 하락하거나, 61.8% 비율로 추가 하락합니다. 1번 파동 때 상승폭이 427포인트였으므로 163포인트(427포인트 × 38.2% = 163) 하락하거나, 264포인트(427포인트 × 61.8% = 264) 추가로 하락할 수 있습니다. 따라서 939포인트에서 조정된다면 1차 예상치는 776포인트(상승 1파 후 지수 939 − 2번 파동 예상 하락폭 163 = 776)가 되고, 추가 하락한다면 2차 예상치는 675포인트(939 − 264 = 675)가 될 것입니다. 그러나 실제로는 714포인트까지 하락했으므로 1차 조정인 38.2% 법칙이 맞아떨어진 셈입니다.

❸ 3번 파동(상승)

3번 파동은 추세가 힘을 받아 강력하게 움직이는 파동으로 그 안에 5개의 작은 파동을 가지고 있습니다. 5파 중에 가장 긴 파동으로 주가 상승이 제일 큰 파동입니다. 따라서 2번 파동 말기 또는 3번 파동 초기에 투자한 투자자가 가장 큰 수익을 낼 수 있습니다.

상승률 계산: 1번 파동 상승폭의 1.618배로 상승합니다. 따라서 690포인트가 됩니다(상승 1파 상승폭 427 × 1.618배 = 690). 코스피지수 기준으로는 1,404포인트가 되어야 합니다(2파 조정 후 지수 714 + 3번 파동 예상 상승폭 690 = 1,404). 그러나 실제로는 750포인트 올라 1,464포인트(2006년 5월)가 되어 예상치보다 더 많이 올랐습니다.

❹ 4번 파동(조정 파동으로 하락 또는 횡보)

3번 파동에 대한 되돌림 현상으로 그 안에 3개의 작은 파동을 가지고 있습니다. 4번 파동의 저점은 1번 파동의 고점 이하로 하락해서는 안 됩니다. 그럴 경우 상승 5파의 틀이 지속될 수 없다고 봅니다.

하락률 계산: 3번 파동 상승폭의 38.2%, 즉 286포인트 하락한다고 봅니다(3번 파동 상승폭 750 × 38.2% = 286). 코스피지수 기준으로는 1,178포인트가 됩니다(3번 파동 후 지수 1,464 − 4번 파동 예상 하락폭 286 = 1,178).

실제로 272포인트가 하락한 1,192포인트(2006년 6월 14일)를 기록했으므로 엘리어트 파동이론 지수가 맞아떨어진 경우에 해당합니다. 만약 이번 하락이 2번 파동 저점인 714포인트 아래로 내려갔다면 상승 5파의 기본틀은 사라지는 것입니다.

❺ 5번 파동(상승)

상승 5파의 마무리 파동으로 그 안에 5개의 작은 파동을 가지고 있습니다. 엘리어트 파동이론에 따르면 주식을 팔아 현금화해두었다가 재투자 시기를 찾는 것이 유리합니다.

상승률 계산: 3번 파동 상승폭의 61.8% 비율로 상승하거나, 추가 상승이 있을 경우 1번 파동 상승폭과 같다고 했습니다. 3번 파동 상승폭의 61.8%를 적용하면 1,655포인트가 될 것입니다(4번 파동 종료 후 지수 1,192 + 3번 파동 상승폭 750 × 61.8% = 1,655). 그리고 1번 파동 상승폭인 427포인트를 적용하면 1,619포인트가 될 것입니다(4번 파동 종료 후 지수 1,192 + 427 = 1,619). 실제 결과는 어떻게 되었습니까? 5번 파동의 고점은 2,085.45포인트(2007년 11월 1일)로 고점을 기록했습니다. 엘리어트 파동이론 예상치보다 상승폭이 훨씬 컸습니다.

❻ a파동(하락)

a파동은 상승 추세에서 하락 추세로 전환되는 파동으로 그 안에 5개의 작은 파동을 가지고 있습니다. 하락으로 전환되는 파동인지 알고 싶다면 상승 5파동 안에 있는 작은 파동이 21개가 맞는지 확인해보면 됩니다(상승파동 3개 × 소파동 각각 5개 + 하락파동 2개 × 소파동 각각 3개 = 21개 소파동). 1차 하락폭은 515포인트였습니다(5번 파동 후 지수 2,085 − a파동 후 지수 1,570 = 515). 상승 5파가 일단락된 후, 대세가 하락으로 전환된 것입니다.

❼ b파동(상승)

a파동의 되돌림 현상으로 a파동 길이의 38.2% 또는 61.8%만큼 조정됩니다. 엘리어트 파동이론에 의하면 1차 상승폭은 196포인트(1차 하락폭 515 × 38.2% = 196)이고, 2차 상승폭은 318포인트(1차 하락폭 515 × 61.8% = 318)가 되어야 합니다. 실제로는 331포인트 반등하여 2차 예상치에 근접했습니다.

알아두세요

삼봉천정형 패턴은 283쪽을 참조하세요.

❽ c파동(하락)

c파동 길이는 a파동 길이와 비슷하며, a파동 저점보다 현저하게 하락합니다. 패턴 유형 중 삼봉천정형 패턴의 오른쪽 어깨를 형성합니다. 미국발 금융위기가 전 세계 증시를 강타하면서 코스피지수도 b파동 고점인 1,901포인트에서 무려 1,009포인트 급락한 892포인트(2008년 10월 27일)까지 하락했습니다.

엘리어트 파동이론의 문제점

파동이 완성된 후에는 누구나 알 수 있지만 파동이 진행되는 동안에는 어느 파동에 해당하는지를 판단하기가 어렵고, 보는 사람에 따라 파동이 시작하는 시점이 다를 수 있다는 문제점이 있습니다. 상승폭과 하락폭을 계산할 때도 이 이론을 이해하고 참고로 활용하면 됩니다.

무작정 따라하기

엘리어트 파동이론에 따른 주가조정폭 살펴보기

예제 상승 1파동에서 지수가 200포인트 올랐을 때 엘리어트 파동이론에 따라 상승 5파 중 2번 파동의 주가조정폭은 얼마나 될까요?

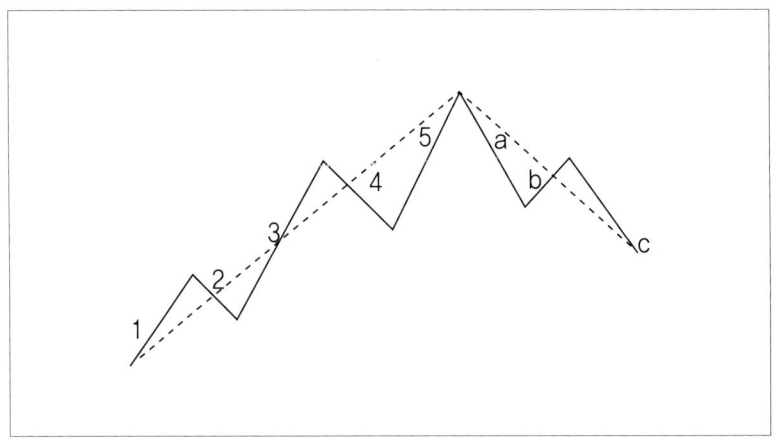

해설 2번 파동의 1차 예상 하락폭은 76.4포인트(200포인트 × 38.2% = 76.4)이고, 2차 예상 하락폭은 123.6포인트(200포인트 × 61.8% = 123.6)입니다. 참고로 3번 파동의 상승폭은 1번 파동 길이의 1.618배이므로 323.6포인트입니다(200포인트 × 1.618배 = 323.6).

대세 판단 요령 ③

다우 추세이론으로 판단하기

주식시장은 제멋대로 움직이는 것이 아니라 규칙적인 파동운동을 하며 움직인다는 이론으로, 미국 《월스트리트 저널》을 창간한 찰스 다우(Charles H. Dow)가 고안한 이론입니다.

다우이론은 증권시장의 순환 과정을 이해함으로써 강세시장과 약세시장을 구분하는 데 도움을 줍니다. 다우는 증권시장을 총 6개 국면으로 구분하는데, 강세시장 3국면과 약세시장 3국면으로 나눕니다. 강세시장은 매집국면, 마크업(Mark Up)국면, 과열국면의 3개 국면으로 진행되고, 약세시장은 분산국면, 공포국면, 침체국면의 3개 국면으로 진행됩니다.

강세시장 제1국면 — 매집국면

강세시장 초기 국면인 매집국면은 경제와 기업환경, 시장 여건까지 회복되지 못해 장래 전망을 어둡게 느낀 투자자들이 투매하는 과정입니다. 이때는 언론도 어두운 기사로 가득합니다. 그러나 전문투자자들은 일반인들의 실망매물을 사들이는 국면이기도 합니다. 이 시기에 주식을 매수해 중·장기로 보유하는 사람은 큰 수익을 얻게 됩니다. 시장을 떠나는 일반인들의 매물과 전문투자자의 매수로 거래량은 점차 증가합니다.

강세시장 제2국면 — 마크업국면

강세시장 제2국면인 마크업국면에서는 전반적으로 경제 여건이 좋아지고 기업의 수익이 증가함으로써 일반투자자들의 시장에 대한 관심이 고조되어 주가가 상승합니다. 뉴스 중 호재에 민감한 반면 악재에는 별로 반응을 보이지 않습니다. 기술적 분석에 따라 주식투자를 하는 사람이 가장 많은 투자수익을 올릴 수 있는 때입니다.

강세시장 제3국면 — 과열국면

강세시장 제3국면인 과열국면에서는 경제와 기업수익에 관한 각종 통계 숫자가 호조를 보이고 신주 발행이 급격히 증가하며, 신문이나 매스컴에서 증권시장에 관한 소식이 톱뉴스로 등장할 만큼 과열 기미를 보입니다. 일반투자자와 주식투자 경험이 없는 사람들이 계속 망설이다가 확신을 가지고 적극 매입에 나서기 때문에 시장이 과열됩니다. 그러나 이때는 매수자가 손해를 보는 경우가 흔하므로 조심해야 합니다.

약세시장 제1국면 — 분산국면

약세시장 제1국면은 전문투자자들이 시장 과열을 감지하고 이익을 실현한 후 시장을 빠져나가는 분산국면입니다. 호재에 반응이 없고 악재에 민감하며 해외 뉴스가 하락의 계기가 되는 경우가 많습니다.

약세시장 제2국면 — 공포국면

경제 및 기업의 수익에 관한 실적 발표가 나쁘게 나옴에 따라 매도하려는 투자자의 마음이 조급해지고, 매수세력은 위축되어 주가는 수직으로 급락합니다. 이때 거래량도 급격히 감소하는데, 이러한 상태를 공황국면(Panic Phase)이라고도 합니다. 이후에는 상당히 긴 회복국면이나 보합 상태가 나타나게 되어 약세시장 제3국면이 시작됩니다.

약세시장 제3국면 — 침체국면

공포국면에서 미처 처분하지 못한 투자자들의 실망매물이 출회됨으로써 투매 양상이 나타납니다. 주가는 지루하게 하락하지만 시간이 경과할수록 주가의 낙폭은 줄어듭니다. 기업의 수익성이 악화되고 주가가 계속 떨어진다는 정보가 주식시장에 퍼져 있기 때문에 이를 침체국면이라고 합니다.

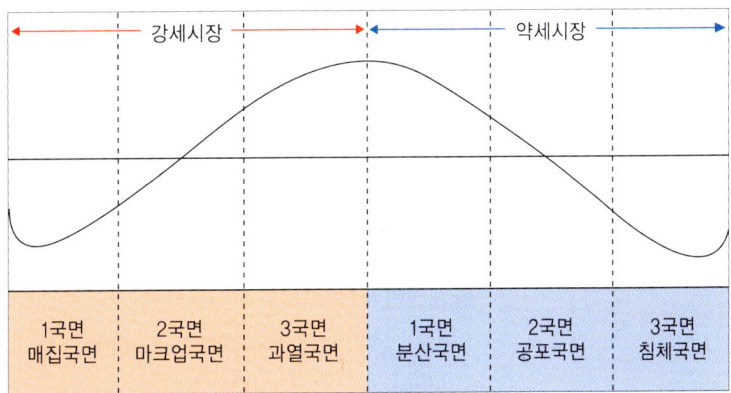

| 다우의 6개 국면 |

다우의 3가지 추세 구분하기

다우는 증권시장의 추세를 3가지, 즉 단기추세, 중기추세, 장기추세로 구분합니다. 단기추세는 매일매일의 주가 움직임을 말하며, 단기적으로 진폭이 불규칙하기 때문에 분석의 가치가 없습니다. 중기추세는 통상 수주에서 수개월의 주가추세를 말하며, 장기추세를 예측하고 장기추세의 전환 시기를 포착하는 데 활용되는 주된 추세입니다. 장기추세는 2~10년에 걸친 증권시장의 흐름을 말합니다.

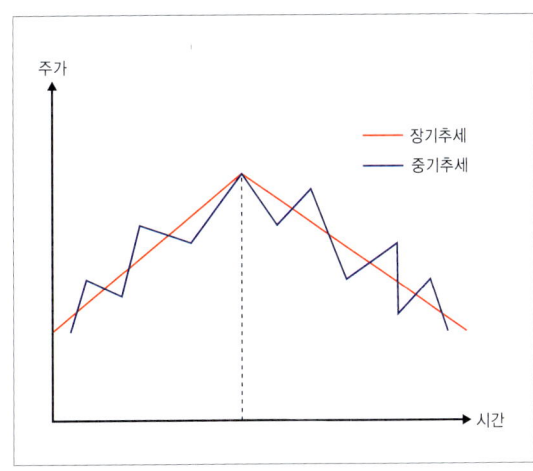

무작정 따라하기

다우의 6개 국면 살펴보기

예제 다음 4가지 경우는 다우의 6개 국면 중 어디에 해당하는지 맞혀보세요.

❶ 시장이 나쁜 뉴스에 대한 저항력을 가지고 있으며 악재가 사라지면 주가가 반등합니다. 저금리가 지속되는 가운데 업적이 부진한 저가주에서 신고가 종목이 나타납니다.

❷ 호재에 민감하게 반응하고 악재가 영향을 미치지 않습니다. 금리가 인상되고 급등 종목이 속출합니다.

❸ 호재에는 별 반응이 없고 악재에 민감하며 해외 뉴스가 하락의 계기가 되기도 합니다. 콜금리는 계속해서 상승하고 증시 급등에 대한 규제가 아직 풀리지 않은 상태에서 증자가 계속 발표됩니다.

❹ 뉴스와 재료에 악재가 많고 비관적인 전망이 시장을 지배하며 고가 우량주마저 하락합니다. 기업 도산이 이어지고 금리가 계속 하락하며 금융완화정책도 나옵니다.

해설

❶ 강세시장 제1국면인 매집국면
❷ 강세시장 제2국면인 마크업국면
❸ 약세시장 제1국면인 분산국면
❹ 약세시장 제3국면인 침체국면

잠깐만요 — 금융장세 또는 실적장세라는 말이 무슨 뜻이지?

일본의 유명 애널리스트 우라카미 구니오는 경제현상과 금리변동에 따른 자금의 이동 양상에 따라 주식시장을 금융장세, 실적장세, 역금융장세, 역실적장세로 나누고 4가지 국면은 계절이 봄, 여름, 가을, 겨울로 바뀌듯 순환한다고 했습니다.

- **금융장세:** 경기가 좋지 않아 저금리정책을 펼침으로써 시중자금이 채권에서 주식으로 대거 유입되어 주식시장이 활황을 보이는 경우로, 유동성장세라고도 합니다. 경기회복 기대감이 선반영되어 실적 개선보다 주가 상승이 빨라 PER이 높습니다.
- **실적장세:** 장기간의 저금리로 투자가 증가하고 경기가 호전됨에 따라 기업실적이 좋아져 주가가 상승하는 경우입니다. 주가상승폭이 가장 크고 상승 기간도 긴 시기입니다.
- **역금융장세:** 물가안정과 과열된 경기를 진정시킬 목적으로 금리를 올림에 따라 시중자금이 주식에서 빠져나와 채권으로 이동하여 주가가 하락합니다. 약세장 초입국면으로 실적보다 주가가 먼저 꺾이며 PER이 낮습니다.
- **역실적장세:** 역금융장세가 지속됨에 따라 경기가 더욱 나빠지고 기업실적이 악화되어 주가가 폭락하는 경우입니다.

| 국면별 예상 주도업종 |

구분	국면별 예상 주도업종
금융장세	• 금리 민감주 → 은행, 증권, 보험 • 재정, 투융자 관련주 → 건설 및 부동산 • 공공서비스 관련주 → 전력, 가스, 철도, 항공, 방송 • 불황저항력 관련주 → 식품, 제약, 임대업
실적장세	• 소재산업(전반부) → 철강, 시멘트, 화학, 비철금속 • 가공산업(후반부) → 기계, 전기전자, 반도체, 자동차, 정밀기기
역금융장세	• 초우량주 → 저PER주, 자산주 • 중소형 우량주 → 작전성 매집과 M&A 재료 보유주
역실적장세	• 질적으로 불량한 재료 보유주 → 투기적 매매, 인위적 시세 조종 종목 • 우량주의 저점 매수 기회 → 향후 상승장에 대비

033 관심종목 매매원칙 종합 정리하기

관심종목 매매원칙을 종합적으로 정리해보겠습니다. 별것 아니라고 느껴질 수도 있지만 종목을 선택할 때나 매매시점을 판단할 때 무조건 체크해야 할 내용들이니, 지금까지 배운 내용을 총정리한다는 자세로 주의해서 읽어보세요.

매수시점 선택의 4대 원칙

 알아두세요

미국 메이저리그에서 전설적인 타자로 이름을 남긴 베이브 루스는 평균타율이 0.333이었다고 합니다. 타석에 3번 나가면 1번은 안타를 친 셈이지요. 베이브 루스는 자기가 기다리는 공이 올 때만 방망이를 휘둘렀다고 합니다. 그러니 높은 타율을 기록할 만하지요. 주식투자를 할 때도 현금이 있다고 해서 덥석 주식을 매수해서는 안 됩니다. 평소에 연구해둔 종목이 사전에 정해둔 매매원칙과 맞아떨어졌을 때만 주문을 실행해야 합니다.

다음과 같은 경우 일반적으로 매수하는 것을 원칙으로 합니다. 관심종목 중에서 아래 요건을 모두 충족하는 종목이 있다면 일단 매수합니다.

1. 주가가 추세선을 벗어나 저항선을 상향 돌파할 때
   - 파동이론상 저점을 높이는 두 번째 파동이 있을 때
   - 주가가 상승추세선 위에서 상승을 이어갈 때
2. 주가가 이동평균선을 아래에서 위로 뚫고 올라갈 때
   - 이동평균선이 수렴한 상태에서 몸통이 긴 장대 양봉을 그릴 때
   - 5일선을 돌파하면 1차 매수, 20일선을 돌파하면 추가 매수
   - 주가와 이동평균선이 정배열일 때
3. 바닥에서 대량거래가 나온 후 일정 기간이 지나 2차 거래량이 증가할 때
4. MACD와 스토캐스틱 지표가 매수 신호를 보낼 때

관심종목의 기업분석 창과 그래프를 매일 또는 2~3일마다 정기적으로 확인해보세요.

그래프를 볼 때는 월봉, 주봉, 일봉을 함께 보아야 합니다. 관심종목 창 제일 위에 등록해둔 매수하고 싶은 우선순위 종목 위주로 체크하되, 동일업종이나 동일 테마주의 그래프도 함께 확인하세요. 그러면 투자하고 싶은 종목이 보입니다.

반드시 스스로 정한 매수원칙 안에 들어온 종목만 매수해야 함을 잊어서는 안 됩니다. 갑작스러운 호재가 나왔다고 관심종목 창에 없는 종목을 매수하면 후회할 일이 생깁니다. 왕초보를 위한 주식투자 5계명에서 이야기했듯 현금을 가지고 있으면 손해라는 고정관념을 버리세요. 종목선정은 결코 4지선다형 시험이 아닙니다.

매매주문을 실행할 때는 분할매수가 원칙임을 기억하세요. 목표 수량을 단 한 번에 채우기보다 며칠에 걸쳐 시세추이를 봐가며 점진적으로 매수해야 합니다. 하루 목표량도 '10분봉/30분봉'을 띄워놓고 종가를 포함하여 2~4차례 분할매수하는 것이 좋습니다.

> **잠깐만요**
>
> ### 개별종목의 목표가격은 어떻게 예측하나?
>
> 증권분석가들은 지수의 상승폭이나 하락폭뿐 아니라 개별종목의 목표가격도 예측해서 발표합니다. 목표치를 계산하는 방법은 크게 기업가치로 계산하는 방법과 기술적 분석기법으로 계산하는 방법으로 나누어볼 수 있습니다.
>
> 먼저, 기업가치 측면에서는 예상 주당순이익(예상 EPS)이나 예상 주가수익비율(예상 PER) 등을 업종평균과 비교해서 예측합니다.
>
> 기술적 분석기법으로는 다음과 같은 방법이 있습니다.
> 1. 엘리어트의 황금분할비율로 계산합니다(32장 참조).
> 2. P&F차트를 이용해 등락폭을 예측합니다(31장 참조).
> 3. 추세선이나 이동평균선을 이용해 상승폭과 조정폭을 예측합니다(27~28장 참조).
> 4. 매물대와 이격도를 보고 예측합니다(31장 참조).

매도시점 선택의 5대 원칙

다음과 같은 경우 일반적으로 매도하는 것을 원칙으로 합니다. 보유종목 중에서 아래 요건 중에 하나라도 해당하는 사항이 있다면 매도를 검토하고, 매수는 보류합니다.

1. 주가가 추세선을 벗어나 지지선을 하향 돌파할 때
   - 추세선을 하향 돌파하면 일단 추세전환 의심
   - 파동이론상 고점을 낮추는 두 번째 파동이 있을 때
2. 주가가 이동평균선을 위에서 아래로 뚫고 내려올 때
   - 천정권에서 장대 음봉 또는 긴 수염이 달린 역망치형이 나타나면 일단 추세전환 의심
   - 5일선을 돌파하면 1차 매도, 20일선을 돌파하면 추가 매도
3. 이격률이 120% 이상이거나 투자심리지표가 80% 이상일 때는 매도 검토
   - 투자심리가 과열된 상태로 고점을 의심
4. MACD와 스토캐스틱 지표가 매도 신호를 보낼 때
5. 매수한 이유가 잘못되었다고 판단될 때

이상의 원칙들을 종합적으로 적용해 매도시점이라고 판단되면 매도주문을 실행하세요.

주의할 점은 단순히 수익이 났다는 이유만으로 매도하는 것은 옳지 않습니다. 좋은 주식을 뺏길 수 있기 때문입니다.

매도주문을 실행할 경우에도 분할매도하는 것이 원칙입니다. 그러나 매수의 경우보다 매도의 경우는 좀 더 과감하고 적극적일 필요가 있습니다. 주식을 살 기회가 많은 편이지만 팔 기회는 적기 때문입니다.

이익은 극대화하고 손실은 최소화하자

 알아두세요

오프라인 왕복(매수 후 매도) 매매수수료는 약 1.23%이고, 온라인 수수료는 오프라인 수수료의 1/3 이하입니다.

세계적으로 저명한 투자자라 하더라도 매수한 종목 모두 투자수익을 낼 수는 없습니다. 따라서 투자수익을 내려면 투자종목과 투자 시기가 적중하여 수익이 나는 종목은 쉽게 매도하지 말고 매도 사인이 나타날 때까지 보유해야 합니다. 그리고 투자종목과 투자 시기가 잘못되어 손실이 났을 때는 과감하게 손절매하는 것이 좋습니다.

A라는 투자자가 10번 매매했는데 그중 5번은 5%, 10%, 20%, 30%, 50%씩 이익을 내고 팔았고, 반대로 5번은 똑같은 비율로 손실을 보았다면 단순하게 계산해서 A씨는 본전입니다.

그러나 따지고 보면 A씨는 매매수수료로 12.3%(왕복 매매수수료 1.23% × 10회 매매)를 지급했기 때문에 12.3%의 손실을 본 것입니다.

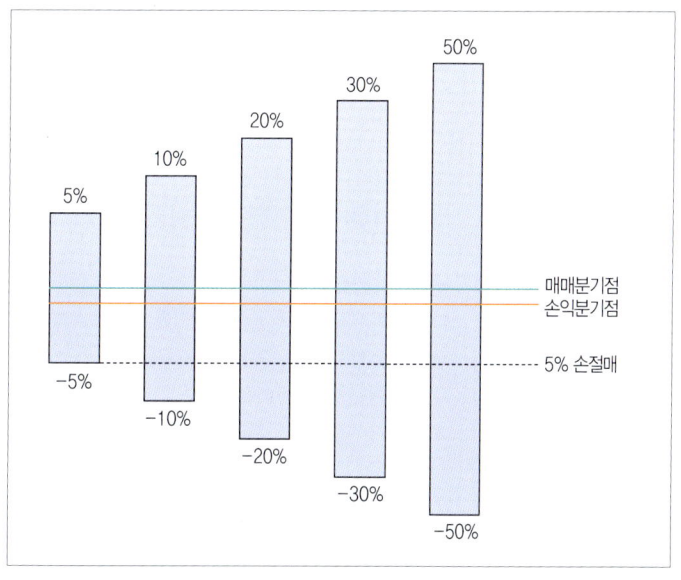

만약 A씨가 손실이 발생했을 때 5% 선에서 손절매를 했다면 A씨의 손익은 어떻게 되었을까요?

이익: 5% + 10% + 20% + 30% + 50% = 115%

손실: 5% × 5회 = 25%

수수료: 1.23% × 10회 = 12.3%

따라서 이익에서 손실분과 수수료를 빼면 77.7%라는 계산이 나옵니다 (115% - 25% - 12.3% = 77.7%). 즉, A씨는 77.7%의 순이익을 보았을 것입니다.

이익을 극대화하기 위해서는 자잘한 수익에 만족하지 말고 매도 신호가 나올 때까지 보유해야 하고(이익은 크게), 반대로 예상이 맞지 않아 손실이 났을 때는 적절히 손절매(손실은 작게)하는 것이 중요합니다.

잠깐만요 | 물타기를 해야 하나, 말아야 하나?

손절매와 반대로 물타기라는 것도 있습니다. 물타기는 매입한 주식이 큰 폭으로 떨어졌을 때 추가로 매입하여 평균 매입단가를 낮추는 방법입니다. 그러나 물타기는 추가 손실을 가져올 가능성이 높으므로 원칙적으로는 하지 않는 것이 좋습니다. 계단에서 발을 헛디뎌 쓰러진 사람은 곧 일어나 걸을 수 있지만 3층에서 떨어진 사람은 중상을 입어 회복하는 데 오랜 시간이 걸리는 이치와 같기 때문입니다.

다만, 증권시장 대세가 상승 추세로 전환되고 보유종목이 기업가치에 비해 지나치게 저평가되어 있다고 생각될 때는 예외적으로 물타기를 하면 평균 매입단가를 낮출 수 있어 주가 상승 시에 수익률을 높이는 요인이 될 수 있습니다. 물타기하는 시기는 차트를 보고 추세선과 이동평균에서 매수 신호가 발생했을 때 분할매수 방법으로 하는 것이 좋습니다.

> **잠깐만요**
>
> ## 손절매는 언제 하는 것이 좋은가?
>
> 손절매(Loss Cut)는 현재의 손실을 정리함으로써 더 이상의 추가 손실을 막는다는 의미입니다. 주식투자에서 성공하려면 수익을 높이는 것 이상으로 손실을 최소화해야 합니다. 세계적인 명성이 있는 투자자라도 매수하는 종목마다 모두 수익을 낼 수 있는 것은 아니기 때문입니다. 인간의 뇌는 10% 수익으로 느끼는 짜릿함보다 10% 손실로 느끼는 고통이 2배 이상 크다고 합니다. 손실을 본 주식을 보유하고 있는 동안에는 고통스럽지만 일단 정리하고 손실을 수용하고 나면 더 이상 자신을 괴롭히지 않는다는 사실을 알아야 합니다.
>
> 손절매가 필요하다는 것은 알지만 어떤 기준으로 어떻게 손절매해야 할지 모르겠다고요? 손절매 기준은 기업의 가치를 검토하고 매수한 종목이냐, 그렇지 않고 시장 분위기에 편승해 매수한 종목이냐, 시장이 강세장이냐, 약세장이냐에 따라 달리해야 합니다. 매도시점을 놓쳐 주가하락폭이 클 경우 손절매를 결정하기 전에 주식을 매수한 이유를 다시 한 번 생각해보세요. 기업분석 결과 저평가되어 있고 성장성도 좋은 종목이라고 판단해 매수한 종목이라면 하락폭이 크다는 이유만으로 보유주식을 쉽게 손절매해서는 안됩니다. 고통스럽지만 주가 조정이 끝날 때까지 인내하며 기다리는 것이 좋습니다. 보유주식을 바닥에서 팔고 나서 후회하는 경우가 있기 때문입니다. 그러나 주식을 매수한 이유를 되돌아본 뒤 잘못된 결정이었다고 판단되면 손절매를 빨리할수록 좋습니다. 손절매를 하고 나면 매도한 주식은 다시는 보고 싶지 않은 것이 인간 심리입니다. 그러나 다음에 같은 실패를 되풀이하지 않도록 실패 원인을 점검하고 투자원칙을 수정해가는 과정을 거쳐야만 합니다. 일반적인 손절매 기준은 다음과 같습니다.
>
> **1. 하락률 기준으로 3~20% 사이에서 임의로 정합니다.**
> 매수가격보다 10% 내외로 하락하면 매도하는 것이 일반적입니다.
>
> **2. 이동평균선 기준으로 5일 이동평균선 하향 돌파 시 손절매합니다.**
> 단순 하락률보다는 이동평균선을 기준으로 하여 5일 이평선을 하향 돌파하면 보유주식의 절반을 매도하고, 20일 이평선을 하향 돌파하면 전량 매도하는 것이 더욱 합리적입니다. 특히 어떤 정보를 토대로 매수한 경우에는 그 정보가 사실이 아니라는 것을 알게 된 순간 수익률과 관계없이 즉시 현금화하는 것이 좋습니다.

034 재산을 불리는 배당투자

넷째 마당

배당투자 따라하기

투자 이야기

배당투자가 주는 즐거움

2016년 7월, 주부인 강지혜씨는 남편이 출근하고 두 자녀도 학교에 간 후 혼자 소파에 앉아 아파트 정원을 내려다보며 커피를 마셨습니다. 요즘은 새삼스럽게 사는 맛이 나고 기분이 좋아 입가에 저절로 미소가 떠올랐습니다. 강지혜씨가 이렇듯 기분이 좋은 이유는 1년 전에 투자한 배당주가 의외로 큰 수익을 가져다주었기 때문입니다.

강지혜씨는 1년 전의 일을 생각해보았습니다. 작년 여름까지만 해도 아이들 교육비는 물론이고 은행 정기예금계좌에 넣어 둔 돈은 이자율이 너무 낮아 가만히 앉아 까먹는 상황이 아닌가 싶어 불안했습니다.

궁리 끝에 주식투자를 해볼까 하고 증권사 영업점을 방문했으나 예전에 투자손실을 경험해서인지 쉽게 결정을 내리지 못하고 되돌아 나왔습니다. 그러던 중 배당투자가 유망하다는 신문기사를 읽었습니다.

'그래, 배당투자라면 위험도 적고 한번 해볼 만하지.'

강지혜씨는 곧바로 배당투자 종목을 찾기 위해 증권사 HTS를 켜고 '기업분석 창'에 들어가보았습니다. 그곳에는 기업별로 지급된 현금배당금과 현금배당수익률 그리고 세후순이익 중 배당금 지급 비율을 나타내는 현금배당성향까지 자세히 나와 있었습니다.

강지혜씨가 제일 먼저 체크해본 기업은 우리나라 대표기업인 삼성전자였습니다. 삼성전자는 전년도인 2019년에 주당배당금으로 1,416원을 지급했습니다. 투자금인 주가 대비 현금배당수익률은 2.54%, 현금배당성향은 44.7%

였습니다.

그밖에 다른 기업을 찾아보던 중 SK텔레콤에 시선이 멈추었습니다. SK텔레콤의 2019년 배당금은 주당 2,000원이나 되었습니다. 배당수익률은 4.2%, 배당성향은 무려 82%였습니다.

강지혜씨는 자기도 모르게 "심봤다"라고 소리를 지르고 말았습니다. 그도 그럴 것이 1년 정기예금 이자율이 2%인데 SK텔레콤의 배당수익률은 무려 4.2%나 되었기 때문입니다. 그녀는 4.2%의 배당수익률이 쉽게 믿어지지 않아 배당금 2,000원을 2019년 말 주가인 47,600원으로 직접 나누어 보았습니다. 연간 배당수익률이 4.2%가 확실했습니다.

$$(주당 배당금\ 2{,}000원 \div 2019년\ 말\ 주가\ 47{,}600원) \times 100 = 배당수익률\ 4.2\%$$

그러나 걱정되는 것이 2가지가 있었습니다. 하나는 금년에도 작년과 같은 수준의 배당이 가능하느냐였고, 또 하나는 주가가 떨어지면 어떻게 하나였습니다. 그래서 영업실적을 체크해보기로 했습니다. 다행히 SK텔레콤의 상반기 실적은 전년도와 비슷한 수준이었습니다.

그래도 마음이 놓이지 않아 회사에 직접 전화를 걸어보았습니다.

"투자자인데요, 금년 예상 실적과 예상 배당률을 알 수 있을까요?"

"공정공시제도 시행으로 특정인에게 말씀드릴 수 없습니다."

주식 담당자가 정중히 거절했습니다.

"대략이라도 좋으니 말씀해주세요."

"글쎄요, 제 개인적 견해입니다만, 영업실적은 작년 수준과 큰 차이가 없을 것 같고, 배당도 예년과 비슷한 수준에서 결정되지 않을까 생각합니다."

이 정도 이야기만 들어도 그녀에게는 큰 도움이 되었습니다. 주가를 체크해 보니 버블 없이 조정국면에 있었습니다.

'그래! 일을 저지르는 사람만이 과실을 기대할 수 있다고 했어.'

2020년 7월 강지혜씨는 은행 예금 1,900만원을 증권계좌로 옮기고, SK텔레콤 주식을 시세인 45,000원에 422주 매수했습니다.

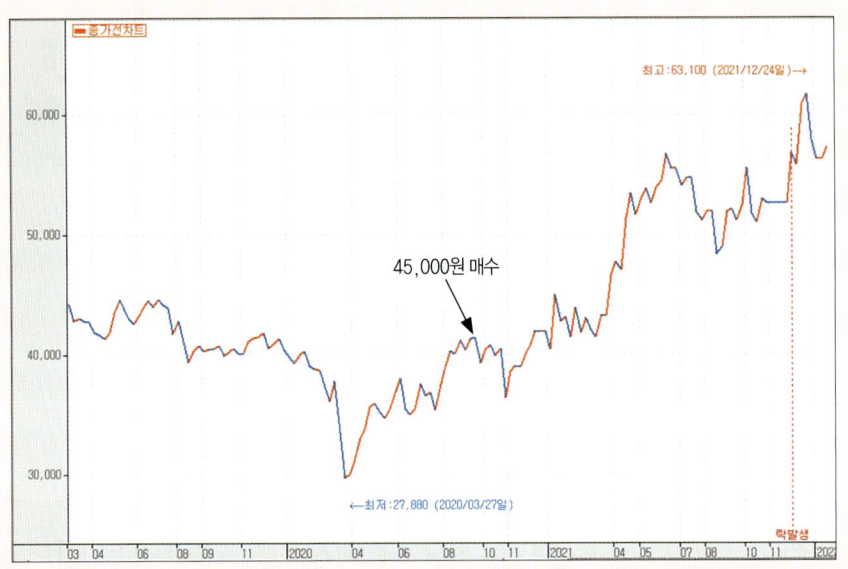

SK텔레콤 그래프(2019.3~2022.1)

SK텔레콤 연도별 배당금 지급과 배당수익률				
연도	2018년	2019년	2020년	2021년
현금배당(원)	2,000	2,000	2,000	2,660
현금배당수익률(%)	3.71	4.20	4.20	4.59
현금배당성향(%)	22.94	82.15	47.53	29.78

다음해인 2020년에도 SK텔레콤은 전년도와 동일하게 주당 2,000원의 배당을 실시했습니다. 2021년 6월에는 주가도 55,000원으로 올랐습니다. 계산해 보니 1년 동안 28.7%의 높은 수익을 거둔 것입니다.

강지혜씨의 투자손익 계산

1. 배당금 수익: 주당 배당금 2,000원 × 422주 = 844,000원
2. 주가 상승 수익: (현재가 55,000원 - 매수가 45,000원) × 422주 = 4,220,000원
3. 투자수익총계(1+2): 5,064,000원
4. 세금공제 후 수익: 매매수수료(HTS 이용 10,000원)와 배당소득세 15.4% 합계 140,000원 공제 후 순수투자수익 4,924,000원
5. 연간 투자수익률: (총투자수익 4,924,000원 ÷ 투자원금 19,000,000원) × 100% = 25.9%

배당수익 860,000원으로도 만족스러운데 주가 상승이라는 큰 보너스까지 받게 된 것입니다. 4차 산업혁명 시대를 맞이해 스마트폰이 중심 역할을 할 것이라는 언론 보도를 기억하고 있는 강지혜씨는 주식을 팔지 않고 보유하고 있습니다.

그녀는 요즘 사는 맛이 나 콧노래가 절로 나왔습니다. 자신의 노력으로 얻은 수익이기 때문이었습니다.

주식투자
무작정 따라하기

034 재산을 불리는 배당투자

배당투자 유망종목은 배당률이 높아야 하지만 주가를 감안한 실질 배당수익률이 더욱 중요합니다. 배당투자도 결국 주식투자입니다. 기업의 내재가치와 성장성을 검토해보고 주가가 저평가되어 있을 때 매수하는 것이 중요합니다.

재산 형성 수단으로 각광받는 배당투자

현대인이라면 누구나 가지고 있는 걱정이 있습니다. 다름 아닌 자녀 학자금과 노후생활 대책입니다. 평생직장은 이미 오래전 이야기이고, 어느 직종이든 안정된 직장이 사라져 가고 있는 게 현실입니다. 이렇게 직장은 불안해져 가는데, 자녀 학자금은 학년이 올라갈수록 늘어만 갑니다. 엎친 데 덮친 격으로 노후 생계는 연금만으로는 결코 만족스럽지 못합니다. 준비를 해야 하는데 막상 마땅한 금융상품은 그리 많지 않습니다. 이런 문제에 봉착해 속시원한 해결책이 없을까 고민하고 있다면, 현재로서는 가장 유망한 것이 배당투자라고 말씀드리고 싶습니다.

저금리 시대, 더욱이나 물가상승률을 감안하면 실질금리가 마이너스인 오늘날에는 배당투자가 각광받고 있습니다. 코스피시장을 연도별로 보면 2019년 2.51%, 2020년 2.28%, 2021년 2.32%로 꾸준히 높아져 왔으

> **알아두세요**
>
> **시가배당률이란?**
> 배당금이 배당 기준일 주가의 몇 퍼센트인가를 나타낸 것. 상장기업은 배당을 공시할 때 액면가 기준이 아닌, 주가 기준으로 시가배당률을 공시합니다.

알아두세요

분기 배당을 하는 기업은?
삼성전자, POSCO, 두산, 동양고속, 천일고속, 코오롱글로벌, 한온시스템, 효성ITX, 코웨이, 씨엠에스에듀, 쌍용C&S, SK텔레콤, SK하이닉스, 씨젠, SK리츠, SNT홀딩스, KB금융지주, 신한지주, 하나지주, 우리금융지주를 비롯한 금융지주, 현대차, KT 등이 있으며 점차 늘어가는 추세입니다.

며, 기업밸류업 프로그램 시행 첫해인 2024년에는 3.28%로 정기예금 금리와 별 차이가 없는 수준에 이르렀습니다. 이는 KOSPI200 전체 종목의 평균 배당수익률이고, 종목만 잘 고른다면 기준금리의 3배 이상 수익도 거둘 수 있습니다. 앞서 투자 이야기에서 소개한 강지혜씨의 경우처럼 배당수익 외에 주가 상승으로 얻는 수익도 쏠쏠합니다.

최근 들어 종전의 액면가 기준에서 벗어나 시가 기준으로 배당하는 회사가 많아지고 있는 것도 배당투자의 매력을 더하고 있습니다. 배당금 지급도 1년에 한 번 결산기 지급에서 분기별로 지급하는 회사가 갈수록 늘어나고 있습니다. 배당투자, 관심을 가져볼 만하지요?

배당투자 유망기업 선정 요령

배당투자를 하려면 유망기업을 선정해 주식을 매수한 후 결산기 말에 주식을 보유하고 있어야 합니다. 주식 매수 방법은 일반 증권계좌로 주문을 내고 매수하면 됩니다. 배당투자계좌가 별도로 있는 것은 아닙니다. 배당투자의 핵심이라 할 수 있는 유망기업 선정 요령을 알아보겠습니다.

알아두세요

유보율이란?
유보율은 이익잉여금이나 자본잉여금 등을 사내에 얼마나 유보해 두었는가를 나타내는 지표로, (자본총계 – 자본금 – 배당금 등 사외 유출금)÷자본금×100으로 계산합니다. 유보율이 높다는 것은 여유자산이 많다는 뜻이므로 위험에 능동적으로 대처할 수 있다는 점에서는 장점이 됩니다. 그러나 다른 한편으로는 이익창출을 위한 투자를 적극적으로 하지 않는다는 의미도 됩니다.

1 | 현금배당률이 높은 기업을 선정한다

이익을 많이 내고 과거 현금배당률이 높았던 회사를 선정합니다. 과거 현금배당률이 높았던 회사들은 대개 이익을 많이 내고 유보율이 높은 자산주 성격을 띱니다. 현금배당률은 HTS의 기업분석 창에 나와 있습니다.

현금배당 가능 이익 = 순자산액 – (자본액 + 기 적립된 자본준비금과 이익준비금 합계 + 해당 결산기에 적립해야 할 이익준비금 + 내부에 유보해야 할 임의적립금)

2 | 과거 배당성향이 높은 회사를 선정한다

배당성향은 회사의 당기순이익 중 몇 퍼센트나 배당금으로 지급하느냐를 알아보는 지표입니다.

$$배당성향 = (현금배당액 \div 당기순이익) \times 100$$

주당 배당금 산출법

주당 배당금은 액면가에 예상 배당률을 곱하면 알 수 있습니다.
주당 배당금 = 예상 배당률 × 액면가
HTS에서 '기업분석창/기업현황/Financial Summary'로 들어가면 현금배당금, 현금배당수익률, 현금배당성향 등을 확인할 수 있습니다.

3 | 배당수익률이 높은 회사를 선정한다

강지혜씨의 사례에서 보았듯 SK텔레콤은 주가가 220,000원으로 고주가이지만 배당성향이 46.63%이기 때문에 배당수익률이 4.64%로 높았습니다. 이를 통해 배당을 많이 하면서도 주가가 저평가된 회사가 유리하다는 것을 알 수 있습니다. 실질 배당수익률, 즉 시가배당률은 주가에 따라 달라지므로 다음과 같이 일일이 계산해보아야 알 수 있습니다.

$$배당수익률 = (주당 배당금 \div 현재 주가) \times 100$$

연말투자 배당받는 것이 유리!

2008년 이후 코스피 배당수익률(배당수익률 - 배당락)은 평균 1.16%로, 배당받는 것이 주식을 팔고 연초에 다시 매수하는 것보다 유리했습니다. 또한 연말에는 대형주와 배당주가 유리한 반면, 연초에는 소형주의 수익률이 상대적으로 더 높았습니다.

4 | 시장점유율이 높고 성장률도 높은 회사를 선정한다

배당투자를 했는데 주가가 하락하면 배당수익률의 의미가 무색해집니다. 따라서 시장점유율에 비해 기업가치가 저평가되어 있는 회사를 고르는 것이 최우선입니다. 업종 내에서도 오랜 역사와 강점을 가지고 있는 회사여야만 합니다. 성장성이 높은 기업은 주주들에게 이익금을 배당하기보다 사업 확장을 위해 투자를 하는 경향이 있습니다. 다시 말해 배당수익률이 높은 기업의 주가는 안정적이며 기복이 심하지 않다는 뜻이기도 합니다.

무작정 따라하기

시가배당률이 높은 기업 고르는 요령

예제 A, B, C, D 4개 회사의 예상 배당률이 다음과 같을 경우 배당투자 종목으로 어느 회사가 가장 유망할까요?

회사명	주가(원)	액면가(원)	예상 배당률(%)
A	200,000	5,000	100
B	12,000	5,000	20
C	5,000	500	30
D	2,000	500	15

해설 정답은 B사입니다. 예상 배당률만 보면 A사가 100%로 제일 높습니다. 그러나 주당 배당금을 주가로 나눈 실질 배당수익률을 계산해보면, B사가 8.3%로 가장 유리합니다. 회사별 실질 배당수익률은 다음과 같습니다.

A사: (주당 배당금 5,000원 ÷ 주가 200,000원) × 100% = 2.5%
B사: (주당 배당금 1,000원 ÷ 주가 12,000원) × 100% = 8.3%
C사: (주당 배당금 150원 ÷ 주가 5,000원) × 100% = 3.0%
D사: (주당 배당금 75원 ÷ 주가 2,000원) × 100% = 3.75%

알아두세요

배당락이란?

배당을 받을 권리가 소멸되었음을 알려주는 시장조치입니다. 배당을 하게 되면 회사 자산이 배당금만큼 감소하게 되므로 주가도 그 가치만큼 떨어집니다. 그러나 강세시장인 경우 또는 종목이 상승 추세에 있을 때는 배당락이 무시되기도 합니다.

알아두세요

주식배당이란?

배당을 현금이 아닌 주식으로 주는 것을 말합니다. 주식배당은 주주 입장에서 무상증자와 같아 기분이 좋습니다. 그러나 주식배당을 하면 보통은 주식수가 불어난 만큼 비례해 주가가 하락합니다.

적절한 배당투자 시기는?

12월 결산법인은 연말에, 3월 결산법인은 3월 말에, 분기 배당을 실시하는 회사의 경우에는 분기 말에 주식을 보유하고 있어야 배당을 해줍니다. 주식을 보유하고 있어야 한다는 말은 늦어도 배당기준일 3일 전에 매수주문을 통해 체결 확인이 되어 계좌에 들어와 있어야 한다는 의미입니다.

연중 계속해서 주식을 보유할 필요는 없습니다(3일 수도결제라는 것을 기억하세요). 그러나 주식을 3년 이상 장기로 보유한 경우에는 배당소득에 대하여 세금이 감면되는 혜택이 있습니다. 배당투자는 장기로 투자하는 것이 일반적입니다.

배당투자는 언제 하는 것이 좋을까요?

배당투자는 주가가 하락해 있을 때가 유리합니다. 통계에 따르면, 12월 결산법인은 대체로 8월에서 10월 사이에 투자가 집중되고 수익률도 높습니다. 3/4분기가 지나며 연간 예상 순이익의 윤곽이 드러나는 시기이기도 하고, 연말로 갈수록 주가가 올라가는 경향이 있기 때문입니다. 그래서 3/4분기 전후로 투자를 하는 것이 좋습니다. 최근에는 정부가 추진하는 기업밸류업 프로그램에 따라 분기배당을 실시하는 기업이 증가하고 있는 추세이므로 배당투자 시기는 그다지 중요하지 않게 되었습니다.

저금리 시대에 새롭게 떠오르는 인컴 ETF

저성장·저금리 기조가 장기화되면서 고위험·고수익을 추구하기보다 안정적이면서 은행금리보다 다소 높은 수익을 추구하는 인컴 ETF가 새롭게 떠오르고 있습니다.

인컴 ETF란 채권, 고배당 주식, 부동산, 리츠 등에 투자해 배당금, 이자, 임대료 등의 수익을 목적으로 하는 ETF입니다. 인컴 ETF는 ETF의 장점인 ① 소액분산투자, ② 낮은 운용보수, ③ 투자의 편의성 등을 가지고 있으며 주식처럼 증권시장에서 거래가 가능합니다.

1 | 고배당주 ETF

고배당이 예상되는 종목에 투자하는 ETF입니다. 주가 상승과 배당금 수익을 기대할 수 있으나 배당률보다 주가등락률이 더 클 수 있다는 점은 유의할 필요가 있습니다.

관련 종목
ARIANG 고배당주(161510), KODEX 고배당(27953), TIGE 코스피고배당(210780), KBSTAR 고배당(266160)

2 | 고배당 채권, 부동산 ETF

관련 종목
- 채권투자 ETF: KODEX 단기채권(153130), TIGER 단기채권액티브(272580)
- ARIRANG 고배당주채권혼합 ETF(251600): 채권 60%, 고배당 주식 40%로 구성
- TIGER 부동산인프라고배당(329200): FnGuide에서 리츠 및 고배당 주식으로 구성된 ETF

3 | 리츠(REITs)

투자자들로부터 자금을 모집해 부동산에 투자한 뒤 여기서 나오는 임대료, 매각 수익 등을 배당하는 부동산투자 상품입니다. ETF는 주식을

바스켓에 담는 반면, 리츠는 부동산에 투자한다는 점에서 다릅니다. 리츠투자로 얻은 배당소득은 일반 이자소득 15.4%보다 낮은 9.9%로 분리과세됩니다.

리츠는 부동산에 투자하는 회사라는 점과 주식이 거래소에 상장되어 매매가 이루진다는 점이 특징입니다. 리츠도 주식이므로 주가 등락이 있습니다. 따라서 부동산에 투자한다고 해서 모두 안전한 것은 아니라는 점도 참고할 필요가 있습니다.

관련 종목
롯데리츠(330590), SK리츠(395400), NH올원리츠(400760), 미래에셋글로벌리츠(396690), 미래에셋맵스리츠(357250), 신한알파리츠(293940), 맥쿼리인프라(088980)

잠깐만요 — 배당금 지급 시기와 세금에 관하여

배당금 지급은 결산 주주총회에서 배당금 지급률을 확정짓고 나면 그로부터 며칠 이내에 개인별 계좌로 입금됩니다. 결산 주총은 연간결산인 경우는 결산일로부터 90일 이내에 개최하도록, 반기 결산은 45일 이내에 개최하도록 규정되어 있습니다. 따라서 12월 결산법인의 경우는 늦어도 3월 말까지는 주총을 개최하므로 배당금은 빠르면 2월, 늦어도 4월까지는 주식을 보유한 계좌에 입금됩니다. 분기배당을 하는 경우에는 분기 말 다음 달 안에 지급됩니다. 예를 들어 3월 말 기준 분기배당금은 4월 중에 지급됩니다.

배당금에 대한 세금은 배당소득세로, 은행 예금에 대한 세금과 별 차이가 없습니다. 다만 여러 종류의 금융소득(이자소득, 배당소득 등)이 연간 2,000만원을 넘을 경우에는 종합과세 대상이 됩니다.

> **잠깐만요**

배당투자 유망기업과 최소 투자금액

배당투자 대상종목을 선정할 때는 배당금액보다 주가를 감안한 배당수익률이 더 중요하다고 했습니다. 그럼 최근 배당수익률이 높았던 기업들을 알아볼까요?

- **소재 분야:** 쌍용C&E(003410), 세아특수강(019440), 고려아연(010130)
- **제조 분야:** 한국앤컴퍼니(000240), 한온시스템(018880), 대덕전자(353200), TKG휴켐스(069260), 유성기업(002920), 대창단조(015230), 삼양옵틱스(225190), 두산(000150), LX세미콘(108320), 락앤락(115390), 영풍제지(006740), LS일렉트릭(010120)
- **유통, 소비, 서비스 분야:** LG(003550), 삼진제약(005500), KT&G(033780), 강원랜드(035250), 무림P&P(009580), 미창석유(003650), 하이트진로(000080), 한국쉘석유(002960), KCC(002380), 텔코웨어(078000), 성보화학(003080), 현대글로비스(086280), 화성산업(002460), 국순당(043650), 이라이콤(041520), 아이마켓코리아(122900), 정상제이엘에스(040420), AJ네트웍스(095570), 삼영무역(002810), 메가스터디(072870), LX인터내셔널(001120), KT(030200), SK텔레콤(017670), LG유플러스(032640)
- **지주사:** 진양홀딩스(100250), 삼양홀딩스(000070), 풍산홀딩스(005810), 한일홀딩스(003300)
- **금융 분야:** DB손해보험(005830), 신한지주(055550), BNK금융지주(138930), DGB금융지주(139130), 기업은행(024110), 부국증권(001270), 동양생명(082640), 대신증권(003540), 삼성증권(016360), 코리안리(003690), 신영증권(001720), 유화증권(003460), KB금융(105560), 한국기업평가(034950), 이베스트 투자증권(078020), 우리금융지주(316140), JB금융지주(175330), 삼성화재(000810), NH투자증권(005940), 삼성카드(029780)

중요한 것은 이들 기업 중에서 투자대상 종목을 본인이 직접 선정하는 일입니다. 앞서 설명한 선정 기준을 참고하여 증권사 HTS나 한국거래소 홈페이지에 나와 있는 배당수익률과 배당성향을 확인해보세요.

배당투자를 하는 데 필요한 최소 금액은 얼마?

배당투자 금액은 액수 제한이 없습니다. 1주라도 살 수 있는 금액이면 됩니다. 소액이라도 자금이 생길 때마다 조금씩 사서 모아두면 언젠가는 큰 재산이 될 수도 있습니다.

035 은행이자보다 높고 안전한 장기투자

036 소수의 프로가 하는 단기매매

다섯째 마당

장·단기 투자 따라하기

10년 동안 11배 수익을 낸 유원칙 사장

유원칙 사장은 2001년에 5억원으로 주식투자를 시작했습니다. 그로부터 10년이 지난 2011년 9월, 투자금 5억원이 55억원으로 불어났습니다. 그사이 서브프라임 모기지로 촉발된 미국발 금융위기를 거치는 등 증권시장 상황이 좋지 않았는데도 투자금액의 11배 수익을 낸 것에 유 사장은 만족하고 있습니다.

유 사장은 2001년 이전에도 주식투자를 했지만 그때는 별 재미를 보지 못했습니다. 번번이 손해만 보자 유 사장은 고민 끝에 한 가지 결론을 내렸습니다.

'사업에는 성공했는데 유독 주식투자만 실패하고 있단 말이야. 이제부터는 사업하듯 내가 직접 투자해봐야지.'

이렇게 마음먹은 유 사장은 그때부터 증권사 직원이 종목을 추천해주면 본인이 직접 결정하는 방법을 택했습니다.

유 사장의 투자원칙은 간단했습니다. 시장점유율이 높은 업종 대표 우량주와 본인이 생각하기에 경쟁력이 있다고 생각되는 기업에만 투자하는 것이었습니다. 삼성전자, POSCO, 현대차, 현대중공업, LG화학, 신한지주, LG생활건강, 유한양행, 삼성SDI, 삼성전기 등이

유 사장이 투자한 종목이었으며, 장기보유를 기본 원칙으로 했습니다. 그외 종목에 투자하는 경우도 있었지만 사업성이 있다고 판단되는 종목으로 한정했고, 이런 종목은 장기보유하지 않고 일정한 수익이 나면 처분했습니다. 유 사장은 늘 이렇게 말합니다.

"주식을 사는 것이 아니라 당신이 그 회사를 인수한다고 생각하십시오."

035 은행이자보다 높고 안전한 장기투자

주식투자 무작정 따라하기

주식에 장기투자한 사람은 그간의 결과를 놓고 볼 때 예금이나 부동산보다 투자수익률이 높았습니다. 그러나 단지 오래 보유한다고 해서 수익률이 높아지는 것은 아닙니다. 시장점유율이 높은 업종 대표주 또는 경제적 해자가 있는 기업에 투자해야 높은 수익을 거둘 수 있습니다. 이번 장에서는 시장점유율이 높은 업종 대표주와 경제적 해자를 보유한 기업의 선정 기준을 알아보도록 하겠습니다.

대형주는 안정성, 중소형주는 성장성이 특징

투자대상 종목으로 대형주가 유리할까요, 중소형주가 유리할까요?
대형주, 중형주, 소형주의 구분은 시가총액을 기준으로 하는 것이 보통입니다. 코스피시장의 경우 시가총액 순으로 1~100위는 대형주, 101~300위는 중형주, 301위부터는 소형주로 분류합니다. 자본금 기준으로는 자본금 규모 750억원 이상은 대형주, 350~750억원은 중형주, 350억원 이하는 소형주로 구분하기도 합니다.
대형주와 중소형주는 ① 발행주식수, ② 시장점유율, ③ 회사의 역사와 인지도, ④ 주가등락폭, ⑤ 평균 투자 기간, ⑥ 기업분석 자료 유무 등의 면에서 차이가 납니다.

대형주가 유리할까, 중소형주가 유리할까?

대형주는 발행주식수가 많기 때문에 거래량이 많고 주가 등락도 완만합니다. 개인투자자뿐 아니라 외국인, 기관, 연기금이 모두 참여하며 장기투자자가 많습니다. 시가총액 비중이 높기 때문에 주식형 펀드에도 기본적으로 편입될 뿐만 아니라 구성비율도 높습니다. 따라서 기업분석 자료가 풍부하며 1일 등락폭도 중소형주에 비해 작습니다.

이에 반해 중소형주는 발행주식수가 적고 주가등락폭이 큽니다. 그리고 1일 등락폭이 30%로 확대된 뒤 개인투자자들이 대거 몰리면서 거래도 크게 증가했습니다. 특히 테마주나 재료 보유주의 주가는 10% 이상 등락하는 경우도 자주 발생합니다.

과거 경험으로 비추어볼 때 증권시장이 대세상승기에는 외국인과 기관이 매수한다는 점과 거래하기 쉽다는 점에서 중소형주보다 대형주가 유리했습니다. 반면 증권시장이 대세하락기 또는 횡보기에는 대형주의 주가 흐름이 부진하다보니, 주식수가 적고 상대적으로 성장성이 높은 중소형주에 관심이 몰리는 경향이 있었습니다.

기업은 규모가 커질수록 성장률이 둔화되는 경향이 있습니다. 반면 신생, 성장 과정에 있는 중소기업은 성장 속도가 빠르므로 주가상승률도 높을 가능성이 있습니다. 그러나 역사가 짧고 객관적인 정보가 부족하며 정보에 대한 신뢰도가 떨어진다는 단점이 있습니다. 따라서 중소형주에 투자할 때는 성장성만 고려할 것이 아니라 안정성에 대해서도 충분히 검토한 후 투자를 결정하는 것이 바람직합니다.

알아두세요

경제적 해자란?

경쟁사로부터 기업을 보호하는 높은 진입장벽과 확고한 구조적 경쟁 우위를 말합니다. 해자는 원래 적의 침입을 막기 위해 성곽을 따라 파놓은 못을 가리키는데, 경쟁사가 쉽게 넘볼 수 없는 진입장벽을 해자에 비유한 것입니다.
워런 버핏이 1983년 발표한 버크셔 해서웨이 연례보고서에서 최초로 주창한 투자 아이디어로, 기업의 장기적 성장가치의 척도가 되었습니다.

경제적 해자가 있는 기업에 장기투자하라

대형주와 중소형주로 구분하기보다 '경제적 해자(垓子)'를 보유한 기업을 골라 장기투자하는 것이 안정적으로 수익률을 높일 수 있는 방법입니다.

워런 버핏이 말하는 경제적 해자를 가진 기업이란 어떤 기업을 말하는 것일까요? 경제적 해자의 판단 기준은 무형자산, 네트워크 효과, 교체/전환 비용, 비용절감의 우위, 규모의 경제, 신규 진입 요인이 제한된 시장의 선점 등이 있습니다.

- **무형자산:** 높은 브랜드, 라이선스 등이 기업경쟁력의 핵심을 이루고 있어야 한다.
- **네트워크 효과:** 특정 재화와 서비스에 대한 수요가 이미 형성된 사용자 집단의 네트워크에 의해 영향을 받는 현상으로, 소비자들이 사용자 집단에 발을 들이고 싶게 함으로써 경쟁력을 이어 나갈 수 있다.
- **교체/전환 비용:** 다른 회사의 제품(또는 서비스)을 구입하는 데 드는 비용으로, 이것이 높으면 소비자는 브랜드를 쉽게 바꾸려 하지 않는다.
- **비용절감의 우위:** 경쟁사에 비해 낮은 원가로 동일한 품질의 제품을 생산해내는 것으로, 판매가격을 낮춤으로써 경쟁력을 높일 수 있다.

경제적 해자가 있는 기업은 시장점유율이 높고 독점력이 있기 때문에 제품의 가격 결정력도 가지고 있습니다. 또한 자본효율이 높고, 이는 높은 자기자본이익률(ROE)로 나타납니다. ROE가 업종 평균보다 높다면 일단 경제적 해자가 있는 기업으로 추정할 수 있습니다. 종목선정의 첫 번째 요건이 ROE가 높은 기업이었음을 기억하기 바랍니다.

워런 버핏은 주주 편지에서 경제적 해자의 유형을 다음 3가지로 분류했습니다.

❶ 소비자 독점 기업
❷ 이익규제가 없는 독점 기업(예: 방송사)
❸ 저비용 기업

구체적으로 세계적으로 강력한 브랜드를 가지고 있는 코카콜라, 질레트, 아메리칸 익스프레스를 들었고, 저비용 기업으로는 가이코(GEICO), 코스트코(COSTCO) 등을 들었습니다.

국내증시에서 경제적 해자를 가진 기업으로는 아래와 같은 기업을 꼽을 수 있습니다. 그러나 기술이 급속도로 발전하는 시대에 살고 있으므로 경제적 해자도 끊임없이 바뀐다는 점을 알아둘 필요가 있습니다.

LG생활건강(051900), 삼성전자(005930), NAVER(035420), 카카오(035720), SK텔레콤(017670), LG화학(051910), 삼성SDI(006400), 삼성전기(009150), 포스코케미칼(003670), 농심(004370), 셀트리온(068270), 삼성바이오로직스(207940), 유한양행(000100), KB국민(105560), LG에너지솔루션(373220)

알아두세요

등락률 산출법
등락률 = (변동 수치 − 기준 수치)
÷ 기준 수치 × 100

| 시장점유율이 높거나 경제적 해자가 있는 기업의 장기 주가 변동 현황 |

종목	2001년 주가(A)	2011년 9월 22일 주가(B)	2021년 9월 1일 주가(C)	10년 등락배 (B/A)	20년 등락배 (C/A)
KOSPI지수	489.63	1,697.00	3,207.02	3.47	6.55
NAVER(035420)	1,840	71,200	445,000	38.7	241.85
LG생활건강(051900)	13,650	510,000	1,462,000	37.36	107.11
LG화학(051910)	12,400	335,500	721,000	27.06	58.15
삼성전자(005930)	2,800	15,800	76,800	5.64	27.43
현대차(005380)	11,700	207,000	215,000	17.69	18.38
GS건설(006360)	4,350	105,500	44,650	24.25	10.26
한국조선해양(009540)	18,300	289,500	114,000	15.82	6.23
POSCO홀딩스(005490)	74,000	386,000	337,500	5.21	4.56
신한지주(055550)	9,400	39,750	39,250	4.23	4.18
삼성화재(000810)	56,000	216,500	227,000	3.98	4.05
SK텔레콤(017670)	41,600	29,900	62,600	0.72	1.5

* 투자수익률은 배당 및 유무상증자가 포함되지 않은 수치로, 포함할 경우 수익률은 더 높아질 것입니다.

소수의 유망종목 선정 기준

시장점유율이 높은 업종 대표 우량주는 쉽게 알 수 있습니다. 그러나 소수의 유망종목을 알아내는 것은 결코 쉽지 않습니다. 방법이 없을까요? 투자의 귀재 워런 버핏은 다음과 같은 방법을 제시했습니다.

기업요소

❶ 회사의 활동이 단순하고 이해하기 쉬운가?
❷ 오랜 역사를 가지고 있는가?
❸ 향후 전망은 밝은가?

알아두세요

원가 또는 판매가를 마음대로 결정할 수 없으면 고가의 주식이 되기 어렵습니다. 전력, 통신 등과 같이 국민의 생활과 밀접한 업종은 정부가 물가를 감안하여 가격을 통제하는 경우가 있기 때문에 일정 수준 이상의 초과수익을 실현하기 어렵습니다.

유망기업의 조건

❶ 꼭 필요한 제품을 생산해야 한다.

❷ 그 회사의 제품 외에는 다른 대안이 없을수록 좋다.

❸ 정부의 규제로부터 자유로워야 한다.

❹ 자유롭게 제품가격을 인상할 수 있어 높은 수익을 얻을 수 있고, 또 쌓아놓은 수익으로 불황기를 이겨낼 수 있어야 한다.

경영요소

❶ 경영자가 합리적이고 솔직한가?

❷ 업계의 관행에 도전할 용기가 있는가?

재무요소

❶ 주당순이익보다 자기자본 순이익률 중시

❷ 주주 수익의 산출

❸ 높은 매출증가율과 수익증가율

❹ 사내 유보금의 수익성

시장요소

❶ 기업가치(내재가치)는 얼마나 되는가?

❷ 주식을 내재가치 이하로 매입할 수 있는가?

장기투자 시에도 기업가치의 변화를 주시해야 한다

주식을 보는 관점은 '트레이더(Trade)' 관점으로 보는 사람과 '자산(Assets)' 관점으로 보는 사람으로 나뉩니다. 트레이더 관점으로 보는 사람은 '주식은 저점에서 사서 고점에서 파는 것'을 목표로 하고 단기매매를 합니다. 따라서 거래량 등 차트분석을 통한 시장 흐름을 중요하게 생각합니다. 반면 주식을 자산 관점으로 보는 사람은 전통적인 '자산3분법'(자산을 부동산, 주식, 예금으로 3분하여 관리하는 것)에 따라 주식도 부동산과 같이 중·장기 투자를 원칙으로 합니다. 따라서 자산으로 보는 주식투자자는 시장 흐름보다 개별 기업의 가치와 성장성을 더 중요하게 생각하며 잔파도를 이용한 잦은 매매를 하지 않습니다.

장기투자라고 해서 주식을 무조건 오래 보유하기만 하면 된다고 잘못 생각하는 사람이 많습니다. 시장점유율이 높은 업종 대표주 또는 소수의 유망종목을 선정했더라도 산업환경이나 기업 여건은 언제든 변할 수 있으므로 보유종목에 대해 최소한 1개월에 한 번 이상 정기적으로 현황과 전망을 점검해보아야 합니다.

우량주라도 PER이 지나치게 높거나 향후 경영 전망이 크게 나빠질 것으로 예상되면, 일단 현금화해두었다가 주가가 하락했을 때 다시 매수하거나 종목을 교체해야 합니다. 대표적 블루칩인 삼성전자의 주가는 1995년 기준 120,000원에서 1997년 IMF 외환위기 당시 가격이 35,000원까지 하락한 일이 있습니다(액면분할 전 기준). 또한 조선업종의 대표종목인 현대중공업의 주가는 2011년 4월 554,000원이었으나 조선경기 불황을 겪으면서 2016년 1월 79,400원까지 하락했습니다.

| 시장점유율이 높은 업종 대표기업 80선 |

전기·전자·전기전자 부품	삼성전자(005930), LG전자(066570), 삼성SDI(006400), 삼성전기(009150), SK하이닉스(000660), LG이노텍(011070)
자동차·자동차 부품	현대차(005380), 기아차(000270), 현대모비스(012330), HL만도(204320), 한온시스템(018880)
철강	POSCO홀딩스(005490), 현대제철(004020)
비철금속	고려아연(010130), 풍산(103140)
비금속광물	KCC(002380)
조선·기계	HD한국조선해양(009540), 삼성중공업(010140), 두산에너빌리티(034020), HD현대중공업(329180), 한화오션(042770)
정유·화학	SK이노베이션(096770), LG화학(051910), 롯데케미칼(011170), S-Oil(010950), 포스코퓨처엠(003670), 에코프로비엠(247540), 효성첨단소재(298050), 한화솔루션(009830), 에코프로(086520), LG에너지솔루션(373220), SK아이이테크놀로지(361610), 에코프로머티리얼즈(450080)
운송	대한항공(003490), 현대글로비스(086280), HMM(011200)
통신	SK텔레콤(017670), KT(030200)
인터넷·오락	NAVER(035420), 카카오(035720), 에스엠(041510), CJ ENM(035760), 삼성SDS(018260), 하이브(352820), 엔씨소프트(036570)
음식료·도소매	농심(004370), CJ제일제당(097950), 오리온(271560), 롯데지주(004990)
제약·바이오	유한양행(000100), SK바이오사이언스(302440), 한미약품(128940), 삼성바이오로직스(207940), 셀트리온(068270), 녹십자(006280)
전력·가스	한국전력(015760), 한국가스공사(036460)
건설	현대건설(000720), GS건설(006360)
은행·증권·보험	KB금융(105560), 신한지주(055550), 우리금융지주(316140), 미래에셋증권(006800), 삼성증권(016360), 삼성화재(000810), 한국금융지주(071050), 하나금융지주(086790)
전문기술 서비스	제일기획(030000), 한화에어로스페이스(012450), 삼성E&A(028050), 코웨이(021240), 레인보우로보틱스(277810), 두산로보틱스(454910)
소비 관련주	LG생활건강(051900), 아모레퍼시픽(090430), KT&G(033780), 아모레G(002790), 강원랜드(035250), SK(034730), 삼성물산(028260)

* 위 목록은 시가총액, 시장에서의 인기도 등을 감안하여 필자의 주관적인 판단에 의거해 선정한 것입니다.

투자 이야기

단기매매 감잡기

최단기씨는 10년 넘게 다니던 회사가 부도가 나면서 구조조정을 단행하는 바람에 울며 겨자 먹기로 회사를 그만두게 되었습니다. 무엇을 해서 가족의 생계를 꾸려갈 것인가 궁리해보았지만 마땅한 것이 없어 고민하던 중 생활비라도 벌어볼 요량으로 단기투자를 결심하고 친구가 있는 증권사 영업점의 고객용 사이버룸에 매일 출근하기로 했습니다.

최단기씨는 처음 주식투자를 시작한 2년간 코스닥 종목에 투자했다가 손해를 본 경험이 있습니다. 2000년 벤처기업 주가가 터무니없이 급등했을 때 매수해둔 종목들이 1/100로 떨어졌던 것입니다.

그 후 최단기씨는 '주식은 무조건 오래 보유한다고 되는 것이 아니구나' 하는 생각을 가지게 되었고, 자기 나름의 단기매매 원칙을 세웠습니다. 주식을 당일 저점에 사서 당일 고점에 매도하는 방식이었습니다.

최단기씨의 목표는 3,000만원의 투자금액으로 매월 10%인 300만원을 버는 것이었습니다. 너무 큰 욕심을 부리지 않는 대신 예상이 빗나갈 경우 즉시 현금화했습니다.

최단기씨의 단기매매 전략은 강세시장인 경우에는 대부분 성공할 수 있었으나 시장이 약세에 머물러 있을 때는 실패하는 경우가 더 많았습니다. 최단기씨의 단기매매 전략을 따라가봅시다.

036 소수의 프로가 하는 단기매매

주식투자 무작정 따라하기

단기거래는 증권 전문가가 아니면 성공하기 쉽지 않지만 현실적으로 실거래 주식 중 상당 비중을 차지하고 있습니다. 이번 장에서는 소수의 프로들이 하는 단기거래에서 성공률을 높이는 종목선정 요령과 매매시점 선정 요령, 주의할 사항 등을 알아보겠습니다.

단기매매란?

 알아두세요

거듭 강조하지만 단기매매는 증권 전문가가 아니면 성공하기 쉽지 않습니다. 실제로 소수의 프로들만 수익을 거두고 있으니, 초보들은 자제하기 바랍니다.

단기매매는 짧게는 하루에도 몇 차례씩 사고파는 거래를 말하며, 길어도 2~3일 이내에 주식을 매매하는 것을 말합니다. 하루 등락폭이 종전 15%에서 30%로 확대되고, 거래 마감 시간도 기존 오후 3시에서 3시 30분으로 30분 연장됨에 따라 단기매매가 더욱 활발해지는 추세입니다.

보통 매일 시황을 분석해 추세가 좋고 힘이 센 종목 또는 거래량이 많은 테마주를 선정한 후 단기 기술적 분석에 따라 매매합니다. 그러나 단기매매로 성공하는 사람은 많지 않습니다. 초보라면 더욱더 성공 가능성이 낮기 때문에 섣불리 뛰어들지 않는 것이 좋습니다.

지금부터 프로의 단기매매 기법을 살펴보도록 하겠습니다.

단기매매는 시황이 좋을 때 한다

단기매매는 시황이 좋을 때 하고, 시황이 나쁠 때는 쉬어야 합니다. 시황이 좋다는 말은 주가가 상승하는 힘이 세고 탄력이 강하다는 뜻입니다. 이럴 때는 거래도 많이 되고, 시장을 이끄는 주도주가 뚜렷이 부각되며, 주가가 조금만 올라도 투자자들이 자신감을 가지고 매수에 가담하기 때문에 단기 급등 종목이 나올 수 있습니다. 한편, 시황이 좋지 못한 경우에도 단기매매가 가능한 시기가 있습니다. 테마주와 재료주가 두각을 나타낼 때입니다. HTS로 확인했을 때 상한가 종목이 많은 경우와 상승률 상위 종목이 많을 때도 단기매매가 가능한 시기입니다.

단기매매에서 무엇보다 중요한 시황 판단은 어떻게 할까요? 일단 최단기씨의 시황 분석 방법을 따라가보겠습니다. 최단기씨는 아침에 출근하자마자 노트를 꺼내놓고 다음과 같은 사항을 기록합니다.

(단위: 억원, %)

일자 (2022년)	코스피 (등락)	외국인 매수 (억원)	나스닥 (등락)	환율 (원/달러)	장세 판단
7/28	2,435(↑19.7)	4,089	12,162(↑130.2)	1,296.1	상승
7/29	2,451(↑16.2)	3,373	12,390(↑228.1)	1,299.1	상승
8/1	2,452(↑0.7)	1,362	12,369(↓21.7)	1,304.0	보류
8/2	2,439(↓12.6)	2,962	12,348(↓20.2)	1,304.7	보류
8/3	2,461(↑21.8)	4,757	12,668(↑319.4)	1,310.3	상승
8/4	2,473(↑11.7)	1,974	12,720(↑52.4)	1,310.1	상승
8/5	2,490(↑17.7)	3755	12,657(↓63.0)	1,298.3	상승
8/8	2,493(↑2.3)	1,757	12,644(↓13.1)	1,306.4	보류
8/9	2,503(↑10.4)	330	12,494(↓150.5)	1,304.6	보류
8/10	2,480(↓22.5)	-1,023	12,855(↑360.9)	1,310.4	하락

앞의 표 내용을 보지 않고 날마다 코스피지수나 코스닥지수만 보면, 하루하루 등락을 반복할 뿐 장세를 추세적으로 판단하기가 어렵습니다. 그러나 최단기씨처럼 시장 동향을 항목별로 체크해보면 시장 흐름을 파악할 수 있습니다. 표를 토대로 시황을 판단해봅시다.

❶ 먼저 최근의 시장 추세를 확인합니다. 2020년 코로나 팬데믹 정점이 지난 후 상승하던 증시는 2021년에 3고, 즉 고물가, 고금리, 고환율로 1년 넘게 지루한 하락 추세를 보였습니다. 그러나 그동안 급등하던 국제유가가 2022년 7월부터 하락으로 돌아서기 시작했습니다.

❷ 1년 넘게 한국 주식을 매도해온 외국인도 표를 통해 알 수 있듯 매수세로 전환하고 있습니다.

❸ 미국 나스닥시장은 상승할 때는 그 폭이 크고, 하락할 때는 폭이 적어 저점과 고점을 높이고 있습니다.

❹ 환율 또한 1,310원 고점을 찍은 후 조금씩 진정되어가는 수치를 볼 수 있습니다.

해외증시 동향을 알아보려면?

해외증시는 HTS 메뉴에서 '해외증시' 창을 클릭하세요.
해외증시 중 가장 중요한 미국의 다우지수, 나스닥지수, S&P500지수, 필라델피아 반도체지수를 그래프로 확인할 수 있습니다. 그밖에 유럽(유로스탁50지수) 지수와 일본(닛케이225), 중국(상해종합), 대만(가권) 지수도 참고하면 도움이 됩니다. 종합적으로 한눈에 해외증시 흐름을 파악하고 싶을 때는 S&P500지수를 중심 지표로 삼는 것이 좋습니다.

이상의 사항을 체크해본 결과 단기적으로 상승장을 예상했습니다. 이때 외국인의 선물 포지션을 확인해보는 것도 좋습니다. 외국인이 선물의 매수 포지션을 쌓아두고 있을 때는 한국증시가 상승할 것으로 보고 있다는 뜻이며, 반대로 매도 포지션을 쌓아두고 있을 때는 한국증시가 하락할 것으로 보고 있다는 뜻이기 때문입니다.

국내외 시장상황에 대한 검토가 끝나면, 곧바로 종합주가지수 일봉 그래프를 확인합니다. 20일 이동평균선이 상승 추세에 있고, 5일 이동평균선과 주가가 정배열 상태로 오르고 있습니다.

최단기씨는 시황분석표와 종합주가지수 그래프를 보고 나서 강한 호황

알아두세요

코스피지수와 미국 S&P500지수의 상관관계

코스피지수와 미국 S&P500지수는 0.58의 상관관계를 나타냅니다. 1.0은 동일한 움직임을, -1.0은 정반대의 움직임을 나타냅니다. 미국 나스닥지수 움직임은 S&P500지수보다 상관관계가 더 높습니다.

단기 매매 시 종목선정 요령

단기 매매 종목을 선정할 때는 주도주나 테마주 중에 거래량 또는 거래대금이 급증하는 종목 중에서 선정합니다.

1. 시세분석 창에서 거래량, 거래대금 상위 종목, 5일 평균 거래량 대비 거래량 급등 종목을 찾아봅니다.
2. 주도주나 테마주에 해당하는 종목

장이 지속되고 있으며 코스피시장보다 코스닥시장이 활황이므로 코스닥 종목 중에서 단기매매를 해야겠다고 생각했습니다.

시황을 분석하려면 증시 수급을 고려하라

시황을 분석하기 위해서는 증시 수급을 고려해야 합니다. 증권시장에 자금이 들어오면 주가가 올라가고, 주식을 팔고 자금이 빠져나가면 주가가 떨어집니다. 증권시장에 상장되는 물량은 한정되어 있으므로 자금이 들어와 매수가 늘어난다면 주가가 올라갈 수밖에 없겠죠?

반면 수요가 늘지 않는 가운데 주식 물량만 자꾸 늘어나면 결국 주가는 떨어집니다. 개별 기업의 주식도 마찬가지입니다. 아무리 좋은 주식이라도 누군가가 사주어야 주가가 상승합니다.

증시 수급을 살펴볼 때는 개인, 외국인, 연기금을 포함한 기관투자가, 일반법인 등으로 구분해 매매주체별로 두루 확인해보아야 합니다.

1 | 고객예탁금 증가는 증시 활성화의 요인

고객예탁금은 투자자들이 주식을 사기 위해 증권사 계좌에 입금해놓은 돈입니다. 과거 경험으로 보면 고객예탁금이 15조원 이하일 때는 약세장, 20조원 이상일 때는 강세장이었습니다. 고객예탁금은 규모보다 증가 추세인지 감소 추세인지가 장세 판단에 더욱 중요합니다. 또한 지수의 움직임에 비해 다소 늦게 나타나므로 후행성 지표라 할 수 있습니다.

2 | 자사주 매입은 주가 상승의 요인

자사주란 기업이 취득해 보유하고 있는 자사 발행주식을 말합니다. 상장법인은 발행주식의 5% 이내에서 자사주를 취득할 수 있습니다. 자사주를 취득하려면 상법상 배당 가능 이익이 있어야 하고, 증권관리위원회와 거래소에 자기주식 취득신고서를 제출해야 합니다. 자사주 취득 기간은 신고서 제출 뒤 3일이 경과한 날로부터 3개월이며, 취득결과 보고서를 제출한 날로부터 6개월 이내에는 코스피시장을 통해 처분할 수 없습니다. 자사주는 보통 주가 안정 목적으로 매입하며, M&A에 대항하여 경영권 안정을 도모할 목적으로 매입하기도 합니다. 따라서 자사주 매입은 주가에 긍정적인 영향을 미칩니다.

3 | 스톡옵션 행사는 주가 하락의 요인

스톡옵션(Stock Option)이란 기업이 경영 목표를 달성하고 근로 의욕을 고취하기 위해 임직원에게 미리 정해진 가격에 자사 주식을 살 수 있는 권리를 이사회 결정으로 부여하는 것을 말합니다. 스톡옵션을 받은 임직원은 자사 주가가 행사가보다 올라가면 권리를 행사하여 이익을 실현하고, 주가가 행사가 이상으로 오르지 못하면 권리를 포기하면 됩니다. 이들이 스톡옵션을 행사하면 증시에 물량이 늘어 주가에 부담이 될 수도 있습니다. 또한 자기 회사 주가가 충분히 올랐다고 판단해 스톡옵션을 행사하는 경우도 있으므로 투자에 참고할 필요가 있습니다.

4 | 전환사채 권리행사는 주가 하락의 요인

전환사채(CB: Convertible Bond)란 일정 기간 후 미리 정해진 가격(전환가격)에 발행사의 주식으로 전환할 수 있는 채권입니다. 채권으로서 원금을 보장받으면서 이자를 받다가 주식으로 전환하는 것이 유리하다고 판단되면 주식으로 전환할 수 있습니다. 주가가 상승하면 주식으로 전환해 주가 상승 이익을 누릴 수 있는, 주식과 채권의 성격을 동시에 가지고 있는 주식연계 채권입니다. 거래소 종목의 경우 보통 채권발행일로부터 3개월이 지나면 주식으로 전환할 수 있으며, 전환사채 권리행사

알아두세요

CB, BW에 투자하면 수익률을 높일 수 있을까요?

CB, BW는 채권이지만 일반 채권보다 수익률이 낮은 대신 주식으로 전환할 수 있다는 장점이 있습니다. 그러나 주가 상승이 기대되는 우량기업의 CB, BW는 물량을 배정받기가 쉽지 않습니다. 그리고 CB, BW도 어디까지나 채권이므로 부실기업이 발행한 것일 경우 원금손실 위험이 있고, 주가가 전환가격 이상으로 높게 상승하지 못할 경우에는 낮은 수익률에 만족해야 한다는 점도 참고해야 합니다.

는 증시에 공급 물량을 늘려 주가에 부담이 될 수 있습니다.

5 | 신주인수권부사채 권리행사는 주가 하락의 요인

신주인수권부사채(BW: Bond with Warrant)는 발행 후 일정 기간(행사 기간) 내에 미리 정해진 행사가격으로 발행회사에 신주발행을 청구할 수 있는 권리(신주인수권)가 부여된 회사채를 말합니다. 신주인수권은 일대일 교환으로 권리행사와 동시에 소멸되고, 권리행사 기간은 보통 발행일로부터 3개월에서 5년 사이입니다. 권리행사 시 주식 전환 대금은 별도로 납부해야 합니다. 신주인수권부사채 권리행사 역시 공급 물량 증가로 증시에 부담이 될 수 있습니다.

6 | 교환사채 권리행사는 주가 하락의 요인

교환사채(EB: Exchangeable Bond)는 행사 기간 내에 사전에 합의된 교환 조건으로 발행회사가 보유하고 있는 다른 회사 주식으로 교환 청구할 수 있는 권리가 부여된 채권입니다. 교환사채는 채권을 발행회사가 소유하고 있는 다른 회사 주식으로 교환하는 것이므로 교환 시 발행사의 자산(주식)과 부채(교환사채)가 동시에 감소하는 특징이 있습니다. 추가로 자금 유입이 없다는 점에서 BW와 다르며, 자본금 증가를 수반하지 않는다는 점에서 CB와 차이가 있습니다. 교환 청구를 하면 즉시 주식으로 교환하여 시장에서 바로 매도할 수 있다는 점에서 CB와 BW보다 유리합니다. 이 역시 공급 물량이 증가하는 원인이 됩니다.

알아두세요

증시 주변자금 동향을 확인해보려면 어떻게 해야 하나요?

HTS 메뉴에서 '시장동향' 창으로 들어가 '증시 주변자금'을 클릭해보세요. 고객예탁금, 주식형 펀드 자금, 신용거래 자금 등의 동향을 볼 수 있고, 그래프로 추세를 확인할 수도 있습니다. 코로나 팬데믹 이전인 2019년 12월 말 고객예탁금(파생상품 제외)은 28조원대였습니다. 팬데믹 이후 동학개미운동이 일어나면서 개인투자자와 시중 유동성이 증시로 급격히 유입됨에 따라 2021년 5월 3일에는 78조원에 이르는 기록을 세웠습니다.

외국인과 기관이 주식을 사고 있는지 팔고 있는지 어떻게 확인하나요?

HTS 메뉴에서 '시장동향' 창으로 들어가 '투자자별 일별 매매동향'을 클릭해보세요. 외국인, 개인, 기관별로 매매추이를 확인할 수 있습니다.

자사주 또는 대주주의 매매 동향은 어떻게 알 수 있나요?

자사주 매매 동향은 '시장동향'에서 '자사주 일별 매매동향'을 클릭하면 알 수 있고, 대주주 매매 동향은 '기업정보' 또는 '기업공시'를 클릭하면 됩니다.

| 수급으로 본 증시의 상승 요인과 하락 요인 |

상승 요인	하락 요인
개인 자금 유입 • 고객예탁금 증가 • 주식형 수익증권 증가	**개인 자금 유출** • 고객예탁금 감소 • 주식형 수익증권 감소
외국인 자금 유입 • 외국인 주식 매수 • 한국 관련 해외펀드 자금 유입	**외국인 자금 유출** • 외국인 주식 매도 • 한국 관련 해외펀드 자금 유출
기관의 주식 매수 • 연기금 시황을 좋게 보기 때문에 매수 • 투자신탁 시중자금이 펀드로 유입되므로 매수	**기관의 주식 매도** • 연기금 시황을 나쁘게 보기 때문에 매도 • 투자신탁 펀드자금이 빠져나가므로 매도
대주주 및 임직원의 회사주식 매수 • 회사 실적이 좋아질 때 매수 • M&A 방지 차원에서 매수	**대주주 및 임직원의 회사주식 매도** • 회사 실적이 나빠질 때 매도
자사주 매입	신주 상장 및 유·무상증자 물량 출회 스톡옵션 권리행사 후 주식 매도 주식 배당 물량 출회 전환사채, 신주인수권부사채, 교환사채 등의 권리행사로 인한 물량 출회

잠깐만요

필라델피아 반도체지수는 뭘까?

미국 동부에 있는 필라델피아 증권거래소가 1993년 12월부터 산정, 발표하는 반도체업 종지수(Semiconductor Sector Index)를 가리킵니다. 이 지수는 16개의 대표적인 반도체 관련주를 포함하고 있어 반도체주의 가격 동향을 읽을 수 있게 해줍니다. 삼성전자, SK하이닉스 등 반도체 관련주의 주가 예측뿐 아니라, IT 관련주가 증시에서 차지하는 비중이 높은 우리나라 증권시장을 예측하는 데도 참고가 됩니다.

단기매매 종목선정의 4가지 원칙

1 | 주도주, 테마주이거나 재료가 있는 종목

단기매매 대상종목이 꼭 우량주일 필요는 없습니다. 우량 대형주는 외국인과 기관이 주도하기 때문에 등락이 완만해 단기매매 종목으로는 부적합할 수 있고, 오히려 재무구조가 다소 부실한 저가 재료 보유 종목이 좋은 대상이 될 수 있습니다. 장기보유가 목적이 아니라 단기매매가 목적이기 때문입니다.

2 | 거래량이 많고 증가 추세인 종목

거래량이 많을수록 우선 선정 대상이 됩니다. 평균거래량에 비해 많으면 좋고, 평균거래량을 유지하다가 갑자기 거래가 증가하면 주가가 크게 움직일 가능성이 높아 더욱 좋습니다. 거래가 적으면 마음대로 사고 팔기 어렵습니다.

3 | 코스닥 종목에서 선정

원칙적으로 코스닥 종목에서 선정하되 코스피 종목은 예외적으로 선정합니다. 코스닥 종목은 외국인과 기관의 참여 비중이 낮은 반면 일반 개인투자자의 비중이 높기 때문에 장중 주가 등락률이 높습니다. 코스닥 종목의 매매회전율이 코스피 종목보다 훨씬 높다는 것은 그만큼 데이트레이더들의 참여 비중이 높다는 뜻입니다.

4 | 이동평균선이 정배열되어 있는 종목

5일과 20일 이동평균선이 나란히 상승 중에 있고, 주가가 5일 이동평균선을 타고 있는 종목이 최우선입니다. 이런 종목을 사야 오를 때 많이 오르고, 하락폭은 적습니다. 단, 단기에 3~10배 상승한 이후 이동평균선이 역배열로 전환된 종목은 절대 손을 대서는 안 됩니다. 대상종목 선정을 할 때는 시장이 끝난 3시 30분 이후에 정신을 집중해야 합니다. 최후에 선정된 3~5개의 종목이 다음 날 단기매매로 진검승부를 벌일 대상종목입니다.

단기매매 시점선정의 5가지 원칙

1 | 5개 정도 종목을 선정하고 차트를 분석하라

앞서 살펴본 종목선정 원칙을 기준으로 최종적으로 5개 이내 종목을 선정합니다. 그런 다음 선정한 종목을 단말기에 띄워놓고 수시로 시세와 그래프를 점검합니다. 그래프는 30분봉과 5분봉을 동시에 띄워놓습니다.

먼저 일봉을 봅니다. 이동평균선이 75일, 20일, 5일 순으로 차례로 정배열되어 있고, 주가는 쌍바닥을 찍고 이동평균선 위에서 안정적으로 상승을 보이고 있습니다.

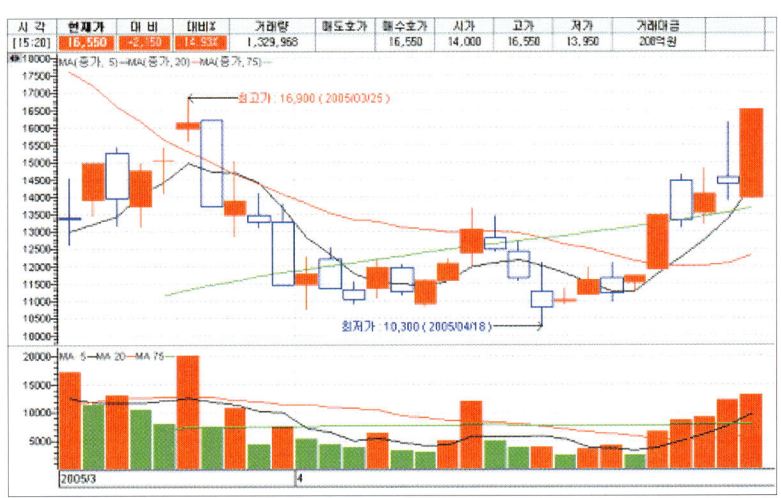

다음은 30분봉입니다. 장중 저점에서만 주식을 매입하면 수익을 낼 수 있음을 보여주고 있습니다.

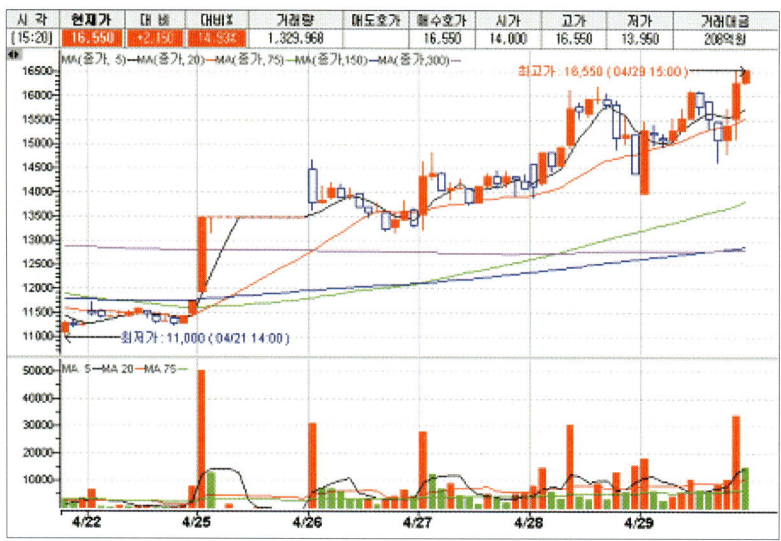

5분봉에서는 4월 29일 아침과 오후 1시 30분경 매수 기회를 알려주고 있습니다.

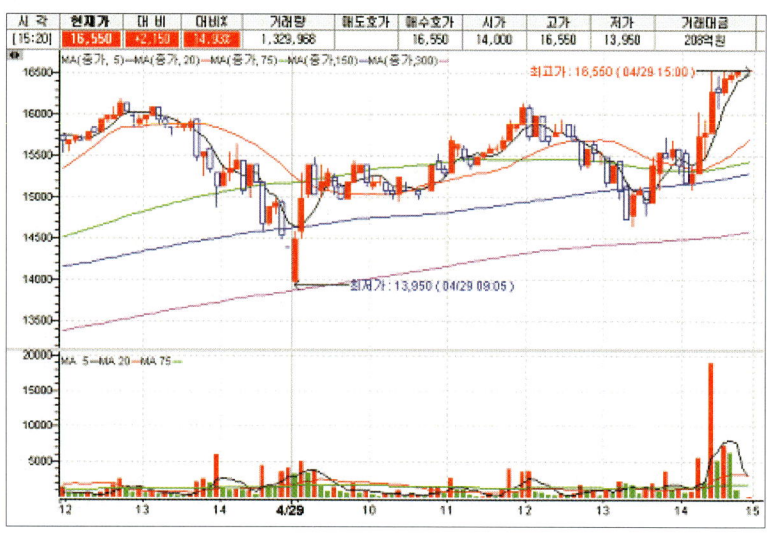

2 | 대상종목의 거래량이 증가하면 매수하라

선정된 종목 중에서 거래량이 증가하는 종목이 있으면 매수합니다. 거래량의 증가 여부는 현재가 창에 있는 거래강도를 보면 알 수 있습니다. 거래강도는 전일 같은 시간대에 비해 거래량이 몇 퍼센트 더 증가(또는 감소)했는지를 나타냅니다. 만약 9시 30분 현재 거래강도가 200%라면 전날 오전 9시부터 30분간 이루어진 거래량에 비해 배나 많이 거래되고 있다는 뜻입니다.

3 | 체결 창을 보고 적극적·공격적 매수에 가담하라

전투에도 적극적 공격이 있고 방어적 공격이 있습니다. 적극적 공격으로는 적의 방어선을 뚫고 앞으로 전진할 수 있지만 방어적 공격으로는 후퇴하면서 추격하는 적을 무력화하는 소극적 전투에 머물 수밖에 없습니다. 대량거래를 이루며 매수세력과 매도세력이 치열하게 겨루는 주식거래에서도 마찬가지입니다.

적극적·공격적 매수자는 낮은 호가에 매수주문을 내면 주가가 싸질 수 있음에도 호가를 올려가며 시세보다 높은 가격에 사자주문을 냅니다. 가격 상승에 확신이 있거나 이미 많은 주식을 보유하고 있어 주가가 올라가면 득이 되는 투자자일 것입니다. 그러나 소극적·방어적 매수자는 시세보다 낮은 가격에 매수주문을 내고 기다리는 매매를 합니다.

매도자도 마찬가지로 적극적 매도자와 소극적 매도자로 나뉩니다. 예를 들어 주가가 떨어지면 수익을 실현하는 공매도 세력은 주가를 떨어뜨리기 위해 노력할 것입니다. 또한 적극적 매매자의 수량 단위는 크고 연속적인 반면, 소극적 매매자는 수량 단위도 작고 단발적으로 주문을 냅니다.

따라서 단기매매를 하려면 매수할 때도 공격적 매수자에 가담하고, 매도할 때도 공격적 매도자에 가담해야 합니다. 공격적 매매자와 소극적

알아두세요

개인 공매도 제도 시행(2021년 5월 3일)

개인이 공매도를 시작하려면 사전 교육, 모의거래, 증권사 등록를 해야합니다.

1. 사전교육
   - 금융투자교육원 홈페이지(www.kifin.or.kr) → 이러닝 '개인 공매도 사전의무교육' 신청
   - 교육 시간: 1시간(7일간)
   - 교육비: 무료(2022년부터 3,000원)
   - 수료증 확인(T. 1588-2133)
2. 모의거래
   - 한국거래소 모의거래서비스 홈페이지(www.stem.krx.co.kr) → 모의거래 → 모의거래 인증 시스템 시작 → 회원가입(본인인증) → 계좌 발급 → 모의 시스템 HTS 다운로드 → 모의거래 1시간 이상 이수 → 수료증 발급
3. 거래증권사에 수료번호 등록(콜센타, HTS, MTS에서 등록)
4. 공매도는 신용거래약정(신용대주) 고객이어야 하며 이용 기간은 2개월(2개월 내 매수 상환)
5. 공매도는 주식 매수보다 수익을 내기가 더 어렵습니다. 주가는 장기적으로 상승하는 경우가 많고 이용 기간도 2개월로 짧기 때문이지요. 기관투자가의 경우 대체로 고평가 종목 공매도, 저평가 종목을 매수하는 위험회피 전략을 사용합니다.

매매자 여부는 현재가 창에서 체결란을 보면 알 수 있습니다. 공매도는 종목별 공매도 추이 창을 확인해보세요.

4 | 5분봉, 30분봉에서 매수시점이 나타날 때 매매하라

단말기에 5분봉과 30분봉 그래프를 띄워놓고, 매수 또는 매도 신호가 나타날 때 주문을 실행합니다. 이때 셋째 마당에서 배운 이동평균선(5일 이평선 또는 10일 이평선), 추세선 등을 주된 지표로 활용합니다.

5 | 아침에 주가가 이유 없이 떨어지거나 횡보 후 변화를 보일 때 매매하라

장 시작 전 동시호가 시간부터 주가가 낮게 시작하거나 아침 시간에 이유 없이 떨어질 때 또는 특별한 이유 없이 아침 시간대부터 주가가 밀릴 때는 오후에 반등하는 경우가 있으므로 오전 10시 30분까지 지켜보다가 반등 시 매수합니다. 반대로 주가가 아침부터 갭을 만들면서 시세가 높게 붙을 때는 일단 1/2을 매도하고 봅니다.

알아두세요

단기매매를 할 때는 반드시 공매도 거래를 체크하세요. 공매도란 기관이나 외국인이 다른 기관으로부터 주식을 빌려(대차거래) 매도하는 것을 말합니다. 공매도가 있을 때는 주가가 하락하는 경우가 많고, 매도했던 주식을 상환하기 위해 매수할 때 주가 상승을 예상해볼 수 있습니다. 공매도 잔고 보고의무는 발생일로부터 2일째 되는 날(T+2)까지이고, 당일자 공매도는 18시 10분 이후 조회가 가능합니다. HTS에서 '공매도거래' 창을 클릭해 확인하세요.

잠깐만요

단기매매 시 기타 참고사항

1. 단기매매는 매매 횟수가 많으므로 수수료가 싼 온라인으로 거래합니다. 최단기씨의 경우 홈트레이딩 시스템(HTS)을 이용했습니다.
2. 거래원을 참고합니다. 온라인 거래가 많은 키움증권, 미래에셋대우, 대신증권 등은 매도 수량과 매수 수량이 같은 경우가 있으므로 매수량이 많으면 곧 매도량도 많아질 것이라고 예상해봅니다.
3. 미수분은 당일에 정리합니다. 미수로 주식을 매수한 경우 미수분은 무조건 당일 정리합니다. 미수거래의 경우 한 번 매도시점을 놓치면 타격을 받을 수 있습니다.
4. 단기매매는 소수의 프로도 성공하기 쉽지 않으므로 일반투자자는 하지 않는 것이 좋습니다. 지나친 단기매매는 미수 등 무리한 투자를 불러오는 경우가 많아 위험합니다. 최소 며칠에서 몇 주를 내다보는 투자가 좋습니다.

- **037** 파생상품이란 무엇인가?
- **038** 주가지수 선물거래란?
- **039** 주가지수 선물거래 4가지 투자기법
- **040** 주가지수 옵션거래란?
- **041** 주가지수 옵션거래 6가지 투자기법

여섯째 마당

선물·옵션 투자 따라하기

투자 이야기

9·11테러와 옵션투자 이야기

D증권 강남지점에는 파생상품인 선물과 옵션만 전문으로 거래하는 사이버룸이 있습니다. 이 사이버룸 안에서 투자자 A, B, C 세 사람이 각기 컴퓨터 2대씩을 보면서 선물과 옵션을 거래하고 있습니다. 이들을 둘러싸고 희비가 엇갈리는 일이 있었으니, 지금부터 그 이야기를 해보겠습니다.

미국은 물론 전 세계를 공포의 도가니로 몰아넣은 9·11테러가 발생하기 하루 전, 우리나라 시간으로 2001년 9월 11일이었습니다.

A씨는 행사가격 65인 콜옵션(지수가 상승하면 이익을 보는 옵션) 100개를 개당 15만원에 매수해 보유하고 있었습니다. 그런데 간밤에 거대한 황금빛 구렁이가 나타나 자신을 무는 꿈을 꾸었습니다. A씨는 길몽이라 생각하고 콜옵션을 200개나 추가로 매수했습니다. 9월 11일 A씨의 옵션평가액은 총 4,500만원이 되었습니다(콜옵션 평균매입가 150,000원 × 300개).

B씨는 일주일 전에 주가가 떨어질 것으로 예상하고 행사가격 62.5인 풋옵션(지수가 떨어지면 이익이 생기는 옵션)을 개당 10,000원씩 500개를 가지고 있었습니다. 그러나 지수가 예상했던 대로 떨어지지 않아 옵션가격은 1,000원으로 하락했습니다. B씨는 50만원(옵션가격 1,000원 × 500개)이라도 건져야겠다는 생각으로 최저가격인 1,000원에 팔자 주문을 냈지만 매수자가 없어 풋옵션을 포기하기로 마음먹었습니다.

C씨는 주가가 떨어질 것으로 예상하고 풋옵션을 매수해두었지만 지수가 횡

보하면서 옵션가격도 하락하자 포지션을 전부 정리하고 마음 편하게 집으로 돌아갔습니다.

테러가 발생하기 전의 옵션평가액을 보면 A씨 4,500만원, B씨 50만원(팔리지 않음), C씨 0원이었습니다.

9월 11일 저녁 A, B, C 세 사람은 운명의 시간이 다가오는 줄도 모르고 각자 저녁 시간을 보내고 있었습니다. 저녁 10시경 느닷없이 TV에서 긴급 뉴스로 테러 속보가 떴습니다. 2대의 여객기가 검은 연기를 내뿜으며 80층짜리 쌍둥이빌딩과 충돌하자 거대한 빌딩은 먼지와 함께 흔적 없이 내려앉았습니다.

"아니! 세상에 이럴 수가."

영화에서나 볼 법한 장면이 실제로 눈앞에 펼쳐지자 세 사람의 입에서는 저절로 탄식이 새어나왔습니다.

그러나 그 순간 그들의 희비는 크게 엇갈렸습니다. 세 사람은 내일 증권시장이 얼마나 큰 충격을 받을 것인가를 생각하며 기대와 실망으로 잠을 이룰 수 없었습니다.

* 9·11테러 같은 대형 사건은 자주 발생하는 것이 아닙니다. 또한 다시는 그와 같은 비극이 되풀이되어서도 안 됩니다.

다음 날인 9월 12일, 종합주가지수는 전일에 비해 64포인트나 하락했습니다.

A씨가 가지고 있던 행사가격 65인 콜옵션은 전날 150,000원에서 4,000원으로 폭락했습니다. A씨가 평가액을 확인해보니 전날 4,500만원이 120만원으로 줄어 있었습니다(옵션가격 4,000원 × 300개).

B씨가 전날 1,000원에라도 팔려고 했으나 팔리지 않았던 풋옵션 62.5짜리는 하루 만에 무려 500배나 오른 50만 5,000원이 되었습니다. 평가액을 보니 전날 50만원이 2억 5,000만원이 되어 있었습니다(옵션가격 50만 5,000원 × 500개). 그야말로 대박이 터진 것입니다.

C씨는 '어제 풋옵션을 팔지 않았더라면 2억 8,000만원이 되었을 텐데' 하고 운명을 탓할 수밖에 없었습니다.

037 파생상품이란 무엇인가?

환율·금리·주가 등의 시세변동에 따른 손실위험을 줄이기 위해 미래 일정 시점에 일정한 가격으로 상품이나 주식, 채권 등을 거래하기로 하는 일종의 보험성 금융상품을 파생상품이라고 말합니다. 이 중 가장 많이 거래하는 것이 선물과 옵션입니다. 이번 장에서는 파생상품이 무엇인지 알아보겠습니다.

파생상품이란?

레버리지란?

레버리지(Leverage)는 '지렛대'라는 뜻으로 투입한 자산이나 비용이 지렛대처럼 작용해 손익의 변동이 확대되는 효과를 가져오는 것을 의미합니다. 레버리지 비율은 기업이 어느 정도 타인자본에 의존하는가를 측정하는 비율로, 기업의 부채의존도를 의미합니다.

우리나라 파생상품의 거래대금은 현물주식 거래대금을 3배수 이상 능가하며 오히려 현물주식시장을 좌지우지하는 수준에 이르렀습니다. 선물·옵션은 종목을 선택할 필요 없이 방향성만으로 매매하기 때문에 현물주식에 비해 쉬운 면도 있습니다. 그러나 높은 레버리지 효과 때문에 기대수익률이 높은 만큼 손실을 볼 위험도 매우 높습니다. 리스크에 대한 관리가 필요한 상품이니만큼 현물주식 거래를 통해 충분한 경험을 쌓고 자기 나름의 투자원칙을 정립한 투자자에 한하여 접근하는 것이 좋습니다. 주식거래에서 성공하지 못한 투자자가 파생상품 거래에서 성공할 수 있다는 생각은 위험한 발상입니다.

파생상품은 현물주식을 자산으로 2차적으로 만든 것

파생상품 거래대상인 KOSPI200 지수는 1990년 1월 3일 기준으로 선정된 200개 종목의 시가총액을 100으로 하고 출발했습니다. 200개 종목으로 구성된 KOSPI200 지수는 종합주가지수와 70% 이상 동일하도록 짜여 있으며, 현재 90% 이상 동일하게 움직입니다.

우리나라에서는 주가지수 선물을 1996년 5월 3일 처음 도입했습니다. 그 후 1997년 7월에 주가지수를 대상으로 하는 옵션이 상장되었고, 2000년 5월에는 개별 주식을 대상으로 하는 옵션도 시작되었습니다. 또한 2002년 10월에는 10종목 이상의 상장종목을 묶어 지수를 만들고, 이를 하나의 종목으로 매매할 수 있는 '상장지수펀드(ETF)'가 개설되었습니다. 이와 같이 주식을 기본 자산으로 하고 2차적으로 만들어진 상품을 파생상품이라고 합니다.

KOSPI200 지수선물을 포함한 모든 지수선물에서 지수란 실물이 아니고 추상적인 수치에 불과하기 때문에 현물주식이나 통화선물과 같이 결제일에 대상물을 인도하거나 인수할 수 없습니다. 따라서 결제일 이전에 반대매매를 해 청산하거나 결제일에 차액을 현금으로 결제하게 됩니다. 일반적으로 결제일 이전에 반대매매를 해 포지션을 정리하는 경우가 많습니다.

 알아두세요

포지션이란?
주식이나 통화 또는 선물이나 옵션 등에 대해 가격의 상승이나 하락을 기대하고 매입이나 매도의 잔고를 보유하고 있는 상태를 뜻합니다. 매수 포지션을 롱 포지션(Long Position)이라 하고, 매도 포지션을 숏 포지션(Short Position)이라 합니다.

파생상품 거래는 왜 필요한가

"현물인 주식을 거래하면 되지, 왜 투기성이 강한 선물과 옵션 같은 파생상품을 만들어 일반투자자에게 투자손실을 입히는지 모르겠다"라고 말하는 사람도 있습니다. 파생상품 투자로 손실을 경험한 투자자 입장

알아두세요

파생상품은 장래에 형성될 주가를 예측하게 해주는 기능이 있으므로 현물주식만 거래하는 투자자도 선물·옵션 등 파생상품 동향을 파악하는 요령을 알아두면 주가 예측을 하는 데 도움이 됩니다. 특히 시장을 판단할 때 외국인이 선물 매수 포지션을 누적으로 쌓고 있는지, 매도 포지션을 쌓고 있는지를 체크해보면 시장 방향성 판단에 도움이 됩니다.

에서는 충분히 가질 수 있는 의문입니다. 그 의문에 대한 답은 파생상품 거래가 가져다주는 장점에서 찾을 수 있습니다.

파생상품은 위험관리 기능을 한다

주식을 보유하는 경우 2가지 위험에 직면하게 됩니다. 하나는 종합주가지수가 떨어지면서 내가 가진 종목도 떨어지는 이른바 체계적 위험이고, 다른 하나는 지수는 오르는데 내가 가진 종목만 하락하는 비체계적 위험입니다.

현물주식을 보유하고 있는 사람이 현물주식보다 적은 금액으로 지수선물을 매도해두면 체계적 위험이 발생했을 때 보험을 들어둔 것처럼 투자위험이 줄어듭니다. 또한 시장은 오르는데 내가 가진 종목만 떨어지는 비체계적 위험에 대해서는 지수선물을 일부 매수해두면 위험에 대비해 보험을 든 효과를 볼 수 있습니다. 이와 같이 위험을 줄일 목적으로 파생상품을 매매하는 것을 헤징(Hedging)한다고 합니다.

이러한 헤징거래는 외국인과 기관이 주로 이용하고, 개인투자자들은 단기 매매차익 위주로 매매하기 때문에 파생상품을 투기거래로만 보는 시각이 생겨납니다.

파생상품은 주식시장의 유동성을 높여준다

파생상품은 주식시장의 유동성을 높여주는 역할을 합니다. 위험을 헤징할 수 있으면 마음 놓고 현물주식을 거래할 수 있고, 주식시장과 선물시장 간의 차익거래도 활발해져 주식시장의 유동성이 증대되는 효과를 가져옵니다. 그외에도 파생상품은 장래에 형성될 주가를 예측할 수 있게 해주어 시장 방향성 판단에 도움이 됩니다. 또한 현물주식을 거래하는 것보다 증거금도 적고, 거래비용도 현물거래 비용에 비해 1/10 정도로 적게 들어간다는 장점이 있습니다.

그러나 부작용도 있습니다. 대표적인 예로, 1987년 미국증시가 폭락한 소위 블랙먼데이(Black Monday) 때는 선물이 주가 하락을 더욱 심화시켰습니다. 우리나라 역시 선물이 현물시장의 등락을 좌우하면서 개의 꼬리가 몸통을 흔드는 현상(Tail wags the dog)이 자주 발생하고 있습니다. 또 정보력과 투자기법이 뛰어난 외국인과 기관은 파생상품을 통해 많은 이익을 챙기는 반면, 투기거래에 매달리는 개인투자자는 대다수가 피해를 보는 부작용도 있습니다.

파생상품에는 어떤 특성이 있는가

1 | 모든 파생상품에는 만기가 존재한다

종목에 따라 만기가 다양하지만 거래가 가장 많은 종목을 기준으로 볼 때 선물과 ELW는 3개월(60일), 옵션은 1개월(20일)로 만기가 매우 짧습니다. 따라서 파생상품으로 수익을 내려면 방향성 외에도 정해진 기간 안의 등락폭까지 예측할 수 있어야 합니다.

2 | 레버리지가 높다

현물에 비해 선물은 최고 11.1배(증거금률 9%), 옵션은 최고 수십 배에 이를 정도로 레버리지가 높습니다. 레버리지를 활용할 경우 주식이 ±10% 움직일 때 선물은 ±110% 손익이 발생할 수 있습니다.

3 | 일정한 규칙에 따르며, 거래와 청산이 거래소에서 이루어진다

4 | 결제는 대부분 현물이 아닌 현금결제로 이루어진다

5 | 제로섬 게임이다

일반적인 주식시장에서는 주가가 상승하는 기간에는 다수가 이익을 보고, 하락하는 기간에는 다수가 손해를 봅니다. 그러나 파생상품은 주가의 등락과 관계없이 어떤 사람이 이익을 보면 다른 누군가는 그에 해당하는 금액만큼 손해를 보고, 또 어떤 사람이 손해를 보면 다른 누군가는 이익을 보는 제로섬 게임의 성격을 가지고 있습니다. 이와 같은 속성과 높은 레버리지로 인해 파생상품은 투기성이 매우 강한 편입니다. 따라서 개인투자자는 몽땅 잃어도 생계에 영향을 받지 않을 범위의 여유자금이 아니면 파생상품에 결코 투자해서는 안 됩니다.

주식투자 무작정 따라하기

038 주가지수 선물거래란?

이번 장에서는 선물거래를 할 때 꼭 알아야 할 선물의 시세 보는 요령과 시장 제도, 매매 방법에 대해 알아보겠습니다.

선물거래 감잡기

선물거래란 특정한 상품에 대해 미래 일정 시점의 가격을 사전에 정해 두고 매매하는 것을 말합니다. 이해를 돕기 위해 예를 하나 들어보겠습니다.

 알아두세요

100만원짜리 에어컨을 105만원에 계약했다는 게 이해가 되지 않지요? 바가지를 쓴 게 아니라 바로 선물 이론가격에 근거한 것이랍니다. 선물 이론가격에 대해서는 407쪽을 참조하세요.

2월 1일 A씨는 올여름은 무척 더울 거라는 일기예보를 듣고 에어컨을 구매하기 위해 전자제품 대리점을 찾았습니다. A씨는 T회사 제품의 100만원짜리 에어컨을 105만원에 사되 물품은 5개월 후인 7월 1일에 인도받기로 하고 계약금으로 10만원을 지급하는 계약을 체결했습니다. 선물거래란 바로 이런 경우에 해당하는 것으로, A씨와 전자제품 대리점이 에어컨을 선물거래한 것입니다.

선물거래는 1800년대 초기에 미국의 시카고 지방에서 처음 시작되었습

알아두세요

미국은 1982년에 시카고 상품선물거래소에서 S&P500 주가지수 선물을 시작했고, 일본은 1988년에 토픽스(TOPIX)와 닛케이225 지수 선물을 처음으로 상장했습니다.

니다. 교통수단이 발달하지 못한 데다 농작물을 보관할 창고마저 부족했던 당시, 내륙 깊숙이 위치한 시카고 지방은 가을이면 많은 양의 농작물이 몰려 가격이 폭락하고 봄이면 곡물 재고가 바닥이 나 가격이 폭등하는 일이 연례행사처럼 반복됐습니다. 이에 시카고 농민들은 불합리한 유통 방식을 바로잡기 위해 시카고 상품선물거래소를 설립했고, 이로부터 선물거래가 생겨났습니다.

오늘날의 선물거래는 크게 상품선물거래와 금융선물거래로 나뉩니다. 상품선물은 콩·옥수수·감자·쌀과 같은 곡물, 금·은·구리 같은 귀금속 광물 그리고 원유 등을 거래하고, 금융선물은 통화선물·금리선물·주가지수 선물로 구분됩니다. 이 책에서는 거래가 가장 활발한 주가지수 선물에 대해 살펴보겠습니다.

주가지수 선물거래란?

종합주가지수를 거래하는 것은 아니고, 상장종목 중에 대표성·유동성·시가비중 등을 고려해 종합주가지수와 거의 동일하게 움직이는 새로운 지수, 즉 KOSPI200이라는 지수를 만듭니다. 이 지수에 일정한 금액(현재 250,000원)을 곱한 금액을 1개의 거래 단위로 삼아 사고파는 거래를 주가지수 선물거래라고 합니다.

> 주가지수 선물거래 금액(1계약) = KOSPI200 지수선물가격(지수) × 250,000원

주가지수 선물의 거래제도

거래 대상 지수

❶ KOSPI200

❷ 코스닥50

코스닥50은 코스닥시장의 대표 종목 50개를 선정해 만든 지수로, 코스닥지수를 복제한 것입니다. 코스닥50은 거래가 활발하지 않으므로 KOSPI200 지수선물을 중심으로 매매제도를 알아보겠습니다.

거래 종목

KOSPI200 선물의 거래종목은 결제일 기준으로 7종류가 있습니다.

거래 기간	결제월	종류
1년 이내	분기물	2
2년 이내	반기물	2
3년 이내	12월물	3

예를 들어 2019년 1월에 거래되고 있는 KOSPI200 선물의 종류는 다음과 같습니다. 12월물은 2019년 12월물, 2020년 12월물, 2021년 12월물이 있고, 반기물은 2019년 6월물, 2020년 6월물이 있습니다. 그리고 분기물로는 2019년 3월물과 2019년 9월물이 있습니다.

미니선물·옵션거래

2015년 8월에 신설된 거래제도로 KOSPI200 선물과 옵션의 거래 단위를 1/5로 축소한 상품입니다. 예를 들어 선물의 1계약은 KOSPI200 지수선물가격×250,000원이지만 미니선물거래는 KOSPI200 지수선물가격×50,000원으로 거래됩니다. 소액투자자들도 선물과 옵션거래를 쉽게 할 수 있도록 고안된 제도로, 선물시장의 활성화를 위해 시작되었습니다.

거래 단위

지수선물의 거래 단위는 1계약입니다. 지수선물 1계약은 'KOSPI200 지수선물가격(지수) × 250,000원'이므로, KOSPI200 지수선물가격이 280일 경우 7,000만원(선물가격 280×250,000원)이 매매거래 단위입니다. 그러나 1계약이 7,000만원이라 하더라도 선물 1계약 매수에 필요한 돈은 9%에 해당하는 630만원입니다. 또 주식계좌에 현물주식이 있어 주식을 대용으로 이용할 경우 현금은 약 315만원만 있어도 가능합니다 (50%까지 대용). 이렇듯 선물은 레버리지가 높기 때문에 예상이 적중하면 고수익을 올릴 수 있는 반면, 예상이 빗나가면 투자손실이 크므로 위험 관리에 특별히 주의를 기울여야 합니다.

최종거래일 및 거래개시일

지수선물의 최종거래일 및 거래개시일은 각 결제월의 두 번째 목요일을 기준으로 합니다. 결제월의 두 번째 목요일에 최종적으로 결정되는 KOSPI200 지수를 기준으로 만기 선물이 결제되고, 새로운 선물이 탄생하는 것이죠. 예를 들어 2015년 3월 두번째 목요일이 지나면 2015년 3월물은 소멸되고, 2016년 3월물이 새롭게 탄생합니다. 최종거래일, 즉 결제월의 두 번째 목요일이 공휴일인 경우에는 순차적으로 앞으로 당겨집니다.

참고로 미국은 결제월의 세 번째 금요일, 일본은 결제월의 두 번째 금요일이 최종거래일입니다.

알아두세요

2009년 11월 16일부터 KOSPI200 지수선물을 야간에도 거래할 수 있게 되었습니다. 정규거래 종료 후인 야간 시간에 미국 시카고상품거래소(CME) 그룹인 Globex에서 거래되며, 결제는 한국거래소를 통해 이루어집니다.
1. 거래 시간: 18:00~05:00 (한국 시간 기준)
2. 가격제한폭: 5%
3. 거래 방법: 접속 거래
4. 호가 한도 수량: 100계약
5. 증권사 홈페이지에서 Global HTS를 다운로드받으면 되고, 온라인 거래만 가능합니다.

잠깐만요

파생상품 투자자 자격 강화!

거래소는 2014년 12월 29일부터 난이도 높은 파생상품의 특성을 고려해 투자자 보호를 위한 목적으로 선물옵션 거래 자격을 강화했습니다. 기본예탁금 1,000만원 이상, 금융투자협회 사전교육 1시간 이수, 거래소에서 제공하는 3시간의 모의거래 이수 등 의무 조건을 다 충족해야 1단계 선물거래 자격을 얻을 수 있습니다. 옵션매도를 포함한 모든 파생상품 거래가 가능한 2단계 투자자는 1단계 투자 자격을 1년 이상 유지하고, 예탁금도 2,000만원 이상 입금해야 합니다. 단, 헤지전용계좌를 개설하고 보유현물자산 범위 내에서 헤지거래를 하는 경우에는 기본 예탁금이 면제됩니다.

> **잠깐만요**
>
> ### 선물계좌를 개설하려면?
>
> 선물거래를 하려면 본인이 직접 주민등록증 또는 운전면허증을 지참하고 증권사 지점에 방문해 '선물 및 옵션계좌'를 개설해야 합니다. 현물계좌가 있는 경우에도 별도로 선물옵션계좌를 만들어야 합니다. 참고로 계좌를 만들 때 현물계좌와 선물계좌를 연계시켜두면 현물계좌에 있는 주식을 증거금으로 활용할 수 있습니다.

주가지수 선물의 거래제도	
대상지수	KOSPI200 지수
종목(결제월)	1년 이내 분기물 2개, 2년 이내 반기물 2개, 3년 이내 12월물 3개(총 7종류)
최종거래일	결제월의 2번째 목요일 2번째 목요일이 공휴일인 경우 순차적으로 앞으로 당겨짐
1계약의 크기	KOSPI200 지수선물가격 × 250,000원
거래 단위	1계약
호가 단위	0.05포인트(0.05 × 250,000원 = 12,500원)
가격제한폭	1단계 상하 8%, 2단계 상하 15%, 3단계 상하 20%
거래 시간	코스피지수와 주식선물 08:45~15:45 거래소 현물시장보다 15분 연장. 단, 만기일에는 09:00~15:20으로 현물시장보다 10분 앞당김
호가 한도 수량	2,000계약
호가 방법	지정가 주문, 시장가 주문, 최유리지정가, 조건부지정가
증거금률	위탁증거금 9%, 유지증거금 6%(한국거래소에서 매분기 조정)
매매거래 중단 및 일시 거래 정지	① 가격제한폭에 따른 거래 중단 • 가격제한폭이 각 단계에 도달하고 5분이 지나면 20분간 거래를 중단하고 다음 단계로 확대 후 10분간 단일가 거래 • 동시호가일 때는 1, 2단계를 건너뛰고 바로 3단계인 상하 20% 적용 ② 서킷브레이커: 매매가 중단된다는 공습경보에 해당함 • 상하한가 도달 후 5분 동안 지수의 급변동으로 시장에 서킷브레이커가 발동될 경우 그 원인이 된 지수 수준을 초과하는 단계로 바로 상향 적용 예를 들어 지수선물가격이 8% 하락한 뒤 3분이 지나 코스피지수가 17% 하락해 서킷브레이커가 걸리면 관련 파생상품의 변동폭은 2단계를 건너뛰고 바로 3단계인 상하 20% 적용 ③ 사이드카: 매매거래가 일시 중단된다는 경계경보에 해당함 • 선물가격이 전일 종가 대비 5% 이상 급등 또는 급락하여 1분 이상 지속될 경우 프로그램 매매를 5분간 정지시킴

매매대상인 선물의 증거금 알아보기

(예제) KOSPI200 지수선물가격이 300일 경우 선물 1계약의 금액은 얼마입니까?

(해설) 300(KOSPI200 지수선물가격) × 250,000원 = 7,500만원(선물 1계약의 금액)

선물 1계약 금액은 7,500만원이지만 선물을 매수하는 데 필요한 증거금은 675만원 입니다(7,500만원 × 9% = 675만원).

지수선물의 종목 알아보기

예제 지금이 2015년 2월이라고 가정하고, 거래가 가능한 지수선물의 종류를 적어보세요.

해설 총 7종류, 즉 2015년 3월물, 2015년 6월물, 2015년 9월물, 2015년 12월물, 2016년 6월물, 2016년 12월물, 2017년 12월물입니다.

무작정
따라하기

나의 자금으로 지수선물을 살 수 있는 계약수 알아보기

예제 KOSPI200 지수선물가격이 220일 때 6,000만원으로 지수선물을 최대한 많이 매수하려고 합니다. 몇 계약을 살 수 있을까요?

해설 주식이 없는 경우 매수증거금은 9%입니다. 따라서 KOSPI200 지수선물 1계약을 매수하는 데 필요한 최소자금은 '선물가격 220 × 250,000원 × 9% = 495만원'입니다. 이를 6,000만원으로 나누어보면 매수 가능한 계약수를 알 수 있겠죠?

6,000만원 ÷ 495만원 = 12.12계약

그런데 1계약 미만 계약은 없으므로 6,000만원으로 매수할 수 있는 지수선물 계약수는 최대 12계약입니다. 설령 최대한도까지 매수가 가능하다 해도 리스크 관리를 위해 지나친 매수는 삼가는 것이 좋습니다.

선물거래의 종류

현물주식은 주가가 올라야만 수익을 낼 수 있습니다. 따라서 종합주가지수가 상승하는데도 내가 가지고 있는 종목은 오르지 않고 오히려 떨어질 때 투자자들은 허탈감을 느낍니다. 반면 선물은 종목을 선택할 필요 없이 지수의 등락만 맞추면 되므로 그 점에서는 현물투자보다 쉬울 수도 있습니다. 또한 주가가 떨어질 때는 선물을 매도해 이익을 취할 수도 있습니다.

흔히 선물을 산다는 것은 '신규 매수(Long Position)'를 의미하고, 선물을 판다는 것은 '신규 매도(Short Position)'를 의미합니다. 그리고 매수한 선물을 중간에 매도하고 청산하는 것은 '전매도(Long Liquidation)'라 하고, 매도한 선물을 중간에 다시 매수하고 청산하는 것은 '환매수(Short Covering)'라 합니다. 정리하면 다음과 같습니다.

- **선물 매수:** 신규로 지수선물을 매수하는 것
- **선물 매도:** 신규로 지수선물을 매도하는 것
- **전매도:** 매수해놓은 지수선물을 매도하여 포지션을 청산하는 것
- **환매수:** 매도한 지수선물을 다시 매수하여 포지션을 청산하는 것

미결제 약정이란 무엇이며 어떻게 활용하나요?

미결제 약정이란 선물이나 옵션에서 포지션을 설정한 후 아직 반대매매로 청산하지 않고 있는 계약을 말합니다. 상승 추세에서 미결제 약정이 증가한다는 것은 상승 추세가 강화된다고 봅니다. 마찬가지로 하락 추세에서의 미결제 약정 증가는 하락 추세가 강화된다고 봅니다. 그러나 미결제 약정이 급격히 감소하면 기존 추세 변화를 예고하는 것입니다.

참고로, 선물 1계약의 거래가 체결되었다는 것은 매수 1계약과 매도 1계약이 만나 거래가 체결된 것이므로 미결제 계약수는 1계약이 됩니다. 선물의 매수·매도는 미결제 약정이 증가하는 요인이고, 전매도와 환매수는 포지션을 정리하는 매매이므로 미결제 약정이 감소하는 요인입니다.

선물 매수, 선물 매도 → 미결제 약정 증가
전매도, 환매수 → 미결제 약정 감소

선물의 수탁제도

개시증거금

거래소가 지정한 개시증거금으로 1단계 선물거래 투자자는 3,000만원, 2단계 옵션거래 투자자는 5,000만원을 내야 합니다. 선물계좌 최초 개설자는 개시증거금 이외에도 사전교육(1시간), 모의거래(3시간)를 이수해야만 선물거래를 할 수 있습니다. 개인투자자들의 파생상품시장 진입을 어렵게 하여 무분별한 파생상품 투자로 인한 손실을 방지하기 위해서입니다.

개시증거금은 2014년 12월 29일부터 시행되었습니다.

위탁증거금률

선물 주문 시 선물가격의 최소 9% 이상 현금이 필요합니다.

유지증거금률

선물을 매수 또는 매도한 후 선물 평가금액의 6% 이상은 유지되도록 해야 합니다. 선물은 현물과 달리 매일 시장이 끝나면 정산을 합니다(일일정산제도). 따라서 선물의 평가금액이 6% 이하로 하락하면 다음 날 오전 12시까지 6%가 되도록 추가증거금을 입금해야 합니다. 그때까지 입금하지 못하면 시스템에서 미결제 약정을 자동으로 반대매매해 청산하게 됩니다. 만약 지수가 급등락하여 장중에 유지증거금률이 6% 이하가 될 경우 즉시 추가증거금을 입금해야 하며, 추가 입금이 될 때까지 주문 및 자금 인출에 제약을 받게 됩니다.

최종 결제가격

선물의 최종 결제가격은 결제일의 KOSPI200 지수입니다.
예를 들어 선물가격 220에 2계약을 매수했는데 결제일에 KOSPI200 지수가 올라 230으로 끝났다면 500만원의 이익을 실현한 것입니다.

(결제일 KOSPI200 지수 230 − 매수가격 220) × 250,000원 × 2계약 = 500만원

 알아두세요

파생상품으로 인한 수익에도 양도소득세가 부과되나요?

2016년부터는 선물, 옵션 등의 파생상품 거래로 발생하는 수익에 대해 양도소득세가 부과됩니다. 이에 따라 파생상품 투자자들은 연 1회 양도세를 확정신고하고 납부해야 합니다.
1. 양도세율: 수익금액 11.1%(양도세 10% + 부가세 양도세의 10%)
2. 기본공제액: 250만원
3. 다음 연도 5월 중 관할세무소에 확정신고 후 납부
4. 분리과세

위탁수수료 및 세금

선물거래 시 증권사에 내는 위탁수수료는 선물거래대금의 0.09% 이내에서 자율적으로 결정하게 되어 있습니다. 선물거래는 HTS로 거래하는 경우가 많은데, HTS 이용수수료는 대체로 0.005~0.0015%입니다. 파생상품의 평균 위탁수수료는 선물의 경우 0.0072%, 옵션의 경우 0.295%입니다. 주식은 매도할 때 0.3%의 거래세(거래세 0.15%, 농특세 0.15%)가 부과되지만 파생상품은 거래세가 없습니다. 그러나 파생상품 매매로 소득이 발생한 경우에는 2016년부터 5.5% 이내의 양도소득세가 부과됩니다.

선물 이론가격

이론적으로 보면 선물가격은 현물가격보다 높아야 합니다.

앞의 사례에서 2월 1일 A씨와 에어컨 선물거래를 한 전자제품 대리점의 입장에서 보면 에어컨을 인도하기로 한 7월까지 에어컨을 미리 사서 보관하고 있어야 하기 때문에 금융비용과 창고비 등 보관료가 소요되며 화재에 대비한 보험료도 들어갑니다. 따라서 2월 1일에는 100만원에 팔고 있는 에어컨이지만 인도일까지 소요될 추가비용 때문에 105만원에 계약을 체결한 것입니다. 즉, 현물 에어컨 가격은 100만원이지만 선물가격은 50,000원 더 비싼 105만원이 된 것입니다. 이와 같이 선물가격은 현물가격보다 비싼 것이 정상입니다.

> 선물 이론가격 = KOSPI200 지수 + 보유비용
> = KOSPI200 지수 + (금융비용 − 예상배당금)
> = KOSPI200 지수 + KOSPI200 지수 ×
> (3개월 CD 금리 − 예상배당수익률) × 잔존 일수 ÷ 365

선물가격이 KOSPI200 지수보다 높은 경우, 정상시장이라는 뜻으로 콘탱고(Contango)라고 부릅니다. 그러나 선물가격이 현물가격 밑으로 하락하는 경우도 있습니다. 이는 시장이 하락 추세에 있거나 주가 하락이 예상될 때 자주 나타나는 비정상적인 현상으로 백워데이션(Backwardation)이라고 합니다. 주식시장을 전망할 때도 선물을 참고합니다. 선물이 백워데이션 상태이면 시장이 약세 또는 하락이라 보기 때문입니다.

잠깐만요 | 선물 현재가 창 살펴보기

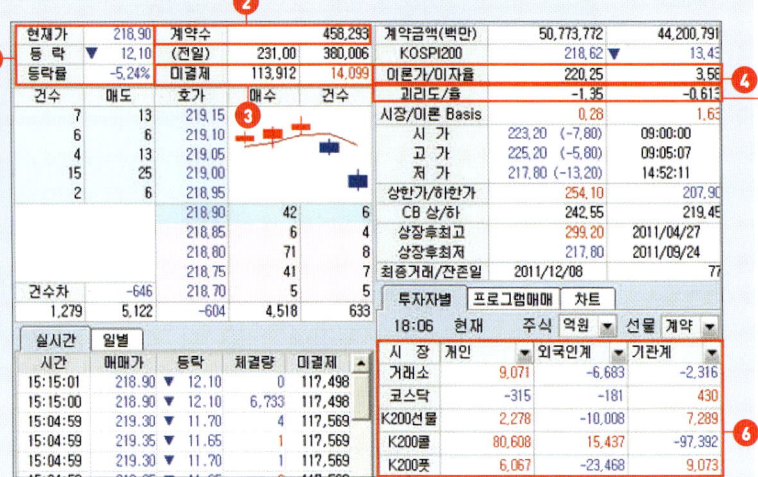

❶ 현재가: 선물의 현재가로, 전날보다 12.1포인트, 5.24% 하락한 218.90입니다.

❷ 계약수: 오늘 현재 계약된 계약수로, 458,293계약입니다.

❸ 미결제: 선물이 거래된 후 청산되지 않고 남아 있는 계약수로 113,912계약입니다.

❹ 이론가/이자율: 이자율은 3개월 CD 금리입니다.

❺ 괴리도/율: 괴리도는 현재가에서 이론가를 뺀 수치입니다.

❻ 거래주체별로 각각의 거래 현황을 보여줍니다. 거래소 현물과 코스닥 현물은 거래대금 기준이고, 선물·콜옵션·풋옵션은 거래 수량을 나타냅니다.

베이시스(Basis)가 뭐죠?
선물가격에서 현물가격을 뺀 것, 즉 보유비용을 베이시스라고 합니다.

> 베이시스 = 선물가격 − 현물가격 = 보유비용
> 베이시스 > 0일 때 → 콘탱고라고 부르며, 정상시장이라 합니다.
> 베이시스 < 0일 때 → 백워데이션이라고 부르며, 비정상시장이라 합니다.

> 잠깐만요

주식선물이란?

주식선물거래는 '지수'가 아닌 '개별종목'의 선물거래로 2008년 5월 6일 처음 도입된 상품입니다. 계좌개설부터 매매 방법까지 원칙적으로 지수선물과 매우 유사하지만 몇 가지는 조금 다릅니다.

첫째, 기초자산은 지수가 아니고 종목입니다.
대상종목은 삼성전자, 포스코, KB금융, 한국전력, 신한지주, 우리금융지주, SK텔레콤, 현대차, 현대중공업, KT, LG디스플레이, LG전자, 신세계, 하나금융지주, KT&G 등 134개 종목(2017년 9월 1일 기준)입니다.

둘째, 거래 단위는 10계약입니다.

셋째, 위탁증거금률은 9%, 유지증거금률은 6%입니다.
한국거래소는 종목에 따라 증거금률을 달리 정하고 있습니다. 따라서 주식선물에 투자할 경우 현금으로 주식을 매수하는 것에 비해 최저 3.3배에서 최고 9배가량의 레버리지 효과가 있습니다.
예를 들어 현재 270만원 하는 삼성전자가 3개월 안에 10%(297만원) 오를 것으로 예상될 경우 삼성전자 현물 주식을 사는 것과 삼성전자 선물을 사는 것의 차이를 알아봅시다.
삼성전자 10주를 살 경우 2,700만원의 자금이 들어가고 10% 수익이 나면 270만원의 이익이 발생합니다(수수료 및 거래세 제외). 그러나 주식선물을 최소 단위인 10계약 매수하는 데는 243만원의 자금이 들어갑니다(선물 이론가 270만원 ×10계약 × 증거금률 9% = 243만원). 또한 삼성전자 주식이 10% 오르면 선물투자 수익률은 무려 111.1%나 됩니다(주가 상승 270만원 ÷ 투자금액 243만원 ×100 = 111.1%).
주가가 하락할 것으로 예상하여 주식선물을 매도할 경우에도 마찬가지입니다. 그러나 예상이 빗나가 반대 현상이 발생할 때는 111.1%나 손해를 보게 됩니다.
우리나라는 대주제도(주식을 빌려 매도하는 제도)가 발달되어 있지 않기 때문에 선물매도는 주가 하락 시 유용한 투자 방법이 될 수 있습니다. 그러나 레버리지가 높아 주식 신용거래보다 훨씬 위험하기 때문에 확신이 들 때만 소액으로 투자를 제한하는 것이 좋습니다.

주가지수 선물거래 4가지 투자기법

선물거래의 투자기법은 거래 유형과 목적에 따라 4가지, 즉 헤지거래, 투기거래, 차익거래, 스프레드 거래로 나뉩니다. 현물의 위험을 피하기 위한 방법인 헤지거래 요령과 선물거래 중 가장 많은 비중을 차지하는 투기거래 전략을 A씨의 파생상품 투자원칙을 통해 구체적으로 알아보겠습니다.

선물거래 투자기법 ①
헤지거래

헤지거래(Hedge Trading)란 선물시장에서 현물시장과는 반대 포지션을 취함으로써 가격변동 위험을 피하고자 하는 거래입니다.

예를 들면 현물을 보유한 투자자가 보유주식 금액에 상응하는 수량의 선물을 매도하는 것을 말합니다. 이런 경우 주가가 떨어져 현물주식에서 손해를 보더라도 선물매도에서 이익이 발생해 현물의 가격 하락을 선물의 이익으로 상쇄하게 됩니다.

주식을 보유하고 있는 투자자가 장래 주가가 하락할 것에 대비해 주가지수 선물을 매도하는 경우를 매도헤징(Short Hedging)이라고 하고, 반대로 앞으로 주식을 매입할 계획이 있는 경우 매입 예정 주식의 가격 상승에 따른 손실을 축소하기 위해 매입 예정 주식과 대응하는 주가지수 선물을 매입하는 경우를 매수헤징(Long Hedging)이라고 합니다.

매도헤징의 사례

3억원의 주식을 보유하고 있는 투자자 A씨는 우리나라 대내외 여건상 조만간 증시가 하락할 위험성이 있다고 생각했습니다. A씨는 보유주식을 매도할 수도 있으나 기업의 재료를 참고할 때 주식을 매도하는 것은 아무래도 아까웠습니다. 그래서 주식가격에 대응하는 금액만큼 주가지수 선물을 매도하여 주가 하락으로 인한 손실을 보전하기로 했습니다. 선물가격이 280일 때 먼저 선물을 몇 계약이나 매도해야 헤징이 되는지 계산해보았습니다.

주가지수 선물의 매매 단위는 'KOSPI200 지수선물가격 × 250,000원'이므로, 선물가격 280을 기준으로 주식 3억원을 헤징할 수 있는 선물 계약수는 4계약입니다.

보유주식 3억원 ÷ (선물가격 280 × 250,000원) = 4계약

A씨는 주식 3억원의 헤징으로 지수선물 4계약을 선물가격 280에 매도했습니다. 그로부터 1개월 후, 예상대로 주가도 선물가격도 모두 10% 하락했습니다. 하지만 선물을 10% 낮은 가격에 환매수할 수 있어 주가 하락의 손실을 막을 수 있었습니다.

| 주가 하락을 예상한 A씨의 매도헤징 사례 |

일자	현물	선물
5월 1일	보유주식 3억원	선물가격 280에 선물 4계약 매도 4계약 × 선물가격 280 × 250,000원 = 2억 8,000만원
6월 1일	주가 10% 하락 주식평가액 2억 7,000만원	선물가격 10% 하락 선물 4계약을 252(280×90%)에 환매수 4계약 × 선물가격 252 × 250,000원 = 2억 5,200만원
손익	-3,000만원	+2,800만원(2억 8,000만원 - 2억 5,200만원)

A씨는 주가 하락으로 3,000만원의 손해를 보았지만 선물거래에서 2,800만원의 이익을 보아 결과적으로 손해를 줄일 수 있었습니다. 물론 선물거래에 따른 추가자본도 소요되었고 선물거래 비용도 들었으나 주가 하락액에 비하면 미미한 금액이었습니다. A씨가 한 매도헤징은 손실과 이익이 일치하도록 한 완전 헤징이나, 일부 헤징도 가능합니다.

선물거래 투자기법 ②
투기거래

투기거래(Speculation Trading)란 적은 증거금으로 큰 포지션을 움직일 수 있는 레버리지 효과를 이용해 위험을 감수하고 시세차익을 목적으로 거래하는 것을 말합니다. 선물 매수증거금은 9%만 있으면 되므로 현물 기준으로 보면 약 11배(1 ÷ 9% = 11배)나 많은 주식을 거래하는 것과 같습니다. 따라서 이익도 11배 높게 나올 수 있지만 손실비율 역시 똑같이 높기 때문에 매우 위험한 거래라 할 수 있습니다. 우리나라 KOSPI200 선물과 옵션에 대한 개인투자자의 비중은 2010년 기준 각각 27%와 36%에 이르며, 미국과 일본의 10%에 비해 높은 수준입니다. 또 개인투자자 거래의 대부분이 투기거래인 것이 현실입니다. 물론 이

무작정 따라하기

완전 헤징 계산해보기

예제 1억 8,000만원의 주식을 보유하고 있는데 주가가 하락할 것 같은 생각이 들어 선물을 매도하여 헤징하려고 합니다. 현재 선물가격이 120이라고 하면 선물 몇 계약을 매도해야 합니까? 또 1개월 후 주가가 10% 하락할 경우 손익을 계산해보세요. 이때 수수료와 금융비용은 생각하지 않습니다.

해설 먼저 완전 헤징을 위한 선물 계약수를 계산해봅니다.
1억 8,000만원 ÷ (선물가격 120 × 250,000원) = 6계약
즉, 선물 6계약을 매도하면 완전 헤징이 됩니다.

다음으로 주가가 10% 하락할 때의 손익을 계산해봅니다.

	현물	선물
	보유주식 1억 8,000만원	선물가격 120에 선물 6계약 매도 6계약 × 선물가격 120 × 250,000원 = 1억 8,000만원
주가가 10% 하락할 경우	보유주식 평가 1억 6,200만원	선물가격 10% 하락 선물 6계약을 108(120×90%)에 환매수 6계약 × 선물가격 108 × 250,000원 = 1억 6,200만원
손익	−1,800만원	+1,800만원(1억 8,000만원 − 1억 6,200만원)

> **알아두세요**
>
> **투기거래 시 지수 예측 방법**
>
> 투기거래 시에도 개별 주식에 투자할 때처럼 종합주가지수를 예측하고 매매합니다. 지수를 예측하는 방법은 기본적인 경제 요인 분석(준비 마당 04장 참조), 시장 수급 분석(다섯째 마당 36장 참조), 기술적 분석(셋째 마당 참조) 등을 이용합니다.

들 개인투자자들이 존재함으로써 선물시장의 유동성이 증대되고 시장의 효율성이 증대되는 효과도 있습니다.

투기거래 전략은 투자원칙을 지키는 것이다

거듭 강조하지만, 선물은 현물보다 위험이 높은 만큼 위험관리 대책이 필요합니다. 적어도 다음 2가지는 꼭 지켜야 한다는 것을 명심하기 바랍니다.

첫째, 현물을 통해 자기 나름의 투자원칙을 정립한 뒤 선물을 시작해야 합니다. 둘째, 보수적·안정적으로 투자해야 합니다. 예를 들면 5,000만 원으로 선물을 4계약 살 수 있다 하더라도 50%인 2계약 이상 매수해서는 안 됩니다. 무리한 투자는 단 한 번의 실수로도 치명적일 수 있기 때문입니다.

다음은 A씨가 정립해둔 파생상품 투자원칙입니다. 이 원칙이 곧 투기거래 전략이라 할 수 있으니 관심을 갖고 살펴보기 바랍니다.

1 | 방향성이 제일 중요하다

선물 일봉 그래프를 보고 상승 방향일 때는 매수하고, 하락 방향일 때는 매도합니다.

> **상승 방향 판단 방법**
> **1. 추세선이 저점과 고점을 높이는 상승 추세일 것**
>   추세선을 직접 그려보고 확인한다.
> **2. 주가 및 이동평균선이 정배열일 것**
>   예외적으로 주가가 5일 이평선을 일시 하락 이탈하더라도 상승 중인 20일선을 하락 이탈하지 않는 한, 매수 관점에서 대응한다.
> **3. 보조지표인 MACD와 스토캐스틱이 상승 추세를 그릴 것**

이상의 3가지 요건이 일치할 때는 선물을 매수하거나 매수 포지션을 유지하되 매도는 하지 말아야 합니다.

> **하락 방향 판단 방법**
> 1. 추세선이 고점과 저점을 낮추는 하락 추세일 것
> 2. 주가 및 이동평균선이 역배열일 것
>   예외적으로 주가가 5일 이평선을 상향 돌파하더라도 하락 중인 20일 선을 상향 돌파하지 못하는 한, 매도 관점에서 대응한다.
> 3. 보조지표인 MACD와 스토캐스틱이 하락 추세를 그릴 것

이상의 3가지 요건이 일치할 때는 선물을 매도하거나 매도 포지션을 유지해야 하며, 매수는 하지 말아야 합니다.

예를 들어 다음과 같은 상황일 때 A씨는 어떤 전략을 취할까요?

다음은 거래소 종합주가지수의 일봉 그래프입니다. 8월부터 5일, 20일 이동평균선이 데드크로스를 만든 뒤 하락하고 있습니다.

다음은 2011년 12월물 선물의 30분봉 그래프입니다.

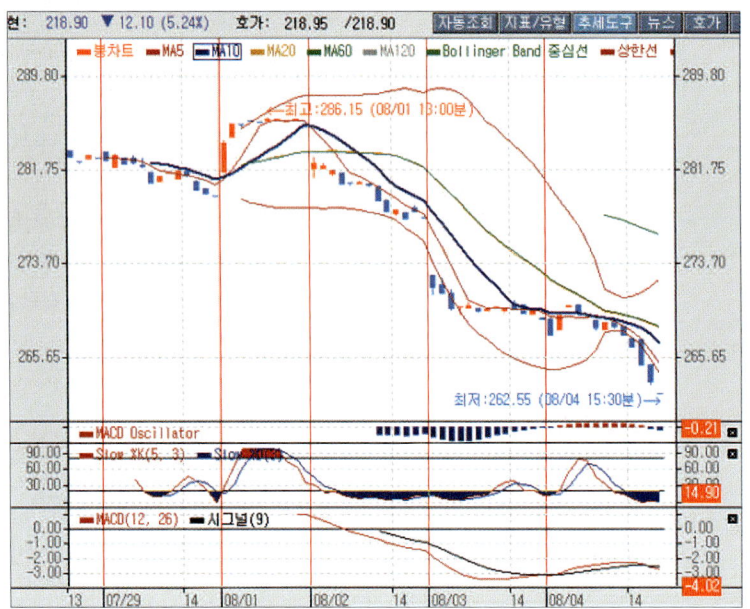

두 그래프 모두 추세선, 이동평균선 그리고 보조지표인 스토캐스틱과 MACD가 추세적으로 하향하고 있음을 보여줍니다. 이런 경우 A씨는 선물 매도전략을 취합니다.

2 | 선물의 방향성이 애매할 때는 다음 방법으로 예측해보되 매매는 선물 그래프 확인 후 실행에 옮긴다

선물은 높은 레버리지와 급격한 변동성 때문에 예측보다 차트에 의거하여 대응하는 것이 중요합니다. 그러나 어느 정도 예측해두지 않으면 급변하는 선물가격 움직임에 대응하기가 쉽지 않기 때문에 다음과 같은 체크리스트를 만들어두고 방향성을 예측해보아야 합니다.

알아두세요

미국증시와 코스피 선물 시초가

통계적으로 볼 때 간밤에 미국증시가 상승했다는 이유로 코스피 선물 시초가가 지나치게 높게 형성될 때는 선물가격이 하락으로 전환될 확률이 높았고, 미국증시가 하락했다는 이유로 코스피 선물 시초가가 지나치게 낮게 형성될 때는 반대로 상승 전환되는 경우가 많았다는 점을 참고하세요.

[체크 1] 해외증시 동향을 체크해둔다.

지난밤 유럽증시와 미국증시가 상승 추세를 이어갔고 아시아 증시 역시 상승할 때는 한국증시도 상승으로 예측한다.

반대로 유럽증시, 미국증시, 아시아 증시가 하락 추세일 때는 한국증시도 하락으로 예측한다.

[체크 2] 선물과 현물의 차이, 즉 베이시스가 플러스(+)냐 마이너스(−)냐를 확인한다.

베이시스가 +값(콘탱고)으로 크면 클수록 선물시장의 상승 강도는 강하고, 베이시스가 −값(백워데이션)으로 크면 클수록 선물시장의 하락 강도는 높다고 본다.

[체크 3] 외국인의 현물과 선물 매매 동향을 체크한다.

외국인의 현물·선물 매수 강도가 강하다. → 상승 예상
외국인의 현물·선물 매도 강도가 강하다. → 하락 예상

[체크 4] 지수에 영향을 미치는 주요 종목의 흐름을 파악한다.

삼성전자, POSCO, 현대차, LG화학, 현대중공업, KB금융 등의 종목은 시가총액 비중이 높으므로 이들 종목들의 주가 동향과 전망을 체크해본다.

알아두세요

선물의 매수, 매도 신호는 무엇으로 판단하나요?

33장 '매수시점 선택의 4대 원칙'과 '매도시점 선택의 5대 원칙'을 참고하세요.

3 | 매매는 신호가 발생했을 때만 한다

❶ 매수·매도 신호가 발생했을 때만 주문을 실행합니다. 흔히 30분봉 그래프를 기준으로 많이 보며 5분봉 또는 2분봉을 활용하는 경우도 있습니다. 중요한 것은 시세가 급등락할 때는 순간을 포착해 매매하려고 하지 말아야 한다는 것입니다. 지표가 안정되어 있을 때 천천히 확인해가며 주문을 실행해도 결코 늦지 않습니다.

❷ 주문 전에 스스로 3회 질문합니다. 확신할 수 있는 지표인가?

❸ 매매는 1일 1회 이상 하지 않습니다. 특히 큰 수익이 났을 때는 단말기 앞을 떠나 있는 것이 좋습니다.

4 | 손절매는 어떠한 경우에도 지킨다

손절매는 스톱로스(Stop-loss) 가격을 정해두고 망설임 없이 기계적으로 지켜야 합니다.

❶ 선물 차트에서 3분봉이 20분 이동평균선을 돌파할 때는 일단 현금화
❷ 선물 차트에서 추세선(상승 시는 지지선, 하락 시는 저항선)을 돌파할 때는 일단 현금화

5 | 오버나이트는 현물·선물 이동평균선이 안정적일 때만 한다

오버나이트(Over Night)는 현물·선물 이동평균선이 안정적일 때만 하고, 투자금액은 30%를 넘기지 않습니다. 옵션은 투자자금의 5% 이내 범위에서 오버나이트합니다.

6 | 옵션의 경우 만기 일주일 전에는 양건(스트래들 또는 스트랭글) 외에는 투자하지 않는다

7 | 옵션 투자는 전체 자금의 10%를 넘기지 않는다

알아두세요

오버나이트란?
파생상품의 투기거래는 위험이 높기 때문에 포지션을 당일로 정리하는 것이 보통인데, 당일 정리를 하지 않고 다음 날까지 가지고 가는 것을 말합니다.

스트래들, 스트랭글에 대해서는 434~435쪽을 참고하세요.

그밖의 파생상품 투자원칙으로는 '기회는 또 온다', '쉽게 움직이지 마라', '옵션은 이익이 났을 때 챙겨라' 등이 있습니다.

선물거래 투자기법 ③

차익거래

차익거래(Arbitrage Trading)란 동일한 상품이 2개의 시장에서 각기 다른 가격으로 거래될 때 비싼 것을 매도하고 싼 것을 매수함으로써 그 차익을 얻는 거래입니다. 차익거래는 선물시장과 현물시장 간의 차익거래와 같은 선물시장 내 또는 다른 선물시장 간의 차익거래로 분류할 수 있는데, 여기에서는 현물·선물 간 차익거래 중심으로 살펴보겠습니다.

선물가격은 현물 주가를 기준으로 움직이지만 실제 거래가 이루어질 때는 선물가격이 지수와 무관하게 오르기도 하고 떨어지기도 합니다. 일시적으로 현물가격과 선물가격에 차이가 발생했을 때 가격이 높은 것을 팔고 낮은 것을 매수함으로써 무위험 수익을 얻을 수 있습니다. 이러한 차익거래는 대부분 컴퓨터에 프로그램화하여 입력해두고 컴퓨터가 자동으로 매매하도록 합니다.

선물이 현물에 비해 고평가되어 있으면 선물을 매도하고 그 대신 현물을 매수하는데, 이를 '매수차익거래'라고 합니다. 반대로 선물이 현물보다 저평가되어 있으면 선물을 매수하고 현물을 매도합니다. 이를 '매도차익거래'라고 합니다.

> 선물가격 > 현물가격일 때 → 선물 매도, 현물 매수(매수차익거래)
> 선물가격 < 현물가격일 때 → 선물 매수, 현물 매도(매도차익거래)

선물거래 투자기법 ④

스프레드 거래

스프레드 거래(Spread Trading)는 서로 다른 선물 간의 가격 차이 또는 결제월이 다른 선물 간의 가격 차이를 이용해 상대적으로 낮은 가격의 선물을 매입하고 높은 가격의 선물을 매도하는 거래를 말합니다.
스프레드 거래는 다음 3가지로 구성되어 있습니다.

❶ 시장 내 스프레드
❷ 종목 간 스프레드
❸ 시장 간 스프레드

먼저 **시장 내 스프레드**는 동일한 종목을 대상으로 결제월이 다른 2개의 선물을 매매하는 것입니다. 예를 들어 KOSPI200 지수선물 중에 9월물이 6월물에 비해 가격이 높다면 9월물을 매도하고 6월물을 매수해 그 차액을 취하는 것입니다.

두 번째로 **종목 간 스프레드**는 2개의 시장에서 결제월이 동일한 서로 다른 두 종목의 선물을 동시에 매수·매도하는 것입니다.

마지막으로 **시장 간 스프레드**는 동일한 상품을 서로 다른 거래소에서 매수·매도하는 것입니다.

선물 만기일이 임박하면 선물을 보유한 투자자 입장에서는 선물을 결제일에 청산할 것인지, 아니면 차기 월물로 롤오버할 것인지를 결정해야 합니다. 대체로 지금의 선물과 차기 선물 간의 스프레드 차이가 많을

 알아두세요

롤오버란?
롤오버란 파생상품의 경우 만기 기간의 연장효과를 누리기 위해 거래 기간이 다른 동일한 포지션의 파생상품을 매매하는 것을 뜻합니다.

수록 롤오버되는 수량이 많고, 차이가 적을수록 당일 청산되는 수량이 많습니다. 우리나라의 경우에는 대략 30~40%가 롤오버되므로 만기일에 임박해서 스프레드 거래가 대량으로 이루어집니다.

잠깐만요 프로그램 매매란?

프로그램 매매(Program Trading)란 증권매매 프로그램을 컴퓨터에 입력해두고 매매 상황이 되면 컴퓨터가 자동으로 매매주문을 하게 하는 것을 말하며, 주로 기관투자가가 합니다. 프로그램 매매는 차익거래와 비차익거래로 나뉩니다. 차익거래는 선물과 현물 중 가격이 높은 것을 매도하고 가격이 낮은 것을 매수하여 그 차이를 이익으로 실현하는 것입니다. 반면 비차익거래는 시장 전망에 따라 15개 이상 종목을 바스켓으로 묶어 일시에 매수 또는 매도하는 거래입니다.

프로그램 매매는 때에 따라 주가 폭락의 주범이 되기도 합니다. 흔히 시장이 불투명할 때 선물을 매도하는데, 이때 선물이 하락해 백워데이션이 심화되면 선물을 사고 현물을 매도하는 매도차익거래가 증폭되면서 주가는 더욱 하락합니다. 즉, 선물 매도 → 백워데이션 확대 → 프로그램 매도차익거래 증가 → 주가 하락 → 선물 매도 식의 악순환이 되풀이되는 것입니다.

1987년 미국 뉴욕증시가 하루에 23% 폭락했던 '블랙먼데이'의 주범도 프로그램 매도였다고 합니다. 최근 우리나라에서도 프로그램 매매로 인한 주가의 급등락이 자주 나타나고 있습니다.

040 주가지수 옵션거래란?

주가지수 옵션거래는 주가지수를 사거나 팔 수 있는 권리를 매매하는 거래를 말합니다. 이번 장에서는 옵션의 개념과 거래제도를 살펴보고 옵션을 이용한 투자기법을 알아보겠습니다. 또한 옵션의 투자위험이 높은 만큼 위험에 따른 대책도 살펴보겠습니다.

옵션거래 감잡기

옵션거래는 주가지수를 기초자산으로 하여 미리 정해진 행사가격으로 정해진 기간 내에 매수 또는 매도할 수 있는 권리를 매매하는 것을 말합니다.

우리나라에는 3종류의 옵션, 즉 KOSPI200 지수옵션, 코스닥50 옵션, 개별 주식 옵션이 있습니다. 그중에서 KOSPI200 지수옵션이 전체 옵션거래에서 90% 이상을 차지하고 있으므로 KOSPI200 지수옵션 중심으로 살펴보겠습니다.

옵션의 특징 1 ― 권리에 대한 프리미엄 거래다

옵션은 권리를 프리미엄을 주고 사고파는 거래입니다. 살 수 있는 권리를 콜옵션(Call Option)이라 하고, 팔 수 있는 권리를 풋옵션(Put Option)이라 합니다. 예를 들면 현재 100인 KOSPI200 지수가 증권시장이 좋아져 1개월 이내에 101 이상 오를 것으로 예상되면 1이라는 값을 치르고(1이라는 프리미엄을 지급하고) KOSPI200 지수를 100에 살 수 있는 콜옵션을 매수합니다. 만약 1개월 이내에 지수가 상승해 101 이상이 된다면 콜옵션 매수자는 권리를 행사하거나 되팔아 이익을 취할 수 있습니다. 만약 지수가 상승해 103이 되었을 때 100에 살 수 있는 권리를 행사하게 되면 2라는 수익을 얻게 됩니다(지수 103 - 행사가 100 - 지불한 가격 1 = 2). 이때 프리미엄으로 지급한 1이 곧 옵션의 가격입니다.

이번에는 풋옵션 매수의 예를 들어보겠습니다. 현재 100인 KOSPI200 지수가 주가 하락으로 98 이하로 떨어질 것 같아 프리미엄 2를 지급하고 행사가격 100인 풋옵션을 매수했다고 합시다. 1개월 이내에 98(옵션 가격으로 2를 지급했으므로) 이하로 떨어지면 풋옵션 매수자는 100에 팔 수 있는 권리를 행사하여 이익을 취할 것입니다. 98 이하까지 떨어지지 않으면 권리를 행사하지 않고 포기하면 됩니다. 만약 지수가 예상한 대로 떨어져 96이 되면 풋옵션 매수자는 2라는 수익을 얻게 됩니다(행사가 100 - 지수 96 - 지불한 가격 2 = 2).

옵션의 특징 2 — 매수자와 매도자의 손익구조가 다르다

옵션을 매수한 사람은 이익이 되면 권리를 행사할 수 있고, 예상이 빗나간 경우에는 프리미엄(옵션가격)만 손해를 보고 포기할 수도 있으므로 옵션을 행사할 것인가 포기할 것인가에 대한 권리가 있는 반면, 의무는 없습니다. 따라서 매수의 경우 예상이 맞아떨어졌을 때 이익이 날 수 있는 범위는 거의 무한대이지만 손해를 볼 수 있는 범위는 옵션을 매입한 금액에 한정됩니다. 그러나 옵션을 매도한 사람은 돈을 먼저 받았기 때문에 중도에 권리를 포기할 수 없고, 매수자의 선택에 따라야 할 의무만

알아두세요

옵션의 프리미엄은 어느 정도로 떨어지나요?

1개월 만기 등가격옵션의 경우 시간이 지남에 따라 다음과 같이 하락합니다.
- 만기 20~10일 사이 50% 감소 (예. 60만원 → 30만원)
- 만기 10~5일 사이 나머지 50% 감소(예. 30만원 → 15만원)
- 만기 5~1일 사이 나머지 60% 감소(예. 15만원 → 6원)

있습니다. 따라서 매도의 경우에는 예상이 맞았을 때 이익은 옵션을 매도한 금액에 한정되지만 예상이 빗나갔을 때는 손해가 무한대로 커질 수 있습니다. 물론 더 큰 손실을 막기 위해 매도한 옵션을 손해를 보고 중도에 매수해 정리할 수도 있습니다.

옵션의 특징 3 — 시간가치가 있다

옵션이 현물주식이나 선물과 다른 또 하나의 특징은 시간가치에 있습니다. 옵션은 행사가치와 시간가치로 구성됩니다. 시간가치는 정해진 기간 내에 주가의 변동성으로 이익을 취할 수 있는 기회에 대한 가치입니다. 시간가치 때문에 옵션가격의 변동성은 선물보다 커지게 됩니다. 시간가치는 옵션 기간이 끝나면 '0'이 됩니다. 거래가 가장 많은 최근 월물의 옵션은 만기가 길어야 1개월 미만으로 매우 짧기 때문에 투자자의 주가 예측 방향이 맞았더라도 시간가치의 급격한 소멸로 손해를 보는 경우가 허다합니다.

KOSPI200 지수옵션거래제도

계좌개설

주식거래 계좌와는 별도로 선물·옵션계좌를 개설해야 합니다. 계좌개설 방법은 선물계좌 개설 방법과 동일합니다. 옵션거래는 사전교육(1시간), 모의교육(3시간)을 통해 얻은 1단계 자격을 1년간 유지해야 가능합니다. 옵션거래를 하기 위한 기본예탁금은 1,000만원입니다.

거래대상 지수

KOSPI200 지수

거래 단위

옵션가격 × 250,000원(미니옵션은 옵션가격 × 50,000원)

거래 종류

❶ 콜옵션 매수 ❷ 콜옵션 매도
❸ 풋옵션 매수 ❹ 풋옵션 매도

- 주가 상승이 예상될 때 → 콜옵션 매수, 풋옵션 매도
- 주가 하락이 예상될 때 → 풋옵션 매수, 콜옵션 매도

결제월별 옵션의 종류

KOSPI200 지수옵션의 결제월별 옵션의 종류는 총 11개로, 12월물 3개(당해 연도, 다음 연도, 다다음 연도), 반기월물 2개(당해 연도 6월, 다음 연도 6월), 분기월물 2개(당해 연도 3월, 9월), 월물 4개(당해 연도 2월, 4월, 5월, 9월)가 있습니다(연초 기준).

최종거래일 및 거래개시일

최종거래일은 각 결제월의 두 번째 목요일입니다. 이날 결정되는 KOSPI200 지수를 기준으로 남아 있는 옵션이 청산됩니다. 새로 생기는 결제월물은 최종거래일 다음 날부터 거래가 시작됩니다.

거래 종목

다음 표를 예로 들어 설명하겠습니다. 다음 표와 같이 KOSPI200 지수가 200.5일 때는 제일 가까운 행사가격 200.0을 중심으로 아래로 2개, 위로 2개 해서, 모두 5개 행사가격으로 시작합니다.

만약 지수가 상승해 205가 되면 207.5와 210.0, 2개의 행사가격이 새로

생깁니다. 또한 지수가 195로 내려오면 192.5와 190.0의 새로운 행사가격이 2개 더 생깁니다.

따라서 옵션종목은 주가 등락에 따라 많이 생길 수 있습니다. 그러나 최초 출발할 때의 기준은 40개 종목입니다.

결제월수 × 행사가격 종목수 × 콜과 풋(2) = 40개 종목

 알아두세요

OTM, ATM, ITM은 각각 외가격옵션, 등가격옵션, 내가격옵션을 나타냅니다.

| KOSPI200 지수가 200.5포인트일 때 옵션의 신규 상장 종목 | (권리행사 간격 2.5포인트)

	콜옵션					풋옵션				
	결제월				권리행사가격	결제월				
	12월	10월	9월	8월		8월	9월	10월	12월	
OTM	▼	▼	▼	▼	205.0	○	○	○	○	ITM
	▼	▼	▼	▼	202.5	○	○	○	○	
ATM	☆	☆	☆	☆	200.0	☆	☆	☆	☆	ATM
ITM	○	○	○	○	197.5	▼	▼	▼	▼	OTM
	○	○	○	○	195.0	▼	▼	▼	▼	

* ▼ ☆ ○은 옵션의 행사가별 종류를 나타내는 표시

행사가별 옵션의 종류 1 ― 등가격옵션

등가격옵션(ATM: At The Money Option)은 지수와 행사가격이 같은 옵션입니다. 위 옵션종목표에서 ☆로 표시된 것으로 KOSPI200 지수는 200.5이지만 권리행사 간격은 2.5이므로 200.5와 제일 가까운 200.0이 등가격이 됩니다. 등가격옵션은 권리를 행사하면 '0'이 되지만 주가 변동에 따라 가장 민감하게 움직입니다.

알아두세요

KOSPI200 지수 1포인트 등락에 따라 옵션가격 변동폭은 어떻게 알 수 있나요?

옵션시세표를 보면 델타, 세타, 감마, 베가, 로 등의 값이 있습니다. '델타'는 KOSPI지수 1포인트 등락에 따른 옵션가격의 변동값을 나타냅니다. 델타값은 1과 0 사이에서 움직이는데, 델타값이 0.4라면 KOSPI200 지수가 1포인트 변동되면 옵션가격이 40,000원(0.4) 오르거나 떨어진다는 의미입니다.

'세타'는 시간가치를 말하는데, 마이너스(-)로 나타냅니다. 만약 옵션시세표에서 델타가 0.4이고 세타가 -0.1이라면 KOSPI200 지수가 1포인트 올랐을 때 옵션가격은 0.3(델타 0.4 - 세타 0.1 = 0.3), 즉 30,000원이 상승한다는 뜻입니다. 반대로 지수가 1포인트 하락한다면 옵션가격은 -0.5(델타 -0.4 - 세타 0.1 = -0.5), 즉 50,000원이 하락한다는 뜻입니다. 그외 옵션 민감도를 나타내는 것으로 감마(변화속도), 베가(변동성), 로(금리에 따른 변동성) 등이 있습니다.

행사가별 옵션의 종류 2 — 내가격옵션

내가격옵션(ITM: In The Money Option)은 권리를 행사하면 이익이 되는 옵션입니다. 콜옵션의 경우 KOSPI200 지수보다 행사가격이 낮은 옵션으로서 옵션종목표에서 ○로 표시된 197.5와 195.0이 내가격옵션입니다. 풋옵션의 경우는 KOSPI200 지수보다 행사가격이 높은 옵션으로서 옵션종목표에서 ○로 표시된 202.5와 205.0이 내가격옵션입니다. 깊은 내가격옵션(Deep ITM)일수록 가격이 높으나 가격변동률은 낮기 때문에 선물에 가깝습니다.

행사가별 옵션의 종류 3 — 외가격옵션

외가격옵션(OTM: Out The Money Option)은 권리를 행사하더라도 이익이 없는 옵션입니다. 다만 만기가 남아 있기 때문에 시간가치로 거래가 이루어집니다. 시간가치란 정해진 기간 내에 내가격옵션이 될 수 있는 가능성에 베팅하는 것입니다. 콜옵션의 경우 KOSPI200 지수보다 행사가격이 높은 옵션으로서 옵션종목표에서 ▼로 표시된 202.5와 205.0이 이에 해당합니다. 풋옵션의 경우는 KOSPI200 지수보다 행사가격이 낮은 옵션으로서 옵션종목표에서 ▼로 표시된 197.5와 195.0이 이에 해당합니다. 깊은 외가격옵션(Deep OTM)일수록 이익이 될 가능성이 낮습니다. 따라서 깊은 외가격 옵션은 기관이 주로 매도하고, 큰 폭의 주가 변동을 기대하는 개인투자자들이 투기하는 마음으로 매수하는 경향이 있습니다.

가격제한 범위

옵션에는 원칙적으로 가격제한폭이 없습니다. 다만 거래소에서 설정해둔 정상호가 범위 내에서만 호가가 접수됩니다. 호가 범위는 옵션의 종류에 따라 다르며 변동폭도 매우 크기 때문에 레버리지 또한 선물보다

쿼드러플위칭데이란?

쿼드러플위칭데이(Quadruple Witching Day)란 '네 마녀의 날' 이라고도 하며, 주가지수 선물과 옵션, 개별종목의 선물과 옵션 등 4개의 파생상품이 동시에 만기가 되는 날을 말합니다. 2008년에 개별종목 선물이 생기면서 쿼드러플위칭데이가 새롭게 생겨났습니다.

트리플위칭데이란?

트리플위칭데이(Triple Witching Day)는 선물, 지수옵션, 개별종목 옵션 등 파생상품 3종류의 만기일이 일치하는 날입니다. 분기월, 즉 3월, 6월, 9월, 12월의 두 번째 목요일이 트리플위칭데이인 것이죠. 트리플위칭데이라는 명칭은 이날 세 마녀가 만나 무슨 장난을 칠지 모른다고 해서 붙은 이름입니다. 이날 결정되는 지수에 따라 파생상품의 손익이 좌우되기 때문에 지수가 오를수록 이익이 커지는 포지션(선물매수, 콜매수, 풋매도)을 가진 투자자는 지수를 올리려고 하고, 그 반대 포지션(선물매도, 풋매수, 콜매도)을 가진 투자자는 지수를 떨어뜨리려고 합니다. 그로 인해 예상 밖의 주가 등락이 나타나는 경우가 있습니다.

월등히 높습니다.

증거금

옵션을 매수할 때는 매수금액 전액이 필요합니다. 예를 들어 100만원어치 옵션을 매수한다면 100만원이 필요하죠. 그러나 매도할 때는 매도대금의 3~10배의 증거금이 필요합니다. 100만원어치 옵션을 매도한다면 300만~1,000만원의 증거금이 필요한 것입니다. 매수는 손실이 매수금액에 한정되지만, 매도는 손실이 무한할 수 있기 때문입니다. 이와 같이 매도에는 많은 증거금이 필요하기 때문에 외국인과 기관이 주로 활용하고, 자금력이 열악한 개인은 주로 매수에 의존합니다.

거래수수료

회사마다 다소 차이가 있지만 HTS나 MTS를 이용할 경우 약 0.3%로, 일반 주식거래 수수료보다 높습니다. 만기 최종결제 거래에 대해서는 오프라인 수수료에 준한 1.0%가 적용됩니다. 옵션거래에 대한 거래세는 없습니다.

무작정 따라하기

옵션 결제월 알아보기

예제 2017년 1월 20일 현재 기준으로 매매할 수 있는 KOSPI200 결제월물 종목을 적어보세요.

해설 정답은 12월물 3개, 반기물 2개, 분기물 2개, 월물 4개로 총 11개입니다.
① 12월물: 2017년 12월물, 2018년 12월물, 2019년 12월물(3개)
② 반기월물: 2017년 6월물, 2018년 6월물(2개)
③ 분기월물: 2017년 3월물, 9월물(2개)
④ 월물: 2017년 2월물, 3월물, 4월물, 5월물(4개)

옵션가격 알아보기

예제 다음은 2022년 8월 12일 옵션시세표입니다. 이날 코스피지수는 2,527.94포인트이고 KOSPI200 지수는 330.67입니다. 이 경우 옵션가격은 얼마인지 맞혀보세요.

❶ 등가격의 행사가격은 얼마입니까?
❷ 등가격의 콜옵션 현재가는 얼마입니까? 또 등가격의 풋옵션 시세는 얼마입니까?
❸ 풋옵션의 내가격 행사가격을 적어보세요.
❹ 콜옵션 중 가장 깊은 외가격옵션의 가격은 얼마입니까?

		Call		행사가	지수등가		Put		
매도	매수	전일비	현재가			현재가	전일비	매수	매도
0.07	0.06 ▲ 0.01		0.07	357.50	2,733.05	28.45	0.00	6.01	52.20
0.11	0.10 ▼ 0.01		0.10	355.00	2,713.94	26.25	0.00	5.45	49.50
0.17	0.16	0.00	0.16	352.50	2,694.83	22.20	0.00	3.00	46.90
0.26	0.25 ▼ 0.02		0.25	350.00	2,675.72	19.15 ▼	1.70	19.25	46.05
0.41	0.40 ▼ 0.01		0.41	347.50	2,656.60	18.30	0.00	4.00	42.20
0.66	0.65 ▼ 0.03		0.65	345.00	2,637.49	14.65 ▼	2.10	14.00	20.85
1.02	1.01 ▼ 0.02		1.01	342.50	2,618.38	12.55 ▼	1.15	3.14	16.10
1.53	1.52 ▼ 0.01		1.52	340.00	2,599.27	10.85 ▼	0.45	10.00	11.10
2.23	2.22 ▲ 0.03		2.23	337.50	2,580.15	9.04 ▼	0.80	6.80	8.75
3.13	3.11 ▲ 0.05		3.11	335.00	2,561.04	7.40 ▼	0.54	7.30	7.54
4.22	4.19 ▲ 0.09		4.22	332.50	2,541.93	5.99 ▼	0.47	5.97	5.99
5.57	5.51 ▲ 0.13		5.51	330.00	2,522.82	4.77 ▼	0.46	4.77	4.80
7.12	7.03 ▲ 0.17		7.03	327.50	2,503.71	3.82 ▼	0.37	3.81	3.82
8.74	8.72 ▲ 0.24		8.72	325.00	2,484.59	3.02 ▼	0.30	3.01	3.02
11.20	10.20 ▲ 0.65		10.75	322.50	2,465.48	2.36 ▼	0.27	2.35	2.36
13.25	12.20 ▲ 0.60		12.55	320.00	2,446.37	1.83 ▼	0.23	1.82	1.83
15.00	14.10 ▲ 0.55		14.55	317.50	2,427.26	1.41 ▼	0.19	1.40	1.41
17.50	16.30 ▲ 0.90		16.55	315.00	2,408.14	1.08 ▼	0.16	1.07	1.08
43.05	17.65	0.00	18.40	312.50	2,389.03	0.82 ▼	0.11	0.81	0.82
22.30	15.30 ▲ 1.10		21.60	310.00	2,369.92	0.61 ▼	0.13	0.61	0.62
37.90	22.55	0.00	23.05	307.50	2,350.81	0.46 ▼	0.11	0.46	0.48
50.25	13.35 ▲ 0.85		26.35	305.00	2,331.70	0.35 ▼	0.09	0.35	0.37
52.75	14.00		28.05	302.50	2,312.58	0.27 ▼	0.06	0.27	0.28
32.00	29.85 ▲ 0.75		30.95	300.00	2,293.47	0.22 ▼	0.05	0.21	0.22
57.70	7.00		33.05	297.50	2,274.36	0.18 ▼	0.03	0.17	0.18
60.20	9.49	0.00	35.05	295.00	2,255.25	0.15 ▼	0.03	0.14	0.15
62.70	13.60	0.00	36.95	292.50	2,236.13	0.12 ▼	0.03	0.12	0.13
46.50	34.70 ▲ 1.95		41.05	290.00	2,217.02	0.10 ▼	0.03	0.10	0.11
67.70	18.35	0.00	43.05	287.50	2,197.91	0.09 ▼	0.02	0.09	0.10
70.20	20.85	0.00	45.50	285.00	2,178.80	0.07 ▼	0.02	0.07	0.08
72.70	23.35	0.00	48.00	282.50	2,159.69	0.06 ▼	0.02	0.06	0.07

> **해설**
>
> ❶ 등가격의 행사가격은 330.00입니다(KOSPI200 지수 330.67과 가장 가까운 행사가격이 등가격입니다).
>
> ❷ 등가격의 콜옵션 시세는 5.51이며 금액으로는 137만 7,500원입니다. 등가격의 풋옵션 시세는 4.77이며, 금액으로는 119만 2,500원입니다(옵션단가는 250,000원).
>
> ❸ 내가격은 권리를 행사하면 이익이 되는 옵션입니다. 풋옵션의 경우 등가격보다 높은 행사가격은 11개, 즉 332.50/335.00/337.50/340.00/342.50/345.00/347.50/350.00/352.50/355.00/3 57.50입니다.
>
> ❹ 외가격은 권리를 행사해도 이익이 없는 옵션으로, 시간가치만으로 거래되는 옵션입니다. 콜옵션의 경우 행사가격 357.50짜리가 가장 깊은 외가격옵션이며, 가격은 0.07(0.07 × 250,000원 = 17,500원)입니다.

주가지수 옵션거래 6가지 투자기법

옵션의 투자기법은 현대인이 고안해낸 최고의 금융기법이라고 할 만큼 매우 다양합니다. 이번 장에서는 대표적인 투자전략인 콜옵션 매수, 콜옵션 매도, 풋옵션 매수, 풋옵션 매도, 스트래들, 스트랭글에 대해 알아보겠습니다.

옵션거래 투자기법 ①

콜옵션 매수

콜옵션은 주가 상승이 예상될 때 이용하는 투자전략입니다. 이익은 주가가 상승할수록 커지지만 최대 손실은 매수금액에 한정됩니다.

옵션거래 투자기법 ②

콜옵션 매도

향후 주가가 하락하거나 또는 오르지 못할 것으로 예상될 때 이용하는 투자전략입니다. 매도금액만큼 이익을 보지만 예상이 빗나가 주가가 상승할 때는 상승폭이 클수록 손실이 많아집니다.

또한 주식(또는 선물)을 보유한 상태에서 콜옵션을 매도하게 되면 주가가 하락할 경우 손실을 일부 줄일 수 있는데, 이를 보증된 콜매도(Covered Call 매도)라고 합니다. Covered Call 매도는 주식을 대량 보유하고 있는 기관투자가가 시장 하락 위험에 대비해서 흔히 쓰는 전략입니다.

Covered Call 매도 = 주식(또는 선물) + 콜옵션 매도

옵션거래 투자기법 ③

풋옵션 매수

> **알아두세요**
>
> **야간에도 KOSPI200 옵션거래가 가능합니다!**
> 1. 계좌개설 방법
> 선물옵션계좌를 개설한 투자자가 증권사 홈페이지에서 야간 옵션거래에 대한 동의 절차를 밟으면 됩니다.
> 2. 거래 가능 시간
> 17:00~05:00(단, 서머타임 시 04:00까지)
> 3. 기준 가격
> 한국거래소 KOSPI200 옵션가격
> 4. 야간 옵션시장은 EUREX(유렉스, 유럽파생상품거래소)를 통해 거래되며, 청산과 결제는 한국거래소에서 이루어집니다.

향후 주가가 하락할 것으로 예상될 때 이용하는 전략입니다. 주가가 하락할수록 이익은 커지지만 반대로 주가가 예상과 달리 상승할 경우 예상 손실은 옵션의 매수가액에 한정됩니다. 또한 보유하고 있는 주식(또는 선물)이 하락할 위험이 있을 때 풋옵션을 매수하면 주가 하락에 대한 위험을 회피할 수 있는데, 이를 보호적 풋매수(Protective Put 매수)라고 합니다. Protective Put 매수는 주식을 대량으로 보유하고 있는 기관투자가가 증시 하락에 대비해서 적극적으로 이용하는 투자전략입니다.

Protective Put 매수 = 주식(또는 선물) + 풋옵션 매수

옵션거래 투자기법 ④

풋옵션 매도

향후 주가가 상승할 것으로 예상되거나 주가가 떨어지지 않을 것으로 예상될 때 이용하는 전략입니다. 주가가 예상대로 상승하면 옵션 매도 금액 만큼 이익을 챙길 수 있지만 예상과 달리 주가가 하락할 경우에는 하락폭이 클수록 손해도 커집니다.

옵션거래 투자기법 ⑤

스트래들 매수와 스트래들 매도

스트래들(Straddle)은 동일한 옵션종목에서 행사가격이 동일한 콜옵션과 풋옵션을 동시에 매수하거나 동시에 매도하는 경우로, 흔히 양건이라고도 합니다. 예를 들면 앞의 2010년 5월물 시세표(430쪽 무작정 따라하기 코너 참고)에서 행사가격 225짜리 콜옵션을 3.25(162만 5,000원)에 10계약 매수하고, 동시에 행사가격 225짜리 풋옵션을 2.96(148만원)에 10계약 매수하는 것입니다.

스트래들 매매는 일반투자자들도 자주 이용하는데, 스트래들 매수의 경우 지수가 오르든 떨어지든 변동폭이 크기만 하면 방향이 다른 한쪽이 손해를 보더라도 방향이 같은 쪽에서 더 많은 수익을 얻는 전략입니다. 예를 들면 EU 탈퇴 여부를 결정하는 영국의 국민투표, 북한 핵실험, 미국의 금리 인상 여부 또는 미국과 한국의 대선 같은 국내외 대형 이벤트가 있기 전에 흔히 쓰는 투자전략입니다.

옵션거래 투자기법 ⑥
스트랭글 매수와 스트랭글 매도

스트랭글(Strangle)은 동일한 옵션종목에서 행사가격이 각기 다른 콜옵션과 풋옵션을 동시에 매수하거나 동시에 매도하는 것을 말합니다. 예를 들면 앞의 2010년 5월물 시세표에서 콜옵션은 행사가격 232.50짜리를 0.59에 10계약 매수하고, 동시에 풋옵션은 행사가격 222.50짜리를 2.07에 3계약 매수하는 것을 스트랭글 매수라고 합니다.

옵션과 위험관리

우리나라에 옵션이 도입된 후 지금까지 많은 개인투자자들이 손해를 보았습니다. 외국인과 기관투자가들은 현물주식이나 선물과 합성하여 위험에 대비하고 옵션거래를 하기 때문에 손실보다 이익을 볼 때가 많습니다. 그러나 일반투자자의 경우 대부분 한쪽 방향으로만 옵션투자를 하기 때문에 손해를 보게 되고, 운이 좋아 일시적으로 돈을 벌었다 하더라도 장기간 옵션거래를 하다 보면 결국에는 돈을 잃게 됩니다.

금융감독원에서는 2003년과 2004년에 뒤의 표와 같이 투자자별 손익 현황을 발표했지만, 이후로는 증권사별 자료를 취합해 발표하다 보니 정확성 문제가 있다 하여 손익 공개를 중단했습니다. 그러나 필자는 선물옵션시장의 정확한 파악과 개인투자자 보호를 위해 손익 현황을 공개해야 한다고 생각합니다.

| 투자주체별 거래 비중과 손익 현황 | (단위: %, 억원)

구분	개인		증권사 및 기관투자가		외국인	
	비중	손익	비중	손익	비중	손익
현물주식	65.3	-	19.3	15.5		
선물	55.1	-123	28.6	-1,630	16.4	1,758
옵션	54.8	-3,466	34.1	1,928	11.1	1,538

* 자료: 금융감독원

개인투자자들이 옵션으로 돈을 벌기 어려운 이유는 다음 3가지입니다. 첫째, 만기가 너무 짧습니다. 주가 예측 방향이 맞았다 하더라도 만기가 너무 짧아 빠른 속도로 떨어지는 시간가치(프리미엄)를 따라가기가 어렵습니다.

둘째, 외국인이나 기관에 비해 자금력이 부족한 일반투자자들이 대박을 노리고 값싼 외가격 옵션을 주로 매수하는 경향이 있고, 또한 한쪽 방향으로만 거래해 네이키드 포지션(Naked Position)을 취하기 때문입니다.

셋째, 거래수수료가 많습니다. 매매수수료가 현물의 약 2배에 달하며 하루 등락폭이 큰 특성상 매매회전율이 높아 수수료가 많이 들어갑니다.

 알아두세요

네이키드 포지션

가장 단순한 옵션 투자기법으로, 콜옵션이나 풋옵션 중 한쪽으로만 매수하거나 매도하여 시장 위험에 헤지되지 않은 포지션을 말합니다. 네이키드 포지션을 취하면 예측이 빗나갈 경우 보완 대책이 없으므로 큰 손실을 입게 됩니다.

 알아두세요

자기 나름의 투자원칙이 정립되어 있지 않은 개인투자자는 옵션거래를 해서는 안 됩니다. 또한 합성전략을 구사하지 않고 옵션투자를 지속하는 것은 매우 위험한 도박이라고 할 수 있습니다.

합성전략

현물, 선물, 옵션을 적절히 조합하는 전략과 옵션만으로 구성하는 전략이 있습니다.

옵션의 위험관리 방법

1. 투자 한도와 베팅 단위를 정하고 일관되게 지켜야 합니다. 투자자금의 5~10% 범위에서 투자하되 절대 100% 올인해서는 안 됩니다.
2. 기술적 분석에 의존하여 날마다 매매하지 말아야 합니다. 한 달에 한 번이라도 결정적 기회가 왔다고 생각될 때만 매매하되 예측이 맞지 않으면 버린다는 마음으로 투자해야 합니다.
3. 기관과 외국인이 옵션에서 이익을 실현할 수 있는 이유는 '합성전략'을 구사하기 때문입니다.

무작정 따라하기

지수옵션 투자전략 알아보기

예제 다음과 같은 상황이 예상될 때 어떤 투자전략이 유용할까요?
❶ 주가가 하락할 것으로 예상된다.
❷ 주가가 상승할 것으로 예상된다.
❸ 국내외 정세를 볼 때 어느 쪽인지 모르지만 큰 폭의 주가 변동이 있을 것으로 예상된다.
❹ 지수가 당분간 횡보할 것으로 예상된다.

해설
❶ 풋옵션 매수, 콜옵션 매도
❷ 콜옵션 매수, 풋옵션 매도
❸ 스트래들 매수, 스트랭글 매수
❹ 콜옵션 매도, 풋옵션 매도, 스트랭글 매도, 스트래들 매도

찾아보기

ㄱ

가치투자	118, 191
감리종목	176
감자	28
개시증거금	405
개인 공매도 제도	384
갭	255
거래 중지	36
거래량 지표	295
거래소 상장퇴출제도	178
거래수수료	106
경기선행종합지수	48
경상수지	60
경제적 해자	366
계좌개설	82
골든크로스	275, 277
공매도	194
공모주	26
공모주 청약	28, 30
공시	199
공인인증서	85
공정공시제도	198
공포국면	336
과열국면	336
관리종목	176
교환사채	378
권리락	29
그물망 차트	305
금융장세	339
금융투자소득세	110
기술적 분석	238
기술특례기업	176
기업가치	119
기업리서치	200
기업분석 자료	174
기업실사지수	49
기준선	283
꼬리	245

ㄴ

네이키드 포지션	436

ㄷ

다우 추세이론	335
다우의 6개 국면	337
단기매매	373
단기투자	193
대세 판단	66
대용가	89
대용금	111
대형주	365
데드크로스	276, 277
데이트레이딩	72
동시호가제도	99
동학개미운동	56
디플레이션	60

ㄹ

레버리지	391
로보어드바이저	202
롤오버	420
리츠	357

ㅁ

마크업국면	335
매도대금 담보 대출	111
매도헤징	410
매물대	317
매수헤징	411
매집국면	335
메타버스	184
목표수익률	40
무상증자	29
물타기	344
뮤추얼 펀드	45
미결제 약정	404
미국 ETF	220
미국 증권시장 제도	220
미국증시	220
미니선물·옵션거래	398
미수매매	109
미수변제소요금	111

ㅂ

반대매매	109
발행시장	30
배당락	356
배당성향	354
배당수익 투자	192
배당투자	352
베이시스	408
보조지표	302
볼린저 밴드	147
봉차트	240, 244
부실주	175
분산 포트폴리오	216
분산국면	336
분산투자	214
블루칩	170, 173

ㅅ

사모펀드	45
사이드카	36
산업리서치	200
삼중바닥형	284
삼봉천정형	239, 283
삼중천정형	283
상장	28
상장기업분석	204
상장폐지 기업	177
상한가	36
서브프라임 모기지	57
서킷브레이커	36
선물 수탁제도	405
선물 이론가격	407
선물거래	396
성장성 투자	192
성장주	175
소버린 리스크	57
손절매	345
수도결제	109
순자산	159
스태그플레이션	60
스토캐스틱	306
스톡옵션	377
스트래들	434
스트랭글	435

스팩(SPAC)	177	이동평균선	267	지분공시 5%룰	198
스프레드 거래	420	이브이에비타	155	지수 구성 종목	183
시가배당률	352	인덱스 펀드	45	지수옵션거래제도	424
시간외 단일가 매매제도	101	인컴 ETF	356	지정가 주문	98
시장PER	65	인플레이션	60	지주회사	173
시장가 주문	98	일드갭	63	지지선	258
신고가	250	일봉	90	집합투자증권 담보 대출	111
신용거래	84				
신저가	250	**ㅈ**		**ㅊ**	
신주인수권부사채	378	자기자본이익률	133	차익거래	419
실적장세	339	자본잠식	177	채권 담보 대출	111
		자사주 매입 소각	197	채권형 펀드	42
ㅇ		작전주	71	천정권	247
악재성 재료	198	잠재성장률	52	최우선 지정가 주문	99
액면가	31	재료	122	최유리 지정가 주문	99
액면분할	31	저항선	258	추세선	257
양도소득세	110, 231	적립식 펀드	37, 45	추세이탈	259
양봉	242	적삼병	256	침체국면	336
엘리어트 파동이론	329	전자증권제도	31		
역금융장세	339	전환사채	377	**ㅋ**	
역시계곡선	316	정적 변동성 완화 장치	36	컨센서스	205
역실적장세	339	조건부 지정가 주문	99	코넥스시장	178
연기금	194	조건부여 주문	99	코로나	19 56
예수금	111	종합주가지수	32, 33	코스닥시장	172
옐로칩	173	주가매출액비율	164	코스닥지수	35
오버나이트	418	주가수익비율	139	코스피	32
옵션 위험관리	435	주가순자산비율	159	코스피시장	172
옵션 프리미엄	424	주가지수 선물거래	397	코스피지수	33
옵션거래	422	주가파동이론	255	콜옵션	422, 432
외국인	190	주당순이익	139	쿼드러플위칭데이	428
우량주	170	주도주	179		
우선주	172	주식 담보 대출	111	**ㅌ**	
우회상장	199	주식 대여	111	탐방속보	200
원화 환율	58	주식배당	356	턴어라운드주	174
위탁수수료	406	주식선물	409	테마주	182
위탁증거금률	405	주식형 펀드	42	통합증거금	111
유동주식	35	주식회사	27	투기거래	412
유보율	353	중개형 ISA	47	투자심리선	312
유상증자	29	중국증시	227	투자원칙	10
유지증거금률	405	중소형주	365	투자유의종목	177
유통시장	30	증거금	111	트리플위칭데이	428
음봉	242	증권	27	특례상장	172
의제취득가액	110	증권거래세율	106	특별이익	154
이격도	310	증자	28		

ㅍ

파생상품	391
파생상품시장	172
패턴분석	282
펀드투자	46
평균 자기자본	134
포지션	392
풋옵션	423, 433
프로그램 매매	421
피보나치 수열	329
필라델피아 반도체지수	379

ㅎ

하한가	36
할인율	29
할인채	54
합성전략	436
해외주식 거래세	230
해외주식투자	218
해외투자 펀드	43
해외펀드	43
헤지거래	410
헤징	393
현재가 창	88
호재성 재료	197
혼합형 펀드	42
환전	228
환헤지	43
흑삼병	256

숫자 및 영어

4차 산업혁명	175
CMA 계좌	74
ELS	43
EPS	139
ETF 펀드	44
EV/EBITDA	155
FOK	99
FTSE 선진국지수	150
GDP 갭	63
GDP성장률	51, 53
IFRS(국제표준회계)	150
IOC	99
ISA	47
KONEX	178
KOSPI200 지수	34
K-OTC 시장	178
KRX100	35
KRX300	35
MACD	304
MMF 계좌	74
MSCI 선진국지수	150
MTS	87
OBV	316
P&F차트	313
PBR	159
PEG	145
PER	64, 140
PSR	164
REITs	357
Renko	315
ROE	133
Stochastic Fast&Slow	306
VIX선물지수	67